国家社科基金后期资助项目

东汉三国佛教文献副词研究

唐贤清　著

商务印书馆
创于1897
The Commercial Press

图书在版编目(CIP)数据

东汉三国佛教文献副词研究/唐贤清著.—北京:商务
印书馆,2021
ISBN 978-7-100-19814-1

Ⅰ.①东… Ⅱ.①唐… Ⅲ.①佛教—文献—副词—
研究—中国—东汉时代 ②佛教—文献—副词—研究—
中国—三国时代 Ⅳ.①B948

中国版本图书馆 CIP 数据核字(2021)第 064578 号

东汉三国佛教文献副词研究
唐贤清 著

商 务 印 书 馆 出 版
(北京王府井大街 36 号 邮政编码 100710)
商 务 印 书 馆 发 行
北京艺辉伊航图文有限公司印刷
ISBN 978-7-100-19814-1

2021 年 6 月第 1 版 开本 710×1000 1/16
2021 年 6 月北京第 1 次印刷 印张 25
定价:126.00 元

国家社科基金后期资助项目
出版说明

　　后期资助项目是国家社科基金设立的一类重要项目，旨在鼓励广大社科研究者潜心治学，支持基础研究多出优秀成果。它是经过严格评审，从接近完成的科研成果中遴选立项的。为扩大后期资助项目的影响，更好地推动学术发展，促进成果转化，全国哲学社会科学工作办公室按照"统一设计、统一标识、统一版式、形成系列"的总体要求，组织出版国家社科基金后期资助项目成果。

全国哲学社会科学工作办公室

序言一

唐贤清同志 2003 年来语言所从事博士后研究，合作导师是我。在站期间，他继续从事读博时一直进行的汉语副词历史研究，出站报告是《东汉三国佛教文献副词研究》。出站以后，我知道他一直辛勤努力，常常有新作发表，在副词历史研究方面，更是成绩卓著。现在呈现在我面前的书稿，就是在当时的博士后出站报告基础上深入研究、精心修改的成果。作为合作导师，看到贤清的努力和进步，我很欣慰。

这部副词研究的专著，我觉得有三个特点值得注意：

一、选题

贤清长期关注副词史研究，本书专注于东汉三国时期佛教文献中的副词。东汉三国是上古汉语向中古汉语发展的过渡期，汉语语法系统变化显著，新词、新义大量产生，是汉语发展史中关键性的转变期之一，对汉语史研究有重要意义。

这个时期的佛教文献数量众多，口语性较强，可靠性经过长期的研究也有一定的保证，研究佛经文献是中古汉语研究中不可或缺的内容。

副词在汉语语法史研究中具有重要地位，涉及句法、语义和语用等层面的一系列问题，东汉三国副词史研究是汉语语法史研究的重要组成部分，其成果可以为汉语语法史其它相关问题的研究提供一个有力支持。

二、方法

本书立足于汉语语法结构的历史演变，利用现代汉语共同语、现代汉语方言、民族语言和境外语言的研究材料和理论方法，结合历史文献资料来解决汉语历史语法研究的课题，视野更开阔，材料更丰富，论证更充分，结论也应该更为可靠。这种多角度结合的新视角，把文献研究与各种田野调查结合起来，探索了一种新的方法，将有助于推动汉语历史语法研究进一步深入发展。

三、深入分析

语法研究不仅要知其然，更要知其所以然。如何对一个语法现象进行分析，往往彰显出作者的功力。作者在分析重叠式副词这一语言现象时，深入挖掘了重叠式副词产生的原因。作者认为，重叠式副词的产生和发展是内外因双重作用的结果。语言内部的原因主要包括语言的结构类型、韵律机制、类推作用、临摹性原则等。重叠式副词产生发展的内在动力是由话语的需要激发的，因此语用习惯和语言接触等外部因素也对重叠式副词的产生与发展起到了至关重要的作用。

贤清告诉我，这部著作历时十五年，大小修改不下十次，因此迟至现在才得以出版，我想这也正体现了作者严谨的学风。作者的博士论文曾入选全国优秀博士学位论文，希望本书的出版也同样获得学术界的好评。当然，由于课题难度大，涉及领域广泛，书中使用的材料、分析方法和得出的结论，都难免有可以进一步商榷之处，但这些缺陷和不足，正是推动研究进一步发展的动力，将促使我们的研究迈向新的高度。我希望在不久的将来，可以看到在本书研究的基础上，贤清取得新的研究成果。

曹广顺

2020 年 9 月 6 日

序言二

治学之道，其关键有三：

一、研究什么。就文献语言学而言，有文字、音韵、训诂、语法、修辞。研究什么，不研究什么，当据自己的禀赋和兴趣而定。擅长联想者，可选择文字；擅长语感者，可选择训诂；擅长音理者，可选择音韵；擅长逻辑者，可选择语法；擅长表达者，可选择修辞。唐贤清君，幼而徇齐，长而敦敏，敏于逻辑，长于推理。就禀赋而言，语法应是其所擅长，他以汉语语法作为研究对象，是明智的选择。

词类研究是语法研究的重要部分，语法学界根据意义将词分为实词和虚词两大类，副词作为词类的一种，其意义在虚实之间，某些可归于实词，某些则可归于虚词。这种两归现象的出现，源于人们划分词类的标准未能一以贯之。名词、动词、形容词是按照词的意义划分的，副词、助词是按照词的作用划分的。标准不一，出现两属的现象也就可以理解了。就名称而言，既然有副，就得有正。如此，则名词、动词、形容词是正词，而其他的词包括助词皆为副词。我们将英语的 adverb 翻译为副词，就语源而论，应翻译为附词，附于动词形容词者也。无论是名称还是属类，学界都有不同的意见，可见副词有其特殊性。

正是这种特殊性，引起了语法学界的重视。中国的语法学界每年都有副词研究会议，在词类中，享有这种待遇者，唯有副词一家。我老耄，且孤陋寡闻，似乎还没有专门的名词、动词、形容词、助词研究的全国性学术会议。贤清此书以东汉佛经的副词作为研究对象，借以窥探汉语副词的成因和演变，多有建树，很有意义。

二、怎么研究。怎么研究是方法问题，从逻辑上讲，有归纳法和演绎法。归纳是将众多材料的相同点找出来，形成结论；演绎是在公理的大前提下，用三段推理法推出结论；无论是归纳还是演绎，都离不开材料。材料的真实性和广泛性在某种程度上决定结论的正确性。故材料的选择十分重要。邢福义先生曾提出"普方古"的语料选择法，开阔了语法研究的视角，将现代汉语的语法研究推进到一个新的阶段。唐贤清君在此基础上提出"普方古民外"的立体研究法，视野更加开阔，语料更加多样，结论更加可信。在材料选择的基础上，还引进"普方古民外"各自的理论和方法，从而将文献研究和田野调查结合起来，共时研究和历时研究结合起来，将历史语言学和语言类型学、语言接触理论、比较语言学、区域语言学等理论结合起来，以促进汉语历史语法研究的发展。这是继承基础上的创新，也是贤清对历史语言研究的一个贡献。毛主席说："谁说我们的人一点创作都没有呢，这就是一个。"当然这是老人家批评党八股时说的，老人家是讽刺，我们则是表扬，出发点不同。

三、得到了什么。从历史语言研究而言，贤清的研究，使我们对东汉副词的产生及其发展有了深度的了解；从方法论而言，是贤清"普方古民外"方法的大实践，此法能不能用、怎么用、用了有无突破，得到了证明；从贤清个人而言，其精神境界得到了进一步提高。具体而言，其本心即平常心得到了锤炼，其科学精神（实事求是精神、怀疑精神、批判精神）得到了提升。此书初写于2005年，屡次修改，历十余年而成书，而表而出之，实在难得。在人心浮躁、以文章数量评价人的风气下，能坚守本心，不为所动，将著作反复锤炼，精益求精，难能可贵。至于书中所体现的以语料为依据、不妄言、言必有据的实事求是精神，对前人成说的怀疑精神和批判精神，说明贤清的精神境界得到了极大的提高，即使是大家的名言，也带着怀疑、批判的眼光加以审视，有疑则疑，有错则批，有理则论，从而完善自己的学术观点，提高自己的学术水平。一书的出版，能有如此收获，十余年一剑，值。

我常说，不敢超越老师的学生不是好学生，不想学生超越自己的老师不是好老师。贤清的研究远超本人，是个好学生。我很高兴有几位超越自己的学生，并以此为荣，从这个角度而言，也算是个过得去的老师。本人学殖荒废，创获无多，且年已老髦，而发苍苍，齿摇摇，目晃晃，耳嗡嗡，学术之事，难有新进，混混穷年，则是其定数，愧对师长，愧对生友。贤清年华正茂，学术正在中途，若竿头日进，则前途何可限量！

贤清，勉乎哉！

蒋冀骋

于湖南师范大学无知斋

2020 年 10 月

目　录

绪　　论

第一节　副词研究的现状

副词是虚词中数量最多、内部最不均衡的一个类别，也是一个个性大于共性的词类。自《马氏文通》问世以来，副词逐渐成为语言学界研究的一个热点，副词的研究成果更是层出不穷。由上海师范大学发起的"汉语副词研究学术研讨会"，每两年举办一届，至今已经举办五届，每届会议与会者众多，可见一斑。为什么会出现这种局面呢？我们认为副词涉及句法层面、语义层面和语用层面的一系列问题，面非常之广，所以，可以把副词看成句法、语义和语用等多个层面互动的接口。副词的问题弄明白了，也为搞清语法学的其他问题提供了便利，这也正是副词研究的价值。

20世纪80年代以来，中国语言学界对副词的研究取得了令人瞩目的成绩，下面我们分别就现代汉语共同语、现代汉语方言、古代汉语和民族语言的副词研究成果作一简单介绍。

（一）现代汉语共同语副词研究

副词是现代汉语词类中的半封闭类，关于副词的研究一直都是现代汉语句法研究的热点之一。语言学界对现代汉语共同语的副词研究起步较早，成果也最为丰富。从个案研究到副词的语义类别研究，再到副词的类型学探索；从共时层面的句法语义探讨到历时层面的溯源式虚化演变链分析，再到结合汉语方言副词的语义地图分析等；从副词的语用研究到副词的二语习得等，可谓洋洋大观。现代汉语共同语的副词研究内容在不断扩展，研究方法和理论也在不断创新。

1. 副词的语义研究

副词的语义研究，主要包括语义类型、主观性与主观化等内容。副词是一个语义句法上半虚半实的词，属于半封闭词类，汉语语法学界对副词的语义探讨起于副词的个案分析，如马真《说"也"》（1982）单个副词的语义研究起步早，成果最为丰富。陈鸿瑶的博士论文《现代汉语副词"也"的功能与认知研究》（2010）以主观性为视角从历时角度分析了副词"也"的来源及其在现代汉语中的概念、人际和语篇功能。齐沪扬《语气词与语气系统》（2002）则就语气副词一小类作出详细描写和分析。副词的语义分类是副词语义研究的重要内容之一，王力《中国现代语法》（1943）从意义出发，将副词分为程度、范围、时间、方式、可能性和必要性、否定、语气和关系八类；吕叔湘（1944）将副词分范围、语气、否定、时间、情态、程度、处所和疑问八类；胡裕树（1962）将副词分为程度、情状、时间和频率、范围、否定和语气六类，张静（1987）将副词分为程度、时间、范围、估量、语气五类；杨伯峻、何乐士（2001）将副词分为十一类；近年来，张谊生（2000d）的意义和功能二分法是副词分类研究最常用的方法。马真（2003）运用比较法和考察语义背景法对"已经"和"曾经"的语法意义进行了探讨。近年来的硕士博士论文多围绕某一类副词来进行系统性描写和探讨，如孙洪威的《现代汉语转折副词语义功能研究》（2014）、关黑拽的《现代汉语频度副词研究》（2015）、奥莉娅的《现代汉语范围副词研究》（2014）、杨智渤的《现代汉语时间副词的多维度研究》（2014）等。

现代汉语副词在语义上存在一定虚无性特征，其语义的形成是一个词汇化和语法化的过程，副词语义的研究总避不开对副词的主观性和主观化的探讨。马真在《修饰数量词的副词》（1981）中将副词的主观量表达分成"言够""言多""言少""等量""估量""实量"和"总计"七类；此后陈小荷（1994）、王弘宇（1996）等分别对"就、才、都"和"仅……就"的主观量进行了探析；李宇明（1997）从宏观角度探讨了主观量的成因；沈家煊（2001b）用"元语增量"解释了"还"及其句式；张宝胜（2003）对"还"的主观性进行了探讨，张谊生（2005、2006、2007、2017）对"都""没、不、好""极其""最"的主观性和主观量进行了分析；杨万兵（2005）的博士论文《现代汉语语气副词的主观性和主观化研究》梳理了100多个双音节现代汉语语气副词的来源，指出语气副词意义的形成是一个意义从客观世界到说话人主观世界、由客观或相对主观到更加主观的过程，主观化伴随副词词汇化和语法化的全过程；刘红妮（2007）对"一律"的主观化过程作出了认知语言学阐释。

2. 副词的句法研究

副词的词类定性是一个颇有争议的问题，早在马建忠的《马氏文通》

中就有"状字（凡实字以貌动静之容者，曰状字）"一说，金兆梓《国文法之研究》（1922）最早使用"副词（状动静词用的）"这一术语，黎锦熙《新著国语文法》（1992）提出副词是"就事物的动作、性质、状态等再加以区别和限制的，必附于动词、形容词或旁的副词等"，后有王力（1943）、吕叔湘和朱德熙（1952）、张志公（1958）、丁声树等（1961）、胡裕树（1962）、吕叔湘（1980）、周秉钧（1981）、黄伯荣和廖序东（1991）、邢福义（1991）、杨荣祥（1997）、郭锡良（2003）、唐贤清（2003e）等先后结合意义对副词的句法功能进行了探讨，但对副词虚实归属问题仍莫衷一是。朱德熙（1982a/b）从副词的句法功能对范围副词进行分类；李运熹（1993）和钱兢（1999）亦从句法语义功能入手，将范围副词分为总括类、限制类和外加类；张亚军《副词与限定描状功能》（2002）从原形理论的角度考察典型副词与人类语言中普遍存在的名、动、形三种词类之间可能存在的关系，分析副词的词类地位，借用认知语言学的方法和理论对副词进行句法语义上的探讨。杨荣祥《现代汉语副词次类及其特征描写》（1999）、毛帅梅《现代汉语副词及类副词的功能层级研究》（2012）结合认知语言学的相关理论和方法对现代汉语副词词类特征及功能进行了考察。

其次就是副词句法功能的探讨，马真的系列论文（1983、1985）对"都/全""稍微/多少""很不"等个别副词的句法形式和句法功能等进行了分析，马真（1988）对程度副词在表示程度比较的句式中的分布情况进行了细致考察。石毓智、李讷（2000）探讨了现代汉语否定标记系统的形成，刻画了"不"和"没"产生的句法背景和语法化过程。沈家煊（200lb）讨论了跟副词"还"有关的两个句式；罗耀华的《现代汉语副词性非主谓句研究副词成句问题探索》（2010）引入"概念合成"理论考察了现代汉语中的77个可成句副词，并对若干副词进行了词汇化和语法化考察。张谊生先后出版了《现代汉语副词研究》（2000c）、《现代汉语副词探索》（2004b）、《现代汉语副词分析》（2010）、《现代汉语副词阐释》（2017）等，内容囊括了现代汉语副词的语义、句法、语用等各个方面。

3. 副词的语用研究

20世纪80年代，功能语法、篇章语法研究在国内兴起，副词的语用研究成为副词研究的重要方向和趋势，吕叔湘（1979）提出通过对比重音来探讨副词的语义指向和焦点；马希文（1989）分析副词"再"的语用意义时，明确提出预设和意愿对副词语义的影响；沈开木（1984）、张克定（1996）、张谊生（2004a: 235）等都从语用预设入手分别对

"不""也""白"等单个副词进行了语义功能探讨；贾泽林（2015）对副词
"起码"的语义、语用进行了详细分析；强星娜（2017）对"一时"一词的
句法语义选择限制与偏好进行了语用学探讨。

屈承熹的《汉语副词的篇章功能》（1991）是现代汉语副词语篇功能
研究的代表作，从篇章层面考察了副词的位置及其对上下文内容的影响，
揭示了副词的篇章连接功能；张谊生（1996、2000c）亦对副词的篇章连
接功能进行了探讨；祖人植、任雪梅（1997）对"毕竟"一词进行了语
篇功能分析；夏金（1994）、赵彦春（2001）、杨亦鸣、徐以中（2004）、
唐宁（2005）等对"幸亏"一词的篇章组织功能进行了探讨。姚小鹏《汉
语副词连接功能研究》（2011）对现代汉语副词的篇章连接功能做了系统
考察；邵洪亮（2013）讨论了"还是"表达主观上的"非断然"选择的
这一元语用法，指出"还是"在一定语境中所具有的弱因果关联功能，与
"还是"的"非断然"情态功能有密切关系；邓川林（2017）对副词"也"
的量级含义从命题用法和情态用法两方面进行了细致分析，认为"也"的
表意机制包括从命题到情态的隐喻投射和从规则到规约的语用推理两个
部分。

此外，诸多年轻学者对副词的第二语言习得进行讨论，这一部分的研
究以硕士博士论文的形式出现。面向对外汉语教学的汉语副词研究，如周
小兵、赵新《对外汉语教学中的副词研究》（2002）、杨德峰《面向对外汉
语教学的副词定量研究》（2008）、宋扬《韩国留学生关联副词习得考察》
（2016）等。副词研究在计算机语言中的应用研究成果较少，仅有赫琳《现
代汉语副词的语义指向及其计算机识别研究》（2009）等。

（二）汉语方言副词研究

现代汉语方言研究一直为学界重视，其中副词研究也有大量成果，邢
向东等一大批先生是其代表，特别值得一提的是伍云姬（2007）主编的
《湖南方言的副词》一书。该书共收集26篇单点方言论文，具体包括衡阳、
湘潭、岳阳、吉首等地的方言副词。

我们于2018年9月在中国知网所属的"中国学术期刊网络出版总
库""中国博士学位论文全文数据库"和"中国优秀硕士学位论文全文数据
库"三个数据库中，以"副词"作为"篇名"进行搜索，文献分类目录限
定为"方言"，共得到相关论文461篇，剔除会讯和重叠研究无关的篇目
后，实际得到论文415篇，其中期刊论文328篇，硕博论文87篇。从研究
内容上看，主要包括以下几个方面，具体统计结果见下表：

表 1　中国知网收录汉语方言副词研究文献统计表（2018 年 9 月止）

	总数	百分比
汉语方言副词个案研究	184	44.34%
汉语方言副词系统	215	51.81%
汉语方言副词比较研究	16	3.86%

由表中统计数据可以看出，副词系统和个案研究仍然是汉语方言副词研究的主要方向，汉语方言副词比较研究相对滞后。

1. 汉语方言副词个案研究

单点方言的副词个案研究是汉语方言副词研究的重要内容。学者们往往从单个副词的特殊性着手来进行研究，由于切入口小，容易使研究更加深入，不仅注重探讨副词在句法、语义和语用方面的特殊性，还注重探讨其历史来源和语义演变。如刘晓梅《来自粤方言的超量级程度副词"太过"》（2007）梳理了粤语方言"太过"的用法、来源及传播；单韵鸣《再释广州话副词"够"》（2008）描写了广州话副词"够"的特殊用法；孙红举《河南鲁山方言的相对程度副词"通"》（2012）介绍了鲁山方言"通"在"通 +X+ 嘞"结构中和"通 +Y+ 着 + 嘞"结构中的不同用法；陈晓《清末民初北京话里的程度副词"所"》（2013）讨论了清末民初北京话里的程度副词"所"用作表"完全、彻底"义副词的特殊用法；邢向东、周利芳《陕北神木话的语气副词"敢"及其来源》（2013）描写了陕北神木话语气副词"敢"的特殊用法，文章还结合元代汉语文献，探讨了"敢"可能是助动词"敢"进一步语法化的结果；张俊之《川北方言中的副词"便"》（2013）描写了川北方言副词"便"的特殊用法；苏俊波《丹江方言的语气副词"白"》（2014）描写了"白"的句法语义及语用功能，认为"白"表示确定、委婉、猜测、深究等语气，应是反问句中"不会"的合音；李玉晶《河南南阳话的频率副词"肯"及其来源》（2015）认为表频副词"肯"是表愿意的助动词"肯"进一步语法化的结果；宗守云《张家口方言副词"倒"的多功能性及其内在关联》（2018）描写了张家口方言"倒"的多功能性，并指出在共同语和方言中"倒"的功能差异形成了偏侧关系，语义地图绘制可破解这一关系。

2. 汉语方言副词系统研究

汉语方言副词研究成果最丰富的是单点方言副词系统的研究，主要有两类，一类是副词系统的整体研究；另一类是副词的次类研究。

（1）副词系统的整体研究。这类研究一般先对某方言点的副词系统进行分类，然后对各个次类进行全面描写，继而有重点的研究其中比较有特色的副词。代表性成果如：邢向东《神木方言的副词研究》（2000）分别罗列了陕西省榆林地区北端神木方言的程度、范围、情状、时间、语气、否定六类副词；马启红《太谷方言副词说略》（2003）分别梳理了山西太谷方言表程度、表情态、表语气、表范围、表时间、表重复连续（频度）、表肯（否）定等副词的意义和用法；兰宾汉《西安方言中的几个程度副词》（2004）介绍了西安方言中"太""扎""蛮""很""冷"等几个副词的特殊用法。由于副词系统整体研究涉及的面比较广，短篇论文难以深入，这类研究一般以硕士和博士学位论文居多。博士论文如王群《明清山东方言副词研究》（2006）考察了明清时期山东方言副词的用法；刘冬青《北京话副词史（1750—1950）》（2011）以专书《红楼梦》《儿女英雄传》《正红旗下》三部著作为语料，探讨北京话副词共时和历时的发展。

（2）副词次类的研究。这类研究一般是先按照一定的标准确定某个副词次类，然后对某方言中该类副词进行深入的研究，如吴建生《万荣方言的程度副词》（1999）描写了万荣方言"太""伤""真""老""多""扎"等9个程度副词的特殊用法；庄义友《潮州话的否定副词》（2001）介绍潮州话"唔""未""无""勿"等8个否定副词的用法；王燕《乌鲁木齐话否定副词的用法——兼谈突厥族语言对新疆汉语方言的影响》（2007）介绍了乌鲁木齐话否定副词用法的三种格式，讨论了"O+状+否+V"格式的产生是由于突厥语对新疆汉语方言的影响。与副词系统的整体研究一样，副词次类研究范围适中，很适宜作为硕士学位论文的选题，所以单点方言副词次类研究的成果主要体现为硕士学位论文。

3. 汉语方言副词比较研究

随着方言语法描写研究的深入，不少方言点的副词已经有了比较全面的描写材料，这就为副词的比较研究打下了良好的基础。研究者们开始自觉地进行比较研究，并尝试从语言接触或语言类型学的角度对共性和差异进行解释。但这类研究仍然不多，且主要集中在方言副词与普通话副词的对比，跨语言跨方言的比较较少。代表性成果如：唐贤清、陈丽《"极"作程度补语的历时发展及跨语言考察》（2010）、《"死"作程度补语的历时发展及跨语言考察》（2011a）、《程度补语"煞"的历时来源及跨方言考察》（2011b），唐贤清、罗主宾《程度副词作补语的跨语言考察》（2014）等系列论文，通过跨语言、跨方言的角度考察典型程度副词的用法，并从类型学、语法化和语言接触等多个角度对这一现象进行了解释。这几篇文章综合运用了语法化、语言接触、认知语言学、语言类型学等多种理论方法对程度补语进行系统研究，是副词研究方法新的尝试。

（三）民族语言副词研究

我们于 2018 年 9 月在"中国知网"所属的"中国学术期刊网络出版总库""中国博士学位论文全文数据库"和"中国优秀硕士学位论文全文数据库"三个数据库中，以"副词"作为"篇名"进行搜索，文献分类目录限定为"中国少数民族语言"，共得到相关论文 44 篇，其中期刊论文 35 篇，硕博论文 9 篇。从内容上看，主要包括以下几个方面，具体统计结果见下表：

表 2　中国知网收录民族语言副词研究文献统计表（2018 年 9 月止）

	总数	百分比
民族语言副词单点研究	25	54.35%
民族语言副词比较研究	21	45.65%

从我们统计数据来看，民族语言的副词研究还未受到足够的重视，中国有 130 余种民族语言，但以副词作为专题来进行研究的文章不到 100 篇，民族语言的副词研究还大有可为。

1. 民族语言副词单点研究

这类成果主要是对某一民族语言某个点的副词作描写研究，如张济民《贵州普定仡佬语的否定副词》（1982）描写了普定仡佬语的否定副词；斯钦朝克图《中世纪蒙古语里的副词 ᠊ᠠᠵᠤ》（1986）从不同蒙古方言土语遗留的角度分析在字典里未能找到的副词 jiɣ-a，重新分析了 jiɣ-a 读音、写法、意义以及词义转移。这些成果为方言土语副词研究提供了很好的思路。近年来，有一些硕士学位论文开始尝试对民族语言的副词进行专题研究，如苏丹《壮语塘红话程度副词研究》（2014）；覃其文《壮语周村话副词研究》（2011）；土太加《藏语副词研究》（2016）。这些专题研究成果不仅加深了民族语言副词研究的深度，而且为进一步研究提供了很好的材料。

除上述以副词作为专题的研究成果外，一些民族语言参考语法的部分章节也有副词研究的内容，如时建《梁河阿昌语参考语法》（2009）；余金枝《矮寨苗语参考语法》（2010）；赵敏《墨江哈尼族卡多话参考语法》（2009）；张雷《黎语志强话参考语法》（2010）；翟会锋《三官寨彝语参考语法》（2011）；康忠德《居都仡佬语参考语法》（2011）；赵燕珍《赵庄白语参考语法》（2012）等。

2. 民族语言副词的比较研究

民族语言副词的比较研究大致可以分成三类：民族语言与汉语的对比研究、语言接触研究以及类型学考察。

（1）民族语言与汉语的对比研究

通过对民族语言与汉语副词的对比，找出民族语言和汉语副词之间存在的共性和差异，可以为进一步的解释研究打下良好的基础。如袁蕾《汉维语时间副词对比研究》（2008）对比了维吾尔语时间副词与汉语时间副词的差异。同类研究还有热孜亚木·麦麦提吐逊《汉语—维吾尔语副词对比研究——以小说〈家〉汉维文本对比为例》（2012），其其格《汉蒙语短时副词对比研究》（2011）等。

（2）语言接触研究

语言接触是近些年民族语言学界关注的热点问题之一，这类研究都尝试着从语言接触的角度解释在地域上或者历史上曾经有过接触的语言之间所存在的共性和差异。如蓝庆元、吴福祥《侗台语副词"互相"修饰动词的语序》（2012）从语言接触的角度探讨，侗台语语序"动词 + 相互" > "相互 + 动词"是语言演变和变异的产物；吕嵩崧《靖西壮语方式副词、程度副词与谓语的语序模式及其历时动因》（2017）从汉语借词的角度分析壮语方式副词、程度副词与谓语的语序模式的演变动因是语言接触，模式语是汉语，机制是"语序重组"。李云兵《语言接触对南方一些民族语言语序的影响》（2008）从语言接触的角度分析汉语对民族语言语序的影响，其中包括了方式副词与动词、程度副词与形容词的语序变化。

（3）类型学的考察

近年来，由于语言描写的材料日渐丰富，从语言类型学的角度进行副词研究的成果也日渐增多。如：陈娥《布依语副词语序类型学研究》（2015）通过布依语副词和中心语的位序与壮语、泰语副词和中心语的位序对比，推勘出了壮侗语"副词 + 中心词"语序的演变过程；顾骁晨《侗台语程度副词的类型学研究》（2017）从语言类型学的角度对侗台语中的程度副词进行了研究，探讨了部分副词语法化的路径及类型学意义。

（四）汉语副词的历时研究

汉语副词历时研究的著作主要借鉴现代汉语副词研究的相关理论，探讨各个历史时期汉语副词的发展，探寻现代汉语副词的来源，形成汉语副词发展的概貌，并对历代汉语副词的演变作出理论解释。如何乐士《〈左传〉语言研究文集第1分册〈左传〉范围副词》（1994），李宗江《汉语常用词演变研究》（1999），唐贤清《〈朱子语类〉副词研究》（2004），杨荣祥《近代汉语副词研究》（2005），葛佳才《东汉副词系统研究》（2005），陈群《近代汉语程度副词研究》（2006），高育花《中古汉语副词研究》（2007），许卫东《〈高僧传〉时间副词研究》（2008），谷峰《先秦汉语情态副词研究》（2010），李素英《中古汉语语气副词研究》（2010），唐为群《"原来"、"从来"、"连连"三组时间副词研究》（2010），栗学英《中古汉语副词演变研究》（2017），张振羽《〈三言〉副词研究》（2010），罗主宾《明清时期语气副词研究》（2013），褚俊海《汉语副词的主观化历程——指示、限制、关联》（2012），张晓传《元代副词研究》（2014），罗耀华《副词化、词汇化与语法化——语气副词探微》（2015），张家合《汉语程度副词历史演变的多角度研究》（2017），储一鸣《汉语副词"也"的历时与共时考察》（2018）等，可为代表。下面我们选取几部著作略作介绍。

就上古汉语副词研究来看，早在20世纪90年代，何乐士就出版了《〈左传〉语言研究文集第1分册〈左传〉范围副词》，既有《左传》范围副词的概述，又有《左传》出现的24个范围副词的逐一描写与分析，不仅弄清了每一个范围副词的语法特征，也讨论了一些有关的疑难词语，还在分析语言事实的基础上探讨了一些理论问题，为以后的汉语副词历时研究开了一个好头。

中古汉语的副词研究也在20世纪90年代就已展开，高育花《中古汉语副词研究》（2007）是最早对中古汉语的副词进行全面系统研究的。她要研究的就是中古时期汉语副词的系统及其源流演变，并希望通过对此期语料的调查分析，尽可能多地了解中古汉语新兴副词的形成过程及发展演变历史，从而勾勒出中古汉语副词的基本面貌和时代特色，为进一步研究整个汉语副词的发展演变，以及确定中古汉语副词发展演变在语法史上的地位准备必要的基础。

葛佳才《东汉副词系统研究》（2005），描述了东汉副词的基本情况，勾勒了其从先秦以来的发展概貌；抉发了一批新生副词，考察了它们的虚化过程；牢牢地把握"词汇是一个系统"的理念，把语义、功能相关的9组副词作为研究对象，一组一组地进行比较研究，正其渊源，明其流变。有不少地方补正、充实了以往的研究，为汉语副词研究作出了贡献。

近代汉语的副词研究，有杨荣祥的《近代汉语副词研究》（2005），该书以《敦煌变文集》《朱子语类》《新编五代史平话》《元曲选》《金瓶梅》等语料为代表，对近代汉语副词的概貌、分类、结构、来源、组合功能，以及副词的发展演变等问题进行了系统的研究，为汉语副词的历时研究建立了一个可资参考的基本框架，为汉语副词历史的建立提供了基础。

唐贤清的《〈朱子语类〉副词研究》（2004），以《朱子语类》的副词为考察对象，将共时研究与历时研究相结合，对《朱子语类》中的所有副词进行了穷尽性的统计，对近代汉语新出现的副词一一做了探讨，并就

《朱子语类》副词中一些有特点的问题逐一作了深入的探索，使汉语副词的演变规律得出了初步的结论，从而勾勒出近代汉语副词的基本面貌和时代特色。该书尽管是专书语法研究，但作者注意共时研究和历时研究相结合，注重副词的演变研究；在具体准确描写的基础上，重视分析和综合，解释产生语言现象的原因；利用电子语料库，把定性研究和定量分析（即数量统计）结合起来，改变了专书研究中随意举例式的不足和偏颇，使研究结论可以验证，渐趋科学。

专著之外还有不少期刊文章从历时的角度来分析典型副词的句法语义演变，较有代表性的如：杨荣祥《论汉语史上的"副词并用"》（2004b）描述了汉语"副词并用"的性质、特点。分析了"副词并用"上古产生、中古兴盛、近代衰落的原因。讨论了"副词并用"与合成副词的鉴别标准。付义琴、赵家栋《从明代小说中的"正"、"在"看时间副词"正在"的来源》（2007）以明代小说为范本，发现"正在＋VP"和"正＋在＋VP＋之时"有着更多的相同之处，论证了"正在"的语法化历程。于立昌、吴福祥《时间副词"一度"的语义演变》（2011）论证了时间副词"一度"的意义历史上曾经历"动量义（'一次'）＞时量义（'一阵'）＞经历义（'过去发生'）"这样的演变路径。谷峰《上古汉语"诚"、"果"语气副词用法的形成与发展》（2011）不仅从古汉语本体出发，论证了上古汉语的形容词"诚"和动词"果"分别通过隐喻和语用推理发展为表真值确认的语气副词。同时还考察国内部分方言、英语、日语等语言，从类型学角度论证了"真值确认＞到底、究竟"是一个在类型学上不显著的演变模式，这是语言演变研究视角的新尝试。孟蓬生《副词"颇"的来源及其发展》（2015）运用"语法化"理论和"主观化"理论，探讨了"颇"作为范围副词、程度副词、频率副词、否定副词、疑问副词的产生时间及其来源。张赪《明清时期完成体否定副词的历时演变和共时差异》（2016）讨论了明清时期完成体否定副词的历时演变，认为从明到清，北方汉语通用"没"类副词，南方通用语用"不曾"，二者历时演变与同期汉语的体范畴有关。赵长才《"并"在中古译经中的时间副词用法及其来源》（2017）认为，中古汉译佛经中时间副词"并"的产生不是其本身义引申的结果，而是受到另一个时间副词"而"的影响而产生的。

此外，不少学者如曹广顺、董志翘、方一新、江蓝生、蒋礼鸿、李维琦、梁晓虹、吕叔湘、梅祖麟、太田辰夫、王继如、王云路、吴福祥、项楚、颜洽茂、俞理明、袁宾、周一良、竺家宁、朱庆之等先生，都对副词有所阐发，限于篇幅，不细论列。

共同语副词的历时研究的成果较多，方言副词历时研究相对比较薄弱。吕叔湘（1955）很早就提出："在语言发展的过程中起作用的不但有时间因素，也还有地域的因素，应该先就每一种材料做一番分析，然后才能进行综合。"汉语文献语料往往并不是一种同质系统，这方面的研究也刚刚起步，王群的博士学位论文《明清山东方言副词研究》（2006）做了很好的尝试。张振羽的博士论文《〈三言〉副词研究》（2010）对文献资料中的共同语与方言成分加以明确地区分，很有价值。刘冬青《北京话副词史（1750—1950）》（2011）对北京话各类副词的历时演变进行了系统研究，这种做法值得推广。

汉语历史语法的比较研究早已经开展，上古、中古、近代语法特点的探寻无不根植于对比之上，吕叔湘（1944）曾提出"要明白一种语文的文法，只有应用比较的方法"。最早的语法专著《马氏文通》更是中西语法比较的一个范例。在蒋绍愚指导下，胡敕瑞《〈论衡〉与东汉佛典词语比较研究》（2002a）在东汉佛典与东汉中土文献比较方面做了很好的尝试。这些成果为本课题的研究提供了重要的基础。但总的说来，这类研究还显得零散，或从佛教文献的角度研究副词，或从中土文献的角度研究副词，胡敕瑞的比较也是从词汇角度进行的，迄今鲜少有对中古时期佛典与中土文献的副词作系统的比较研究。正如蒋绍愚先生所说，"近年来，早期汉译佛典在汉语史研究中的价值逐渐被人们认识，但汉译佛典和同时期的中土文献的比较研究还做得不多。"我们正是基于这一现状而进行研究的。

第二节　"普方古民外"立体研究法的理论视角①

二十世纪九十年代始，邢福义（1990）提出了"普方古"大三角理论，形成了对现代汉语语法的立体研究思路。三十余年来，学界又引进了诸多的国外语法理论来研究汉语语法，并取得了丰硕的成果。已有研究，利用历史文献材料来为现代汉语共同语、现代汉语方言和民族语言研究服务的成果较多，但是利用现代汉语共同语、现代汉语方言、民族语言和境外语言来为汉语历史语法研究服务的成果则较少。本文我们立足于汉语历史语法研究，提出了服务于汉语历史语法研究的"普方古民外"立体研究法。

---

① 本节部分内容以《汉语历史语法的"普方古民外"立体研究法》为题发表在《古汉语研究》2018年第4期，此处在原文基础上有所增改。

"普方古民外"立体研究法，立足于汉语语法结构的历史演变，利用现代汉语共同语、现代汉语方言、民族语言和境外语言的研究材料和理论方法来解决汉语历史语法研究的课题，为汉语历史语法研究提供新的视角，拓宽研究领域，形成"三结合"，即把历史语言学与语言类型学、语言接触理论、比较语言学、区域语言学、区域类型学等相关理论结合起来，把文献研究与田野调查结合起来，把共时研究与历时研究结合起来，从而助推汉语历史语法研究的发展。

一、"普方古民外"立体研究法的研究思路

（一）汉语历史语法研究与现代汉语方言

方言语法研究可以为汉语历史语法研究提供佐证材料，为某些汉语历史语法现象提供更为合理的解释。汉语历史语法研究存在两种材料缺乏的情况。

一是某一语法现象在历史语料中曾经大量存在，但在现代汉语共同语中已经消失，这就会造成"下不联今"的假象，从而给汉语历史语法研究带来困惑。

一般认为汉语是 SVO 型语言，但古汉语存在一种否定词宾语前置结构，如"日月逝矣，岁不我与""吾未之闻也"等。这种结构在现代汉语共同语中已经消失，从现代汉语来看，这是一种特殊结构，在汉语语法研究中，就出现了"倒装""易位""移位"等多种解释。甚至有教材认为它"不符合人们思维、逻辑的顺序"，"这种句式属于书面语，不是当时老百姓的口语"。杨伯峻、何乐士（2001）统计了左传中否定词宾语前置的情况，前置约占68%，后置约占32%，从数量上看，否定词宾语前置是古汉语的一种优势语序，是合理正常的。但所用材料是文字材料，仍无法回应"不是口语"的质疑。汉语方言与古汉语一脉相承，如果方言口语里存在这种语序，则可以作为一个很好的例证来回应这种质疑。正好闽方言中仍活跃着这种语序，如：[①]

（1）A：我今日未看查㾔仔。我今天要探视女儿。B：汝坏查㾔，合别人走，我查㾔仔不汝看。你是坏女人，跟别人跑，我不让你探视女儿。（黄聪聪2009）

（2）福建东山话：汝怀付钱，我厝不汝住。你不给钱，我不让你住这房子。

---

① 文中所用方言例句，除标明来源外，均为笔者调查所得。发音人信息如下：（福建东山话）黄一修，女，汉族，1994年生，硕士生。（福建石狮话）邱伟东，男，汉族，1995年生，本科。（山西万荣话）谢志忍，男，汉族，1966年生，高中。（江西樟树话）饶芳，女，汉族，1995年生，研究生。以下为苗族"人话"，（龙胜伟江）石生武，男，苗族，1948年生，中专；（城步五团）兰支珍，男，苗族，1964年生，大专；（城步兰蓉）雷学品，男，苗族，1972年生，大专；（资源车田）杨建国，男，苗族，1947年生，中专。

（3）福建石狮话：伊不洗身，<u>汝衫不伊乘</u>。<small>他不洗澡，你别给他穿这衣服。</small>

"查亩仔不汝看""厝不汝住""衫不伊乘"与古汉语的"岁不我与""吾未之闻"从形式上看语序是一致，不过由于语言的发展，在语义上均处于致使结构中，表示致使义，不过这至少可以说明口语中存在这种语序是合理的。但古汉语材料是书面语料，我们无从分析说话人使用这种句式的语感、语用目的和认知机制。鲜活的方言口语材料则可以启发我们的思路，为我们的研究提供方便。

再比如"动＋宾＋补"结构在近代汉语中的使用频率较高。例如：

（4）你在那女人身上要做一件瞒心昧己的勾当，<u>必定瞒他不过</u>。（清·西周生《醒世姻缘传》第65回）

（5）蕃家弓箭为上，赌射只在殿前。<u>若解微臣箭得</u>，年年送供（贡），累岁称臣。<u>若也解箭不得</u>，只在殿前，定其社稷。（《敦煌变文集·韩擒虎话本》）

（6）张胜提刀，绕里床背后，<u>寻春梅不见</u>。（明·兰陵笑笑生《金瓶梅》第99回）

但是"动＋宾＋补"结构在现代汉语共同语中已经消失，已经由可分离式"动＋宾＋补"结构演变为动补结构。那么如果仅从现代汉语共同语来看，"动＋宾＋补"结构就是一个特殊结构，因此就无法厘清现代汉语共同语动补结构的来源。然而如果将视野扩大到汉语方言，我们就会发现，在南方方言中仍然保留着"动＋宾＋补"结构。例如：

（7）闽语汕头话：<u>拍伊唔赢</u>。<small>打不过他。</small>

（8）赣语安义话：<u>我话渠不赢</u>。<small>我说不过他。</small>

（9）客家连城话：<u>寻唔我倒</u>。<small>找我不到。</small>

（10）吴语金华话：<u>些鸡赶渠弗走</u>。<small>这些鸡赶不走它。</small>

（11）上海话：<u>我搬伊勿动</u>。<small>我搬不动它。</small>

（李如龙 2013：66-67）

（12）上海话：<u>打渠不过</u>。

（13）客家连城话：<u>讲得尔赢</u>。

（14）湘语长沙话：<u>扭螺丝不动</u>。

（15）广东阳江话：<u>渠食得肥猪肉多</u>，所以肚屙。

（石毓智 2015：443-461）

通过方言用例，我们就可以比较容易的理解为什么现代汉语共同语动补结构来源于古代汉语可分离式"动＋宾＋补"结构。

二是某一语法现象虽然在历史语料中存在，但是用例很少，有些甚至是孤例。我们知道，虽然中国古代语言研究的成果宏丰，但自觉的语法研究成果很少，很多汉语历史语法现象是靠自然语料来记录的，而不是用语法专著来记录的。自然语料对语法现象的记录具有真实可靠的优点，但也存在不系统和不全面的缺点，难免造成有些语法现象语料丰富，有些语法现象语料极少的不均衡局面。语言学界历来信奉"例不十，法不立"的原则，研究者往往对这些出现次数少的用例不敢加以利用，甚至怀疑这些用例的准确性和真实性。如果这些用例在方言中大量存在，则可大大提高其可信度和使用价值。

关于近代汉语复数词尾标记"们"的来源，学界一直存在争议，其中比较主要的说法有三种："辈"字说、"门"字说、"物"字说。争议产生的主要原因之一是历史文献资料的不足，导致论证不够，缺直接有力的确证。江蓝生（2017）从多种语音演变途径和现代汉语方言的直接证据两方面对"们"源于"物"的旧说做了进一步的阐述和修正。"们"源于"物"说由于在历史文献资料中没有找到直接有力的证据，虽然这一判定有其理据，但是很难从假说成为定论。江蓝生先生通过考察江西安福话、陕西关中方言、甘肃唐汪话、闽语建瓯话、闽语顺昌洋口话、甘肃甘沟话以及晋北、陕北等西北方言的复数词尾标记，发现在部分汉语方言中存在复数词尾标记"们"源于"物"的直接而有力的证据，使这一具有争议性的汉语历史语法问题得到了更加合理的解释。

（二）汉语历史语法研究与民族语言

汉语历史语法研究还需要有民族语言视角。汉语有为数众多的亲属语言，汉藏语系语言约占我国语言总数的一半以上[①]。许多与汉语具有亲属关系的民族语言中，至今仍然保留了不少古代汉语的语法形式。戴庆厦（2008）曾指出古汉语中出现过的"田十田""牛十牛"等反响型量词，在现代的哈尼语、载瓦语里还大量出现。古汉语曾经有过的使动范畴的形态变化这一语法形式，在藏缅语许多语言中如景颇语、载瓦语、独龙语等中仍然使用。汉语与其亲属语言之间的关系，使得民族语言能为汉语的历史研究提供大量的、有价值的线索和旁证，也能为构拟原始汉藏语和揭示汉藏语历史演变规律提供证据。

例如，上古汉语甲骨文、金文"A+数+A"格式（如"羌百羌、人十又六人、乘一十又七乘"）中居后的"A"的语法属性的判定，学界有过争议。究其原因，我们认为这与相关研究仅在汉语内部窥探"A"的语

---

① 数据来源于孙宏开、胡增益、黄行主编《中国的语言》，北京：商务印书馆，2007。

法属性，没有从类型学视角将汉语与亲属语言相比较有一定联系。而蒋颖（2005）尝试通过将汉语与藏缅语如哈尼语、纳西语、藏语、景颇语、独龙语、阿昌语等相比较，认为上古汉语甲骨文、金文"A＋数＋A"格式中居后的"A"应该是反响型量词。因为汉语和藏缅语的反响型量词在得以产生的有利语序（"名＋数＋量"）、专用黏着性、不表义以及未达到重新分析的发展阶段等方面具有类型学共性。而汉语反响型量词产生的时间早，但使用时间却不长，数目较少，藏缅语许多语言的反响型量词恰巧相反，至今仍在频繁使用的原因也与二者的反响型量词在语序、句法关系、语音形式等方面的差异有关。

再比如，我们一般认为汉语是分析性强的语言，缺乏形态变化。但是上古汉语中的使动词，也有通过清浊对立表示的。如吕叔湘在《说"胜"和"败"》（1987）一文中指出："败"字有两个读音，《广韵》夬韵："自破曰败，薄迈切""破他曰败，补迈切"。"薄"是并母字，"补"是帮母字。金文、《尚书》等均有用例：

（16）自败：敬勿败速（绩）。（师□簋，《考古学报》1962：1）

（17）败他：女勿丧勿败。（南疆钲，《三代吉金文存》十八、五）

（18）自败：惟汝自生毒，乃败祸奸宄，以自灾于厥身。（《盘庚》上）

（19）败他：我用沈酗于酒，用乱败厥德于下。（《书·微子》）

那么上古汉语中究竟是否存在屈折形态的使动范畴？由于缺乏足够的史料可以窥见其原来的关系，所以单从汉语自身来研究，很难做出合理的解释。那么我们如果能够将研究视野扩大至与其有亲属关系的民族语言、汉语方言中，通过亲属语言比较，从使动范畴同源词的语音对音规律中去反观上古汉语的使动范畴形式，定会拓宽我们的研究视角，有助于对上述问题的合理解决。

正如戴庆厦（2001）所说，藏缅语历史比较语法的研究已经证明，使动范畴是语法范畴中的一个最古老、最普遍的语法范畴。藏缅语使动范畴的语法形式有屈折式和分析式两种，现存语言都以分析式为主。屈折式仅是一种残存形式，但从比较中可以断定屈折式是古老的，先于分析式。屈折式有两种形式：变音式和加词缀式。变音式中又有多种形式，如加不加前置辅音、清浊交替、送气不送气交替、松紧元音交替、不同声调交替等。在这些形式中，加不加＊s前置辅音应是最早的变音式，其他变音式以及加词缀式都是由这个源头分化出来的。从藏缅语部分语言中表示"垮、败"义的使动词的语音形式看，这些使动词显然与汉语有词源上的关系。例如：

	垮（败）	使垮（使败）
普米语	bie^{55}	phje^{55}
怒语	bi̠a^{53}	phi̠a^{53}
景颇语	pja^{ʔ55}	phja^{ʔ55} 或 ʃă^{31}pja^{55}
载瓦语	pjo^{ʔ21}	phjo^{ʔ55}
独龙语	bɹɯt^{55}	sə^{31}bɹɯt^{55}
彝语	bi̠a^{53}	phi̠a^{53}

如果我们能够从藏缅语或者汉语方言中多找到一些汉藏语使动范畴的同源词，就有可能构拟出原始汉藏语使动形式，这对上古汉语中究竟是否存在屈折形态的使动范畴这一问题的研究会有很大帮助。

我国是一个多民族国家，民族融合程度高，语言接触频繁。汉语与民族语言在长期的接触中，互相借鉴和吸收了对方很多语言成分，特别是古汉语中的一些语法成分和特点至今仍保留在许多民族语言历史文献中。我们通过参照民族语言，可以为汉语历史语法研究提供有力的证据和更加合理的解释。

（三）汉语历史语法研究与境外语言

汉语历史语法研究除了要具有汉语方言学、民族语言学视角，还应该关注境外其他语言的相关语法现象。通过观察境外其他语言的相关语法现象，不仅可以帮助我们更好地认识单一语言内部的某一语法现象，还可以帮助我们对这些语法现象做出更加合理的解释。吴福祥（2003）也指出，人类语言之所以会存在大量的普遍语法特征，原因在于这些语言具有某些相同的语法演变模式，而语法演变模式的类同，本质上是因为具有相似的语法演变机制和认知语用动因。因此在考察某个特定语言的语法演变时，如果能够将单个语言的语法演变放到人类语言演变的背景下来考察，我们对它的演变模式、机制和动因就会有更本质的把握和更深入的解释。

例如，汉语史中陈述句句末"也"有静态和动态两种用法，汉语学界对这两种用法的关系有两种说法：一是"记音说"，认为后者是"矣"或其他语气词的记音；一是"扩展说"，认为后者是前者的功能扩展。陈前瑞（2008）在前人研究的基础上参考体貌类型学的相关研究，发现境外其他语言中的体貌标记存在"类助动词＞结果体＞先时体或完成体＞过去时或完整体"的语法化路径，比如英语中类似于结果体的意义是由"be＋ed"构成，如 He is gone，表示状态还存在（他此刻不在这里），"have＋ed"构成的完成体则是从"be＋ed"构成的结果体发展而来的（Bybee et al 1994）。而汉语史中陈述句句末"也"的典型用法为判断用法，与英语"be"的词源意义非常接近。陈文认为汉语史句末静态"也"也表示状态，属于广义的结果体，是由判断用法发展而来；而动态"也"大部分用法属于完成体，则是静态"也"进一步语法化的结果。汉语史句末"也"的语法化路径正好符号上述的语法化链，这充分阐释了句法"也"由静态功能向动态功能的扩展路径。

再如，"为 N 所 V"句式是汉语史上一种重要的被动式。如何分析这种被动式中"为"和"所"的性质，以往的研究存在较大的差异。对"为 N 所 V"式的分析，主要是分析"为"和"所"的性质。对于"为"，主要有三种看法，一是认为"为"是"断词"或"系词"，"卫太子为江充所败"即"卫太子为江充所败之人"，以《马氏文通》（马建忠 1983）和吕叔湘（1944）为代表；二是认为"为"是介词，介进外动词的"原主语"，以黎锦熙（1992）、洪诚（1958、2000）为代表；三是认为"为"是表被动的助动词，以王力（1980）为代表。对于"所"，也有相应三种看法，马建忠（1983）认为"所"是代词作 V 的宾语；洪诚（1958、2000）认为是助词，作为动词 V 的附加语表示被动；王力（1980）认为"所"是外动词 V 的词头，失去了原来的代词性。

以上分析都各有一定的道理，在学界各有支持者，但也都存在一些难以解释的问题。朱冠明（2013）在讨论前人观点的基础上，参照世界语言中被动式的类型，尝试提出一种新的分析，认为其中"为"是帮助构成被动句的系词，"所"是引介施事的后置词，整个结构是世界语言中常见的由源于系词的助动词所构成的"迂回被动式"。例如拉丁语、法语、俄语、德语等语言中也都有这一类由源自"是"或"成为"义的助动词辅助而构成的被动式（例句来自 Keenan & Dryer，2007）：

拉丁语：

Dareus（ab Alexandro）victus est

Darius（by Alexander）conquered is　'大流士（被亚历山大）征服了'

法语：

La porte a été ouverte

the door has been opened　'门被打开了'

俄语：

Doma byli postrojeny rabočimi

houses were built by workers　（工具格）'房子被工人们建造起来了'

德语：

Das Haus ist verkauft

the house is sold　'房子被卖了'

由此可以看出，在历史语法研究中运用类型学理论，通过比较境外其他语言的相关语法现象，不仅可以帮助我们更好地解决汉语语法史中的疑难问题，还可以为语言类型学提供实证，验证类型学研究得出的共性或规律。

汉语历史语法与现代汉语共同语的比较研究，属于典型的古今演变的范畴，这里不再阐述。

二、"普方古民外"立体研究法的价值

（一）是对"普方古"大三角理论的进一步深化与发展

"普方古民外"立体研究法是在邢福义"普方古"大三角理论的基础上提出的，是对"普方古"大三角理论的进一步深化与发展。"普方古"大三角理论中普通话是基角，方言和古代汉语对"普"角起着外证的作用，即"以方证普""以古证今"，形成对现代汉语语法的立体研究思路（邓天玉2013）。而"普方古民外"立体研究法则是以汉语语法结构的历史演变为基角，利用现代汉语共同语、汉语方言、民族语言以及境外语言的研究材料、理论方法来对汉语历史语法进行全方位的立体的研究。图示如下：

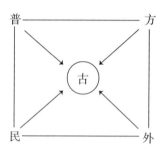

图 1 "普方古民外"立体研究法示意图

江蓝生（2018）指出考察语言演变的历史，包括考证一些语法成分的来源，不得不利用历史文献数据。但是历史文献资料往往有很大的局限性：它们多数是零星的、不连贯不完整的，有的甚至是被扭曲的。在这种情况下，要想溯源求本，就要从现代汉语方言中去找线索、找旁证，通过方言比较寻绎古今语言演变的轨迹。

我们在研究古汉语程度副词"伤"时，考察了大量的材料，发现"伤"作程度副词的用例不多，其中还有不少的用例可作动词和程度副词两解。而且程度副词"伤"几乎只修饰形容词，很少修饰其他词类和短语。南宋以后，"伤"作程度副词的用例在共同语文献中就很难找到了，到现代汉语共同语里，"伤"已不再作程度副词。这就给我们研究"伤"的语义演变带来了困难。通过检索和调查，我们发现"伤"作程度副词在中原官话、赣

语、粤语、闽语、苗族"人话"里存在大量用例，如：

（20）中原官话（山西万荣）：你<u>伤相信他了</u>，不要被他骗了。<small>你太相信他了，不要被他骗了。</small>

（21）闽语（福建泉州话）：伊即摆<u>伤无普咯</u>。<small>他这次太不像样了。（许亚冷 2010：28）</small>

（22）闽语（福建泉州话）：汝茶泡甲<u>太过厚咯</u>。<small>你茶泡的太过浓了。（许亚冷 2010：28）</small>

（23）赣语（江西樟树）：你刚做<u>伤欺负人</u>哩。<small>你这么做太欺负人了。</small>

（24）粤语（广西玉林）：你行<u>伤快</u>咧，等等我。[①]<small>你走得太快了，等等我。</small>

苗族"人话"：

（25）龙胜伟江：咯个人额头<u>伤简单</u>很哇。<small>这个人头脑太简单了。</small>

（26）资源车田：你<u>伤行快</u>□tie，我跟不到。<small>你走得太快了，我跟不上。</small>

（27）城步五团：伊坐咧<u>伤背底</u>呱，望不到。<small>他坐得太后面了，看不见。</small>

（28）城步兰蓉：伊<u>伤担心</u>伊□nie^{55}□nie^{55}弟呱，不眼死。<small>他太担心他的孩子了，睡不着。</small>

从这些用例我们看到，程度副词"伤"在现代汉语方言里不仅用例丰富，可以修饰形容词，而且也能修饰心理动词、方位词、动词短语等，搭配功能也比较强。这就为我们研究古汉语的程度副词"伤"的语义演变提供线索和旁证。

同理，现代汉语共同语、民族语言以及境外语言的研究材料与理论方法也可为汉语历史语法研究提供参照与证据。现代汉语共同语、现代汉语方言、民族语言和境外语言对汉语历史语法研究的作用受语法结构的类别制约，如句法结构是比较普遍的语言现象，一般语言中都有主谓、动宾、定中、状中、并列结构（刘丹青 2011），所以在探讨某一句法结构的历史演变时，现代汉语共同语、现代汉语方言、民族语言和境外语言均可以提供线索和证据，而在探讨量词的历史演变时，相比句法结构的演变能够参照的语言或方言要受限的多，因为量词主要分布在东亚、东南亚语言区域中，世界大多数语言量词不显赫，且该语言区域内部的语言、方言之间量词的显赫度也存在差异，如藏缅语的量词一般不显赫，而壮侗语族、苗瑶语族以及汉语南方方言的量词则比较显赫。世界语言量词的不均衡分布自然而然会制约各种语言、方言对量词历史演变研究的作用。

---

① 语料由田野调查所得，发音合作人（容县灵山）封红羽，女，汉族，1993 年生，硕士研究生。

（二）打破"单一语种"研究模式，提倡跨方言跨语言的类型学研究范式

现在语言学界的倾向或者是新的标准是：哪怕是个别语言或方言的研究，也要考虑共性和类型，更进一步考虑对语言理论的贡献。这无疑提高了研究的难度，但同时也提升了研究的水准。以往汉语历史语法研究多是集中对汉语历史文献资料进行考察，很少将其置于历史类型学视角下进行探讨。如此就会产生两大弊端：一是只局限于汉语史内部寻绎某一语法现象的演变轨迹及动因，如果汉语历史文献资料不充足，就会造成论证不够，从而判断错误；二是无法确定哪些语法演变是汉语的特性，哪些是世界语言普遍出现的演变模式，不利于汉语历史语法研究的深入。吴福祥（2005）指出在汉语历史语法研究中借鉴历时类型学的理论、方法，不仅可以帮助我们判定哪种演变方式更为可能，还可以帮我们检验我们对语法演变的解释是否合理。比如上古汉语的"及、与"，中古汉语的"将、共"，近代汉语的"和、跟、同"，吴语的"搭、帮"，闽语的"合"等，这些在汉语的不同历史阶段以及汉语不同的方言里都出现了同一个语素既可以用作伴随介词又可以用作并列连词的现象。以往学界对于伴随介词和并列连词之间的演变方向有两种对立的观点，即"伴随介词 > 并列连词"和"并列连词 > 伴随介词"。如何判定哪种观点更加科学有据，不仅要把着眼点放在汉语历史文献上，还应该开阔视野，吸取类型学形态句法的研究成果。已有成果表明"伴随介词 > 并列连词"是 SVO 语言中一种普遍常见的演变模式，而"并列连词 > 伴随介词"的演变模式在迄今已知的人类语言形态句法演变中却未被证实。因此我们可以确定汉语中伴随介词和并列连词之间的演变方向应该是"伴随介词 > 并列连词"，而非相反。如此可见，类型学的方法和成果对汉语历史语法的研究是十分必要的。

（三）为历时类型学研究提供参考，提高国际学术话语权

"普方古民外"立体研究法的引入，突破了汉语史的框架束缚，将汉语语法现象的演变置于世界语言普遍语法演变模式的范围内考察，不仅能够有助于我们拓宽研究视角，加深对世界语言普遍语法演变模式的认知，还可以帮助我们更加深入地探讨汉语语法现象演变的轨迹，进而区分哪些语法演变是汉语的特性，哪些是世界语言普遍出现的语法演变模式。同时也能够为历时类型学研究提供汉语历史语法研究的实证，从而在语言学研究领域增强我国科学研究的国际影响力，形成具有自身特色和优势的学术话语体系。完整体到最近将来时这一语义演变路径是类型学上极为罕见的语法现象，在波斯语、新阿拉米语（Neo-Aramaic）、印度尼西亚中部苏拉威西岛的语言 Pendau 等极少数语言中发现有此类语义演变模式。而陈前瑞、王继红（2012）参照类型学的演变模式，考察汉语历史文献和汉语方言材料发现从完成体向最近将来时方向演变，是汉语通用语和汉语方言时体将来时演变的常见现象，如现代汉语的句尾"了"、近代汉语的"去"和"也"、吴语汤溪话"得"等。汉语通用语和汉语方言中的这种常见的时体演变模式，不仅可以为完成体到最近将来时这一类型学罕见形态句法现象提供佐证，验证其正确性，还能够将汉语通用语及其方言纳入类型学考察的语言样本中，从而有效提升我国的国际学术话语权。

三、"普方古民外"立体研究法的难点

（一）句法语义演变的识别和判定难度大

　　一个语言中特定的句法语义演变，既有可能是该语言本身内部因素作用的结果，也有可能是语言接触所导致的产物。语言独立发生的句法语义演变和语言接触引发的句法语义演变在很多方面并无二致，因此在大多数情况下，面对一个特定的句法语义演变，我们常常并不容易判定它是语言接触引发的，还是该语言内部因素导致的。比如汉语方言虽与古汉语一脉相承，但方言分化的历史久远，相同的语法现象是方言对古汉语的继承，还是分化以后方言独立发展的结果，难以判定。同样，境内的民族语言，特别是汉藏语系语言，与汉语有着共同的原始祖语，历史上又有过长期而密切的接触，共同的语法现象是继承自共同的祖语，还是接触的影响造成的，也很难分辨。而且部分民族语言的系属并不明确，更加大了判定的难度，如果不是同一祖语，则还有可能是类型学上的相似性。例如，中古译经中"亦"并列连词用法的来源，学界就有不同看法。许理和（1987）、龙国富（2005）、徐朝红（2012）将其归因于译经者的误用，蒋冀骋（1994）诠释为外来语的影响，张延成（2002）认为是汉语自身的演变，徐朝红、吴福祥（2015）则认为"亦"是类同副词变为并列连词，是一种比较典型的接触引发的语义演变。

　　再如，汉译佛典中"S，N是"句式的来历，学界就有不同看法。香坂顺一（1997）认为与先秦汉语固有的"是"后置的用法有关；张华文（2000）通过与藏缅语比较，认为这种句式是原始汉藏语SOV结构的遗留。江蓝生（2003）、朱冠明、段晴（2005）、陈秀兰（2008）等认为它很可能是语言接触的产物，受梵文影响产生的句式；张美兰（2003）则认为既与佛经原文判断句的表达方式有关，同时汉语自身固有的类似表达方式也为它的存在提供了基础。姜南（2010）则通过系统的梵汉对勘和异译比较，认为"S，N是"句是原文一类繁琐句型的汉译，虽然也表判断，但句中的

"是"并非系词，仍为指示代词。

针对这一难点，我们除了要具有历时类型学视角，把汉语形态句法演变置于世界语言普遍语法演变模式范围内考察，还应该熟悉各语言之间的亲属关系，善用排除法，逐一判定。

（二）句法语义演变的共性与差异的解释难度大

语言研究的高层次追求是"解释的充分性"，如何对通过"普方古民外"的立体比较得出的句法语义演变的共性和差异进行充分的解释，尤为困难。例如唐贤清、陈丽（2011b）指出汉语方言中保留了古汉语程度补语"煞"的五种用法，但是不同的汉语方言继承了不同的形式，探讨这种差异形成的原因，就非常困难。

要提高这种解释能力，对研究者的理论素养提出了更高的要求。要求我们从事历史语法研究的学者，不仅要有扎实的历史语法功底，还要抛弃对各种理论流派的成见，兼擅语言接触、区域语言学、比较语言学、语言类型学等学科理论。

（三）语料的收集与甄别难度大

"普方古民外"的立体研究需要大量的语料，但汉语方言和民族语言的语料并不丰富，有些语法现象没有材料，或者已有的材料不够精细，这都需要研究者亲自进行田野调查，要求研究者要有较强的语言调查能力。对境外语言材料的收集，则还要求研究者有较高的外语水平。要解决这一难题，组建各有特长的研究团队势在必行。

除了材料少外，已有材料的查找也是一项艰苦的工作。目前，古汉语和现代汉语共同语都有了方便查找的语料库，但是方言和民族语言的语料库建设还相当薄弱，能利用计算机进行智能搜索的材料很少，大多要采用人工检索。在大量材料中对某一语法现象进行人工检索，有时如大海捞针，费时费力，且收效甚微。要解决这一难题，需要大力加强方言和民族语言语法的语料库建设。

历史语法研究的目标是揭示已有演变的规律、解释共时语言现象以及预测未来演变的方向（吴福祥2005）。"普方古民外"立体研究法的引入不仅有助于我们判断汉语历史语法中相关语法结构的演变方向，帮助我们更加合理地解释某一语法现象产生的根源，而且还可以拓宽我们的研究视角，让我们对世界其他语言的形态句法演变有更加深入的了解，同时也能够为语言类型学研究提供汉语历史语法研究的实证，从而在语言学研究领域增强我国科学研究的国际影响力，建设具有中国特色、中国风格、中国气派的哲学社会科学，为提升国家文化软实力做出贡献，语言学工作者责无旁贷。

第三节　研究内容、方法、缘由及相关说明

一、选题缘由

我们选择"东汉三国佛教文献副词研究"这一课题，有以下理由：

（一）东汉三国时期的佛教文献，撰写年代大多基本明确。如东汉安世高的《七处三观经》，是元嘉元年即公元 151 年翻译的，吴康僧会的《六度集经》是太元二年即公元 252 年翻译的，时间非常明确。有些佛教文献即使没有明确到某一年，但是只要译者确定，比较准确的时间还是可以确定的，从东汉《四十二章经》开始，虽然经历了东汉三国，但是相隔并不很长。学界一般认为，佛教入中国始于汉明帝永平年间（永平元年为公元 58 年），到吴灭亡（公元 280 年），相隔最多只有 222 年，因此时间相对比较集中。如《瑞应本起经》是吴国支谦翻译的，而吴在历史上存在的时间是公元 222 至 280 年。这种时间的相对确定性，对汉语史的研究意义非常重大。

（二）东汉三国时期在汉语史上地位非常重要。它处于上古汉语向中古汉语的过渡时期，语言的变化理应加剧，一些非常典型的新词、新义会大量产生，如表示总括的副词"都""同共""共同"，表示时间的副词"甫当""匆匆""即便"，表示程度的"大甚""甚大"，表示情状方式的副词"在所"，表示处所的副词"在在"，表示范围的副词"都卢"，表示语气的副词"毕竟""或时"等就见于这一时期的佛教文献，这对探讨汉语的历史演变具有重要意义。

（三）东汉三国时期佛教文献的学术价值，与这些译家的特殊性紧密相关。这些译家大多不是汉人，如东汉的安世高来自安息，支娄迦谶来自月氏，支曜来自西域，吴国的支谦来自月氏，康僧会来自天竺，他们的汉语水平理应不是特别高，在译经时不可能使用深奥的文言文，但这反而提升了他们翻译佛经的语言价值，因为这些佛教文献文言色彩并不很浓，基本上使用当时的口语，语言价值远远高于这一时期的中土文献，不少在中土文献中还没有使用或者很少运用的语言现象，在佛教文献中却有运用，所以这些语料是研究这一时期口语的宝贵资料。

（四）副词在汉语语法史研究中具有重要地位。副词作为谓语的重要标志，在动词谓语占压倒优势的古汉语句子中，显得特别丰富。所以，从古

至今，副词都是汉语虚词中的一个大家族，其范围之广，数量之多，堪为汉语虚词中的"大杂烩"，因此，以副词作为汉语语法史考察的对象，应该是有重要意义的。

（五）跨语言研究表明，世界语言副词存在具有普通性，尤其是汉藏语系，副词是汉语方言及民族语言较为典型的词类。由于种种原因，汉语方言和民族语言保留的历史研究文献较少，历时语言研究难度较大。历史上佛经的翻译、佛教的传播必然造成共同语、汉语方言及民族语言的接触，通过佛经文献与方言、民族语言的比较研究，也可以为汉语方言和民族语言研究提供参考。

尽管这一时期的佛教文献具有重要的学术价值，但是目前对它们进行系统全面研究的成果并不很多，这与其学术价值是很不相称的。因此，我们决心为这一领域的研究作些实际工作。但是，这一研究是一个庞大的系统工程，个人的力量难以全部完成，因此，我们选取其中的一个阶段、一个专题——东汉三国佛教文献的副词作为研究对象，不过我们并不限于对东汉三国时期佛教文献的副词作共时的描述，我们还将从纵深辐射，采用统计学的研究方法，上至先秦西汉，下至现代，既涉及佛教文献，又有中土文献的比较，力求对汉语副词形成一个立体的、全方位的认识。

二、所用语料

本书以东汉三国佛教文献中有特色的副词为讨论对象。由于佛教文献年代久远，影响翻译的因素也复杂多样，今传佛教文献所题时代、译者讹误不少，如安世高、支谶、康孟详等，历代经录对其所译篇目、数量的记载颇有出入。本文讨论所用的东汉三国佛教文献，以任继愈《中国佛教史》附录所考证的东汉三国佛教文献目录为准。引用的佛教文献，一律采用日本《大正新修大藏经》。东汉三国佛教文献的篇目我们依据 Jan Nattier（2008）的考证，共计 65 部。

对于名称，朱庆之（2001）认为佛教混合汉语可以有广义和狭义之分。从广义的角度来说，它就是古代汉文佛教文献的语言，包括全部的汉译佛经、中土佛教人士的撰述和以宣传佛教教义为目的的文学作品等；从狭义的角度来说，它只是指汉译佛经的语言。我们在文中，为了方便，统一使用佛教文献的名称，佛教文献的语言就是指朱庆之提出的"佛教混合汉语"。

中土文献我们既关注了一般的语料，也关注了道教文献，如《太平经》等，这样便于同佛教文献比较。同时，我们拟立足东汉三国佛教文献的副词，展开"普方古民外"立体研究，因而文中也将涉及多种汉语方言、民族语言以及部分境外语言材料，这些材料如为文献材料，我们将在文中一一标明出处，如为田野调查材料则在文中标明发音合作人信息。

三、研究的方法

在讨论问题的过程中，我们将力求运用以下方法：

（一）多层次内部比较法。包括共时对比和历时比较相结合，宏观比较和微观比较相结合。即将中古时期佛典与中土文献的副词进行共时对比，以展示中古时期副词的共时差异；以中古时期的副词与上古、近代的副词进行历时比较，同时，将中古副词同汉语方言以及其他相关语言的副词进行比较研究，以揭示这个时期副词的历时差异。以上均为宏观比较。同时，我们还注意重要佛典及其异译本的比较，同时代不同地域译家或者作者的比较，中古不同时期的比较。以上为微观比较。

（二）普方古民外立体研究法。我们立足于东汉三国佛经中的副词，在论述的过程中将它们与普通话、汉语方言、民族语言、境外语言等进行立体比较研究。尝试把历史语言学与语言类型学、语言接触理论、比较语言学、区域语言学等相关理论结合起来，把文献研究与田野调查结合起来，把共时研究与历时研究结合起来，形成"三结合"，为历史语法研究提供新的视角，拓宽研究领域。

（三）运用统计方法，把定性分析与定量分析结合起来，对东汉三国佛教文献进行穷尽性研究。

（四）将静态描写与解释分析相结合，总结语言规律，积极探讨语言现象产生的原因，并尽量做到分析的深入。

四、研究的内容

在博士学习期间，我主要以《朱子语类》的副词系统为中心，共时与历时相结合，对中土文献的副词进行系统研究。在博士后研究期间，我想开拓视野，以东汉三国佛教文献为中心，将佛教文献与中土文献进行比较，在比较中发现东汉三国佛教文献副词的特殊用法，并对这些特殊用法尽可能作出合理的解释。

不过，需要指出的是，东汉三国佛教文献非一人一时一地所做，加上这个时候译经工作大部分还是由外国僧人承担，虽有汉籍僧人传译，但情况各异，所以，在提到佛教文献副词特殊用法时，并非指东汉三国佛教文献的副词都有这种用法，而是指大多佛教文献的副词具有这种用法。

第一章　东汉三国佛教文献重叠式副词研究

重叠（reduplication）是使某语言形式重复出现的语言手段，张敏（1997）指出，重叠并非为汉语所独有，作为一种能产的语法手段，重叠极为广泛地分布在世界上大多数语系的诸多语言中，它不仅出现在汉藏语系诸语言里，也出现在与汉语无系属关系的邻近语言，如阿尔泰语系、南亚语系诸语言及日语里，还出现在远离中国的达罗毗荼语系（Dravidian）、南岛语系（即马来—玻利尼西亚语系）、乌拉尔语系（Uralic），闪含语系（Semito-Hamitic），霍坎语系（Hokan），尼日尔—科尔多凡语系（Niger-Kordofanian），尼罗—撒哈拉语系（Nilo-Saharan），美洲印第安语和一些印欧语系语言中，这些语言中也有重叠现象。

景颇语属汉藏语系藏缅语族景颇语支，与汉语、藏语等有亲缘关系。据戴庆厦（2000）考察，景颇语的重叠式非常丰富，是景颇语的一种重要的、常见的语法手段。它具有广泛性，分布在大部分词类中，包括副词；具有手段多样性，有多种语音手段；具有多层次性，出现在大小不同的语言单位上，有词内型的，也有词外型的；具有多功能性：表示多数义，表示经常义，表示轻微义，表示程度加深义，表示"每……各"义，表示强调，构成新词等。

汉语的重叠手段由来已久，郑刚（1996）对金文与石鼓文等古文字资料所见的重叠词进行了研究，可见重叠手段之早。汉语界对重叠问题的研究由来已久，李宇明（2009）考察，近20年来，中国语法学界研究重叠问题发表了上百篇论文，但是多局限于实词。刘丹青（2012）认为重叠现象可以分为"原生重叠"和"次生重叠"两类，"原生重叠"是天生作为重叠手段存在的，"次生重叠"是由句法结构、话语反复等非重叠现象在历史演变中经过重新分析成为重叠形式的。储泽祥（2018）认为汉语构词重叠与构形重叠应遵循互补分布原则，亦即如果某基式以某形式构形重叠，那么该基式则不能以相应的形式构词重叠。除此而外，一些学者从认知、韵律、重叠内部音调的变化等角度对重叠进行研究，也取得了一定成果。国外，萨丕尔（1985）讨论了印第安语和非洲、大洋洲一些语言中的重叠现象。20世纪60年代以来，随着认知语言学和功能语言学的兴起，语言类型学家如 H. Key、R. M. W. Dixon、E. A. Moravcsik、A. Abbi、J. L. Bybee 等先后调查了多个语系的几十种语言的重叠现象，得出了一些有价值的结论。

汉语的副词是否有重叠形式，看法不尽一致。郭翼舟（1984）认为，副词不能重叠，副词"渐渐、刚刚、常常、仅仅"等只是从单音节的词发展为双音节的词，本不是重叠形式。朱德熙（1982b）认为副词是有重叠形式的，基式就是单音节副词，重叠式是 AA，他举了"常常、稍稍、恰恰、刚刚、白白"等例子。我们认为，汉语副词是有重叠形式的。

段业辉（1987）对《普通话三千常用词表》《现代汉语八百词》《现代汉语虚词例释》《汉语的构词法》《汉语造词法》等五部书所列副词的构词情况作了调查，结果是现代汉语的副词大约为700多个，重叠式副词70多个，大体上占10%左右。

其实，汉语的重叠式副词先秦就已经萌芽，如"稍稍""时时"等，两汉以后开始大量出现，直至现代汉语，佛教文献的翻译对重叠式副词起到了推动作用。汉语副词的重叠是语法手段，但更常用于语用层面，主要功能是起强调的作用。关于汉语副词重叠研究，主要集中在副词重叠的范围（段业辉1987、许光烈1990、李宇明1996、张谊生1997、唐贤清2003d、杨荣祥2005）、副词重叠类型（段业辉1987、王继同1989、张谊生1997、唐贤清2003d）、基式与重叠式的异同（齐沪扬1987、王继同1989、张谊生1997、唐贤清2003d）、断代副词重叠（杨荣祥2005、张国艳2005、雷冬平2006）、汉语重叠的理据（石毓智1996、张敏1997、华玉明2002a）、重叠式副词的来源（刘振华2010、柴延艳2010、张谊生2015、谢玥2017）等几个方面。较之汉语副词重叠研究，对汉语方言副词重叠进行专题研究的文献较少，雷二毛（2012）、杨文波（2016）、胡乘玲（2018）等分别对武汉方言、山东兖州方言、湖南东安官话的重叠式副词、副词重叠式的反复问句进行了个案探讨。还有少数硕博论文（吴云霞2002、苏俊波2007、刘佳佳2008）也偶有涉及。而专门对针对民族语言副词重叠进行专题研究的论著则极少见。综观已有研究，副词重叠研究整体上比较薄弱，且多是对单一语言（方言）副词重叠现象进行个案分析，缺乏"普方古民外"的立体研究视角。

鉴于此，我们以《大藏经》为代表，分为东汉三国及东汉三国以后两个时间段，并以中土文献作参照，结合现代汉语共同语、汉语方言、民族语言等材料，通过对佛教文献重叠式副词进行"普方古民外"立体研究，找到东汉三国佛教文献重叠式副词使用的特点及其类型学的普遍特征，并发现重叠式副词产生的理据，以期对佛教文献的重叠式副词乃至整个汉藏语系的重叠式副词有一大致的了解。

有一点需要特别加以说明，就是考察对象的名称，我们姑且统以"重叠式副词"称之，发现有时欠妥，因为有些重叠形式不好称之为词，我们只是权宜之计。正如张谊生（2000c）所说："副词的构形重叠和构词重叠界限相当模糊，要想把构形重叠与构词重叠完全分离出来，对于汉语副词的实际来说，是相当困难的。"

第一节　佛教文献与中土文献重叠式副词的共时比较

这种共时的静态比较本可以从重叠式副词的意义类型和形式类型两方面进行，但是，不论佛教文献还是中土文献，重叠式副词的意义类型都包含时间副词、程度副词、范围副词、语气副词、情态副词，都没有否定副词，这样的比较看不出佛教文献的特点，所以我们略去，只重点比较一下它们形式类型方面存在的差异。

一、东汉三国佛教文献的重叠式副词的形式类型

东汉三国佛教文献的重叠式副词共出现 14 个，主要是 AA 式，按照构成成分的性质，还可以细分为两种类型：

类型一：A 为单音节副词（8 个）

各——各各（192）、渐——渐渐（2）、稍——稍稍（52）、时——时时（18）、数——数数（15）、微——微微（1）、一——一一（91）、转——转转（1）

渐——渐渐

"渐"，本是水名，《说文·水部》："渐，水出丹阳黟南蛮中，东入海。"由此引申为慢慢地，逐步发展。"渐"是借用"逝"的音义，段玉裁《说文解字注·水部》："按：《走部》有'逝'字，训进也。今则皆用渐字，而'逝'字废矣。"《广雅·释诂二》："渐，进也。"由此引申为慢慢地，逐步发展。《易·渐》："象曰：渐之进也。"王弼注："之于进也。"再虚化为副词，表示程度缓慢地增加，相当于"逐渐"。如：

（1）血气刚强，则柔之以调和；知虑渐深，则一之以易良；勇胆猛戾，则辅之以道顺。（《荀子·修身第二》）

（2）今生乃复值遇是成具光明定意法，今得修行行之，如弹指顷，长离三恶道。功德<u>渐</u>满，疾速至佛。（后汉·支曜译《佛说成具光明定意经》卷1，T15，No.630，p0453c）

东汉三国佛教文献副词"渐渐"出现了2例，表示"逐渐"义，均在《菩萨本缘经》中，如下：

（3）时毘罗摩即奉王命纂承先父辅相之业，然后<u>渐渐</u>劝化。（吴·支谦译《菩萨本缘经》卷1，T03，No.153，p0053b）

（4）我于一切无量众生，尚能弃舍所重身命，况复其余外物珍宝。是故父母敬而重之，为立名字，字一切施，从其初生，身与行施，<u>渐渐</u>增长。（同上，p0055a）

东汉三国以后《大藏经》中"渐渐"使用相当多，如《禅秘要法经》出现了99例，《佛本行集经》78例，各举一例加以说明：

（5）满阎浮提，<u>渐渐</u>广大，乃至东方，满娑婆世界。（姚秦·鸠摩罗什等译《禅秘要法经》卷1，T15，No.613，p0249c）

（6）我时赍此七茎莲花，遥见佛来，<u>渐渐</u>至近，睹彼佛身，端政可喜。（隋·阇那崛多译《佛本行集经》卷3，T03，No.190，p0667b）

中土文献中，副词"渐渐"汉代才出现，《前汉纪》1例，后代用例渐多，《先秦汉魏晋南北朝诗》中的魏晋南北朝诗出现2例，《搜神记》2例；《神仙传》3例；《齐民要术》1例；《全唐文》5例；《全宋词》26例；《朱子语类》184例；《全元散曲》18例；《全金元词》29例；《西游记》37例；《拍案惊奇》45例；《红楼梦》67例。如：

（7）得李广必生致之。广初被创，胡骑置两马间，络囊盛之。广伪死，<u>渐渐</u>腾而上马，抱胡儿而鞭马南驰。匈奴数百骑追之，广取胡儿弓，射杀追骑，遂得免。（东汉·荀悦《前汉纪·武帝纪四》）

（8）<u>渐渐</u>诱进说法轮，剔其髭发作道人。（《先秦汉魏晋南北朝诗·北魏诗》卷四，《老君十六变词》）

（9）张氏既失钩，<u>渐渐</u>衰耗。（东晋·干宝《搜神记》卷九）

（10）这日不知为何，他二人言语有些不合起来，黛玉又气的独在房中垂泪，宝玉又自悔言语冒撞，前去俯就，那黛玉方<u>渐渐</u>的回转来。（清·曹雪芹《红楼梦》第五回）

佛教文献与中土文献相比，略晚，支谦译经在吴孙权黄武初至孙亮建兴中即公元222至253年，《前汉纪》的写作开始于建安三年，完成于建安五年，即公元198至200年。

"渐渐"现代汉语里使用仍旧非常活跃，兹举一例如下：

（11）往东入了长安街，人马<u>渐渐</u>稀少起来。（老舍《骆驼祥子》十一）

"渐渐"在东汉三国佛经中用例较少，只见两例，如前所述。此二例中"渐渐"皆充当状语。在方言材料中，"渐渐"也见于闽语雷州片、中原官话洛徐片、江淮官话洪巢片中：

（12）广东雷州：重视知识分子，解决伊侬生活困难，偌体上大体上都<u>渐渐</u>。（张振兴、蔡叶青 1998：223）

（13）河南洛阳：天<u>渐渐</u>的冷了。（贺巍 1996：200）

（14）江苏扬州：打过霜了，天<u>渐渐</u>冷了。（王世华、黄继林 1996：250）

洛阳方言和扬州方言中的"渐渐"与东汉三国佛经文献副词"渐渐"意义相同，均表示"程度或数量的逐步增加"义。而例（12）雷州方言中的"渐渐"却有所不同，是形容词，表示"差不多，还可以"义。

"渐渐"除了用在东汉三国佛经文献和方言中，在民族语言中也有使用。如：云南罗平布依语（鲜红林 2011）重叠式副词"va:ŋ¹¹va:ŋ¹¹"表示"渐渐"义；村语（欧阳觉亚 1998）重叠式副词"zou³zou³"表示"慢慢，渐渐"义。

"稍稍"在东汉三国佛教文献中多以"微微、稍微"义出现，表示"程度轻"义。在现代汉语方言材料中，多出现"稍稍带带""稍稍微微""稍稍微"这三种形式。其中"稍稍微微""稍稍微"在表示"微微、稍微"义的这一层面上，与"稍稍"相同。这些词形出现于中原官话中例如：

（15）河南孟州：你画呐（的）线<u>稍稍微微</u>有点偏左。（刘佳佳 2008）

（16）山西万荣：我叫权<u>稍稍微</u>挂唠一下，不要紧。（吴云霞 2002）

上两例中，"稍稍微微"和"稍稍微"都表示"程度较轻"义与东汉三国佛经材料中的用例意义相同。

而晋语中邯新片出现的"稍稍带带"表"顺便、顺带"义，如

（17）河南辉县：我成天往那儿跑叻，<u>稍稍带带</u>叻就给化买叻。（穆亚伟 2016）

此例中的"稍稍带带"与东汉三国佛经文献中的"稍稍"意义不同。

类型二：A 为非副词（6个）

处——处处（24）、匆——匆匆（1）、得——得得（4）、往——往往（3）、在——在在（5）、久——久久（7）

处——处处

"处"本义指处所，地方。如《墨子·兼爱中》："南为江、汉、淮、汝，

东流之，注五湖之处。"佛教文献如：

（18）今得此处清净安乐快不可言。（吴·支谦译《菩萨本缘经》卷1，T03，No. 153，p0055c）

"处"重叠构成"处处"，不再用作名词，而用作副词，表示各处，每个方面。东汉三国的佛教文献出现了24例，如：

（19）死，贤者！苦，死为何等？所为人有，所为人有在生死，处处为舍身废坏灭，不复见命。（后汉·安世高译《佛说四谛经》卷1，T01，No. 32，p0815a）

（20）今我曹索水了不能得，当自取身血洒之耳，是时萨陀波伦菩萨及五百女人，各自取刀处处刺身出血，持用洒地。（后汉·支娄迦谶译《道行般若经》卷10，T08，No. 224，p0474c）

（21）其川平正，多众果树，处处皆有流泉浴池。（后汉·竺大力共康孟详译《修行本起经》卷2，T03，No. 184，p0469b）

（22）无量众鸟相和而鸣，其声和雅甚可爱乐。处处多有流泉浴池，金色莲华弥布水上。（吴·支谦译《菩萨本缘经》卷2，T03，No. 153，p0062b）

东汉三国以后的佛教文献中"处处"用例相当多，《佛本行集经》中副词"处处"出现了90例（不含"在在处处"），如：

（23）其地处处皆生莲花。（隋·阇那崛多译《佛本行集经》卷4，T03，No. 190，p0669b）

中土文献"处处"出现较佛教文献早，《诗经》出现1例，如下：

（24）笃公刘，逝彼百泉。瞻彼溥原，乃陟南冈。乃觏于京，京师之野。于时处处，于时庐旅，于时言言，于时语语。（《诗经·大雅·生民之什》）

郑玄笺云："于，於。时，是也。京地乃众民所宜居之野也，於是处其所当处者，庐舍其宾旅，言其所当言，语其所当语，谓安民馆客，施教令也。"

可见，这里的"处处"是短语"处其所当处"，不是副词用法。

作为副词，"处处"东汉初年的《汉书》就已有3例，《全后汉文》出现7例，如：

（25）自哀、平间，郡国处处有豪杰，然莫足数。（东汉·班固《汉书·游侠传·原涉》）

（26）今京师厮舍，死者相枕，郡县阡陌，处处有之。（《全后汉文》卷九，顺烈梁后《葬死者诏》）

"处处"后代十分常见，在各类文献中都有运用，不再举例。现代汉语仍旧使用。

除"处处"外，"得得""在在""久久"，在现代汉语方言中亦有遗存。

"得得"在东汉三国佛经文献中已有用例，此处不再赘述。方言中AA式"得得"见于腾冲方言，如"得得的不见他来。"表"偏偏、偏生"义。湖北武汉江淮官话黄孝片中"得得"表"可能，会"义，常跟"怎样"合用，如"他么得得说出这种话"。此地方言中还有一种形式"得得了"在句中充当补语，表"了得、不得了"义，用在句末表示惊讶、反诘、责备等，如"你不怕还得得了。"

"在在"在东汉三国佛经文献中相当于"处处"。相同的词形也存在于江淮官话洪巢片中，如：

(27)江苏盐城：我在在地关照他，他还是没做好。(许宝华、宫田一郎 1999：1776)

此句中，"在在"表"一再、屡次"义，与东汉三国佛经中的"在在"意义有别。

"久久"在东汉佛经文献中，屡见用例，可表示"坚固、长久"义，可充当谓语，如"此城久久，如欲坏时，当以三事：一者大火，二者大水，三者中人与外人谋，乃坏此城。"但此句中"久久"似不能视为重叠式副词，目之为形容词似乎更为合适。该词亦可表"随着时间推移"义，充当状语，如"不知饭中有毒，愚闇之人食之，欢喜饱满，食欲消时，久久大不便身。"方言中，"久久"亦有不少用例，除了AA式的"久久"外，西南官话川黔片、粤语广府片中还有"久不久""久时久"等形式，例如下：

(28)四川成都：他久不久来买一回书。(梁德曼、黄尚军 1998：249)

(29)广东广州：久时久去睇下佢。(白宛如 1998：203)

例(28)中"久不久"表"隔不了多久"义。例(29)中"久时久(久唔久、久不久)"表"不时，隔不多时"义。

二、东汉三国以后佛教文献的重叠式副词的形式类型

以上东汉三国佛教文献的重叠式副词在后代的佛教文献中也能运用，此外，还有一些东汉三国佛教文献没有出现，而在后代佛教文献出现的重叠式副词，共51个，主要有三种形式：

(一)AA式(44个)

按照构成成分的性质，还可以细分为两种类型：

类型一：A为单音节副词(42个)

暗——暗暗、比——比比、常——常常、长——长长、诚——诚诚、重——

重重、垂——垂垂、大——大大、单——单单、的——的的、独——独独、断——断断、故——故故、好——好好、忽——忽忽、急——急急、几——几几、仅——仅仅、苦——苦苦、累——累累、历——历历、连——连连、屡——屡屡、略——略略、每——每每、弥——弥弥、明——明明、默——默默、频——频频、恰——恰恰、悄——悄悄、切——切切、勤——勤勤、实——实实、死——死死、速——速速、特——特特、万——万万、小——小小、旋——旋旋、早——早早、足——足足

长——长长

《说文》："长，久远也。"《广雅·释诂三》："长，久也。"可见"长"的本义为"久，永久"，如《书·盘庚中》："汝不谋长。"孔传："汝不谋长久之计。"由此虚化为副词，表示"常、经常"，《广雅·释诂一》："长，常也。"如《庄子·秋水》："吾长见笑于大方之家。"

"长长"由副词"长"重叠构成，表示"常常、永远"义，《大藏经》共出现了3例，另外《敦煌变文集》出现2例，如：

（30）前问云既有二谛云何相待者，从来解云：真俗待，二谛不待。若谛相待，则长长相待。故真俗待，二谛不待也。（隋·吉藏撰《二谛义》卷2，T45，No. 1854，p0102a）

（31）时有僧问："如何是沙门眼？"师云："长长出不得。"又云："成佛成祖出不得，六道轮回出不得。"僧云："未审出个什么不得。"（宋·道原纂《景德传灯录》卷10，T51，No. 2076，p0274a）

（32）莫说人皆智惠（慧）人，兼缘地总贤灵地。足珠珍，多锦绮，软草祥花咸□备。九夏无劳远远敷，三秋镇有长长媚。（《敦煌变文集·双恩记》）

（33）永永交君播好名，长长不见逢灾累。（同上，《父母恩重讲经文》）
例（33）"永永"与"长长"对应，可见"长长"就是"永远"义。

中土文献"长长"东汉已经出现，《太平经》出现1例，《全唐诗》5例，《全宋词》9例，《朱子语类》10例，《全金元词》9例，《六十种曲》2例，《九尾龟》2例，《后红楼梦》《天豹图》《明清时歌调集》各1例，如：

（34）治之连不平，非独天地人君也，过乃本一在人，长长自得重，过责于皇天后土，皆由一人。（《太平经·丁部之十六》）

（35）千寻亭荔枝，急奈长长苦。（《全唐诗》卷511，张祜《自君之出矣》）

（36）是行其道而有得于心。虽是有得于心而不失，然也须长长执

守，方不失。（宋·朱熹《朱子语类》卷三十四《论语》）

（37）为谁心子里，<u>长长</u>苦？（《全宋词》，周邦彦《感皇恩》）

（38）啸蓬莱日月长，沧海任教枯，我的容颜<u>长长</u>如故。（《六十种曲·玉镜台记》第二十出《郭璞仙术》）

（39）只要你把我这个人<u>长长</u>的放在心上，不要到了那个时候忽然反而无情起来，也就是了。（清·张春帆《九尾龟》第一百八回）

（40）这黛玉却是另一种的性情，只要父母、夫妻<u>长长</u>守着的过，积些忠厚阴德，培些根基，渐渐的超脱尘凡，证他仙果，那些浮名荣耀真个的看做了浮云一般。（清·逍遥子《后红楼梦》第十九回）

由于"长长"与"常常"音义基本相同，如果二者一直保存下来，增加了交际者的负担，所以现代汉语完全作出了取舍，"长长"消失了。其实明清时期一些常见的重要文献已经不再用"长长"了，如《西游记》《水浒传》《红楼梦》等。但是"长长"在闽语闽南片中仍有遗存，表示"常常"义，例如：

（41）福建厦门：<u>长长</u>受表扬。（许宝华、宫田一郎 1999：862）

除"长长"外，上列诸词，在现代汉语方言中的闽语、吴语、徽语、中原官话、江淮官话、西南官话里亦有用例，兹举于下：

在中原官话商阜片中，"大大"常见形式为"大大的"，表"很，非常"义：

（42）安徽阜阳：他<u>大大</u>的不高兴。（许宝华、宫田一郎 1999：236）

现代汉语方言中的"单单"多表"就；只；仅"义，在徽语绩歙片、闽语雷州片、江淮官话泰如片、吴语太湖片、中原官话关中片等方言区中，屡见用例，如：

（43）安徽绩溪：大家都去了，<u>单单</u>尔一个人不曾去。（赵日新 2003：81）

（44）广东雷州：侬谁都按时交作业去啦，<u>单单</u>多汝一个侬孲交在。（张振兴、蔡叶青 1998：249）

（45）江苏南通：格么多衣裳中，<u>单单</u>红的好看。（陶国良 2007：211）

（46）上海：<u>单单</u>俉几个人哪能打得过伊拉呢？（许宝华、陶寰 1997：85）

（47）浙江宁波：别人吃勒该蛏子和总一眼呒告，<u>单单</u>侬会肚皮尸。（汤珍珠、陈忠敏、吴新贤 1997：135）

（48）陕西西安：伢都来咧，<u>单单</u>儿他没来。（王军虎 1996：209）

"单单"还可以与否定形式"不""勿"连用，表"不但、不止、不仅"

义，例如：

（49）安徽绩溪：尔一回犯事仂不<u>单单</u>是尔的几个人。（赵日新 2003: 27）

（50）安徽绩溪：师父不<u>单单</u>教徒弟学手艺，还教渠做人。（赵日新 2003: 276）

（51）上海：报名个人勿（单）<u>单</u>伊一个。（许宝华、陶寰 1997: 353）

（52）上海：伊勿（单）<u>单</u>勿肯认错，还要骂人。（许宝华、陶寰 1997: 353）

"独独"在方言中多表"单单"义，在西南官话贵昆片、川黔片；赣语昌都片、宜浏片；江淮官话泰如片、黄孝片；吴语太湖片等地方言区中屡见用例，如：

（53）贵州贵阳：我<u>独独</u>个人不敢作主。（汪平 1994: 43）

（54）四川成都：大家都报了名，<u>独独</u>他不报。（许宝华、宫田一郎 1999: 4303）

（55）江苏南通：人家滑说好，<u>独独</u>他说不好。（陶国良 2007: 411）

（56）湖北武汉：他蛮想去，<u>独独</u>不让他去。（朱建颂 1995: 208）

（57）上海：<u>独独</u>有到广州去个两张车票难买。（许宝华、陶寰 1997: 85）

（58）江西南昌：人家都冒迟到了，<u>独独</u>渠一个迟到。（熊正辉 1995: 291）

江淮官话黄孝片方言中，"独独"还可表"刚巧，正凑巧"义：

（59）湖北武汉：我们打听他，<u>独独</u>他来了。（朱建颂 1995: 209）

"独独"在江淮官话黄孝片、赣语宜浏片中，也有表"偏"义的用例：

（60）安徽安庆：怕碰着他，<u>独独</u>把他看见了。（许宝华、宫田一郎 1999: 4304）

（61）江西宜春：要渠莫去，渠<u>独独</u>要去。（许宝华、宫田一郎 1999: 4304）

吴语太湖片中，"独独"还可用作范围副词，表"只、仅"义，例如：

（62）上海：《九尾龟》："倪啥勒勿去寻着别人，<u>独独</u>寻着耐刘大少一干仔？"（许宝华、宫田一郎 1999: 4304）

"好好"在吴语、中原官话、江淮官话等方言区中均能发现用例，但其词形不尽相同，吴语太湖片多写作"好好交 / 叫"，江淮官话多作"好好交"，而中原官话多出现"好好儿"。其词义也不尽统一，吴语太湖片、甬江片中，"好好交 / 叫"基本表达两个意思：一是"好好地；老老实实"；一是"更加，表示程度深"。

表"好好地；老老实实"义的"好好交"出现于以下几处方言中，如：

（63）浙江杭州：我要<u>好好交</u>谢谢你。（鲍士杰 1998：110）

（64）浙江宁波：<u>好好叫</u>吃饭，莫讲闲话。（汤珍珠、陈忠敏、吴新贤 1997：92）

（65）上海：<u>好好叫</u>做功课，㑋东看西看。（许宝华、陶寰 1997：166）

（66）江苏苏州：倷进仔中学要<u>好好交</u>读书。（叶祥苓 1993：60）

表"更加，表示程度深"义的"好好交/叫"出现于以下几处方言中，如：

（67）浙江宁波：人家<u>好好叫</u>要比侬㑋嘀。（汤珍珠、陈忠敏、吴新贤 1997：92）

（68）上海：哀个辰光比现在<u>好好叫</u>要苦勒。（许宝华、陶寰 1997：116）

（69）江苏苏州：阿大比阿二<u>好好交</u>聪明勒。（叶祥苓 1993：60）

中原官话关中片中，常见形式是"好好儿"，可用于表示"情况正常或方式合适"和"尽力地；尽情地"两种意义，如：

（70）陕西西安：奈一座桥到致儿还<u>好好儿</u>的。（王军虎 1996：159）

（71）陕西西安：大家再<u>好好儿</u>想尕儿，看咿事咋办。（王军虎 1996：159）

客家话于信片中，常见形式是"好好儿地"：

（72）江西于都：你要<u>好好生生</u>涧佢话，唔敢发脾气。（谢留文 1998：86）

"略略"的用例在晋语五台片、闽语等方言区中可见一二。晋语五台片忻州方言中"略略"的常见形式为"略略儿"，与闽语琼文片方言中的"略略"一样，二者均表"稍微"义：

（73）山西忻州：<u>略略儿</u>扫咾扫家。（温端政、张光明 1995：290）

（74）海南海口：风<u>略略</u>大。（陈鸿迈 1996：119）

同时，海口方言中的"略略"和闽语雷州片雷州方言的"有略略"还可以表"差不多；还可以"义：

（75）海南海口：即这样讲略略，庭家无乜意见。（陈鸿迈 1996：119）

（76）广东雷州：耶㑚戏做倒<u>有略略儿</u>。（张振兴、蔡叶青 1998：33）

"明明"在闽语、吴语太湖片、兰银官话塔密片、中原官话关中片、江淮官话洪巢片等方言区中，表"显然如此"义，其下文意思往往转折：

（77）海南海口：<u>明明</u>是汝做个，讲侬做。（陈鸿迈 1996：237）

（78）上海：本书<u>明明</u>是放辣猗搭个嘛，哪能一歇歇就勿见脱勒啦？（许宝华、陶寰 1997：274）

（79）新疆乌鲁木齐：不用说咧，他这话<u>明明儿</u>是说我底呢。（周

磊 1995: 325）

（80）陕西西安：他明明儿去咧，他说他没去。（王军虎 1996: 248）

（81）江苏扬州：我明明才看他进来的，怎们会找不到他哆。（王世华、黄继林 1996: 297）

“恰恰”在吴语太湖片、金衢片；西南官话西蜀片有用例，形式可为“恰恰叫”“恰恰好”“恰恰儿”，表“刚才、刚刚”义，如：

（82）上海：恰恰伊过来，伊呒没讲啥。（许宝华、宫田一郎 1999: 4358）

（83）贵州沿河：他恰恰儿才回去。（许宝华、宫田一郎 1999: 4358）

吴语金衢片方言中，“恰恰”即能表“幸亏”义，也可用在反问句里，表示不同意某句话：

（84）浙江金华：恰恰我来早点儿，弗然还赶弗着。（许宝华、宫田一郎 1999: 4358）

（85）浙江金华：我恰恰会这样讲啊。（许宝华、宫田一郎 1999: 4358）

“恰恰儿”还可以表“正、刚、正好、恰好”义，见于西南官话西蜀片、吴语瓯江片：

（86）贵州沿河：你买这件衣裳恰恰儿适式。（许宝华、宫田一郎 1999: 4358）

“悄悄”在西南官话贵昆片和中原官话关中片中均见用例，贵阳方言中，常见“悄悄的”这一形式，西安方言中，多见“悄悄儿”这一形式，二者意义相同均表“没有声音或声音很低；（行动）不让人知道”义：

（87）贵州贵阳：开倒开倒会，他就悄悄的趖走了。（汪平 1994: 179）

（88）陕西西安：伢怕把娃吵醒，悄悄儿出去，活活儿把门闭下咧。（王军虎 1996: 165）

“实实”在中原官话汾河片、吴语金衢片中，表“真正；确实；的确”义：

（89）山西新绛：《李师师》：“我饥渴难忍，实实走不动了”（许宝华、宫田一郎 1999: 3690）

（90）浙江金华：这件衣裳实实好。（许宝华、宫田一郎 1999: 3690）

闽语福州方言中的“特特”“特特意”，吴语瓯江片中的“特特能 / 特特儿”与北京方言中的“特特儿的”同表“特意，特地”义：

（91）福建福州：伊会唱这题歌，今晡是让汝，特特无唱好。（冯爱珍 1998: 426）

（92）浙江温州：我特特能走来张你。（游汝杰、杨干明 1998: 158）

（93）北京：他大老远的特特儿的把东西送来了。（许宝华、宫田一郎 1999: 1797）

"万万"在江淮官话泰如片、吴语太湖片、中原官话汾河片中表"绝对；无论如何"义，均可于否定式：

（94）江苏南通：<u>万万</u>想不到会出现格样的事。（陶国良 2007：227）

（95）江苏苏州：<u>万万</u>勿可以粗心大意。（叶祥苓 1993：78）

（96）山西万荣：咻地方不好，你<u>万万</u>不敢去。（吴建生、赵宏因 1997：271）

苏州方言中，"万万"常用在否定副词"勿"前面，加强否定语气，见例（95）。

闽语中，"小小"表"稍微；略"义：

（97）海南海口：<u>小小</u>动就落。（陈鸿迈 1996：164）

闽语琼文片中的"早早"与中原官话关中片中的"早早""早早儿"表示的意义有细微的差别，一者表"很早"义，一者表"提早"义：

（98）海南海口：<u>早早</u>起床。（陈鸿迈 1996：36）

（99）陕西西安：要来，明早<u>早早儿</u>来。（王军虎 1996：152）

闽语中海口方言中，"足足"表示"刚好；恰好"义，可以表示刚好够得上某个数量，也可表示恰好碰上某种情况，还可表示"只；仅有"义：

（100）海南海口：<u>足足</u>有三袋。（陈鸿迈 1996：285）

（101）海南海口：<u>足足</u>天雨，么无我早来。（陈鸿迈 1996：285）

（102）海南海口：庭家都来，<u>足足</u>汝无来。（陈鸿迈 1996：285）

而西南官话西蜀片中，"足足"表示"十足"义：

（103）四川黎州：一麻袋米，<u>足足</u>一百八十斤。（颜森 1995：241）

类型二：A 为非副词（2 个）

传——传传、看——看看

看——看看

"看"本义是"望"，动词，"看看"是动词"看"的重叠式，但是重叠以后语义发生了变化，已经可以用作副词了，是估量时间之词，有"渐渐、眼看着、转瞬间"等意思。《大藏经》出现了 17 例，均是隋以后的文献，另外《敦煌变文集》出现 18 例，《五灯会元》8 例，《古尊宿语录》12 例，如：

（104）想知光景何能久，<u>看看</u>无常即到来，莫教佛字离心口。（唐·道镜、善道共集《念佛镜》卷 2，T47，No.1966，p0132c）

（105）渐渐鸡皮鹤发，<u>看看</u>行步蹒跚。（宋·宗晓编《乐邦文类》卷 5，T47，No.1969A，p0219b）

（106）夹山曰："龙衔海珠游鱼不顾。"夹山将示灭。垂语于众曰："石头一枝看看即灭矣。"师对曰："不然。"（宋·道原纂《景德传灯录》卷16，T51，No. 2076，p0331a）

（107）红颜渐渐鸡皮皱，绿鬓看看鹤发苍。（《敦煌变文集·破魔变文》）

（108）一夏九十日，看看将欲毕，为报求佛人，今朝七月一。（宋·赜藏编《古尊宿语录》卷四十三）

例（106）与例（107）"看看"与"渐渐"对照，"看看"有"渐渐"义。

中土文献"看看"出现得比佛教文献早，《先秦汉魏晋南北朝诗》中陈诗出现2例，《全唐诗》38例，《全唐诗补编》10例，《全唐五代词》12例，《全宋词》107例，《大宋宣和遗事》3例，《全金诗》10例，《全金元词》16例，《尧山堂外纪》4例，《水浒传》81例，《儒林外史》12例，如：

（109）鸿已去，柳堪结，室冷镜疑冰，庭幽花似雪。容貌朝朝改，书字看看灭。（《先秦汉魏晋南北朝诗·陈诗卷五》，陈琼《长相思》）

（110）故殿看看冷，空阶步步悲。犹忆窥窗处，还如解佩时。（同上，《陈诗卷八》，江总《奉和东宫经故妃旧殿诗》）

（111）看看又春来，还是长萧索。（《全唐五代词》卷三《五代词》）

（112）徽宗无道之君，看看被掳，犹自不省！（宋·佚名编《大宋宣和遗事·亨集》）

（113）不想这些带来的官兵，人人亦不知颠倒。天色又看看晚了。（明·施耐庵《水浒传》第十九回）

（114）看看三个年头，王冕已是十岁了。（清·吴敬梓《儒林外史》第一回）

现代汉语趋于消失，但还有一些残留，如：

（115）它已经吃遍了全世界的穷人，我的一家看看也快要被它吃掉。（郭沫若《恢复·金钱的魔力》）

《现代汉语词典》没有收录此词。但是，"看看"在吴语太湖片，中原官话洛徐片、南鲁片，冀鲁官话保唐片，闽语琼文片中均见用例，它们的意思有细微的差别：

吴语太湖片、中原官话洛徐片等方言区中，"看看"表示"眼看"义：

（116）上海：看看日头落山快口㖏，要烧夜饭口㖏。（张惠英1993：56）

（117）江苏徐州：看看就到月底了。（苏晓青、吕永卫1996：284）

中原官话保唐片、南鲁片、冀鲁官话、闽语琼文片等方言区中，"看看"表"渐渐"义：

（118）河北雄县:《传灯录》:石头一枝<u>看看</u>灭矣。（许宝华、官田一郎 1999:4227）

（119）山东:《真本金瓶梅》第十六回:须臾递酒毕，各归席坐下，又吃了一回，<u>看看</u>天晚，那西门庆那里坐的住，趁眼错起身走了。（许宝华、官田一郎 1999:4227）

（120）河南南阳:《水浒传》:太公见天色<u>看看</u>黑了，叫庄客前后点起灯烛荧煌。（许宝华、官田一郎 1999:4227）

（121）海南文昌:《文昌民歌》:乜父乜母生此女子，<u>看看</u>割断我腹肠。（许宝华、官田一郎 1999:4227）

同时山东方言中的"看看"也有"将要；马上"义:

（122）《醒世恒言·苏小妹难新郎》:……<u>看看</u>长成十六岁，立心要妙选天下才子，与之为配。（许宝华、官田一郎 1999:4227）

（二）AAB 式（4 例）

断断乎、断断然、几几乎、贸贸然

将这些成分放在这里，有人会提出反对意见，认为"断断乎"等是 AA 式与另一个相关成分的连用形式，并不能构成 AAB 式，我们并不认为这种看法是错误的。因为语言成分是复杂的，对它们的解释也多种多样，只要言之成理，也不失为一家之言。我们之所以认为它们是 AAB 式的重叠式副词，原因有三:

第一，在佛教文献或中土文献中，既有"断断乎、断断然、几几乎、贸贸然"等形式，也有"断乎、断然、几乎、贸然"等形式。这些形式的使用不是特例，是一种普遍现象，使用频率相当高，可以看成相对比较固定的语言形式。

第二，"断"与"断断"，"几"与"几几"，"贸"与"贸贸"都是高频词，使用相当灵活，构词性很强，因此，它们构成"断断乎、断断然、几几乎、贸贸然"等形式，也有"断乎、断然、几乎、贸然"等形式是非常自然的事情。

第三，附加形式"断乎、断然、几乎"是构词法中的强势群体。

几乎——几几乎

"几"用作副词，表示将近，几乎。如《周易·小畜》:"月几望。"

"几乎"本是由副词"几"加上词缀"乎"构成，表示接近于，也就是表示差点儿，多谓达到了即要发生而结果未发生的程度。如《易·系辞上》:"易不可见，则乾坤或几乎息矣。"孔颖达疏:"几，近也。"

《大藏经》"几乎"出现了 69 例，但是东汉三国佛教文献没有出现，远远晚于中土文献，东汉三国以后的例子如：

（123）然则丧我在乎落筌，筌忘存乎遗寄。筌我兼忘，始可以几乎实矣。几乎实矣，则虚实两冥，得失无际。（姚秦·鸠摩罗什译《十二门论》卷 1，T30，No. 1568，p0159b）

（124）是以同道之体宜相慰谕，慰谕之方除其此怀，此怀若除，生死几乎息矣。（后秦·僧肇撰《注维摩诘经》卷 5，T38，No. 1775，p0374c）

"几几乎"在《大藏经》中只出现了 1 例，如下：

（125）畴昔负土安砚之地，曾不得一伸拜埽，载访朋侪，倘得抽身就间往来衡岱之间。既以订岱览之阙遗，亦将以是集与旷志参考，而成衡山之记载矣。是则余桑梓松楸之怀所欲遂，而几几乎不可必得者也。（宋·陈田夫撰《南岳总胜集》卷 3，T51，No. 2097，p1092b）

"几几乎"佛教文献尽管非常少见，但是中土文献相当多，我们找到了60 例，不过时代较佛教文献晚，最早见于明代，如《陈子龙集》2 例，《徐霞客游记》《东西均》各 1 例；《官场现形记》2 例，《二十年目睹之怪现状》《姑妄言》《后西游记》各 3 例，略举如下：

（126）半晌而度，即西坠度板，然后后入者得顶踵而入，几几乎度一人须磨捱一时矣。（明·徐弘祖《徐霞客游记·粤西游日记一》）

（127）然读书之名卑于不立文字之名，不立文字之门易假于读书之门，是以不立文字之士既不得真，而读书为士之本业反几几乎断绝矣。（明·方以智《东西均·不立文字》）

（128）夫先王之制，所谓礼乐度数者，亦几几乎可观矣。（明·陈子龙《陈子龙集》卷三十九）

（129）瞿太太听说，低头一想："幸亏没有动手，几几乎又错打了人！"（清·李佰元《官场现形记》第四十回）

现代汉语也有一些运用，我们找到了 6 例，如：

（130）家乡的现实是：受历史性的束缚，使得数以万千计的有用青年，几几乎全部毁灭于无可奈何的战争形成的趋势中，而知识分子的灾难，也比湘西任何一县都来得严重。（沈从文《一个传奇的故事》）

《现代汉语词典》（第 5 版）有"几几乎"一词。

吴语太湖片中，"几几乎"表"将近于；差点儿"义，此例亦见于历史文献：

（131）上海:《嘉定县续志》："几几乎，俗谓将及也"（许宝华、

41

宫田一郎 1999: 140）

另外，东汉三国以后佛教文献中还出现了"单单只、稍稍渐、稍稍转、数数频"等用例，但这些用例与典型的 AAB 式重叠式副词还存在差异，故在此不再作分析。

（三）AABB 式（9 例）

恰恰好好、稍稍渐渐、在在处处、的的确确、反反复复、确确实实、时时刻刻、实实在在、着着实实

恰好——恰恰好好

"恰好"作为副词，表示正好、恰巧合适。最早见于唐代，《大藏经》出现了 21 例，不过《大藏经》所出现的都是宋代的禅宗文献，如《虚堂和尚语录》4 例，《宏智禅师广录》8 例，但是唐代的《敦煌变文集》出现了 3 例，宋代的《五灯会元》也出现 6 例，《古尊宿语录》3 例，略举如下：

（132）深河恰好骋威仪，蓦地维摩染病羸。（《敦煌变文集·维摩诘经讲经文》）

（133）寮中有大慧广录一部。弊甚人言有禅者。梅阳谪居之时。写得舍在寮中。借来看。才三两卷。恰好撞著者个话头。（宋·妙源编《虚堂和尚语录》卷 4，T47，No. 2000，p1014c）

（134）是临际处得底，末山处得底。虽然一箭双雕，奈有时走杀有时坐杀，且作么生得恰好去？捏聚放开都在我，拈来抛去更由谁。（宋·集成等编《宏智禅师广录》卷 3，T48，No. 2001，p0032b）

中土文献"恰好"也出现于唐代，《全唐诗》出现了 2 例，《全唐五代词》1 例，如：

（135）唯有分司官恰好，闲游虽老未曾休。（《全唐诗》卷 450，白居易《勉闲游》）

由于诗词的章法，"恰好"都置于分句末尾，因此还难以称为严格意义上的副词。

从宋代开始，这种情况发生了根本改变，副词"恰好"一般用作状语了。如《全宋词》出现 25 例，《朱子语类》8 例；《全金元词》3 例；《醒世恒言》82 例，《水浒全传》28 例，《型世言》24 例，《金瓶梅》19 例，《琵琶记》6 例，《老乞大》4 例；《醒世姻缘传》88 例，《儒林外史》39 例，《红楼梦》30 例。略举如下：

（136）"汤降不迟，圣敬日跻。"天之生汤，恰好到合生时节。（宋·朱熹《朱子语类》卷八十一《诗二》）

（137）西门庆竟回到翟家来，脱下冠带，已整下午饭，吃了一顿，回到书房打了个磕睡，<u>恰好</u>蔡太师差舍人邀请赴席。（清·兰陵笑笑生《金瓶梅》第五十五回）

（138）这屋里我正想各色都齐了，就只少药香，如今<u>恰好</u>全了。（清·曹雪芹《红楼梦》第五十一回）

"恰好"现代汉语仍旧使用，如：

（139）他不希望得三个大宝，只盼望换个百儿八十的，<u>恰好</u>够买一辆车的。（老舍《骆驼祥子》三）

"恰恰好好"是"恰好"的完全重叠形式，在《大藏经》出现了3例，均在《宏智禅师广录》中，如：

（140）所以浮山和尚九带，尽是衲僧周旋做处。正法眼藏带也，是吾祖密传心处，个时妙不通风，灵自有眼，照得破提得起，穿得过，弄得出，直然是<u>恰恰好好</u>周旋去。（宋·集成等编《宏智禅师广录》卷5，T48，No. 2001，p0064a）

（141）个时平等平等，无起灭无往来，无好恶无取舍，<u>恰恰好好</u>是平等相。（同上，p0071a）

在《宏智禅师广录》中"恰好"出现了8例，"恰恰好好"出现了3例，不能完全视为巧合。

中土文献我们只勉强找到1例，如下：

（142）吴才老说，梓材是洛诰中书，甚好。其他文字亦有错乱而移易得出人意表者，然无如才老此样处，<u>恰恰好好</u>。（宋·朱熹《朱子语类》卷七十九《尚书二》）

这一例还不能算作是严格意义上的副词。

马重奇（2002）认为，普通话表示"恰好"，台湾话可用"抵好"，实际上，这种说法与永春话"拄好（仔）"或"拄仔好"以及漳平话"堵（堵）好"等是大同小异，它们放在形容词或数量词之前表示大、小、长短等正好合适，若放在动词之前多是表示时间。

稍渐——稍稍渐渐

"稍渐"由同义副词"稍"与"渐"并列而成，表示"渐渐"义，东汉三国佛教文献没有用例，《大藏经》共出现21例（不含"稍稍渐"），主要出现于竺法护的译经中，如：

（143）天雨药草，华实茂盛。其药树木，<u>稍渐</u>长大。（西晋·竺法护译《正法华经》卷3，T09，No. 263，p0084c）

（144）犹如佛子神足比丘，所念自在，<u>稍渐</u>进前，乃至寂灭三昧正受，悉除一切所欲妄想。（同上，《渐备一切智德经》卷4，T10，No. 285，p0482b）

（145）是菩萨功德，过出世间诸天鬼神阿须伦上。为诸善本，于功德中<u>稍渐</u>增益。身口意净，以是相行像貌具足，是为阿惟越致菩萨。（西晋·无罗叉译《放光般若经》卷12，T08，No. 221，p0086c）

中土文献"稍渐"出现较佛教文献晚，数量也少，我们只找到10例，如：

（146）常熟一中人之女，已有家，适归宁父母，步行衢中，既而复归夫家。道遇一绿衣少年，尾之行甚久，<u>稍渐</u>近，窥其女，因肆目挑。女微睨之，亦心动。（明·冯梦龙编《情史》卷二十一《情妖类》）

"稍渐"现代汉语消失。

"稍稍渐渐"我们只在《大藏经》中发现1例，如下：

（147）逮见诸佛，亿百千垓。<u>稍稍渐渐</u>，开化入法。（西晋·竺法护译《正法华经》卷9，T09，No. 263，p0123c）

这例也出现在竺法护的《正法华经》中，应该不是一种例外。

中土文献没有发现"稍稍渐渐"。

（四）ABA式（1例）

时不时

佛教文献中ABA式重叠式副词出现的频率较低，我们仅在东汉三国以后佛教文献中发现有"时不时"的用例，如《佛说如来兴显经》《阿毗达磨顺正理论》中各有1例，如：

（148）……以得超度于<u>时不时</u>扰动之慧，是为四。（西晋·竺法护译《佛说如来兴显经》卷3，T10，No. 0291. p0605）

（149）诸比丘布萨<u>时不时</u>集妨行道。（唐·道宣撰《四分律删繁补缺行事钞》卷1，T40，No. 1804. p0006）

但中土文献ABA式重叠式副词出现的时间要晚于佛教文献，从宋代开始才不断出现，如：

（150）人于天地间，并无窒碍处，<u>大小大快活</u>！（宋·程颢、程颐《二程语录》卷十五）

（151）先生曰：只为而今士大夫道得个乞字惯，却<u>动不动</u>又是乞也。（宋·朱熹、吕祖谦《近思录》卷七）

三、中土文献重叠式副词的形式类型

以上佛教文献的重叠式副词除"恰恰好好、稍稍渐渐"等少数几个外，中土文献基本能够使用，还有一些只能在中土文献使用的重叠式副词，主要有如下五种形式：

（一）AA式（26）

按照构成成分的性质，本还可以细分为两种类型：即A为单音节副词和A为非副词，但是这里只有一种类型，即A为单音节副词。如下：

白——白白、顶——顶顶、定——定定、刚——刚刚、固——固固、光——光光、活——活活、浸——浸浸、绝——绝绝、可——可可、快——快快、偏——偏偏、齐——齐齐、侵——侵侵、确——确确、少——少少、生——生生、通——通通、统——统统、偷——偷偷、险——险险、抑——抑抑、越——越越、再——再再、真——真真、正——正正

浸——浸浸

"浸"，《说文》："水。"引申为渗透，虚化为副词，表示"逐渐"。《广韵·沁韵》："浸，渐也"。"浸"是较早表示"渐渐"义的副词，始见于先秦，出现频率如次：《周易》2例，《列子》1例，《吕氏春秋》1例，《管子》1例。如：

（152）杀气浸盛，阳气日衰，水始涸。（春秋·吕不韦《吕氏春秋·仲秋纪第八·仲秋》）

《大藏经》亦有用例，如：

（153）三寸四寸任情开阔，浸以成俗，弥开华荡之源。（唐·道宣述《释门章服仪》卷1，T45，No.1894，p0837c）

"浸浸"是副词"浸"的重叠式，与"浸"一样，也可以表示"渐渐"义。"浸浸"在《大藏经》没有用例，我们发现的最早用例是东汉的《汉书》，如下：

（154）宾客放为盗贼，发，辄入高氏，吏不敢追。浸浸日多，道路张弓拔刃，然后敢行，其乱如此。（东汉·班固《汉书》卷九十《酷吏传》）

此后，唐代《毛诗正义》出现2例，《全唐诗》《全唐文》各1例；宋代《夷坚志》14例，《新唐书》2例，《朱子语类》《曾巩集》《容斋续笔》《癸辛杂识》各1例；元代《宋史》2例，《佩韦斋辑闻》1例；明代《袁中道集》8例，《黄梨洲诗文集》3例，《陈子龙集》《袁宏道集》《徐渭集》《情史》《蓬窗日录》《四友斋丛说》《济南纪政》《四溟诗话》《殊域周咨录》各1例；清代《国闻备乘》4例，《阅世编》2例，《聊斋志异》《清朝柔远记》各1例。略举如下：

（155）兴者，葛延蔓于谷中，喻女在父母之家，形体浸浸日长大也。（唐·孔颖达疏《毛诗正义》卷一）

（156）陈君每叹羡，谓己不如。黄忽抱病，<u>浸浸</u>困剧。弟过意拯疗，不能愈，发如蓬葆，而不可运梓。（宋·洪迈《夷坚志·三志辛卷第一》）

（157）明公卓识异才，笔夺造化。前见湖上佳作，已<u>浸浸</u>逼青莲而上之。（明·袁中道《袁中道集》卷二十五）

（158）芝贵又展转从人假贷，故其事<u>浸浸</u>播扬。（清·胡思敬《国闻备乘》卷一）

由于副词"浸浸"的文言色彩太浓，所以口语色彩较浓的作品罕见，佛教文献只出现"浸"而没有出现"浸浸"也是有道理的，现代汉语也因此而消失。

可——可可

"可"本表示同意，许可，引申为符合，适合，合宜。如《荀子·正名》："故可道而从之，奚以损之而乱？"杨倞注："可道，合道也。"

"可"虚化为副词，有多个义项：一是表示"大约"；二是相当于"再"；三是表示转折，相当于"却，但"；四是表示强调；五是表示反诘，犹"岂，难道"；六是表示疑问，犹言"是否"。

"可"重叠可以用作副词，表示恰好，恰巧。《大藏经》没有用例，中土文献中唐代已经出现，如：

（159）于时乃有双燕子，梁间相逐飞。仆因咏曰："双燕子，联翩几万回。强知人是客，方便恼他来。"十娘咏曰："双燕子，<u>可可</u>事风流。即令人得伴，更亦不相求。"（唐·张鷟《游仙窟》）

从元代开始用例增多，我们从元代的戏曲中找到了 10 例，有的短剧出现频率还较高，如《生金阁》出现了 3 例，《灰栏记》2 例，其他各出现 1 例，如：

（160）今日买卖十分苦，<u>可可</u>撞见大官府。一个钱儿赚不的，不知关门学擂鼓。（元·武汉臣《包待制智赚生金阁》第一折）

明清两代"可可"的使用达到鼎盛时期，如《三宝太监西洋记通俗演义》出现 35 例，《金瓶梅》24 例，《西游记》12 例，《型世言》7 例，《明珠缘》5 例，《水浒全传》2 例，《醒世恒言》《初刻拍案惊奇》《三刻拍案惊奇》各 1 例；《醒世姻缘传》34 例，《后红楼梦》15 例，《野叟曝言》11 例，《西湖二集》10 例，《品花宝鉴》8 例，《儿女英雄传》3 例，《姑妄言》《女仙外史》各 2 例，《梦中缘》《隋唐演义》各 1 例。略举如下：

（161）那土兵先下了知县相公禀帖，然后径奔来抓寻武大家。<u>可可</u>天假其便，王婆正在门首。（明·兰陵笑笑生《金瓶梅》第八回）

（162）原来童贯密使人分付了府尹，正要寻罪过摆拨他，<u>可可</u>的撞出这节怪事来。（明·施耐庵《水浒全传》第一百二回）

（163）走到一家门首，一个妇人拿了一把铁掀，除了一泡孩子的屎，从门里撩将出来，不端不正，<u>可可</u>的撩在薛教授一只鞋上。（清·西周生《醒世姻缘传》第二十九回）

现代汉语仍旧使用，主要见于方言，据《现代汉语方言大词典》，在牟平话、西宁话、忻州话都有"可可儿"，银川话叫"可可的"，其实这些说法明清时期多见，如：

（164）朱老忠最后一个走出小屋，<u>可可</u>一阵风顺着蓖麻地边上的小路吹过来，立时觉得浑身凉爽。（梁斌《播火记》二十）

因为普通话中有更为普遍的副词"恰好""恰巧""正好"等，所以"可可"只保留在方言中。

（二）AAB式（5）

断断乎、断断然、几几乎、贸贸然、确确乎

确乎——确确乎

"确乎"作为副词，表示"的确"。《易·干》："乐则行之，忧则违之，<u>确乎</u>其不可拔，潜龙也。""确确乎"是"确乎"的不完全重叠形式，表示"的确，确实"。如：

（165）哀乐无以动其心，名利不足干其虑，<u>确乎</u>不拔，实近代之高人也。（唐·李大师、李延寿《北史·列传五二》）

（166）孙小圣笑道："我也不晓得是生知不是生知，但觉这些鬼王<u>确确乎</u>都是死知也。"（清·佚名《后西游记》第四回）

（167）天下有名姓尽同，尚然不是，哪有仅一冷姓相同，便<u>确确乎</u>以为绛雪之家，天下事哪有如此凑巧！（清·佚名《平山冷燕》第十四回）

上例中（166）（167）"确确乎"均表"的确、确实"，但比原式（165）"确乎"更为接近事物的状态，它表示的语义要重一些。

（三）ABB式（3）

活生生、急忙忙、险些些

以上为双音节副词"活生""急忙"与"险些"的不完全重叠式。

ABB式是一个中心成分后面加上一个重叠式，一般为形容词性的成分。这是汉语中一种特殊的构词现象，印欧语言里没有这种表达方式。由于ABB式具有生动形象的修辞作用和明显的音乐效果，所以历代韵文和口语里时常见到。王力（1980）提出，这种形式最早起源于《楚辞》中的一种三言词组，后来凝固为一个词，历代沿用，直至现代汉语。

急忙——急忙忙

"急忙"是"急"与"忙"的同义并列组合，本义是"急速匆忙"，唐代开始连用，如：

（168）如何遂得追游性，摆却营营不<u>急忙</u>。（《全唐诗补编·全唐诗续拾》卷四十六）

不过，此处"急忙"不是副词。到宋代，"急忙"开始凝固引申虚化为副词，表示急速匆忙，赶紧。《大藏经》出现1例，如下：

（169）佛果道："洞山傍人虽具眼，只见锥头利。"万松道："佛果和尚虽具眼，不见凿头方。洞山故将承当，赃诬岩头，要发明当初礼拜有权有实。"果然岩头火到头上，<u>急忙</u>扑撒道……（宋·正觉颂古、元·行秀评唱《万松老人评唱天童觉和尚颂古从容庵录》卷2，T48，No. 2004，p0241c）

中土文献的《朱子语类》《全宋词》各出现1例，如：

（170）某尝说，此处与"言不必信，行不必果，惟义所在"，皆须<u>急忙</u>连下句读。（宋·朱熹《朱子语类》卷五十六《孟子六》）

（171）春思正交加。马蹄声错认，客还家。花笺欲写寄天涯。羞人见，罗袖<u>急忙</u>遮。（《全宋词》，赵善扛《小重山》）

宋代以后，"急忙"使用频繁，宋末元初的《大宋宣和遗事》出现3例，《汉宫秋》《中州集》各1例。明代《醒世恒言》出现33例，《西游记》21例，《水浒全传》16例，《金瓶梅》3例。清代《小八义》出现288例，《荡寇志》131例，《三侠剑》104例，《红楼复梦》75例，《绿野仙踪》《七侠五义》各67例，《红楼梦》44例，《官场现形记》20例，《醒世姻缘传》12例。略举如下：

（172）咱家里有课语讹言的，怎奈何娘，你可<u>急忙</u>告报官司去，恐带累咱们！（宋·佚名编《大宋宣和遗事·亨集》）

（173）月娘<u>急忙</u>走到前边，两个正干的好，还未下楼。春梅在房中，忽然看见，连忙上楼去说……（明·兰陵笑笑生《金瓶梅》第八十五回）

（174）贾瑞见往里让，心中喜出望外，<u>急忙</u>进来，见了凤姐，满面陪笑，连连问好。（清·曹雪芹《红楼梦》第十二回）

"急忙"现代汉语仍旧使用。

"急忙忙"是"急忙"的不完全重叠式，即ABB式。元代已经出现，如《蝴蝶梦》《鲁斋郎》《酷寒亭》《泣江舟》《玉梳记》《东墙记》各出现1例，明代《禅真后史》出现3例，《水浒全传》《西游记》《醒世恒言》《警世通言》《禅真逸史》《红拂记》《玉镜台记》《红梨记》《鱼儿佛》各出现1例。清代的《红楼复梦》出现13例，《万花楼演义》9例，《官场现形记》5例，《珍珠舶》4例，《后西游记》《九尾龟》《赛花铃》各3例，《风流悟》《荡寇志》《海上尘天影》各出现2例，《后红楼梦》《孽海花》《二十年目睹之怪现状》《飞龙全传》《济公全传》《七侠五义》《小五义》《蝴蝶缘》《石点头》《负曝闲谈》《凤凰池》各1例，另外《明清民歌时调集》出现2例。略举如下：

（175）我这里急忙忙过六街、穿三市，行行里挠腮揪耳、抹泪揉眵。（元·关汉卿《包待制三勘蝴蝶梦》第一折）

（176）也不知你甚些儿看的能当意？要你做夫人，不许我过今日，因此上急忙忙送你到他家内。（同上，《包待制智斩鲁斋郎》第二折）

（177）这樵子看见是他母亲，丢了长老，急忙忙先跑到柴扉前，跪下叫道："母亲，儿来也！"（明·吴承恩《西游记》第八十六回）

（178）王庆当夜转过了三四条小路，方才有条大路。急忙忙的奔走，到红日东升，约行了六七十里，却是望着南方行走。（明·施耐庵《水浒全传》第一百三回）

（179）申义翁听说为着庄上存的一笔款子，也不晓得怎样，管家来送了个信给他，他就急忙忙的去了。不及关照你，托我们关照你。（清·李伯元《官场现形记》第三十四回）

以上"急忙忙"大多与"急急忙忙"出现于同一部作品中，如《官场现形记》"急忙忙"出现了5例，"急急忙忙"出现了3例，"急忙"出现了20例。

现代汉语"急忙忙"也时有运用。如：

（180）时有小小的艇子急忙忙打桨，向灯影故密流里横冲直撞。（俞平伯《桨声灯影里的秦淮河》）

险些——险些些

"险"作为副词，表示几乎，差一点。宋代已经出现，如：

（181）失意险为湘岸鬼，浩歌又作长安客。（宋·侯寘《满江红·老矣何堪》）

"险些"的"些"可以看作词尾形式，"险些"就是"险"，《大藏经》没有用例，中土文献元代已有大量用例，如《同乐院燕青博鱼》3例，《西

厢记》《唐明皇秋夜梧桐雨》《半夜雷轰荐福碑》各 2 例,《赵氏孤儿》《元朝秘史》各 1 例,略举如下:

（182）若不是剪草除根半万贼,<u>险些儿</u>灭门绝户了俺一家儿。（元·王实甫《西厢记》第三本《张君瑞害相思》）

（183）若不是急流中将脚步抽回,<u>险些儿</u>闹市里把头皮断送。（元·纪君祥《赵氏孤儿》第二折）

明代以后,用例更多,如《醒世恒言》23 例,《水浒全传》18 例,《金瓶梅》17 例,《西游记》10 例,《琵琶记》5 例,《牡丹亭》《还魂记》各 2 例;清代《七侠五义》32 例,《荡寇志》20 例,《儿女英雄传》17 例,《小八义》16 例,《万花楼演义》15 例,《野叟曝言》14 例,《粉妆楼全传》12 例,《醒世姻缘传》1 例。略举如下:

（184）好一阵冷风袭人也。<u>险些儿</u>误丹青风影落灯花。罢了,则索睡掩纱窗去梦他。（明·汤显祖《牡丹亭》第二十八出）

（185）只见孙雪娥听见李瓶儿养孩子,从后边慌慌张张走来观看,不妨黑影里被台基<u>险些</u>不曾绊了一交。（明·兰陵笑笑生《金瓶梅》第一回）

（186）原说满破着不用他们,我一个人也服侍你去了,谁想又害了这场大病,昨儿<u>险些</u>死了!（清·文康《儿女英雄传》第三回）

《汉语大词典》没有收录"险些"一词,不过《现代汉语词典》(第 5 版)收录了此词。

"险些些"是"险些"的不完全重叠式,即 ABB 式,这种用法比"险些"晚,不过明代已经发现用例,如:

（187）仗云摇月躲,画影人遮。则没揣的涩道边儿,闪人一跌。自生成不惯这磨灭。<u>险些些</u>,风声扬播到俺家爹,先吃了俺狠尊慈痛决。（明·汤显祖《牡丹亭》第三十二出）

（188）好一个轻薄书生,何孟浪至此。幸得是你,若遇着一个不解事的,<u>险些些</u>弄出一桩天大的事来。我只索再做一诗,着你将去叮嘱他一番,今后切宜谨慎,不可胡思乱想,再有什么诗儿传递。（清·烟水散人《珍珠舶》第十回）

有意思的是,在《牡丹亭》中既有"险些",又出现了"险些些",可见,汤显祖将"险些些"就看作"险些"。

现代汉语里我们没有发现"险些些",但是据《现代汉语方言大词典》,在汉语方言里有类似的用法:"险些"见于南昌话,"险险"见于武汉话、厦门话,"险点"见于贵阳话、柳州话,"险乎"见于万荣话,"险险乎"见于扬州话、丹阳话，"险险叫"见于上海话，"险一险"见于南昌话，"险一点"见于武汉话，"险不险"见于杭州话，"险介乎"见于上海话，"险乎点儿"见于西宁话，"险脚乎"见于苏州话，语义上都是表示差一点。

以上我们搜集汉语方言中与"险些""险些些"同义的用法，主要是为了说明三个问题：

第一，"险些"之类的词，在汉语中有大量灵活的用法，"险些些"的存在是毫不奇怪的。

第二，汉语中使用"些""乎""儿"等词缀构成的词非常灵活，千变万化。大量使用双音节与三音节的形式是一种趋势。

第三，汉语中不仅有"险险乎"之类的 AAB 式，也有"险些些"之类的 ABB 式，山西大同话的"险会儿会儿"与"险些些"同属于 ABB 式。

对于"险些些"的"些些"，究竟如何认识，学界尚存不同看法。陆宗达、俞敏（1954）认为，ABB 式的 BB 是形容词词尾。朱德熙（1980）认为 ABB 式是带后加成分的形容词，如"黑乎乎"等。但是黎锦熙、刘世儒（1957）认为 BB 是一个副词，"光秃秃"就是"光"与"秃秃"凝固而成的"形副结构"的复合形容词。

我们赞同陆宗达、俞敏、朱德熙等先生的观点，而不同意黎锦熙、刘世儒等先生的看法，认为 BB 是一种准词尾形式，虽然有些用例看起来有点词汇意义（关于 BB 的词汇意义以及 BB 的语源可以参见邢公畹《现代汉语形容词后附字探源》（1982），宋子然《从〈楚辞〉三字状语看形容词 ABB 式的构成和演变》（2000）等）。因为"光秃秃"作为"形副结构"，从句法结构来看，不具有解释性。王力在《中国语法理论》（1945）中将这种 BB 看作是后置的末品词，但是《汉语史稿》（1980）中又改成为词缀了，这正说明王力先生早已意识到这一问题了。

（四）ABA 式（5）

时不时、大小大、动不动、越发越、越来越 [①]

ABA 式重叠式副词根据词根 A 的性质可分为两类：一类是词根 A 为单音节副词，如"时不时""越发越""越来越"等；一类是词根 A 为非副词，如"大小大""动不动"等。中土文献 ABA 式重叠式副词的用例较佛教文献

---

① 关于"越发越"和"越来越"的性质，学界有不同看法，有学者认为它是一种倚变关系结构。我们认为表倚变关系的"越发越"和"越来越"与重叠式副词 ABA 式的典型成员"时不时、大小大、动不动"具有相似之处，均有副词性，可表示后者的程度随前者的增加而增加，故暂将其归入重叠式副词 ABA 式的非典型成员。

要丰富，除"时不时"外，"大小大""动不动""越发越""越来越"均有用例。但中土文献 ABA 式重叠式副词出现的时间要晚于佛教文献，从宋代开始不断出现。以重叠式副词"动不动"为例：

《说文》："动，作也。从力，重声。徒摠切。"本义为"脱离静止状态，振动、活动、移动。"段注："作也。作者，起也。"后动词"动"又虚化为表示动作或状态经常发生的副词用法，这种用法在先秦文献中就已出现，中古汉语中得以继承（朱军 2012）。例如：

（189）人之生，动皆之死地亦十有三。（《老子·德经》）

（190）顾自以为身残处秽，动而见尤。（西汉·司马迁《报任少卿书》）

（191）又动欲慕古，不度时宜。（东汉·班固《汉书·食货志上》）

（192）老弱相随，动有万计。（南朝宋·范晔《后汉书·陈忠传》）

宋代，副词"动"表频度又有了新用法，出现了"动不动"连用的形式，它是"动"的强调形式，带有明显的口语色彩。这种用法在宋代书面文献中还较为罕见，只在《朱子语类》这种问答式语体中发现几处用例，而这种语体的显著特征就是吸收了很多当时的口语成分（朱军 2012）。例如：

（193）范纯父言"今人陈乞恩例，义当然否，人皆以为本分，不为害。"伊川曰"只为而今士大夫道得个'乞'字惯，却动不动又是乞也。"（宋·朱熹《朱子语类》卷九十七，《程子之书二》）

（194）问："微，是微妙难体；危，是危动难安否？"曰："……凡苟免者，皆幸也。动不动便是堕坑落堑，危孰甚焉！"（宋·朱熹《朱子语类》卷七十，《尚书一》）

（195）或曰："若不出难题，恐尽被人先牢笼做了。"曰："……某常说今日学校科举不成法，上之人分明以贼盗遇士，士亦分明以盗贼自处，动不动便鼓噪作闹，以相迫胁，非盗贼而何？"（宋·朱熹《朱子语类》卷一百九，《朱子文》）

（196）或问："赵子直建议行三舍法：补入县学；自县学比试，入于州学；自州学贡至行在补试，方入太学。如何？"曰："这是显然不可行底事。某尝作书与说，他自谓行之有次第，这下梢须大乖。今只州县学里小小补试，动不动便只是请嘱之私。"（宋·朱熹《朱子语类》卷一百九，《朱子文》）

（五）AABB 式（18）

的的确确、分分明明、急急忙忙、接接连连、陆陆续续、确确实实、实实在在、死死活活、特特为为、委委实实、永永远远、真真正正、着着实实、自自然然、口口声声、反反复复、接接连连、原原本本、心心念念以上均为双音节副词的重叠形式。

急忙——急急忙忙

"急忙"前已论及，"急急忙忙"是副词"急忙"的完全重叠式，自元代开始出现，明清用例甚多，如《全金元词》出现 1 例；明代《西游记》出现 6 例，《二刻拍案惊奇》4 例，《水浒全传》3 例，《袁宗道集》《禅真逸史》《禅真后史》各 1 例；清代《小八义》出现 23 例，《红楼复梦》7 例，《孽海花》4 例，《官场现形记》3 例，《万花楼演义》2 例，《续欢喜冤家》《三元记》《玉合记》《灯草和尚》《说唐后传》《红楼梦》《二十年目睹之怪现状》各 1 例，另外《明清民歌时调集》出现 3 例，略举如下：

（197）漏泄元阳，爹娘搬贩，至今未休。百种乡音，千般狃扮，一生人我，几许机谋。有限光阴，无穷活计，<u>急急忙忙</u>作马牛。(《全金元词》，刘燕哥《沁园春·题画骷髅》)

（198）八戒道："哥哥，你<u>急急忙忙</u>叫回去是怎么说？"（明·吴承恩《西游记》第五十九回）

（199）卢俊义次日辞别乔道清、马灵，统领朱武等二十员将佐，离了西京，<u>急急忙忙</u>望荆南进发。（明·施耐庵《水浒全传》第一百八回）

（200）程朝奉径自<u>急急忙忙</u>走到李家店中，见店门不关，心下意会了。进了店，就把门拴着。（明·凌濛初《二刻拍案惊奇》卷二十八）

（201）凤姐道："我才到那里，他们都睡了。咱们回去罢。"一面说，一面带了两个丫头<u>急急忙忙</u>回到家中。（清·曹雪芹《红楼梦》第一零一回）

现代汉语仍旧使用。

"急急忙忙"与"急忙"一样，早期也可以用作形容词，如：

（202）尽今生<u>急急忙忙</u>，你那里有江湖心量。（元·郑光祖《王粲登楼》第一折）

有意思的是，汉语中"急急忙忙"的重叠形式是 AABB 式，但是汉语中同样的意义在哈尼语中却是 ABCB 式。傅爱兰、李泽然（1996）在考察哈尼语的重叠式时，认为除了一般的词能重叠外，哈尼语的四音格连绵词也有由重叠构成的。其结合形式有 ABCB 型，其中的 C 有的嵌入一个无义音节，"急急忙忙"嵌入音节的是 pha^{33}。如：[1]

----

[1] 文中民族语言例句若引自已有文献，标注格式参照引用文献，若是调查所得，则统一采用莱比锡标注法进行标注。

（203）the³¹tsha⁵⁵　pha³³/⁵⁵tsha⁵⁵（ne³³）急急忙忙（地）

　　　　急忙　　　　　　△　　　　　　地

可见，不同语言对重叠形式的选择可以不同。

确实——确确实实

"确实"是由同义的"确"与"实"复合而成，本是形容词性并列短语，表示"确切信实"的意思，《大藏经》"确实"出现 16 例，都是用作形容词，均出现于唐代以后，唐代以前没有用例，如：

（204）今推本意，岂得异想发言？欲正修行，当须确实。（宋·子璇集《首楞严义疏注经》卷 1，T39，No. 1799，p0832a）

中土文献形容词性的"确实"魏晋六朝已经出现，如：

（205）朕属当期运，君临亿兆，虽复斋居宣室，留心听断；而九牧退荒，无因临览。深惧怀冤就鞠，匪唯一方。可申敕诸州，月一临讯，博询择善，务在确实。（《全梁文》卷二，武帝《敕诸州月一讯狱诏》）

"确实"由此凝固虚化为副词，表示"真正、实在"的意思，宋代已经出现，《朱子语类》出现了 5 例，《苏辙集》1 例，如：

（206）须是确实有志而才敏，方可。若小小聪悟，亦徒然。（宋·朱熹《朱子语类》卷一百一《程子门人》）

金元时期，用例较少，《大金吊伐录》出现 1 例，如：

（207）圣上以含容为德取索户口之外，一无理会，尚自不知悔过，及于沿边多方作过，暂无自戢，为此依准所降宣旨，移牒回取确实有无归还，却称本朝幅员万里，人居散漫，岂期纵骄夸谩，弃德负义如此之甚也！（金·佚名《大金吊伐录》卷一）

明代"确实"的使用仍然不多，《焚书》出现了 2 例，如：

（208）我老矣，冻手冻笔作字甚难，慎勿草草，须时时与明因确实理会。（明·李贽《焚书》卷四《杂述》）

"确实"的大量使用是在清代以后，不过，清早期"确实"的使用并不很多，《红楼梦》《儒林外史》就不见副词"确实"，只是到了晚清才开始多起来。如《三侠剑》出现 6 例，《小五义》《九尾龟》《野叟曝言》《绮楼重梦》《歧路灯》《万花楼》《后西游记》各 1 例，略举如下：

（209）陛下，说什么狸猫换主，火焚碧云宫，奴婢确实不知缘由，焉有凭据上奏？（清·李雨堂《万花楼》第五十四回）

现代汉语仍旧使用。

副词"确实"在宋代还刚刚开始产生，主要是在《朱子语类》中，其他文献用例很少，《朱子语类》的"确实"也还只是处于一种萌芽时期，因为《朱子语类》中"确实"作形容词出现了5例，副词与形容词之比为5：5。但尽管如此，副词"确实"在宋代产生确是不争的事实，《汉语大词典》没有注意到这一事实，把"确实"的始见用例定为明代，似乎可以提前。

"确确实实"是"确实"的完全重叠式，晚清我们才找到用例，如：

（210）这贱婢虽是不知廉耻，亲口许姻，此番言语倒确确实实是真。我不如应承他，且去木阳城，杀退番兵，救了陛下龙驾，后与弟报仇未为晚也。（清·佚名《说唐后传》第十一回）

（211）秋谷疑惑这两间水阁不像有人住在里边的样子，又细细的问了娘姨一回，问得确确实实的一毫不错。（清·张春帆《九尾龟》第五十三回）

（212）我知道他的信，我还到青楼中来么？你外边朋友多，可替我确确实实的打听，我的身体便好归着，恐怕到了三年，那姓莫的回来，我也不能不从他。（清·梁溪司香旧尉《海上尘天影》第三十一回）

现代汉语仍有运用，如：

（213）他们的心态，确实有别于八十五年前的"义和拳"。"义和拳"确确实实是"排外"的。（刘心武《5.19长镜头》）

除了中土文献和现代汉语，民族语言中也有一些类似的格式，如云南鹤庆白语（赵金灿 2010: 118），"ti^{35}tɕʰo^{35}"表示"的确"，重叠后为"ti^{35}ti^{35}tɕʰo^{35}tɕʰo^{35}"，表示"的的确确"；"tɕʰo^{35}si^{35}"表示"确实"之义可以重叠为"tɕʰo^{35}tɕʰo^{35}si^{35}si^{35}"，表示"确确实实"。多谷土家语（田洋 2017: 74），"kho^{53}zã^{21}"表示"果然"，重叠后"kho^{53}kho^{53}zã^{21}zã^{21}"表示"果果然然"。

从历代汉语重叠式副词的形式类型来看，上古汉语[①]重叠式副词较为罕见，仅有 AA 式重叠式副词一种形式。东汉三国时期处于上古汉语向中古汉语过渡的阶段，语言发展变化快，加之佛教文献的传译，尤其是佛教文献中重叠形式的影响，为汉语重叠式副词的发展奠定了基础。到中古汉语时期，除了 AA 式重叠式副词外，又出现了 AAB 式、ABB 式、ABA 式和AABB 式重叠式副词。由此可见，汉语重叠式副词的形式类型由单一的 AA

---

①　关于汉语史的分期，本文参考王云路、方一新（1992）的分类标准，将汉语史分为三期：上古汉语（先秦——西汉）、中古汉语（东汉——中唐）、近代汉语（晚唐五代以后）。

式逐渐演变出了 ABB 式、ABA 式、AAB 式、AABB 式等多种形式，这也正是汉语词汇由单音节向多音节发展演变主流趋势的表现。汉语发展过程中，虽然产生了多种形式的重叠式副词，但 AA 式一直是重叠式副词最基本、最常用的形式类型。在汉语的各个历史时期，无论是佛教文献还是中土文献，AA 式重叠式副词的使用频率均较高。现代汉语的重叠式副词仍保留着这一特征，例如《现代汉语词典（第 7 版）》共收录重叠式副词 50 余例，其中 AA 式占绝对优势。

四、重叠式副词形式类型的跨语言考察 ①

（一）汉语方言重叠式副词的形式类型

汉语在历时演变的过程中，产生了 AA、AAB、ABB、ABA、AABB 等形式类型的重叠式副词。但语言的发展又是不均衡的，重叠式副词在不同的汉语方言中，分布又有所差异。具体如下表 1 所示：

表 1　重叠式副词的形式类型在汉语方言中的分布情况 ②

	AA	ABB	AAB	ABA	AABB
东北官话	+		+	+	+
北京官话	+			+	+
冀鲁官话	+	+		+	+
中原官话	+	+	+	+	+
西南官话	+	+	+	+	+
胶辽官话	+			+	+
兰银官话	+	+	+	+	+
江淮官话	+	+	+	+	+
吴语	+	+	+	+	+
湘语	+	+		+	+
赣语	+		+	+	+
闽语	+	+	+	+	+

---

① 方言语料主要根据李荣主编的《现代汉语方言大词典》、徐宝华、宫田一郎主编的《汉语方言大词典》及相关学术论著所得，民族语的语料主要根据《中国的语言》、语言简志、中国新发现语言研究丛书、相关语言的参考语法及语言调查所得。由于有些语言（或方言）的现有研究成果中尚未涉及重叠式副词的研究，所以可能个别语言重叠式副词的形式类型难免会有所遗漏，但并不影响我们对重叠式副词形式类型的类型学特征的归纳总结。

② 表 1 中汉语方言的分区我们参照《中国语言地图集（汉语方言卷）》（第 2 版）的分类标准，其中有少数重叠式副词的形式类型使用范围较窄，不具备代表性，故本文未将其列入表 1 中，在下文会作简要说明。

粤语	+		+	+	+
客家话	+			+	+
徽语	+	+		+	
晋语	+	+	+	+	+
平话	+	+	+	+	+

上表可见，汉语方言重叠式副词的形式类型主要有 AA、ABB、AAB、ABA、AABB 式等。从方言分布情况看，AA 式和 ABA 式重叠式副词的分布范围最广，在各方言中均有分布；AABB 式重叠式副词的分布范围也较广，官话区和绝大部分非官话区都有分布；ABB 式和 AAB 式重叠式副词相较 AA 式、ABA 式和 AABB 式而言，分布范围稍微窄一些。并且从我们收集到的已有文献和调查语料中可以发现，分布有 ABB 式和 AAB 式的方言中，这两种形式重叠式副词的数量也较少，多数方言只有"将将好""差点点"等少数用例，也有极个别方言（如中原官话、冀鲁官话、粤语等）中使用"实／死拍拍""啫啫爽"等少数重叠式副词。兹列举数例如下：

（214）河南辉县：你真真费气呀！（穆亚伟 2016: 56）

（215）安徽舒城：他将将工作的时候，认真的很。（程瑶 2010: 37）

（216）河南洛阳：我看她今天实拍拍不来了，要不信你就瞧着。（许宝华、宫田一郎 1999: 3692）

（217）重庆江津区：我差点点都不及格了。①

（218）安徽舒城：滑打滑爬山没有什么意思。（程瑶 2010: 30）

（219）海南澄迈：你情放心叻，这活儿我给你稳打稳拿下。

（220）河北灵寿：我实实在在走不动了。（刘玮 2007: 44）

（221）湖北丹江：我确确实实不该做这种事。（苏俊波 2007: 42）

（222）山西万荣：我到会上还没顾上寻他哩，将将美碰上他搁边上过。（吴云霞 2002: 41）

（223）广东广州：佢打乒乓球好叻唧哇，啫啫爽该场波赢我。（冯杰 2009）

除 AA 式、ABB 式、AAB 式、ABA 式和 AABB 式重叠式副词外，汉语方言中还有部分方言如中原官话和西南官话使用 AAA 式重叠式副词的形式。例如：

（224）山西万荣：当我气喘吁吁跑到站台时，火车将将将开动。（吴云霞 2002）

---

① 文中未标记出处的汉语方言例句均是笔者通过自省和调查获取。

（225）湖北丹江：你紧紧紧挨到我坐。（苏俊波 2007: 42）

另外，西南官话中的少数方言点还分布有 AAAA 式重叠式副词的形式。例如：

（226）湖北丹江：明明明明说要带我去玩，又不去唠。（苏俊波 2007: 42）

晋语邯新片辉县方言中还有一类 AABAB 式和 ABCBC 式重叠式副词的形式。例如：

（227）河南辉县："狠狠儿狠儿"：我今个狠狠儿狠儿打叨他一顿。（穆亚伟 2016: 55）

（228）河南辉县："险门儿门儿"：将才险门儿门儿叫车怼着我。（穆亚伟 2016: 55）

（二）民族语言重叠式副词的形式类型①

我们考察了重叠式副词在民族语中的分布情况。由于语料有限，本文无法对其进行穷尽考察，但根据现有的语料能够反映一定的语言现象，具有一定的参考价值。具体如下：

---

① 本章所涉及重叠式副词的民族语言材料主要包括四大语系中的八大语族，语系分类主要参考马学良《汉藏语概论》（2003）、孙宏开等《中国的语言》（2007）中的分类系统，详情如下：

汉藏语系：

汉语

壮侗语族——壮傣语支（壮语、傣语、布依语）

　　　　　　侗水语支（侗语、仫佬语）

　　　　　　仡央语支（布央语）

　　　　　　黎语支（黎语、村语）

苗瑶语族——苗语支（苗语）

　　　　　　瑶语支（瑶语）

藏缅语族——彝语支（彝语、傈僳语、哈尼语、白语、基诺语、拉祜语、土家语、怒语）

　　　　　　景颇语支（景颇语、珞巴语、独龙语）

　　　　　　缅语支（阿昌语、载瓦语、浪速语）

　　　　　　羌语支（羌语、普米语）

阿尔泰语系：

满—通古斯语族——通古斯语支（鄂伦春语）

突厥语族——钦察语支（哈萨克语）

蒙古语族——蒙古语

南亚语系：

孟—高棉语族——佤德昂语支（德昂语、佤语）

越芒语族——巴琉语支（俫语）

南岛语系：

印度尼西亚语族——阿眉斯语

表2　重叠式副词的形式类型在民族语言中的分布情况

语系	语族	语支	语言	AA	AAB	ABB	ABA	ABAC	ABAB	AABB	ABCB
汉藏	藏缅	藏	藏	+						+	
汉藏	藏缅	藏	门巴	+							
汉藏	藏缅	藏	仓洛	+							
汉藏	藏缅	彝	彝	+		+			+		
汉藏	藏缅	彝	傈僳	+		+	+			+	
汉藏	藏缅	彝	哈尼	+		+ +		+		+	+
汉藏	藏缅	彝	白	+			+			+	
汉藏	藏缅	彝	基诺	+		+	+		+		
汉藏	藏缅	彝	拉祜	+		+	+	+		+	
汉藏	藏缅	彝	土家	+		+	+	+	+	+	
汉藏	藏缅	景颇	景颇	+			+				
汉藏	藏缅	景颇	独龙	+		+			+		
汉藏	藏缅	缅	浪速	+			+	+			
汉藏	藏缅	缅	载瓦	+			+	+			
汉藏	藏缅	羌	羌	+							
汉藏	藏缅	羌	普米	+		+			+		
汉藏	藏缅	羌	尔苏	+							
汉藏	侗台	壮傣	壮	+			+			+	
汉藏	侗台	壮傣	傣	+			+	+			
汉藏	侗台	壮傣	布依	+				+	+		
汉藏	侗台	侗水	侗	+							
汉藏	侗台	侗水	仫佬	+							
汉藏	侗台	仡央	布央	+							
汉藏	侗台	黎	黎	+					+		
汉藏	苗瑶	苗	苗	+			+			+	
汉藏	苗瑶	瑶	瑶	+				+		+	
阿尔泰	满—通古斯突厥	满	满	+	+						
阿尔泰	满—通古斯突厥	通古斯	鄂伦春	+							
阿尔泰	满—通古斯突厥	钦察	哈萨克	+							
阿尔泰	满—通古斯突厥	蒙古		+			+				
南亚	孟高棉	佤—德昂	德昂	+			+			+	
南亚	孟高棉	佤—德昂	佤	+							
南亚	越芒	巴琉	俫	+				+			
南岛	印度尼西亚语族		阿眉斯	+			+				

上表可见，我国民族语言的重叠式副词主要有 AA、ABB、ABA、ABAC、ABAB、AABB 等类型。其中，藏缅语族语言重叠式副词的形式类型最为丰富，侗台、苗瑶语族语言也有一定数量的分布，其他语言相对较少，有的仅有 AA 式重叠式副词。具体如下：

AA 式重叠式副词最为丰富，广泛分布于汉藏语系、南亚语系和阿尔泰语系等诸语言中。例如：

（229）三官寨彝语：li^{33}li^{33}　m̩^{33}　kʋ^{21}　nei^{33}tshʋ^{33}　ma^{55}　ŋʋ^{33}.

慢慢　（助）走　心急　　　（助）（助）

慢慢地走，不要着急。（翟会锋 2011: 100）

（230）德昂语：hɔi$^{?}$　ha:u　dʋi$^{?}$　dʋi$^{?}$.

已　去　完　完

全都去了。（陈相木等 1986: 60）

（231）鄂伦春语：jəəjəmɳəə munɳi alganman gələ gələ əʃin əkittə.

熊　　　我们　脚　差一点　不　踩

熊差一点踩着了我们的腿。（胡增益 1986: 135）

AAB 式分布很少，目前仅在满语中发现用例。cib sembi 表示"静悄悄，鸦雀无声"，重叠为"cib cib sembi"表示"寂寥，冷落"。

ABB 式重叠式副词多分布于藏缅语族中的彝语支，景颇语支和羌语支中也有分布。例如：

（232）拉祜语：ŋa^2　la^3　xu^2　khɔ^3　a^{2}tsi^{4}tsi^4　si^7　a^2。

我　拉　祜　语　一点点　懂　（助）

我懂一点点拉祜语。（常竑恩 1986: 45）

（233）独龙语：a^{31} pai^{53} niŋ^{55} a^{31}mai^{53} suɯ^{31}na$^{?55}$na$^{?55}$ cɯm^{53} dɔ^{31} ɹɔŋ^{53}.

父亲　（连词）　母亲　都　　　家（助）在

父亲和母亲都在家里。（孙宏开 1982: 136）

（234）普米语：tə^{31}dʑə^{55}　tɛ^{55}niŋ̩$^{55-24}$niŋ̩$^{55-31}$　tsɛ^{55}.

这里　天天　　　　　　热

这里一直都热。（蒋颖 2015: 243）

ABA 式重叠式副词在现有语料中发现不多。藏缅、壮侗、苗瑶中多用本格式表达人或事物的数量或程度随着时间变化的语义。蒙古语中也可以借助比格助词 ača，构成 ulam ača ulam 表示"愈来愈"。此外，南岛语中也有 ABA 式。例如：

（235）载瓦语：i^{31}laŋ^{51}　tʃɛ^{31}ɻ̩^{31}tʃɛ^{31}　kə$^{51-31}$　lɔ$^{51-31}$　ʒa^{55}.

河水　越来越　　大　（起始）（实然）

河水涨得越来越大了。（朱艳华 2013: 162）

（236）阿媚斯语：tʃa ʃa tʃa　ka²araw　ira.

怎么也不　被看见　他

他怎么也看不见。（何汝芬等 1986: 82）

ABAB、AABB、ABAC 式重叠式副词主要分布于藏缅、壮侗、苗瑶语中。ABAB、AABB 数量相对有限，ABAC 式是使用较多的形式类型。其中，在多谷土家语中，双音节副词 $tho^{35}ni^{55}$ 表示"独自"，可变化为"$tho^{35}ni^{55}tho^{35}kai^{55}$""$tho^{35}ni^{55}tho^{35}pai^{55}$""$tho^{35}ni^{55}tho^{35}thai^{55}$"等，双音节副词可以通过不完全重叠加衬音构成四音格 ABAC 式。例如：

（237）傣语：$phɯ:an^3phɯ:an^3\ dai^3\ kla:u^3\ thɯɯ^1\ thə:^2\ sa^5mə:^1sa^5mə:^1$.

朋友们　　　　可以　谈论到　你　总是

朋友们常常谈起你。（覃静 2012: 27）

（238）山江苗语[①]：$\Lambda o^{31}\ \Lambda o^{31}\ zu^{35}\ zu^{35}\ noŋ^{223}\ hɒu^{35}\ te^{31}$.

多　多　少　少　吃　一　些

多多少少吃一些。

（239）他砂土家语：$mu^{35}lã^{55}\ ŋa^{35}\ to^{21}\ tho^{35}ni^{55}tho^{35}kai^{55}$

现在　　我　可以 单独

$kha^{55}phei^{55}\ tha^{55}\ to^{21}\ xu^{35}$.

花　　　织　　（）（）

现在我自己可以单独织花了。（田洋等 2019）

ABCB 式在现有语料中分布很少。在哈尼语中发现这一用法，常常嵌入音节"pha^{33}"在 C 的位置，构成一定数量的重叠式副词。如：

（240）$the^{31}\ tsha^{55}\ pha^{33-55}\ tsha^{55}$（$ne^{33}$）急急忙忙（地）

急忙　　　　　　△　　　地

（241）$phi^{31}\ de̱^{31}\ pha^{33-55}\ de̱^{31}$（$ne^{33}$）慢慢腾腾（地）

慢腾　　　　　△　　　地

（三）重叠式副词的类型学特征

通过对汉语方言和少数民族语言语料中重叠式副词的考察，我们认为重叠式副词的分布具有以下类型学特征：

1. 从类型分布看，现代汉语重叠式副词主要有 AA、AAB、ABB、ABA、AABB 等 5 种类型；除此之外，汉语方言中还有 AAA、AAAA、ABABC、ABCAB 等形式，民族语言还有 ABAB、ABAC、ABCB 等形式。其中，在汉

---

① 山江苗语材料由田野调查所得，发音合作人吴秉承，系凤凰县山江镇茶林村人，1988 年出生，苗族，博士研究生。

语方言中，官话区和非官话区重叠式副词的形式类型都比较丰富；在汉藏语系语言内部，汉语和藏缅语语族语言重叠式副词的类型多于其他语言。

2. 从使用频率看，不同类型的重叠式副词出现频率不一致。AA 式是最基本的重叠式副词，在佛教文献、中土文献、现代汉语、汉语方言及各民族语言中均有分布且占据主体地位；ABA、AABB、ABAC 等类型也较为常用，其中，ABAC 式主要出现于民族语言中，这符合戴庆厦、孙艳（2003）所指出的汉藏语中非汉语的语言 ABAC 型占绝对优势这一现象；AAB、ABB、AAA 等类型较少使用；AAAA、ABCAB、ABABC 等仅限于极个别语言点或方言点使用，且出现频率较低。

3. 从语言结构类型看，汉藏语系语言的重叠式副词最为丰富，无论是汉语还是藏缅语族语言，都有类型多样的重叠式副词其中，在汉藏语系中语种最多、分布最广、语言状况最复杂的藏缅语族中，重叠式副词的类型分布呈不均衡状态。彝语支最为丰富，藏语支和羌语支相对少一些；壮侗、苗瑶、南亚语族语言也分布有一定数量的重叠式副词；而阿尔泰、南岛语系语言的重叠式副词类型的数量较少。这说明重叠式副词形式类型的多少与语言结构的特点有很大的关系，语言的分析性越强，重叠式副词的形式类型越多。

由此可见，一方面，AA 式是语言中最早出现且最为常见的重叠式副词。随着语言的发展，逐渐产生出其他类型的重叠形式，重叠式的类型数量也随之逐渐增多。另一方面，从共时层面看，汉语方言和民族语言中存在着多种类型的重叠式副词，但其分布和使用频率是不均衡的。一般来说，语言的分析性越强，重叠这一语法手段的使用就越频繁。

第二节　佛教文献与中土文献重叠式副词的历时比较

一、东汉三国佛教文献的重叠式副词

处处（24）、匆匆（1）、得得（4）、各各（192）、渐渐（2）、久久（7）、稍稍（52）、时时（18）、数数（15）、往往（3）、微微（1）、一一（91）、在在（5）、转转（1）

稍——稍稍

《说文》："稍，出物有渐也。"段注："稍之言小也、少也，凡古言稍稍者皆渐进之谓。"此为其本义。"稍"作副词，一方面有"渐、小、少"之

义，一方面亦有"尽"义。《广雅·释诂》："稍，尽也。"先秦这两种相互对立的含义均已出现。由"小、少"义引申出"稍微"义，由"尽"引申出"很、甚"义。因此，"稍"作为副词，有四个义项：稍微义；逐渐义；很、甚义；尽、全义。东汉三国佛教文献就有用例，如：

（242）正有二意，意定在随，由在数矣。垢浊消灭心<u>稍</u>清净，谓之二禅也。（后汉·安世高译《佛说大安般守意经》卷1，T15，No. 602，p0163a）

例（242）"稍"表示逐渐义。

东汉三国佛教文献"稍稍"共出现52例，如《道地经》3例，《道行般若经》18例，《道行般若经》的异译本《大明度经》出现7例，略举如下：

（243）二十九七日肉<u>稍</u>坚满，三十七日皮膜成腊，三十一七日皮膜<u>稍</u>坚，三十二七日髀钏肌生，三十三七日耳鼻腹脾脂节约诊现，三十四七日身中皮外生九十九万孔，三十五七日九十九万孔<u>稍稍</u>成现。（后汉·安世高译《道地经》卷1，T15，No. 607，p0234b）

（244）譬若男子欲见大海，天中天，便行之大海，若见树有树想，若见山有山想，当知大海尚远。<u>稍稍</u>前行，不见树亦无树想，不见山亦无山想，心亦念知大海且至亦不久。（后汉·支娄迦谶译《道行般若经》卷4，T08，No. 224，p0445b）

（245）欲见大海者，便<u>稍稍</u>往，想见其山林，明虑谛见海尚远，即不想见矣。若但欲至，无复山树之想矣。（吴·支谦译《大明度经》卷3，T08，No. 225，p0489c）

例（243）"稍"与"稍稍"同时出现，均表示"渐渐"义。例（244）是例（244）的异译本。

东汉三国以后佛教文献用例甚多，我们只例举上面二经的异译经，其中《道地经》的异译本《修行道地经》出现15例，《道行般若经》的另一异译本《小品般若波罗蜜经》出现2例，如：

（246）腹中渐自办，<u>稍稍</u>而成长。（西晋·竺法护译《修行道地经》卷1，T15，No. 606，p0187c）

（247）譬如有人欲见大海，<u>稍稍</u>前行，若见树若树相，若见山若山相，当知是中去海尚远。（后秦·鸠摩罗什译《小品般若波罗蜜经》卷4，T08，No. 227，p0554b）

以上"稍稍"均表示"渐渐"义。

中土文献中，"稍稍"先秦已经产生，用在动词前，表示动作行为是逐渐发生的，相当于"渐渐、逐渐。"如《战国策》出现2例，此后，《全汉文》出现 3 例,《史记》8 例;《汉书》10 例,《前汉纪》13 例,《太平经》4 例,《全后汉文》3 例;《全晋文》2 例,《先秦汉魏晋南北朝诗》2 例;《全唐文》27 例,均表示"渐渐、逐渐"义。

（248）秦之攻韩、魏也,则不然。无有名山大川之限,<u>稍稍</u>蚕食之,傅之国都而止矣。(西汉·刘向《战国策》卷十九《赵二》)

（249）乃使使徒义帝长沙郴县。趣义帝行,其群臣<u>稍稍</u>背叛之,乃阴令衡山、临江王击杀之江中。(西汉·司马迁《史记》卷七《项羽本纪第七》)

（250）今故下古之人,承负先人失计,<u>稍稍</u>共绝道德,日独积久,与天地断绝,精气不通,不相知命,反与四足同命,故天地憎恶之,鬼神精气因而不佑之。(《太平经·己部之十一》)

（251）东官后<u>稍稍</u>疏之,仍潜入仗内食侍官饭。(唐·张𬸦《朝野佥载》卷三)

（252）时贼围逼梓州之日,又王师诸军<u>稍稍</u>继至,猖狂凶寇,不复张矣。(《全唐文》卷七百二十四,韦干度《驳左散骑常侍房式谥议》)

但是从唐代开始,"稍稍"又有了"稍微"义,如:

（253）区区甘累骈,<u>稍稍</u>息劳筋。(唐·杜甫《赠王二十四侍御契四十韵》)

宋代《朱子语类》中出现的 13 例"稍稍",语义已经发生了转移,由表示动作行为的逐渐发生到表示动作行为的程度较轻,相当于"稍微"。如:

（254）只公心不为不善,此只做得个<u>稍稍</u>贤于人之人而已。(宋·朱熹《朱子语类》卷六十三《中庸二》)

此后,"稍稍"一般表示稍微义。据《现代汉语词典》,现代汉语"稍稍"也一般表示"稍微"义。

二、东汉三国以后佛教文献的重叠式副词

暗暗、比比、常常、长长、诚诚、<u>重重</u>、<u>垂垂</u>、大大、单单、的的、独独、断断、故故、好好、忽忽、急急、几几、仅仅、苦苦、累累、历历、连连、屡屡、略略、每每、弥弥、明明、默默、频频、恰恰、悄悄、切切、勤勤、实实、死死、速速、特特、万万、小小、旋旋、早早、足足、传传、看看、单单只、断断乎、断断然、几几乎、稍稍渐、稍稍转、数数频、恰恰好好、稍稍渐渐、在在处处

在处——在在处处

"在处"是由同义名词"在"与"处"并列而成,"在"也是"处"义,

《广韵》："在，所在。""在处"作副词，用在谓语前，表示处所范围，相当于"到处，处处"，东汉三国佛教文献出现1例，如下：

（255）何等为九？一止二观三不贪四不恚五不痴六非常七为苦八非身九不净，是为九。彼止名为意止，在处能止、已止、正止、摄止、不失止、不志、心寂然，一一向念是名为止。（后汉·安世高译《阴持入经》卷1，T15，No. 603，p0176a）

不过，此例"在处"也可以看作名词，这大概是"在处"产生之初语义不太确定的缘故。东汉三国以后，《大藏经》"在处"用例甚多，如：

（256）大王，菩萨摩诃萨如是行般若波罗蜜，则在处安乐。（陈·月婆首那译《胜天王般若波罗蜜经》卷3，T08，No. 231，p0704c）

（257）愚痴无有乐，在处难调制。是故用严杖，速疾断其痴。（隋·达摩笈多译《起世因本经》卷8，T01，No. 25，p0406b）

（258）稻蔗牛羊在处充满。（唐·义净译《妙色王因缘经》卷1，T03，No. 163，p0391a）

中土文献"在处"出现相对较晚，魏晋南北朝才看到用例，如《全梁文》出现2例，此后，用例增多，《全唐诗》出现15例，《全唐诗补编》6例，《全唐文》8例；《全宋词》5例；《全金诗》4例；《本草纲目》14例；《海国图志》《二十年目睹之怪现状》各1例。略举如下：

（259）是以般遮弦歌于石室，请开甘露之初门，净居舞颂于双林，奉报一化之恩德。其间随时赞咏，亦在处成音。（《全梁文》卷七十三，《高僧传论·经师论》）

（260）钓筑乘时用，芝兰在处芳。北扉闲木索，南面富循良。（《全唐诗》卷五百二十一，杜牧《华清宫三十韵》）

（261）母亲在家寒苦，何不先将这笔钱，先寄回去母亲使用呢！而且家中也要设灵挂孝，在处都是要用钱的。（清·吴趼人《二十年目睹之怪现状》第二回）

"在处"现代汉语已经消失。但是方言中仍旧存在，据《现代汉语方言大词典》，湖南娄底话中有"在处"，表示"处处""到处"。而《汉语方言大词典》中，所举方言点更多，江淮官话中湖北广济话，湘语的湖南湘乡话都有"在处"。萧继宗的《湘乡方言·语辞》1982还引用了《全唐诗》中贾岛《赠翰林》"看花在处多随驾，召宴无时不及身"以及张籍《赠别王侍御赴任陕州司马》"京城在处闲人少，唯共君行并马蹄"等诗句说明。

"在处"重叠构成"在在处处"，东汉三国佛教文献没有出现，但是《大藏经》共出现297例，魏晋南北朝已经盛行，如：

（262）菩萨后成佛时，境内众僧常不和合，<u>在在处处</u>共相是非。（后汉·康孟详译《佛说兴起行经》卷2，T04，No. 197，p0173b）

（263）<u>在在</u>能行者，慧人执行以教化为本意，欲所适东西南北，辄有所益兴起佛事，是故说在在能行也。处处见养者，已至彼界便为众生所见供养，<u>在在处处</u>分流法化，是故说处处见养也。（姚秦·竺佛念译《出曜经》卷12，T04，No. 212，p0676a）

（264）世尊告曰：汝今舍汝本形，着三衣，作沙门，入拔祇城，<u>在在处处</u>作此教令。（东晋·瞿昙僧伽提婆译《增壹阿含经》卷14，T02，No. 125，p0616c）

例（262）据任继愈（1985）考证，并非康孟详译经，我们存此一说。例（263）"在在处处"与"在在""处处"同时出现，可见，"在在处处"与"处处"同。

中土文献"在在处处"用例也甚多，不过用例较佛教文献要晚，频率也不如佛教文献，如《全北齐文》出现1例，《全唐文》2例，《朱子语类》4例，《苏轼集》2例，《阅微草堂笔记》4例，《二曲集》2例。略举如下：

（265）复愿所生父母乃及七世，皆生佛土，体解至道，以至妻子，无病延年，长享福禄，<u>在在处处</u>，遇善知识。（《全北齐文》卷六，张保洛《造像碑》）

（266）如梦得"雪里高山头白早，海中仙果子生迟""沉舟侧畔千帆过，病树前头万木春"之句之类，真谓神妙，<u>在在处处</u>，应当有灵物护之，岂唯两家子侄秘藏而已。（《全唐文》卷六百七十七，白居易《刘白唱和集解》）

（267）安，是随所居而安，<u>在在处处</u>皆安。若自家不安，何以能爱？（宋·朱熹《朱子语类》卷七十四《易十》）

（268）湖广定制府长，时为巡抚，闻话是事，喟然曰："既<u>在在处处</u>有鬼神护持，自必<u>在在处处</u>有鬼神鉴察。"（清·纪昀《阅微草堂笔记》卷六《滦阳消夏录六》）

现代汉语已经没有"在在处处"这一形式。但是方言中还有"在在"一词，据《汉语方言大词典》，"在在"在闽语的广东汕头话中还表示"处处"，援引《潮汕方言·释言·叠字》："俗有指点玩物，以告儿童之所在者，呼曰'在在'。"

三、佛教文献没有出现而中土文献出现的重叠式副词

白白、顶顶、定定、刚刚、固固、光光、活活、浸浸、绝绝、可可、

快快、偏偏、齐齐、侵侵、确确、少少、生生、通通、统统、偷偷、抑抑、越越、再再、真真、正正、仅仅只、急忙忙、尚故故、险些些、越发越、越来越、的的确确、分分明明、急急忙忙、接接连连、陆陆续续、确确实实、实实在在、死死活活、特特为为、委委实实、永永远远、真真正正、着着实实、自自然然

接连——接接连连

"接连"本用作动词，表示连续不断，连在一起。先秦已有用例，如：

（269）十曰陈车，谓接连前矛，马冒其目也。十一曰死士，谓众军之中有材智者，乘于战车，前后纵横，出奇制敌也。（战国·尉缭《尉缭子·兵教下第二十二》）

"接连"《大藏经》出现18例，均用作动词，如：

（270）其树叶密雨不能漏，树叶接连如草覆舍。（隋·达摩笈多译《起世因本经》卷1，T01，No. 25，p0370b）

大概到唐代，"接连"开始虚化，用于谓语动词之前，作副词，表示动作行为连续不断，一个接一个。《全唐五代词》《全唐诗补编》《全唐文》各1例，如：

（271）军行次，蜂蝶接连来。定用伏兵居草泽，好防林木与山崖。先探保无灾。（《全唐五代词·卷二·易静词》）

（272）溪南北有山，山如屏形，接连而去，峰竖不险，翠秾不浮。（《全唐文》卷七百二十七，舒元舆《录桃源画记》）

宋元两代用例很少，我们只发现了《朱熹集》1例，如：

（273）况今夏以来，诸邑又多亢旱，斯民接连饥荒，方苦艰食。当此催科之时，委实无可输纳。（宋·朱熹《朱熹集·乞将合该蠲阁夏税人户前期输纳者理折今年新税状》）

明代开始，用例甚多，如《三国演义》出现5例，《水浒全传》《醒世恒言》各2例，《初刻拍案惊奇》《禅真逸史》《山歌》各1例。清代《荡寇志》出现34例，《海上花列传》20例，《官场现形记》19例，《绮楼重梦》17例，《野叟曝言》15例，《镜花缘》14例，《儿女英雄传》12例，《红楼梦》《红楼复梦》各10例，《二十年目睹之怪现状》9例，《后红楼梦》8例，《九尾龟》6例，《醒世姻缘传》5例，《品花宝鉴》《老残游记》各4例，《儒林外史》3例。略举如下：

（274）却说梁中书正在衙前闲坐，初听报说，尚自不甚慌。次后没半个更次，流星探马，接连报来，吓得魂不附体，慌忙快叫备马。

（明·施耐庵《水浒传》第六十六回）

（275）就像去年冬天，<u>接连</u>下了几天雪，地下压了三四尺深。我那日起的早，还没出房门，只听外头柴草响。我想着必定是有人偷柴草来了。（清·曹雪芹《红楼梦》第三十九回）

现代汉语仍有大量用例。

"接接连连"是"接连"的完全重叠式，由于"接连"有动词与副词两用，"接接连连"也有两用，但是以副词用法为主。动词用法如：

（276）冈冈峦峦，<u>接接连连</u>，竹竹松松，密密丛丛。不觉已到坛前，且喜百官未到，待俺趁早铺设起来。（明·孔尚任《桃花扇》第三十二出）

"接接连连"的副词用法清代才发现用例，如《镜花缘》出现6例，《品花宝鉴》4例，《红楼梦》2例，《海上花列传》《九尾龟》《绮楼重梦》各1例，略举如下：

（277）回爷说，今年年成实在不好。从三月下雨起，<u>接接连连</u>直到八月，竟没有一连晴过五日。九月里一场碗大的雹子，方近一千三百里地，连人带房并牲口粮食，打伤了上千上万的，所以才这样。（清·曹雪芹《红楼梦》第五十三回）

（278）各处音乐不断，<u>接接连连</u>，都是梨园演戏。（清·李汝珍《镜花缘》第三十八回）

（279）等到前面一出演毕，文君改装登场，尚未开口，一个门客凑趣，先喊声"好"。不料<u>接接连连</u>，你也喊"好"，我也喊"好"，一片声嚷得天绝地塌，海搅江翻。（清·韩邦庆《海上花列传》第四十四回）

（280）这亮功从前的前妻，是极丑陋的，也<u>接接连连</u>生了一女两男，后娶了这位美貌佳人，便当着菩萨供养。（清·陈森《品花宝鉴》第六回）

（281）正在观看，忽听得远远的喊了一声"请"，便有十来个人<u>接接连连</u>的喊出来，早听"吱"的一声，两扇中门分开左右，陈贵立在门内，手中举着名帖高声道"请"。（清·张春帆《九尾龟》第八十回）

（282）友红也就跪下，勉强就着杯喝了几口。酒便涌将上来，连酒带菜往小钰脸上直喷，身子也倒过来。小钰撩了杯子，双手扶住他，他<u>接接连连</u>照着小钰脸上嘴上吐个不了。（清·兰皋主人《绮楼重梦》第三十回）

现代汉语仍有运用，如

（283）南部的高粱完全睡倒下来，<u>接接连连</u>的望去，黄豆秧和揉乱的头发一样蓬蓬在地面，也有的地面完全拔秃似的。（萧红《生死场》）

陆续——陆陆续续

"陆续"，用作副词，表示先后相续不绝。《大藏经》没有用例，中土文献中宋代开始，出现用例，如《宋诗钞》出现6例，《全宋词》3例，《夷坚志》2例，《唐会要》《靖康传信录》《齐东野语》《王安石集》各1例；《元朝秘史》出现2例，略举如下：

（284）少焉，闻罗汉天众各执幡幢香华，以次引导。戈甲旌旗，陆续不绝。傍与日光相映。(宋·洪迈《夷坚志》支戊卷第四)

（285）烟霞竹石松梅。更无数幽花陆续开。(《全宋词》，冯取洽《沁园春·用定轩雨余有感韵写山中之趣》)

（286）随后人每陆续赶将来，一个骑白马的人，手里执着套马竿，将次赶到根前。(元·佚名《元朝秘史》卷二)

明清时期，"陆续"的使用更为普遍，如《王阳明集》出现24例，《水浒全传》18例，《禅真逸史》17例，《三国演义》14例，《金瓶梅》5例，《醒世恒言》4例，《二刻拍案惊奇》2例；《野叟曝言》出现55例，《绿野仙踪》30例，《海上花列传》29例，《红楼复梦》27例，《荡寇志》22例，《九尾龟》21例，《二十年目睹之怪现状》19例，《七剑十三侠》16例，《醒世姻缘传》15例，《姑妄言》14例，《镜花缘》9，《小五义》6例，《女仙外史》《孽海花》各5例，《红楼梦》《儿女英雄传》各4例，《七侠五义》3例，《官场现形记》《负曝闲谈》各2例，《儒林外史》1例，略举如下：

（287）不说戴宗先去了，且说关胜等军马回到金沙滩边，水军头领棹船接济军马，陆续过渡。(明·施耐庵《水浒全传》第六十七回)

（288）此时众婆娘媳妇见无事，都陆续散了，自去歇息。(清·曹雪芹《红楼梦》第十五回)

现代汉语仍旧使用。

"陆陆续续"是"陆续"的完全重叠式，明代已经出现，《西游记》《二刻拍案惊奇》各出现1例，如下：

（289）那国王前生那世里结下冤仇，今世里无端造罪。二年前许下一个罗天大愿，要杀一万个和尚，这两年陆陆续续，杀戮了九千九百九十六个无名和尚，只要等四个有名的和尚，凑成一万，好做圆满哩。(明·吴承恩《西游记》第八十四回)

（290）临将死时，分付儿子道："我受了这样冤恨。今日待死。凡是一向扑官酒坊公店，并林家欠钱帐目与管帐八人名姓，多要放在棺内，吾替他地府申辨去。"才死得一月，林氏与这八个人陆陆续续尽得暴病

而死。眼见得是阴间状准了。（明·凌濛初《二刻拍案惊奇》卷十六）

清代开始用例更多，如《红楼复梦》《负曝闲谈》各出 3 例，《镜花缘》《孽海花》《官场现形记》《七侠五义》《小五义》《九尾龟》各 2 例，《儒林外史》《醒世姻缘传》《七剑十三侠》《女仙外史》《荡寇志》《姑妄言》各 1 例，略举如下：

（291）当下，陆陆续续到了几十位客。落后，来了三个戴方巾的和一个道士，走了进来，众人都不认得。（清·吴敬梓《儒林外史》第二十九回）

（292）果然不出十日之内，同了任直、靳时韶陆陆续续的交与了晁夫人；总将上来，差不多也还有一千多两银子。（清·西周生《醒世姻缘传》第二十二回）

（293）又过几年，陆陆续续把几女都已婚配。真是日月如梭，刚把儿女大事办毕，转眼间孙儿孙女俱已长成，少不得也要操心陆续办这嫁娶。（清·李汝珍《镜花缘》第九十九回）

（294）就是赤云、美荻一班客人，因为知道曹梦兰便是傅彩云的化身，人人怀着先睹为快的念头，不到天黑，陆陆续续的全来了。（清·曾朴《孽海花》第三十二回）

（295）正谈论间，客人也陆陆续续的来了，于是打住话头。后来客人渐渐的多了，主人便吩咐开席。（清·李伯元《官场现形记》第三十四回）

以上所有的"陆陆续续"出了《西游记》以外，都是与"陆续"同时在一部作品中出现。

现代汉语"陆陆续续"仍旧使用。如：

（296）我虽然陆陆续续地有过五个弟弟，如今却是母亲底老蕙了。（陈企霞《淡的伤痕》）

第三节　东汉三国佛教文献重叠式副词的特点

通过比较我们可以看出，佛教文献重叠式副词就数量来说无法比较，因为中土文献量特别大，不是对等比较，但是光从形式类型来说还是可以比较的。

一、东汉三国佛教文献重叠式副词的形式类型单一

东汉三国佛教文献的重叠式副词共出现 14 个，只有 AA 式，按照构成成分的性质，还可以细分为：A 为单音节副词共 8 个，A 为非副词共 6 个，

两种情况大体持平。与后代的佛教文献相比，后代佛教文献增加了 AAB 式与 AABB 式；与中土文献相比，中土文献增加了 AAB 式、ABB 式、ABA 式以及 AABB 式。整个佛教文献与中土文献相比，中土文献增加了 ABB 式与 ABA 式。由此可见，东汉三国佛教文献的重叠式副词形式比较简单，重叠式副词的形式是由简单向复杂发展的，这与语法形式的发展逐步走向丰富相一致的。

通过考察，我们发现，汉语副词有一共同特点，就是不论何种文献都没有 ABAB 式，李宇明（2000）认为，同 AABB 式相比，ABAB 式的适用范围可能更大一些。而马庆株（2009）认为，重叠的基本形式是 AA 式和 ABAB 式，其他形式可以看成基本形式的变化形式。

汉语的副词并不完全适应这种情况，AA 式是汉语副词的基本形式，这与景颇语非常相似，景颇语副词重叠的基本形式也是 AA 式，如"处处"景颇语叫"de de"。

副词 ABAB 式汉语并没有出现，这正反映了汉语重叠现象的复杂性，作为副词的重叠现象有其自身的特点。

二、东汉三国佛教文献重叠式副词的使用频率高

东汉三国佛教文献的 14 个重叠式副词"处处、匆匆、得得、各各、渐渐、久久、稍稍、时时、数数、往往、微微、一一、在在、转转"，都能在后代的佛教文献与中土文献中使用，其中"处处、匆匆、各各、渐渐、久久、稍稍、时时、往往、微微、一一、在在"等 11 个，现代汉语仍旧使用，占 78.6%，只有"得得、数数、转转"，现代汉语不再使用，《现代汉语词典》第七版也没有收录，仅占 21.4%。可见，东汉三国佛教文献的重叠式副词大都是汉语中最常用的副词，这与佛教文献传播之初，习惯性选用口语性强、有生命力的词语来表达有关。

三、东汉三国佛教文献重叠式副的词语义变化少

以"稍稍"为例，东汉三国佛教文献均为"渐渐"义，例见上。

中土文献中，"稍稍"竟有 11 个，据《汉语大词典》，除了"渐渐"义外，唐代有了"稍微"义，例见上。又有"细微、微微"义，如唐杜甫《秋笛》诗："不见秋云动，悲风稍稍飞。"又有"些许、必许"义，如宋苏轼《杂兴答鲜于子骏》诗："平生嗜羊炙，识味肯轻饱。烹蛇啖蛙蛤，颇讶能稍稍。"又有"多、纷纷"义，如唐薛能《圣灯》诗："莽莽空中稍稍灯，坐看迷浊变清澄。"又有"全、都"义，如唐张九龄《上封事》：

"而今刺史、县令，除京辅近处，雄望之州，刺史尤择其人，县令或备员而已。其余江、淮、陇、蜀、三河诸处，除大府之外，稍稍非才。"又有"随即、已而"义，如《史记·魏其武安侯列传》："（灌夫）坐乃起更衣，稍稍去。"又有"刚刚、才"义，如宋苏轼《杭州上执政书》之一："去年浙中，冬雷发洪，太湖水溢，春又积雨……民就高田秧稻，以待水退，及五六月，稍稍分种，十不及四五。"又有"不过、仅仅"义，如明袁宗道《叙守考绩序》："今絲张富顺厚裕所言观之，大夫岂稍稍着文学之用如文翁长卿也欤？"又有"已经，业经"义，如明何景明《平埧城南村》诗之一："儿童候晨光，稍稍荆扉启。"又有"偶然、偶尔"义，如宋王安石《送子思兄参惠州军》诗："先朝有名臣，卧理讼随息。稍稍延诸生，谈笑预宾客。"

这些义项尽管有些可以合并，但不论如何，与东汉三国佛教文献相比，意义要多得多，相比之下东汉三国佛教文献要保守得多。

四、东汉三国佛教文献重叠式副词与言者的主观性有关

华玉明（2003）以《动词用法词典》和《形容词用法词典》中有重叠用法的动词、形容词为基础，也结合其他语料从形式（语法构造）和意义（在更高层次上将意义纳入语用心理）两方面对动词、形容词的重叠性作了考察，认为从语用心理上看，动词、形容词重叠不重叠或重叠性强还是弱是与它们所表示的动作行为、性质状态人们心理上愿意不愿意接受或愿意接受的程度强还是弱相一致的，其中蕴含的基本规则是：意愿性越强，则重叠性越强；意愿性越弱，则重叠性越弱。这尽管是从动词、形容词的角度来说的，通过我们的考察，东汉三国佛教文献重叠式副词也与说话者的主观性有关，重叠是为了进一步说明说话者的主观意愿。

第四节 东汉三国佛教文献重叠式副词的语义分析

汉语重叠式副词的句法功能较为单一，一般修饰谓语，在句中作状语。搭配时受到音节数量的限制，一般修饰双音节词，或者有其他的成分粘附在一起的单音节词，并能加上不同的后附成分。有的可附助词"de"（的或地），有的可后附儿化韵，还可后附语气词"矣""也"等。汉语重叠式副词相比于原式，在语义特征上存在差异，具体表现在以下三个方面：

一、义项的减少

齐沪扬（1987）认为副词重叠式与原式的区别在于义项的多少，一般是重叠式的义项比原式少。我们认为这抓住了问题的主要矛盾，一般来说，重叠式总是在原式的基础上形成的，重叠式往往只承续原式诸多义项中的某一义项的用法，对这一义项起强调作用。如：

转——转转

《说文·车部》："转，运也。"《玉篇·车部》："转，转运也。"五代徐锴《说文系传·车部》："转，还也。"可见"转"的本义有"车运；回还"等义。如《逸周书·大匡》："粮穷不转，孤寡不废。"

由此虚化为副词，表示反而、反倒。如《诗·小雅·谷风》："将恐将惧，维予与女。将安将乐，女转弃予。"高亨注："到了安乐时，你反而抛弃了我。"

也可以虚化为副词，表示渐渐、更加。清刘淇《助字辨略》卷三："转，犹浸也。"如《百喻经·就楼磨刀喻》："如是数数往来磨刀，后转劳苦。"

"转转"由"转"重叠而成，作为重叠式副词，"转转"没有"转"的"反而；反倒"义，只有"渐渐；更加"义。

东汉三国佛教文献"转转"共出现了3例，只有2例似乎是重叠式副词，如：

（297）法起则起，法灭则灭。法<u>转转</u>不相念不相知。起者不言我起，灭者不言我灭。（吴·支谦译《佛说维摩诘经》卷1，T14，No. 474，p0526a）

（298）心法起则起，法灭而则灭。兴衰如雨雹，<u>转转</u>不自识。识神走五道，无一处不更。舍身复受身，如轮转着地。（吴·竺律炎、维祇难共支谦译《法句经》卷2，T04，No. 210，p0574a）

这两例似乎有"渐渐"义，但是从语境来看，又可以理解为动词性的重叠式，表示"转动"的意思。这种情况其实并不奇怪，正是佛教文献在接受"转转"之初出现的模棱两可的情况。这种情况到东汉三国以后完全改观。

《大藏经》中，东汉三国以后重叠式副词"转转"共出现241例，如：

（299）若老来至无复少壮，坏败形貌，支节渐缓；若病来至丁壮之年，无复气力，<u>转转</u>命促。（东晋·瞿昙僧伽提婆译《增壹阿含经》卷51，T02，No. 125，p0828b）

（300）时王顶上欻生一疱，其形如茧，净洁清彻，亦不疼痛。后

转转大，乃至如瓠。（元魏·慧觉等译《贤愚经》卷13，T04，No. 202，p0439c）

（301）后更转转无恐怖，渐得脱于诸有缠。（隋·阇那崛多译《佛本行集经》卷32，T03，No. 190，p0802b）

例（299）为"渐渐"义，例（300）与例（301）既可以理解为"渐渐"，又可以理解为"更加"，这其实很好理解，从时间来看，是一种逐渐积累的过程，从程度来看，也是一种程度的加深。

中土文献重叠式副词"转转"出现的比佛教文献早，西汉末年已经出现，《全汉文》出现1例，其后《汉书》出现1例；《全唐五代词》《全唐诗补编》各2例；《全宋词》5例，《云笈七签》14例；《全金元词》11例，《全金诗》《董解元西厢记》各4例，《全元散曲》2例；《六十种曲》4例，《谭元春集》2例。如：

（302）孝文皇帝衣绨履革，器亡雕文金银之饰。后世争为奢侈，转转益盛，臣下亦相仿效，衣服履绮刀剑，乱于主上，主上时临朝入庙，众人不能别异，甚非其宜。（《全汉文》卷三十四，贡禹《奏宜放古自节》）

贡禹，字少翁，琅邪人。宣帝时以明经征博士，出为凉州刺史，病去官。复举贤良，为河内令，去官。元帝即位，征为谏大夫，迁光禄大夫，历长信少府，代陈万年为御史大夫。

（303）恶心满三界，口即念弥陀。心口相违背，群贼转转多。（《全唐诗补编·全唐诗续拾》卷二十）

（304）持明砂者，虽禀阳精，从阳所养，体如琥珀，质似桃胶。其性和，而能销漉阳金，革阴滞质。若合硫黄、赤盐，变炼其阳精，转转增光。（宋·张君房《云笈七签》卷六十八）

（305）且生世之苦目击又已如此，使我学道之念转转急迫也。（明·李贽《答刘晋川书》）

（306）愁人莫向愁人说，说与愁人转转愁。（《六十种曲·香囊记》第二十九出《邮亭》）

例（302）—例（306）既可以理解为"渐渐"，又可以理解为"更加"。

可见，仅就副词性用法而言，单音节的"转"副词性用法多，而重叠式的"转转"副词性用法少。

清代以后"转转"我们没有再发现用例，原因有二：一是"转转"表义的不确定性，既有同时表"渐渐"和"更加"的不确定，又有动词性重叠与副词性重叠的不确定，这些不确定性违背语言表达精确性的原则；二是"转转"在与同义的"渐渐""更加"等同义副词的竞争中，自身缺乏优势，文言色彩浓，使用频率低，因此到清代就被淘汰。

尽管如此，"转转"在汉语方言里却很好的保存下来，据《汉语方言大词典》，吴语的浙江宁波话就使用"转转"，表示"更加"的意思。

二、义项的增加

重叠式副词在继承原式的基础上又衍生出新的义项，从而使重叠式副词的义项有所增加。如：

得——得得

"得"早期本身没有副词用法，本义是"获得，得到"如《诗经·周南·关雎》："求之不得，寤寐思服。"由此引申为"适宜，得当"，如《尚书大传》卷二："容貌得则气得，气得则肌肤安，肌肤安则色齐矣。"这个意义已经比较抽象了，"得"还可以进一步虚化，用在动词前表示"能够"，如：

（307）仪封人请见，曰："君子之至于斯者，吾未尝不得见也。"（《论语·八佾》）

（308）一眼人名为何等，世间比丘一眼者，有如是眼。令我未得财当为得已，得财当为莫折减。（后汉·安世高译《佛说七处三观经》卷1，T02，No.150A，p0876a）

（309）为贪欲所缚，用现世不得脱诸畏，后世亦不得脱。（同上，p0880a）

例（307）"得"为"得到"，例（309）"得"为"能够"。

东汉三国佛教文献"得得"出现了5例，如：

（310）闻如是，一时佛在舍卫国，行在祇树给孤独园。是时佛告比丘："二人世间易厌。何等二人？一者得得聚守，二者得得遣去。"佛说如是。（后汉·安世高译《佛说七处三观经》卷1，T02，No.150A，p0881a）

（311）或时行者，适从病起不久，便念："身适从病起，畏恐病复来。今我居前求方便行。"便居前求方便行，未得得，未解解，未自知自知，是为八精进方便。（后汉·安世高译《长阿含十报法经》卷2，T01，No.13，p0238a）

我们认为以上"得得"是两个动词"得"的叠用，不是重叠式副词。

《大藏经》重叠式副词"得得"共22例，均出现在禅宗语录中，如《大慧普觉禅师语录》就出现9例，都是表示"特地"义，如：

（312）因僧朝见，帝赐坐，僧云："陛下还记得么？"帝云："甚处相见来？"僧云："灵山一别直至如今。"帝曰："以何为验？"僧无对。代云："贫道得得而来。"（宋·圆应《明觉禅师语录》卷4，T47，No. 1996，p0695b）

（313）平江信士郑愠，知有此段大事因缘，得得来见妙喜，要闻般若。（宋·蕴闻编《大慧普觉禅师语录》卷18，T47，No. 1998A，p0886b）

（314）智门本是浙人，得得入川参香林。（宋·重显颂古、克勤评唱《佛果圜悟禅师碧岩录》卷3，T48，No. 2003，p0162b）

"得得"中土文献我们最早见于东汉《论衡》，如：

（315）今世之将相，不责己之不能，而贱儒生之不习；不原文吏之所得得用，而尊其材，谓之善吏。非文吏，忧不除；非文吏，患不救。是以选举取常故，案吏取无害。（东汉·班固《论衡》卷十二《程材篇第三十四》）

但是"得得"这里还是两个动词的叠用。

"得得"成词我们最早见于魏晋六朝，表示"任情自得"。"得得"语本《庄子·骈拇》："夫不自见而见彼，不自得而得彼者，是得人之得而不自得其得者也。"我们找到的最早用例见于《先秦汉魏晋南北朝诗》，如：

（316）日长禁户倦，即事思短晨。漏尽唱声急，此理复伤人。矛盾交为论，光璧带成珍。誓将收饮啄，得得任心神。（《先秦汉魏晋南北朝诗·梁诗》卷九，何逊《西州直示同员诗》）

后代多有所用，如：

（317）人知爱酒耳，不解心得得。（宋·黄庭坚《和甫得竹数本于周翰喜而作诗和之》）

（318）蜡屐远来情得得，冷吟不尽兴悠悠。（清·曹雪芹《红楼梦》第三十八回）

由此虚化为副词，表示"频频"，唐代已经出现，如：

（319）云山且喜重重见，亲故应须得得来。（唐·王建《洛中张籍新居》）

（320）得得穿朱户，时时扑翠屏。（金·高庭玉《柳絮》）

又可以表示"特特、特地，"唐代已经出现，如：

（321）别业在深山中，非得得行不可适到其下。（唐·陆龟蒙《丁隐君歌序》）

（322）我得得为渠入蜀，何意见怪？（宋·孙光宪《北梦琐言》

卷二十）

（323）太平古寺劫灰馀，夕阳惟照一塔孤。<u>得得</u>来看还不乐，竹茎荒处破殿虚。偶逢老僧听僧话，道是壁间留古画。徐生绝笔今百年，祖师相传妙天下。（宋·费衮《梁溪漫志》卷七）

（324）纵千里万里，犹将买草鞋<u>得得</u>而往。"（清·刘献廷《广阳杂记》卷三）

又可以表示"的确，确实。"如：

（325）良人<u>得得</u>负奇才，何事年年被放回？（《清平山堂话本·简帖和尚》）

又可以表示"恰好"。如：

（326）前山如屏墙，<u>得得</u>正当户。（宋·范成大《万州》诗）

由此可见，"得"作为单音节词，没有副词的用法，但是"得"重叠以后，有了副词的用法，并且随着语言的发展，其用法逐渐复杂，可以表示"频频""特特""的确""恰好"等意义，语义明显增加了。

"得得"在现代汉语普通话中已经消失，但是方言仍旧保留它的用法。据《汉语方言大词典》，"得得"在西南官话如湖北武汉话中，用作动词，表示"会"。而西南官话的云南腾冲话中"得得"又用作副词，表示"偏偏、偏生"。

三、语义的分化

所谓分化，就是指重叠式 AA 产生之初就同原式 A 分道扬镳了，尽管在语义上尚存某种联系，但 A 与 AA 的表义功用已基本分化。比如"在——在在"就属这类情况。

在——在在

《说文》："在，存也。"本义为"存在"，动词，如《论语·学而》："父在，观其志；父没，观其行。"

由此引申为表示处所。《广韵·代韵》："在，所在。"名词，如晋陶潜《饮酒》诗之一："衰荣无定在，彼此更共之。"

重叠为"在在"，用作副词，表范围，相当于"处处"。《广韵》："在，所在。""在在"的意思当由此而来。

"在在"在东汉三国佛教文献中出现了 5 例，如：

（327）何谓苦习？谓从爱故而令复有乐性，不离<u>在在</u>贪喜，欲爱、色爱、不色之爱，是习为苦。（后汉·安世高译《佛说转法轮经》卷 1，

T02，No. 109，p0503b）

（328）大人相满，宝慧具足。<u>在在</u>现法，将导不逮。（后汉·支曜译《佛说成具光明定意经》卷1，T15，No. 630，p0452a）

（329）我等，世尊！快得善利，得与是辈从之正士相见与事，<u>在在</u>人人，闻是法者，快得善利。（吴·支谦译《佛说维摩诘经》卷2，T14，No. 474，p0535b）

（330）<u>在在</u>能行，处处见养。（吴·竺律炎、维祇难共支谦译《法句经》卷1，T04，No. 210，p0560c）

东汉三国以后，《大藏经》除"在在处处"以外，"在在"尚有190例，如：

（331）比丘执意行四等心，慈悲喜护愍念一切，爱敬三宝，信心不断，深入分别止观所趣，<u>在在</u>乞求处处留化。（姚秦·竺佛念译《出曜经》卷29，T04，No. 212，p0765a）

中土文献"在在"连用，最早见于先秦，《诗经》出现6例，如：

（332）鱼在在藻，有莘其尾。王<u>在在</u>镐，饮酒乐岂。（《诗经·小雅·鱼藻之什》）

郑玄笺云："明王之时，鱼何所处乎？处于藻……天下平安，万物得其性，武王何所乎？处于镐京。"可见，《诗经》中的"在在"还是动词性成分。

副词性"在在"我们最早见于南北朝，《全宋文》《全北齐文》《汉魏南北朝墓志汇》各出现1例，如下：

（333）故微言之室，<u>在在</u>并建，玄咏之宾，处处而有，此可以事见，非直布之空谈，将无物不可以终否，故受之以同人故邪？（《全宋文》卷五十七，朱昭之《与顾欢书难夷夏论》）

（334）及巨蚧滔天，长戟内指，既等阙南之败，遂成山北之灾。献武皇帝茹荼切蓼，<u>在在</u>匡复，操盘大誓，辞涕俱流，义动其诚，实参本□。（《汉魏南北朝墓志汇·北齐》）

此后《全唐诗》出现1例，《全唐文》出现2例；《全宋词》4例，《朱子语类》6例；《全金元词》2例，《文献通考》3例；《陈子龙集》8例，《宋濂集》16例，《警世通言》1例，《禅真逸史》3例；《红楼梦》《七剑十三侠》《九尾龟》《后水浒传》《海上尘天影》各1例。如：

（335）桃源<u>在在</u>阻风尘，世事悠悠又遇春。（《全唐诗》卷三百一十七，武元衡《春斋夜雨忆郭通微》诗）

（336）但小员外吃食，女儿在旁供菜；员外临睡，女儿在傍解衣；

若员外登厕，女儿拿着衣服。处处莫避，<u>在在</u>难离。（明·冯梦龙《警世通言》第三十卷）

（337）且他们无知，或赚骗无节，或呈告无据，或举荐无因，种种不善，<u>在在</u>生事，也难备述。（清·曹雪芹《红楼梦》第五十八回）

从出现的频率来看，从清代开始，"在在"已经趋于衰落，现代汉语中，"在在"也只是还有一些残留，我们在大量的语料中仅找到7例，如：

（338）人的母性的内容丰富，花样繁多，表现的机会主义又<u>在在</u>皆是，决不是简单的别种动物所能望其项背。（聂绀弩《母性与女权》）

"在在"衰落的原因是，与"处处"等表示范围的副词相比，"在在"书面语色彩太浓，《现代汉语词典》收录此词时标为书面语。

"在在"也存在于汉语方言，据《汉语方言大词典》，闽语的广东汕头话"在在"表示"处处"；而江淮官话的江苏盐城话的"在在"表示"再三"，如我在在地关照他，他还是没做好。

可见，从"在"到"在在"，由表处所的名词已经发展为表示范围的副词，方言中还可以表示时间，这是语义的分化。

重叠式与原式相比，语义发生了变化，这并非汉语所独有的现象，现代维吾尔语也有这样的用法。莎妮亚·凯穆拜尔（2000）认为维吾尔语里有一部分词重叠后能构成意义不同的新词，一般来说，构成的新词多为副词。她所举例子如：

（339）pat"快"，pat-pat"经常，常常"；

（340）kyn"太阳，日子"，kyndin—kyngɛ"越来越，一天比一天"；

（341）bikar"没事干，闲的"，bikardin-bikar"白白的，无缘无故的"。

以上我们所举的3个例子，重叠后都构成副词。

语义的分化在民族语重叠式副词中也有相关表现，如大羊普米语，niŋ^{55}表示"天"，副词的重叠形式 tɛ^{55}niŋ$^{35\text{-}24}$niŋ$^{55\text{-}31}$表示"天天，一直"。由表时间的名词变为时间副词。

第五节　东汉三国佛教文献重叠式副词的语用分析

陆镜光（2000）从前人对重叠形式与意义之间关系的相关研究成果中总结出如下三种观点：

观点一：认为重叠的形式与意义之间没有特别的关系。Moravcsik（1978）对35种语言进行了考察，得出了这样的结论。不过，她也注意到了"复数""强化"和"指小"的语义范畴。

观点二：认为重叠式与所表示的语法意义之间有自然的关系。Key（1965）认为重叠的基本义是"加重语气""复数"和"强化"。Haiman（1980）、Lakoff and Johnson（1980）等人也持同样观点，近年较为流行，可以称为"临摹性观点"。

观点三：认为重叠的形式与意义之间既有临摹性，也有任意性。Kiyomi（1995）在考察了 30 种马来—玻利尼西亚语言（Malayo-Polynesian languages）后得出的结论。

我们赞同第三类观点，因为它符合汉语的实际情况。

汉语重叠式所要表达的语用功能是什么呢？张敏（1999）对此做了概括："体词重叠多表示事物的量上的增减；动词重叠多表示动作的持续、反复、动量增减等；形容词重叠多表示性状的增减或强调程度的变化等。"这对汉语体词及动词与形容词的重叠现象所表现的语用功能做了很好的概括。不过，并非所有的语言都是这种现象，如在藏缅语中彝语谓词重叠表示是非疑问是使用频率最高的一种形式，所表达的疑问语气也最强，具体见戴庆厦、傅爱兰《藏缅语的是非疑问句》（2000）。但两文对副词的重叠现象没有过多涉及。

张谊生（1997）认为，汉语副词原式与重叠式表达功效的差别，总的说来，原式偏重于判断，重叠式偏重于描写；原式显得客观、平稳，重叠式带有夸张、强调。具体分析起来，其差别大致表现在三个方面：1. 轻与重；2. 强与弱；3. 文与白。他虽然是就现代汉语的副词而言，但以此考察佛教文献的重叠式副词，也同样适应。

一、语义的轻与重

所谓轻与重，就是指原式与重叠式在表达过程中语义的轻重差异。一般情况下，表达相同的意思，重叠式总归要比原式更重一些。

武·呼格吉勒图（1996）认为阿尔泰语系诸语言，除了撒拉语和满（书面）语尚未发现外，其他语言普遍存在着一种用重叠词首部分的方式来增强形容词语义的表达效果。即在通常情况下截取形容词词干的开头部分（词首音节元音以前部分 V—或 CV—），加上一个唇辅音（个别情况下还使用其他非唇辅音），造成一个闭音节临时前置语素，放在该形容词的前面表示语义的加强。例如：蒙古语 ʋlaːn "红的" → ʋb ʋlaːn "红红的"，土耳其语 kara "黑的"，kap kara "黑黑的"，锡伯语 tarxun "胖的、肥的" → tab tarxun "胖胖的、肥肥的"。这种临时前置语素的构成，蒙古语族语言一般

附加唇辅音 -b（个别用 -v 或 -f）；突厥语族语言附加 -p（个别用 -pp，-m，-v，-s，-r）；满—通古斯语族语言附加 -b（个别用 -v 或 -q）。

现代维吾尔语里量词和副词重叠都表示强调，这是莎妮亚·凯穆拜尔（2000）在考察维吾尔语的重叠现象后得出的结论，她的例子如：

Sapaq—sapaq"一束束的"（量词）；toqaj—toqaj"一群一群的"（量词）；

Qajta—qajta"再三地，一再地，反复地"（副词）；asta—asta"慢慢地，慢点儿"（副词）。

其他语言中也有用重叠来表示强化的，Jensen（1990）就举了好些魁北克法语的例子。

从汉语方言也可以得到印证，徐烈炯、邵敬敏（1997）在考察上海方言形容词重叠式时，认为形容词的"基式"和"变式"的区别，人们最容易感觉到的，首先是语义程度的不同。"基式"表现一种单纯的"属性"，往往相对比较客观，而"变式"则表现为一种程度的"强化"，往往必须为说话人的一种主观态度。试比较：

　　1）伊格皮肤白。

　　2）伊格皮肤雪雪白。

　　3）伊心里服帖。

　　4）伊心里服服帖帖。

显然使用形容词基式只是一种理性的客观的反映，而形容词变式就带有强烈的主观色彩，具有一定的评价意义。

看来利用重叠来强化说话人的语气程度，是世界语言的一种普遍现象。汉语的副词重叠也可以使语义得到加强。试比较：

数——数数

《说文》："数，计也。"本义为"计数"，引申为"频数"，《广韵》："数，频数。"可用作副词，表示动作行为的次数多，相当于"屡次"，先秦已有用例，如：

（342）屡赏者，窘也；数罚者，困也。（《孙子·行军》）

"数数"是副词"数"的重叠式，也是表示动作行为的多次发生。《尔雅·释诂》郝懿行义疏："数者，与屡同义。今人言数数，犹言屡屡也。"

东汉三国佛教文献中"数数"共出现 15 例，《撰集百缘经》就出现了 4 例，如：

（343）譬如调马师，马有樱踬者，当数数教之久后调好。（后汉·支娄迦谶译《佛说遗日摩尼宝经》卷 1，T12，No. 350，p0192b）

（344）从今以后，朝暮到佛所，<u>数</u>往祇树间，悉令万姓见知汝，如是，我曹共杀汝，埋着祇树间，令瞿昙得毁辱不？小女即承教，<u>数数</u>往来沙门所，令众人知女如是。（吴·支谦译《佛说义足经》卷1，T04，No.198，p0176c）

（345）时母答言："莫作是语！汝今何故，必欲出家？从今以去，若欲请诸沙门婆罗门等，我当设供随汝供养。"儿闻是语，用自安隐，请诸沙门及婆罗门，<u>数数</u>向家而供养之。时彼儿母，见诸道士<u>数数</u>来往，甚怀懊恼，生厌患心。（吴·支谦译《撰集百缘经》卷5，T04，No.200，p0225a）

东汉三国以后，"数数"在《大藏经》中用例更多，仅《中阿含经》就出现77例，其他如《长阿含经》出现7例，《杂阿含经》11例，如：

（346）或有比丘<u>数数</u>犯戒，因<u>数数</u>犯戒故，为诸梵行诃，所见闻从他疑者……（东晋·瞿昙僧伽提婆译《中阿含经》卷51，T01，No.26，p0748c）

中土文献中，"数数"出现相当早，《庄子》出现了2例，如：

（347）夫列子御风而行，泠然善也，旬有五日而后反。彼于致福者，未<u>数数</u>然也。此虽免乎行，犹有所待者也。（《庄子·内篇·逍遥游第一》）

但是这里"数数"不是副词用法，陆德明《释文》："司马云：'犹汲汲也。'崔云：'迫促意也。'"可见，"数数"在这里是迫切貌。

副词"数数"最早出现于西汉，《列仙传》出现1例，后来《汉书》出现1例，《抱朴子》3例，《全晋文》5例，《全唐文》8例，《朱子语类》9例，《云笈七签》7例，《元好问集》2例，《归有光集》8例，《西湖二集》1例，略举如下：

（348）马师皇者，黄帝时马医也。知马形生死之诊，治之辄愈。后有龙下，向之垂耳张口。皇曰："此龙有病，知我能治。"乃针其唇下口中，以甘草汤饮之而愈。后<u>数数</u>有疾龙出其波，告而求治之。一旦，龙负皇而去。（西汉·刘向《列仙传》卷上）

（349）立政等至，单于置酒赐汉使者，李陵、卫律皆侍坐。立政等见陵，未得私语，即目视陵，而<u>数数</u>自循其刀环，握其足，阴谕之，言可还归汉也。（东汉·班固《汉书》卷五十四《李广苏建传》）

（350）赤松子以玄虫血渍玉为水而服之，故能乘烟上下也。玉屑服之与水饵之，俱令人不死。所以为不及金者，令人<u>数数</u>发热，似寒食散状也。（晋·葛洪《抱朴子》卷十一《仙药》）

（351）服满之日，授太子宾客，进黄门侍郎。时有飞雉<u>数数</u>集于宫中。太宗问道："此是何祥也？"（清·周清原《西湖二集》第三十二卷）

以上"数数"均表示"屡次、常常"。

《列子》中也有1例，如下：

（352）今东方介氏之国，其国人<u>数数</u>解六畜之语者，盖偏知之所得。太古神圣之人，备知万物情态，悉解异类音声。会而聚之，训而受之，同于人民。故先会鬼神魑魅，次达八方人民，末聚禽兽虫蛾。（《列子·黄帝第二》）

由于《列子》时代难以确定，我们不能将其视为战国时期的文献，所以罗列于后。

现代汉语中，"数数"罕见，我们在大量的语料中只找到了1例，如下：

（353）然非<u>数数</u>遘也，故及午而饼犹未尽。（叶圣陶《穷愁》）

很显然，这是文言色彩很浓的一个用例，不能代表现代汉语的全貌。

副词"数数"到清代已经趋于衰落，现代汉语已经基本消失，《现代汉语词典》没有收录，这主要是"数数"文言色彩太浓造成的。

"数数"虽然也是表示动作行为的多次发生，但是它表示的频率比"数"要快，语义比"数"要重，例（344）"<u>数</u>往祇树间"与"<u>数数</u>往来沙门所"比较，除了"数"修饰单音节动词而"数数"修饰双音节动词以外，"数数"表示的频率从语义上看要重。

二、语气的强与弱

所谓语气的强与弱，就是指副词的重叠式与原式在表达过程中语气的强弱之分。总的说来，<u>重叠式</u>总归要比原式语气更强。当然，语气的增强往往同语义的加重是密不可分的。试比较：

的确——的的确确

"的确"用作形容词，表示"真实"，唐代已经出现，如：

（354）此或情非<u>的</u>确，理涉儳逾，推诘有闻，必行朝典。（《全唐文》卷一百四，后唐庄宗《定内外官寮职事敕》）

"的确"由形容词虚化为副词，宋代已经出现，表示"确实""实在"等意思，《苏辙集》出现3例，《朱子语类》2例，《苏轼集》1例，如：

（355）大纲已得允当，其间小节疏略差误，乞令诸处审议，候<u>的</u>确可行，然后行下。（宋·苏辙《苏辙集·栾城集》卷三十七）

（356）易与春秋难看，非学者所当先。盖春秋所言，以为褒亦可，

以为贬亦可。易如此说亦通，如彼说亦通。大抵不比诗书，<u>的确</u>难看。（宋·朱熹《朱子语类》卷六十七《易三》）

（357）臣以到任之初，未知利害之详，难以会议，寻申尚书省乞指挥逐官，未得前来，候到任见得<u>的确</u>利害，别具申省，方可指挥逐官前来会议。（宋·苏轼《苏轼集》卷六十）

副词"的确"是由形容词"的确"语义的虚化形成的。不过，宋代的"的确"也主要用作形容词，以《朱子语类》为例，形容词的用法出现了8例，副词与形容词出现频率之比为1:4。

元明两代，"的确"用作副词的情况仍然不很普遍，我们找到3例，《喻世明言》《禅真后史》《明珠缘》各出现1例，如：

（358）你丈夫<u>的确</u>未死，小娘子他日夫妻相逢有日。（明·冯梦龙《喻世明言》第四十卷）

（359）如今丁老爷要教几个孩子清唱，班中<u>的确</u>有人，寄些银子回去，你就在园中过夏，我也要来避暑。（明·佚名《明珠缘》第四回）

清代副词"的确"用例十分丰富，如《官场现形记》出现19例、《歧路灯》7例、《孽海花》6例，《二十年目睹之怪现状》5例，《七剑十三侠》《红楼真梦》各2例，《儿女英雄传》《七侠五义》各1例，略举如下：

（360）好在金大人不是外人，我老实告诉你，我<u>的确</u>是孝琪那里出来的，不过人家说我卷逃，那才是屈天冤枉呢！（清·曾朴《孽海花》第三回）

"的确"也许是承接"的定"的消失而产生的，宋代出现以后，一直使用至现代汉语。

"的的确确"产生的时代较晚，晚清才出现，如《官场现形记》出现10例，《歧路灯》《姑妄言》各2例，《花月痕》《品花宝鉴》《七侠五义》各1例。略举如下：

（361）蒋中丞道："<u>的确</u>是他。他当的都是好差使，还怕没钱，头两万银子，算来难不倒他。"王妈道："这位老爷<u>的的确确</u>没有钱。我伺候过他的太太一年多，还有什么不晓得的……"（清·李伯元《官场现形记》第四十八回）

（362）这梦也奇，<u>的的确确</u>，有篇碑文。（清·魏秀仁《花月痕》第十九回）

（363）我把梅二爷说的，大老爷请进衙门的话，<u>的的确确</u>是二十一日，叮咛明白，对少爷管事家人姓王名中的说透记清。（清·李绿园《歧路灯》第九十五回）

（364）这<u>的的确确</u>是个真马驹。（清·曹去晶《姑妄言》）

"的的确确"现代汉语仍旧使用。

从语言心理看，受众一般认为重叠式比原式表达的语气要强，以例（8）来说，明显感到"的的确确"比"的确"的语气要强。试比较：

a. 这位老爷<u>的的确确</u>没有钱。

b. 这位老爷<u>的确</u>没有钱。

这里我们发现，修饰语的长度与强度成正比，a 句主观性更强，语气自然也更强。

有意思的是有<u>些</u>方言是通过声调的变化来表示语气的不同。乔全生（2000）考察山西方言时，认为晋语重叠式副词，通过声调的变化，表示语气、程度的不同。他列了以下简表说明：

级次	表达语气、程度	例句
原级	一般陈述	她真听话！
次高级	语气加强，程度加深	她真真听话！
高级	语气进一步加强，程度更深	她真·真听话（哩）！

乔全生（2000）认为，如果时表程度的副词，三级呈逐渐加深递进状；如果是表时间的副词，如"刚刚、才才、将将"，则三种不同的读音表示时间的更加短暂。做补语表示程度加深的"太—太太—太·太"也符合三级递进状特点。

副词一项重要的语法功能就是修饰、限定形容词和动词，表示一定的语气。在民族语言中，重叠式副词的使用也可表示语气的加强。如基诺语和堂郎语：

（365）m̩⁴⁴te⁴⁴te⁴⁴le⁴⁴　tshə⁴²　la⁵⁵　pə⁴²　a nœ³³。

白白地　　　　十　抢　打　（语助）

白白地打了十枪。（盖兴之 1986: 64）

（366）pʌ³³　pʌ³³　pi³³

白　白　做

白白地干。（孙宏开等 2007: 374）

上面两例中的"白白"均是对后面行为动作表示出"遗憾、惋惜"的强烈语气。怒江傈僳语中也有类似用例：

（367）mo⁵⁵mo⁵⁵　e⁵⁵　la³³　nie³⁵　wa³³.

恰恰　　他　来（进行）了

恰好他来了。

（368）mo⁵⁵mo⁵⁵　nu³³wa³¹　tɛ⁵⁵　ki³⁵dʑŋ³³　le³³　buɯ³³.

恰好　　　　你们　　（受助）跑　遇　（实现）亲见

恰好遇见了你们。　　　　　　　　　　　　　（李教昌 2018: 169）

上面两例中的"mo⁵⁵mo⁵⁵（恰恰）"分别修饰动词"la³³（来）""dʑŋ³³（遇）"，表示行为动作发生的刚刚好，显示说话人"出乎意料"的强烈语气。

我们也不能忽视，有些副词重叠后，语气更弱，如"稍——稍稍""微——微微"等。

三、语境的文与白

所谓文与白就是指副词原式与重叠式在表达过程中所呈现的语体风格的差异。比较而言，原式较多地带有文言色彩，重叠式较多地带有白话色彩、口语色彩。试比较：

时——时时

《说文·日部》："时，四时也。"《玉篇·日部》："时，春夏秋冬四时也。"可见"时"本义为名词，表示"季度、季节。"如《书·尧典》："乃命羲和，钦若昊天，历象日月星辰，敬授人时。"由此虚化为表示时间、频率的副词，相当于"常常""经常"。如《韩非子·八经》："阴使时循以省衰。"

"时时"是副词"时"的重叠式，也是表示时间、频率的副词，相当于"常常""经常"。东汉三国佛教文献中出现了18例，《佛说伅真陀罗所问如来三昧经》《佛说阿弥陀三耶三佛萨楼佛檀过度人道经》就各出现了3例，如：

（369）已依佛亦余慧者同学者，得时时闻微法经。（后汉·安世高译《长阿含十报法经》卷2，T01，No. 13，p0237a）

（370）何等为十六？一为时时可闻法，二为可多闻法，三为耳听可闻法……（后汉·安世高译《普法义经》卷1，T01，No. 98，p0922c）

（371）譬如人求火，便钻木上钻着下木便钻，时时中止，时时钻止。如是未曾得火，但自劳倦。（后汉·安世高译《道地经》卷1，T15，No. 607，p0231b）

（372）降伏众魔，是者难值。若优昙钵花，时时可得。（后汉·支娄迦谶译《佛说伅真陀罗所问如来三昧经》卷1，T15，No. 624，p0348c）

（373）一佛十佛，百佛千佛，万佛亿佛，亿万亿佛，各各自有名字不同。时时乃有一佛如我名字耳……八方上下，无央数诸佛中，时时乃有如我名字尔。（吴·支娄迦谶《佛说阿弥陀三耶三佛萨楼佛檀过度人道经》卷1，T12，No. 362，p0309b）

东汉三国以后，佛教文献"时时"出现相当多，仅以《佛本行集经》为例，共出现7例，如：

（374）复有五千诸余天女，各执金铃，时时摇动，扬声大唱吉祥之音，在菩萨前，引道而行。（隋·阇那崛多译《佛本行集经》卷8，T03，No.190，p0691b）

中土文献中，"时时"我们找到的最早用例在先秦《战国策》中，如下：

（375）令初下，群臣进谏，门庭若市。数月之后，时时而间进。期年之后，虽欲言，无可进者。（西汉·刘向《战国策》卷八《齐一》）

不过，这里的"时时"不是"常常"的意思，这里的"时时"也是副词，表示"有时"，因为"时"本身就可以表示"有时"，如《诗·大雅·桑柔》："如彼飞虫，时亦弋获。"朱熹集传："言己之所言或亦有中，犹曰千虑而一得也。"西汉开始，这种用法不知为什么消失了，"时时"只有"常常"义了。如《史记》出现了18例，《汉书》13例，均是表示"常常"义。

从西汉开始，"时时"的使用频率相当高，《史记》出现18例，《新书》3例；《太平经》20例，《汉书》13例；《齐民要术》5例，《搜神记》《陶渊明集》各3例；《全唐文》63例，《游仙窟》4例；《夷坚志》81例，《全宋词》80例，《欧阳修集》44例，《朱子语类》《太平广记》各35例；《全元散曲》9例，《元好问集》4例；《归有光集》41例，《醒世恒言》13例，《西游记》4例；《醒世姻缘传》21例，《红楼梦》10例，如：

（376）高祖为亭长，乃以竹皮为冠，令求盗之薛治之，时时冠之。及贵常冠，所谓"刘氏冠"乃是也。（西汉·司马迁《史记》卷八《高祖本纪第八》）

（377）令匈奴降者，时时得此而赐之耳。一国闻之者、见之者，希心而相告，人人冀幸，以为吾至亦可以得此，将以坏其目，一饵。（西汉·贾谊《新书》卷四）

（378）良多病，未尝特将兵，常为画策臣，时时从。（东汉·班固《汉书》卷四十《张陈王周传》）

（379）天法者，或亿或万，时时不同，治各自异，术各不同也。今者太平气且至，当实文本元正字，乃且得天心意也。（《太平经·丙部之十四》）

（380）其小树，则不烦尔。然后下土坚筑。近上三寸不筑，取其柔润也。时时溉灌，常令润泽。（北魏·贾思勰《齐民要术》卷四《栽树第三十二》）

（381）因此步步留心，时时在意，不肯轻易多说一句话，多行一

步路，惟恐被人耻笑了他去。（清·曹雪芹《红楼梦》第三回）

现代汉语"时时"使用非常多，不再赘述，仅举一例如下：

（382）河水在暗夜里闪动着黑亮的波光，<u>时时</u>还有一点两点潮湿的渔火浮动在水面上。（杨朔《潼关之夜》）

单音节的副词"时"带有比较浓郁的文言色彩，而"时时"口语色彩较浓，正因为如此，"时时"在现代汉语中仍然具有很强的生命力。

这种情况产生的原因，齐沪扬（1987）认为主要是由于重叠式副词是在原式的基础上形成的，出现的时间要比原式晚，所以在文言句式中，除了少数产生得很早的重叠式以外（如"常常"），一般是只用原式 A。这种情况也可以从现存的众多的成语中得到证明，如"稍纵即逝""屡教不改""久别重逢"等，都用的原式，而现代多用作"稍稍""屡屡""久久"。特别是"五四"以来，现代汉语词汇的双音化趋势日益加强，相当一些具有文言色彩的原式 A 逐步呈现出语素化倾向，经常要与其他单音节语素合用，在口语中则完全被重叠式 AA 所代替了。

这种现象亦见于汉语方言，乔全生（2000）认为山西方言的重叠式副词，基式偏重于书面语，重叠式多用于口语，他的例子如：

（383）大家都能来，偏 / 偏偏你一个来不了。

（384）你明 / 明明知道开会，你就是不来。

乔全生（2000）认为，"偏""明"多见于书面语，"偏偏""明明"多见于口语。

毫无疑问，上述"文""白"之别，是从总体上讲的，如果就每一个单音节副词而言，情况似乎还要复杂一些，比如"累—累累、略—略略"都略带文言风格，"常—常常"则都属通用语体。

第六节　重叠式副词产生原因的跨语言考察

汉语的重叠式副词与其他重叠式的产生有其共性，汉语的重叠式与其特征相近的其他语言的重叠式也有其共性。语言重叠式的产生既要从语言内部寻找原因，又要注意其外部因素的影响。因此，我们认为重叠式副词的产生是内外因双重作用的结果。

一、语言内部的原因

重叠式副词的产生离不开语言内部原因的制约，重叠式副词的产生与语言的结构类型、韵律机制、类推作用以及具有临摹性等密切相关。

1. 语言的结构类型

戴庆厦（2000）指出："一种语言出现某种比较突出的特点，都不是孤立出现的，必然是受该语言结构系统特点的制约而产生的。所以，从语言结构系统特点的分析中，能找出某种语言特点成因的线索。"总体而言，汉藏语系语言是以分析性特点为主的语言，语序和虚词是其主要的语法手段。凡是分析特点越强的语言，重叠式就越丰富，反之亦然，即分析性强弱与重叠式多少成正比（戴庆厦 2000）。因此，在汉藏语系语言中，重叠式副词相对较多。东汉三国佛教文献以四言句式为主，有时为了构成四言句式，还会使用临时的重叠形式，临时的形式有的最终凝固下来，例如"恰恰好好""在在处处"等。又如民族语言中，藏缅语分析性相对较强，重叠式副词的形式也较多，有 AA、ABAC、AABB、ABAB 等多种形式。而阿尔泰和南岛语系语言分析性较弱，黏着性强，主要采用内部屈折和附加成分来构词，因此重叠形式很少，基本仅分布有 AA 式重叠式副词。具体而言，在汉藏语系语言中，各语言分析性强弱与重叠形式的多少密切相关，如汉语的重叠式副词的形式类型较为丰富，藏缅语族的重叠式副词的形式类型整体也多于其他语言，且其内部也因分析性的强弱呈现出不均衡性。彝语支和缅语支语言分析性大都较强，形态变化不丰富，重叠式副词类型也较多；而藏语支和羌语支属于分析性较弱的语言，形态变化较丰富，重叠式副词的形式类型相对较少。可见，不同的语言类型导致其采用的语法手段也不同。

2. 韵律机制

韵律机制包含两方面的内容：一是双音节化的趋势导致 AA 式的大量出现；二是双音节化的韵律机制产生其他重叠的形式。

上古汉语以单音节为主，汉语的发展是由单音节占优势逐步转向双音节占优势。单音节到双音节，最简单直观的方法便是重叠，将一个音节重叠一次即可形成一个双音节。这样的重叠方式产生的形式即 AA 式，上古汉语的重叠以这种形式居多，这从东汉三国时期佛教文献中重叠式仅有 AA 式一类可观察到。AA 式是传情达意时最简单最有效也是最符合语言经济特征的重叠方式，因此，由单音节到双音节的韵律机制转变的需求为 AA 式的大量产生提供了先决条件。

双音节化的韵律机制是其他重叠形式产生的必要条件。经过长期的发展，汉语逐渐由单音节为主到双音节占优势，这为 AAB、AABB、ABAB、ABAC 等重叠形式的产生创造了条件。冯胜利（1997）认为"音步必双"

是上古末期开始的汉语韵律系统的基本要求。双音节是汉语最基本、最小的"标准音步"。词的双音节化是汉语词汇发展的必然方向，双音节化是节律音系学基本要求，是语言语法系统的一部分。佛教文献中采用重叠式副词的语言范式，符合韵律的要求，如果不用重叠式，就会造成节律不协。双音节化的韵律机制对汉语生动形式的表达起到至关重要的作用，尤其是对汉语中大量的三音格、四音格甚至五音格的形成过程中所起到的作用。一方面，双音节词根可以完全重叠或部分重叠，产生大量重叠式；另一方面，双音节词缀的广泛使用也使得重叠式的数量众多。这一点，在我国的一些民族语言尤其是藏缅语族语言中可以清晰地观察到。例如：哈尼语构词中存在双数化的节律特征，要组成双音节、四音节甚至是六音节词，重叠是构词的最佳方式。再如，土家语、拉祜语等语言，各种词类的词根重叠形式均非常丰富，且经常构成四音格的形式。而重叠式副词的发展也经历了单音节到双音节韵律机制的改变，在双音节韵律机制的条件下，不论是 AABB、ABAB 还是 ABAC 的重叠方式，语言使用者往往都要将其变为四音的形式，使其更富有韵律感，让语言在交际中更加生动，朗朗上口。

3. 类推作用

以语言中某些词或形式为标准，使另一些词或形式与此相同或相似即类推。我们所说的类推在重叠式副词产生中所起的作用主要有两方面：一是指词类的类推，二是指结构的类推。

重叠作为一种重要的语法手段，广泛应用于名词、动词、形容词、数量词、代词等"较实"的语言单位，而副词作为相对"虚"的语言单位，重叠并不是其表义的主要语法手段。但受到语言系统演变规律的影响，原来出现在名词、动词、形容词、数量词、代词等词类中的重叠手段，逐渐扩展到副词这一词类中，副词也逐渐可以按照其他实词重叠的方式进行重叠，由此产生一定数量的重叠式副词。

另一反面，重叠构词方式的多样化，使得重叠式副词形式也逐渐多样化。这从重叠式副词结构类型的逐渐增多可以观察到。如在东汉三国时期的文献中，重叠式副词的基本形式为 AA 式，鲜见其他形式的重叠，而到了唐宋乃至明清之后，逐渐产生了 ABA、ABB 等重叠式副词形式，到现代汉语中，重叠式副词的形式已经逐渐多样化，这与语言结构的类推有很大关系。又如在藏缅语土家语中，副词甚至可以按照土家语中最常见的四音格形式 ABAC 式产生多种形式的变化，将本来不具备重叠形式的四音节副词变为部分重叠的副词形式。例如：双音节副词"tho^{35}ni^{55} 独自"，由于受到 ABAC 重叠式的影响，产生了"tho^{35}ni^{55}tho^{35}kai^{55}""tho^{35}ni^{55}tho^{35}pai^{55}"

tho^{35}ni^{55}tho^{35}thai^{55}"等几十个变化形式，这些形式逐渐为人们频繁使用，形成固定的 ABAC 式重叠式副词。

4. 临摹性原则

临摹性（Iconicity，又译象似性、类象性）是指语言结构与人的经验结构之间的自然联系，是近年认知语言学、语言类型学研究的热点。语言符号的临摹性在句法结构上表现得最为突出。句法结构的临摹性主要有"图像序列"（Iconicesc quencing）、"图像邻近"（Iconic proximity）和"图像数量"（Iconic quantity）三个方面。其中图像数量，又译作数量拟象性（Quantitative iconicity）指语言表达式的长度与用来描写所指对象的概念结构的复杂性之间的关系。概念结构越复杂，语言表达就越长。正如张敏（1997）在类型学视野下作的考察，指出了语言的共性，各语言重叠式中形式——意义对应的普遍性可以看作"形式越多，内容越多"的数量类象性的一种特殊的反映：更多的相同的形式（重叠）代表更多的相同的内容（名词复数、多量、动作重复、性状增强等）。可以将重叠共性之下的理据表达为：形式元素的重复出现以图样的方式反映了意义元素的复现。

二、语言外部的原因

造成重叠式副词大量产生的原因除与语言内部机制有关外，还受到语言外部因素的制约。重叠式副词产生发展的内在动力是由话语的需要激发的。我们认为语言外部的因素主要包括语用习惯和语言间的接触影响。

1. 语用习惯的影响

语用习惯对重叠式副词产生的影响主要体现在两方面：

一方面，语言结构不能脱离语言的使用而独立存在，语法规则要受语用原则的制约，语用原则对语法现象有着极强的解释力。语言交际中需要表义精确、生动。单音节的语言单位所能承担的语义功能有限，通过增加音节的数量能丰富表义的精确性，增强语言的描摹性。重叠式副词的使用，不仅使表义更加精细，还能使语言更加生动。例如：

（385）夫人以知之，即自往到三摩竭所："我为子娶若，今当承事我子，何故折辱我子？"三摩竭答言："夫人子所事师及国中人民，皆如狗畜生无有异。"夫人闻之<u>大惭愧</u>。（吴·竺律炎译《佛说三摩竭经》卷1，T02，No.129，p0844）

（386）次阿阇梨把香炉烧香，右绕坛外一匝，来到西门前已。礼拜谢云：种种香花饮食供养皆不如法，<u>大大惭愧</u>。（唐·阿地瞿多译《陀罗尼集经》卷4，T18，No.901，p0816）

"大"作副词，用在动词、形容词之前，表示程度深，先秦已经出现。在人们的潜意识中，单单用"大"并不足以准确表达"非常大"的意思，因此有必要借助重叠形式来强调，以区别其它事物。在只用一个"大"不足以表达说话者惭愧的思想时，说话者自然想到叠用两个"大"来表达，于是有了"大大惭愧"。重叠"大"变为"大大"能使说话者所表达的语义更加强烈，例（65）中，在表达惭愧之情时，用重叠式副词"大大"能够使表义更加精细，生动反映出说话人十分惭愧的心理。相比于重叠式副词"大大"，原先的副词"大"就不能精确表达这种程度上的变化。

另一方面，一些语言的语用习惯会导致大量重叠的产生。有的民族喜欢歌唱，有着丰富的说唱形式，这些说唱形式十分讲究韵律和谐。而重叠的手段能使说唱更富有节奏感和韵律感。如使用藏缅语族语言的彝族、土家族、哈尼族、白族、拉祜族等一些民族，历史上的一些人名、地名等称谓多采用四音的形式，四音的使用习惯使得这些民族在日常交际中喜欢使用四音格形式去描摹事物，而四音格的广泛使用必然导致重叠的产生。

2. 语言接触的作用

语言不是孤立存在的，在其发展过程中会受到其他语言的影响。重叠式副词产生，不仅是语言内部各要素发展的产物，也和语言的接触影响有着很大的关系。汉语中重叠式副词的产生受到了梵语的影响。如"在在"就来源于佛教语录，"在在处处"是佛教术语。王建军、周梦云（2018）认为中古时期，由于佛经的传译，汉语就难免受到梵语中十分丰富的重叠式的影响，其中包括部分重叠、完全重叠和拟声重叠。中古的汉译佛经大多是语素和词的重叠，包含名词、形容词、代词、副词等许多新兴的重叠式。佛经经过不断的传诵，慢慢为更为广泛的群众所接受，在一定程度上促进了重叠式副词的发展。民族语言中重叠式副词的产生也受到汉语的影响，这种影响分为两方面，一是借用汉语重叠式副词的结构，二是借用汉语副词语素（词根），按照本民族的语言规则去产生重叠式副词。民族语言中重叠式副词的产生也受到汉语重叠式副词的影响，这种影响分为两方面，一是借用汉语重叠式副词的结构，如多谷土家语（田洋 2017），kho^{53}zã^{21}表示"果然"，重叠后 kho^{53}kho^{53}zã^{21}zã^{21}表示"果果然然"。二是借用汉语副词语素（词根），按照本民族的语言规则去产生重叠式副词，如云南鹤庆白语（赵金灿 2010），lu^{55}su^{55}表示"渐渐"义，可以重叠为 lu^{55}lu^{55}su^{55}su^{55}。

第二章　东汉三国佛教文献的同素异序副词研究

许理和（1987）在讨论东汉时期佛教文献的语言特点时提到："有许多双音复合词是可以颠倒的。大约有 50 个复合词，都有 AB 与 BA 两种形式，在绝大多数情况下，这两种形式都没有意义上的差别，尽管一般有一种形式明显用得比较多。例如，在副词复合词中，有'皆悉'和'悉皆'，'身自'和'自身'。这种灵活性表明，在公元三世纪，复合词的构成仍处在产生和逐渐定型的阶段，这时期的许多复合词还没有凝固成以后那种固定形式。"我们将这种情况叫做同素异序现象，但有些还不是严格意义上的副词，为了方便起见，我们暂且统一称之为同素异序副词。

我们所说的同素异序词是指由两个相同的语素构成，语素次序互为倒置的一类词。这类词大都是由两个同义或反义的语素按照并列关系组合而成。从"同素"的角度来看，同素异序词的语素虽次序互为倒置，但是它们的语素义仍然保持基本相同、相反或者必须存在某种联系。下面三种情况的同素异序不在本文考察的范围：（1）语音形式相同，一个语素为多义语素，一个同音语素；（2）书写形式相同，一个为多义语素，一个为异音语序；（3）两个语素均为异音语序。从语音形式角度看，本章我们考察的同素异序词均为双音节词，三音节或多音节暂不在本章考察范围内。同素异序副词只是其中的一小类，如"尽皆——皆尽""始终——终始"等等，这种现象先秦已经出现，东汉开始数量相当多。

对于这一现象，早已引起不少语言学工作者的高度重视和做出比较深入的研究。最早研究同素异序词的是易熙吾（1954a），他指出"把一个双音词的两个字次序颠倒排列，原义有变的，有不变的。"郑奠（1964）就古代汉语中 65 组所谓"字序对换的双音词"，作了较为详尽的例举和初步的分析。曹先擢（1979）对汉语中大量的并列式同素异序词进行了明确的界定和多角度的深入探讨。张永绵（1980）对近代汉语的 85 组同素异序词做了分析，何金松（1980）对古汉语中字序可以互换的双音虚词做了大量的搜集工作，其中不少是副词。张寿康（1983）收集了《现代汉语词典》

（1979 年版）中 521 组同素异序词，韩陈其（1983）共搜得《史记》得同素异序词 62 组，另外谭汝为（1995）从同素逆序词的界定、特点、成因及其修辞作用等诸多方面，对现代汉语中的同素逆序词作了有益的分析和研究。这些研究成果，为我们进一步研究东汉三国佛教文献中的同素逆序副词提供了大量的例证和极有参考价值的理论。

第一节　同素异序副词的类型

一、时间副词

主要有：

复更（21）——更复（5）、复还（15）——还复（11）、复重（5）——重复（4）、即便（145）——便即（11）、即寻（1）——寻即（58）、即辄（1）——辄即（1）、将当（1）——当将（3）、随便（1）——便随（5）、又亦（3）——亦又（1）

举例如下：

复还——还复

"复还"用作副词，表示反复，在东汉三国佛教文献中共有 15 例，如：

（1）其佛言："不见视星宿，如若所视。"应时即问。其佛报言："亦不可仰向。"佛复还问："今若所视星宿名何等？"我即应言："不知。"（后汉·支娄迦谶译《文殊师利问菩萨署经》卷 1，T14，No. 458，p0439a）

（2）汝今云何，不生惭愧，故复还来，仍守衣钵。呵责悭贪多诸过咎，能令众生堕于恶道。（吴·支谦译《撰集百缘经》卷 5，T04，No. 200，p0226b）

（3）王寤曰："属梦长生欲斩吾首，将何以也？"对曰："山有强鬼喜为灼热，臣自侍卫，将何惧矣？"王复还卧，如斯三者也。（吴·康僧会译《六度集经》卷 1，T03，No. 152，p0005c）

"还复"用作副词，表示反复，在东汉三国佛教文献中共有 11 例，如：

（4）夫闻妇言，将共入房。"今欲与汝共死一处。"即便刺妇，还复自刺。（后汉·昙果共康孟详译《中本起经》卷 2，T04，No. 196，p0160b）

（5）时采花人，还来会所，路见世尊，三十二相，八十种好，光明普曜，如百千日，心怀欢喜。前礼佛足，以所采花，散佛世尊，于

是而去。还复上树，更欲采花，值树枝折，坠堕命终。（吴·支谦译《撰集百缘经》卷6，T04，No. 200，p0229b）

（6）譬如比丘得灭尽三昧，又风吹散华遍满佛土，随色次第而不杂乱，柔软光泽馨香芬烈，足履其上陷下四寸，随举足已还复如故。（曹魏·康僧铠译《佛说无量寿经》卷1，T12，No. 360，p0272a）

"复"，副词，表示重复，相当于"再""又"。如《论语·述而》："久矣吾不复梦见周公。""还"，副词，表示重复，相当于"再""又"。如南朝宋·鲍照《东门行》："涕零心断绝，将去复还诀。"可见"复"与"还"同义，"还复"就是"复还"。

"复还"用作副词，东汉初已有用例，如：

（7）填星所居，国吉。未当居而居之，若已去而复还居之，国得土，不乃得女子。（东汉·班固《汉书》卷二十六《天文志》）

"复还"用作副词，主要见于魏晋南北朝，后代一般不再使用。《汉语大词典》"复还"只列了两个义项：回返；恢复，归还。这两个义项都是动词的用法，它没有列副词的用法。

"还复"用作副词，比"复还"更早，先秦已有用例，如：

（8）子贡观于鲁庙之北堂，出而问于孔子曰："乡者，赐观于太庙之北堂，吾亦未辍，还复瞻被，九盖皆继；被有说邪？匠过绝邪？"（《荀子·宥坐》）

"还复"用作副词，清代仍然使用，如：

（9）今日非昨日，明日还复来。明·心月主人《醋葫芦》第四回

"还复"现代汉语一般不再使用。

"还复"《汉语大词典》列了副词的两个义项：反复；仍然。均表示动作的重复，似乎可以并为一个义项。

"还复"不仅先于"复还"出现，而且消失得比"复还"晚，原因是"还复"符合后面所说的调序原则，请看：

复：《广韵》房六切，入屋，奉。又扶富切，去宥，奉。现代音为fù。

还：《广韵》户关切，平删，匣。现代音为hái。

"还复"《广韵》的调序为"平入"或"平去"，现代音的调序为"阳去"，不论是《广韵》还是现代音，都是"还复"符合调序原则，所以，人们更容易接受"还复"，而不太接受"复还"。

当将——将当

"当将"在东汉三国佛教文献中共有3例，均出现于支谦译经中，如：

（10）此路多石沙，荆棘恶刺等。彼人无慈慧，<u>当将</u>至何处。（吴·支谦译《菩萨本缘经》卷2，T03，No. 153，p0060c）

（11）诸释便开门内惟楼勒王，适入迦维罗卫城，便生取诸释，<u>当将</u>出城杀之。（吴·支谦译《佛说义足经》卷2，T04，No. 198，p0189a）

（12）佛知当来过去今现在事。又复至诚，终不妄言。<u>当将</u>往示佛。（吴·支谦译《佛说七女经》卷1，T14，No. 556，p0908a）

"将当"在东汉三国佛教文献中只有1例，如：

（13）今佛去世，天龙鬼神，帝王人民，及四辈弟子，当何恃赖得福得度，<u>将当</u>复从谁得之乎？（吴·支谦译《佛说阿难四事经》卷1，T14，No. 493，p0756c）

东汉三国佛教文献"将当"只出现了1例，难以说明问题，我们增广其例。《大藏经》中，东汉三国以后"将当"出现了5例，如：

（14）譬如牧牛之人执杖视之，不令纵逸犯人苗稼。若纵五根，非唯五欲将无崖畔不可制也，亦如恶马不以辔制，<u>将当</u>牵人坠于坑陷。（姚秦·鸠摩罗什译《佛垂般涅盘略说教诫经》卷1，T12，No. 389，p1111a）

（15）淫女人念言："若我持儿去，其母便当饿死；若置去者，便当取儿嗽之。<u>将当</u>奈何令母子各得安隐。"（西晋·法炬译《前世三转经》卷1，T03，No. 178，p0448b）

"当"，副词，相当于"将""将要"，清王引之《经传释词》卷六："当，犹将也。"《仪礼·特牲馈食礼》："佐食当事，则户外南面。"郑玄注："当事，将有事而未至。"可见"当"与"将"同义，"当将"就是"将当"，均表示动作将要发生。

《汉语大词典》没有列"当将"与"将当"，它们主要见于佛教文献，中土文献主要用于魏晋唐宋，与佛教文献同时。如：

（16）养汝数年，吾<u>当将</u>死，汝能救我否？（东晋·陶潜《搜神后记》卷九）

但是"将当"出现得早，东汉初已有用例，并且数量较"当将"为多，如：

（17）公每见，叩头流涕固辞，今移病，固当听其让，令视事邪？<u>将当</u>遂行其赏，遣归就第也？（东汉·班固《汉书》卷九十九上《王莽传》）

为什么"将当"出现得早，并且数量多，"当将"出现得晚，并且数量少，我们从语音上找不到更好的解释，以下是其《广韵》及现代音中的读音：

将：《广韵》即良切，平阳，精。现代音为 jiāng。

当：《广韵》都郎切，平唐，端。现代音为 dāng。

根据调序原则，"当""将"《广韵》与现代音均为平声，从声母的清浊来看，根据王力（2014）《汉语音韵学》，"精"与"端"均为全清，从意义上也看不出什么特别的地方，对此的解释我们暂且存疑。

又亦——亦又

"亦又"在东汉三国佛教文献中共出现 1 例，如下：

（18）恶人贼盗，皆游于山泽，亦不谓彼为息心也。至于我所求山泽居者，当以成我彼所求为是息心求，亦又何故开士息心？所谓志以为不乱，为以得是。（后汉·安玄译《法镜经》卷 1，T12，No. 322，p0020b）

"又亦"在东汉三国佛教文献中共出现 3 例，如：

（19）若人骂我，计从声出音来到此，观了无形；本音所来，出于心意，观于心意亦复无形。察心所猗，猗于四大，四大还本，则亦无名，亦非彼我，亦非男女，亦非老少，计了无主。惭辱所在，无形立字。于两无之中，又亦无形。（后汉·支曜译《佛说成具光明定意经》卷 1，T15，No. 630，p0453a）

（20）王为纳邻国之女，厥名月光，端正妍雅，世好备足。次有七弟，又亦姝好。（吴·康僧会译《六度集经》卷 8，T03，No. 152，p0046b）

"亦"，副词，相当于"又"，《集韵·昔韵》："亦，又也。"《左传·文公七年》："先君何罪？其嗣亦何罪？""亦又"与"又亦"语义相同，均表示动作的重复或继续。

为什么"又亦"的使用频率高于"亦又"呢？我们可以从调序原则找到答案。

又：《广韵》于救切，去宥，云。现代音为 yòu。

亦：《广韵》羊益切，入昔，以。现代音为 yì。

就《广韵》来看，"又亦"的声调为"去入"，符合调序原则，至于现代音不再符合调序原则，那是语音演变的结果，入声到现代变为阴平了。

二、程度副词

主要有：

大甚（3）——甚大（28）、甚益（2）——益甚（1）

举例如下：

大甚——甚大

"大甚"在东汉三国佛教文献中共出现 3 例，如：

（21）善男子、善女人皆令行四禅、四谛、四神足，及行般遮旬，皆令成得。云何，拘翼！其福宁转倍多不？释提桓因言："<u>大甚多</u>，<u>大甚多</u>，天中天！"（后汉·支娄迦谶译《道行般若经》卷2，T08，No. 224，p0436c）

"大甚"在东汉三国佛教文献中均修饰形容词，3例均出现于《道行般若经》中。

"甚大"在东汉三国佛教文献中共出现28例，如：

（22）尔时其众，欣踊无量。主人长者，<u>甚大</u>欢喜，以女贤意，施与菩萨。菩萨不受，唯取伞盖锡杖、澡罐履屣、金银钱各一千。（后汉·竺大力共康孟详译《修行本起经》卷1，T03，No. 184，p0461c）

（23）舍卫一国人民，悉生念疑："佛及比丘僧，从何因缘，致是恶名声厄？"共视佛威神，<u>甚大</u>巍巍，如星中月，适无敢难。（吴·支谦译《佛说义足经》卷1，T04，No. 198，p0177c）

（24）时彼二王各集兵众，便欲战击，一则怯弱，<u>甚大</u>惶怖，退诣佛所。（同上，《撰集百缘经》卷1，T04，No. 200，p0207a）

"甚大"东汉三国汉译佛经中既可以修饰形容词，如例（23），也可以修饰表示心理活动的动词，如例（22）、例（24）。

"大"，副词，相当于"极、很。"如《汉书·霍光传》："长公主大以是怨光"。"甚"，副词，表示程度，相当于"极、很"。《玉篇·甘部》："甚，孔也。"清刘淇《助字辨略》卷三："甚，犹极也。"如《易·系辞下》："其道甚大，百物不废。"可见，在表示程度方面，"大"与"甚"同义，"甚大"与"大甚"也同义。

为什么"甚大"的使用频率高于"大甚"呢？我们且看其读音：

甚：《广韵》又常枕切，上寝，禅。现代音为 shèn。

大：《广韵》徒盖切，去泰，定。又唐佐切，去个，定。现代音为 dà。

从调序原则来看，"甚大"为"上去"，符合这一原则，因此出现频率高，"大甚"则反之。至于现代音均为去声，这是语音变化的结果。

三、范围副词

主要有：

都悉（7）——悉都（1）、共俱（3）——俱共（6）、共同（5）——同共（2）、皆各（9）——各皆（1）、皆俱（2）——俱皆（4）、皆悉（113）——悉皆（39）、俱毕（1）——毕俱（1）、俱悉（1）——悉俱（1）、悉各（3）——各悉（3）、

举例如下：

皆悉——悉皆

"皆悉"在东汉三国佛教文献中只出现113例，以《道行般若经》为例，共出现5次，如：

（25）譬如遮迦越罗无有异，所语众人闻之无不欢欣。人有从索金银珍宝者，皆悉与之，有所爱重被服，人索者悉与之。（后汉·支娄迦谶译《道行般若经》卷10，T08，No.224，p0477a）

"悉皆"在东汉三国佛教文献中只出现39例，仍以《道行般若经》为例，共出现3次，如：

（26）诸未度者悉当度之，诸未脱者悉当脱之，诸恐怖者悉当安之，诸未般泥洹者悉皆当令般泥洹。（同上，卷8，T08，p0465c）

例（25）前有"皆悉与之"，后有"悉与之"，为什么会有这样的安排呢？"皆悉与之有所爱重"中"皆悉与之"与后面的"有所爱重"正好形成两个四字格。而"被服人索者悉与之"，正好八个音节，尽管前面是五个音节，后面只有三个音节，所以只用"悉与之"。例（26）前面是"悉当度之""悉当脱之""悉当安之"，最后是"悉皆当令"。可见，"皆悉""悉皆"与"悉"无异。关于"皆悉"与"悉皆"的发展演变具体参看唐贤清《〈朱子语类〉副词研究》（2004）相关章节。

"皆"，副词，表示统括，相当于"都"，《说文·白部》："皆，俱词也。"如《易·解》："雷雨作而百果草木皆甲坼。""悉"，副词，表示范围，相当于"全""都"。如《书·汤誓》："悉听朕言。"可见，用作范围副词时"皆"与"悉"同义，"皆悉"就是"悉皆"。

为什么东汉三国佛教文献中"皆悉"出现频率高于"悉皆"呢？且看：

皆：《广韵》古谐切，平皆，见。现代音为jiē。

悉：《广韵》息七切，入质，心。现代音为xī。

"皆悉"的声调为"平入"，符合调序原则，所以出现频率高于违背调序原则的"悉皆"，现代音发展为均为阴平。

毕俱——俱毕

"毕俱"在东汉三国佛教文献中只出现1例，如下：

（27）普慈阎士及诸女闻之大喜，俱以杂香金缕织成杂衣有散上作幡罽壁敷地者，毕俱至法来阎士高座会所，相去不远，遥见在高座上，为人幼少颜貌端正光耀彻射，为巨亿万人说明度。与法来相见，持杂种香若干宝衣以上师矣。（吴·康僧会译《大明度经》卷6，T08，No.

225，p0505b）

后代不见用例。

"俱毕"在东汉三国佛教文献中只出现1例，如下：

（28）昔者菩萨与阿难<u>俱毕</u>罪为龙，其一龙曰："惟吾与卿共在海中，靡所不睹，宁可俱上陆地游戏乎？"答曰："陆地人恶，起逢非常，不可出也。"（吴·康僧会译《六度集经》卷5，T03，No. 152，p0027c）

后代也不见用例。

"毕俱"与"俱毕"是东汉三国佛教文献中的特殊用法，只出现于康僧会所译《六度集经》中，后世佛教文献与中土文献都没有用例。

"毕"，副词，相当于"尽、皆"，《尔雅·释诂下》："毕，尽也。"杨树达《词诠》卷一："毕，表数副词，皆也。"如《礼记·月令》："是月也，耕者少舍，乃修阖扇，寝庙毕备。"郑玄注："毕，犹皆也。""俱"，副词，表示范围，相当于"全""都"。《玉篇·人部》："俱，皆也。"《孟子·尽心上》："父母俱存。"可见，用作范围副词，"毕"与"俱"同义，"毕俱"就是"俱毕"。

"毕俱"与"俱毕"是康僧会的特殊用法，其音为：

俱：《广韵》举朱切，平虞，见。现代音为jù。

毕：《广韵》卑吉切，入质，帮。现代音为bì。

就《广韵》而言，应当"俱毕"符合调序原则，使用更为自然一些，但是由于用例太少，我们无法看出。

四、情态副词

我们只发现：

手自（12）——自手（15）

"手自"在东汉三国佛教文献中共出现12例，如：

（29）跋陀和菩萨见佛、比丘僧坐已，自供养佛、比丘僧，若干百种饭<u>手自</u>斟酌。（后汉·支娄迦谶译《般舟三昧经》卷3，T13，No. 418，p0915a）

（30）佛告长者，设欲施者，投此钵中。及五百徒众，所赍饮食，各各<u>手自</u>投佛钵中，不能使满。（吴·支谦译《撰集百缘经》卷1，T04，No. 200，p0203b）

"手自"在东汉三国佛教文献中均修饰动词。

"自手"在东汉三国佛教文献中共出现15例，如：

（31）己亲属昆弟见病剧，便遣使到医舍，呼使者行，便有是相。

不洁恶衣，长爪乱须发，载坏弊车，着穿弊履，颜色黑眼青，车中驾白牛马，<u>自手</u>摩拭须发。（后汉·安世高译《道地经》卷1，T15，No.607，p0232b）

（32）王闻此事，瞋恚隆盛，便取弓箭，<u>自手</u>射之，而箭还返，正向王身。如是至三，不能使中。（吴·支谦译《撰集百缘经》卷10，T04，No.200，p0254b）

"手自"在东汉三国佛教文献中也均修饰动词。

"手"，副词，亲自；亲手。如：手谕。《战国策·魏策四》："手受大府之宪。"《后汉书·隗嚣传》："帝报以手书。"惠栋补注："郑康成云：'手犹亲也。'""自"《说文·自部》："鼻也。"引申为自指之义，再语法化为副词，表示动作行为是自身进行的，相当于"亲自"。如《诗经·小雅·节南山》："不自为政，卒劳百姓。"可见，"手"与"自"同义，"手自"就是"自手"。

"手自"与"自手"的出现频率值得注意，且看：

手：《广韵》书九切，上有，书。现代音为 shǒu。

自：《广韵》疾二切，去至，从。现代音为 zì。

不论《广韵》还是现代音，从调序原则来看，均以"手自"为常，但是东汉三国佛教文献"自手"的使用频率还略高于"手自"。我们认为这是东汉三国佛教文献的特殊情况，就《大藏经》整体而言，情况并非如此，我们只随意检索一下，就会发现问题，请看下表：

表2-1 "手自"与"自手"出现频率简表

	阿含	本缘	般若	法华	华严
手自	60	68	8	17	11
自手	50	35	5	6	9

从表中可以看出，"手自"的使用频率高于"自手"。

五、语气副词

主要有：

必定（8）——定必（1）、定当（3）——当定（1）

定当——当定

"定当"在东汉三国佛教文献中共出现了3例，如：

（33）佛言："是菩萨如是于智中少，是菩萨无有沤和拘舍罗，反作是念：'是所言我字当作佛时，亦如我先时所念，我<u>定</u>当作阿耨多罗三耶三菩，字如是。'"（后汉·支娄迦谶译《道行般若经》卷7，T08，No. 224，p0460c）

"当定"在东汉三国佛教文献中只出现1例，如下：

（34）既亡欲愿，毒箭着身。是欲当远，如附蛇头。违世所乐，<u>当定</u>行禅。（吴·支谦译《佛说义足经》卷1，T04，No. 198，p0175c）

"定当"与"当定"在东汉三国佛教文献中均修饰动词及其短语。

"定"，副词，相当于"必定、的确"，清刘淇《助字辨略》卷四："定，的辞也。"如《史记·赵世家》："主父定死，乃发丧赴诸侯。""当"副词，相当于"必定"。裴学海《古书虚字集释》卷六："当，犹定也，必也。"如汉·班固《白虎通·考黜》："既能进善，当能戒恶。"可见，"当"就是"定"，"定当"也就是"当定"。

从使用频率来看，"定当"在东汉三国佛教文献中高于"当定"，整个《大藏经》"定当"使用频率较"当定"更高。但是"定"与"当"二者组合的语音关系与前面其他同素异序副词不同。且看：

定：《广韵》徒径切，去径，定。现代音为 dìng。

当：《广韵》都郎切，平唐，端。现代音为 dāng。

从调序原则来看，"当定"是比较自然的组合，但是佛教文献用得最多的是"定当"，这就违背调序原则了，可以视为例外。

第二节　同素异序副词的特点

佛教文献中，同义复合副词多是佛教文献语言的一个重要特色，同素异序副词只是同义复合副词的一部分。这种现象在中土文献比较少见，据曹广顺（1984）的统计，先秦文献中，《左传》《公羊传》《谷梁传》《论语》《孟子》《墨子》《荀子》等7部先秦典籍，"皆"共出现827次；但与同义副词连用的，只有《左传·昭公五年》："皆尽征之"一例。这表明，先秦同义副词连用的情况，还仅仅是一种修辞手段；两个成分的结合很松散，所以，共同出现的情况很少见。到两汉，在《史记》《汉书》和《说文解字》等汉代著作中，类似的例子稍有增加，如"唯独"等，但这些复音组合的出现频率也还比较低。魏晋六朝，对晋郭璞《尔雅注》、宋刘义庆《世说新语》、北齐贾思勰《齐民要术》三部著作的统计，共发现双音节副词27个，出现71次，同义复合副词只有"互相、皆悉、并皆、悉共、齐共、悉皆、尽总"等7个。

但是，佛教文献中同义复合副词数量相当多，使用频率也很高。梁晓虹（2001b）对《正法华经》的统计，仅表示总括的同义复合副词（皆悉、悉皆等）就有 27 个，出现了 87 次，"皆悉"竟出现了 20 次。

这种情况不能不引起我们对佛教文献的关注，下面我们主要通过比较东汉三国佛教文献与后代的佛教文献以及中土文献，探寻同素异序副词的特点。

一、东汉三国佛教文献出现的异序副词在其他文献都有运用

东汉三国佛教文献中出现的异序副词除"毕俱——俱毕"等几个外，一般在后代佛教文献及中土文献中都有所运用，如：

共俱——俱共

"共俱"在东汉三国佛教文献中共出现 3 例，如：

（35）吾有大师，号曰如来众佑，度人近在祇洹，可共俱进，造觐世尊，闻命敬诺，恭肃尽虔，遥瞻如来，情喜内发，五体投地。（后汉·昙果共康孟详译《中本起经》卷 2，T04，No. 196，p0157a）

（36）时有一人，入此塔中，持一宝珠，系着枨头，发愿而去。缘是功德，九十一劫，不堕恶趣，天上人中，常有宝珠，随共俱生，受天快乐。乃至今者，遭值于我，出家得道。（吴·支谦译《撰集百缘经》卷 8，T04，No. 200，p0238c）

《大藏经》中东汉三国以后"共俱"出现 176 例，如：

（37）时会中有一天子，名曰幢英，行菩萨道逮不退转畅达大乘。告诸菩萨及诸天子，诸贤者等，可共俱往问于菩萨，何所种姓。（西晋·竺法护译《普曜经》卷 1，T03，No. 186，p0485c）

（38）时，种德婆罗门即敕侍者："汝速持我声，往语诸人：'卿等小住，须我往至，当共俱诣彼瞿昙所。'"（后秦·佛陀耶舍共竺佛念译《长阿含经》卷 15，T01，No. 01，p0094b）

中土文献"共俱"我们也发现了 6 例，如：

（39）天地共俱生，不知几何年。灵化无穷已，馆宇非一山。（东晋·陶渊明《陶渊明集》卷四《诗五言》）

（40）帝听君，出辟阳侯，太后大欢，两主共俱幸君，君贵富益倍矣。（宋·倪思编《班马异同》卷十三）

佛教文献与中土文献相比，"共俱"在中土文献的使用非常有限。现代汉语中由于其文言色彩太浓已不再使用。

"俱共"在东汉三国佛教文献中共出现 6 例,如:

(41)我当承教不敢违失,其教化人便向道,其一人即随其后:"如是人所受法,我亦如是,虽尔,我尚嗟之。"俱共啼哭而行,已到佛所前作礼而住。(后汉·支娄迦谶译《佛说阿阇世王经》卷 2,T15,No. 626,p0403a)

(42)时婆罗门,闻是语已,即共受斋,一求生天,二求人王。受斋已竟,俱共还归诸婆罗门聚会之处。(吴·支谦译《撰集百缘经》卷 6,T04,No. 200,p0233a)

"俱共"与"共俱"均修饰动词或者动词性短语,并且《中本起经》《撰集百缘经》都是同时出现。

《大藏经》中东汉三国以后"俱共"有 325 例,我们有意选取与"共俱"相同的几种文献比较,如:

(43)此业善哉,我所归趣仁亦趣此,俱共在斯,与是众人而为眷属。(西晋·竺法护译《普曜经》卷 5,T03,No. 186,p0510b)

(44)汝可留住七岁之中,极世五欲,共相娱乐,然后舍国,各付子弟,俱共出家,不亦善耶。(后秦·佛陀耶舍共竺佛念译《长阿含经》卷 5,T01,No. 01,p0033b)

中土文献"俱共"我们发现 60 例。如:

(45)其百姓俱共读吾书道文,上下通都合计,同策为一,无复知为凶恶者也。拘校古今道文,以类相从相明,因以为世学,父子相传无穷已也。(《太平经·己部之十一》)

(46)昔吾同县有丁幼阳者,其人衣冠良士,又学问材器,吾爱之。后以忧恚得狂病,即差愈,往来故当共宿止。吾常遣归,谓之曰:"昔狂病,倪发作,持兵刃,我畏汝。"俱共大笑,辄遣不与共宿。(《全三国文》卷三·魏武帝《追称丁幼阳者》)

(47)出广长舌,通力放光。摄舌放光,俱共弹指。(清·宫梦仁《读书纪数略》卷四十二)

可见中土文献"俱共"也均修饰动词或者动词性短语。现代汉语中"俱共"像"共俱"一样由于文言色彩太浓而消失。

从语义上看,"俱",副词,表示范围,相当于"全""都"。《玉篇·人部》:"俱,皆也。"《孟子·尽心上》:"父母俱存。"

"共",副词,表范围,相当于"一同、皆"。如《论语·子罕》:"可与共学,未可与适道。"

可见,从语义上看,就表范围这一点来说,"俱"与"共"同义,"俱共"就是"共俱"。

"共俱"与"俱共"相比,《大藏经》中不仅东汉三国时有运用,东汉三国以后也有大量用例,中土文献中两者也有不少用例,并且两类文献中,它们出现的时代也相差不远,中土文献"俱共"在东汉的《太平经》和三国的《魏武帝集》中已经发现,佛教文献也见于东汉;"共俱"中土文献相对晚一些,《陶渊明集》中才发现用例,佛教文献也见于东汉。

但是"共俱""俱共"主要用于佛教文献,中土文献使用较少,"共俱"中土文献罕见。以下是它们在两类文献中的出现次数。

表 2-2　"共俱""俱共"使用频率简表

	东汉三国佛教文献	后代佛教文献				中土文献
		总计	长阿含经	普曜经	妙法莲华经	
共俱	3	176	7	1	2	6
俱共	6	325	10	3	2	60

从"共俱"与"俱共"两者的使用频率看,"俱共"的使用频率高。这是由"共"与"俱"结合的语音配合规律决定的。请看:

共:《广韵》渠用切,去用,群。现代音为 gòng。

俱:《广韵》举朱切,平虞,见。现代音为 jù。

就《广韵》而言,"俱共"由于符合调序原则,因此使用频率高。不过《汉语大词典》没有收集"共俱"与"俱共"。

重复——复重

"重复"在东汉三国佛教文献中共有 4 例,如:

(48)时彼城中有一商主,将五百贾客,共入大海,船破还回,昼夜勤加跪拜诸神,以求福佑;第二第三,重复入海,船坏如前。(吴·支谦译《撰集百缘经》卷 1,T04,No. 200,p0204b)

(49)势复举哀,奄忽而绝。王逮士众,重复哀恸,寻所示路到厥亲所。(吴·康僧会译《六度集经》卷 5,T03,No. 152,p0024c)

《大藏经》中,东汉三国以后"重复"共出现 270 例,如:

(50)猎者说此偈已,即以慈心遣鹿,重复辞谢,悔心自责。(西晋·竺法护译《佛说鹿母经》卷 1,T03,No. 182b,p0457a)

(51)汝不念父临终之言,求于分异,不能乃心生活,数来索物。今更与汝十万之钱,从今已往,不好生活,重复来索,更不与汝。(元魏·吉迦夜共昙曜译《杂宝藏经》卷 4,T04,No. 203,p0470c)

中土文献中，东汉"重复"已经出现，《全后汉文》出现了2例，《太平经》4例，如：

（52）陛下诚宜虚缺数郡，以俟振旅之臣，**重复**厚赏，加于久役之士。如此，缘边屯戍之师，竞而忘死，乘城拒塞之吏，不辞其劳，则烽火精明，守战坚固。（《全后汉文》卷十九，杜诗《乞退郡疏》）

杜诗，河内汲人，王莽时为郡功曹，更始时辟大司马府。建武初，三迁为侍御史。可见，杜诗生活在西汉末年东汉初年。

（53）谨案：《汉书》，高帝分四郡之众，用良、平之策，还定三秦，席卷天下，盖君子所因者本也。诸公定封，加以金帛，**重复**宠异，令自择伏日，不同于风俗也。（《全后汉文》卷三十六，应劭《风俗通义》）

应劭，灵帝时，举孝廉，后迁太山太守，兴平初，弃郡奔袁绍。

（54）"行，**重复**诫子一言。此灾病，非一世人过也，其所从来久远，勿反卒害之。但当行天道，以消亡之耳。如是者，所谓得天心意矣。不如吾文言，复枉急其刑罚，灾日多，天不悦喜。真人知之邪？""唯唯。"（《太平经·己部之七》）

《太平经》虽然作者不详，但是学界一般认为此为东汉后期的道教文献。

据任继愈（1985）考证，支谦生于大月氏，吴孙权黄武初至孙亮建兴中（即公元222—253年）在中国传教译经；康僧会生于康居，吴赤乌十年至晋武帝太康元年（即公元247—280年）在中国传教译经。此二人的译经远远迟于杜诗、应劭的时代，可见，"重复"先在中土文献使用然后才出现于佛教文献。

魏晋南北朝时期，"重复"的使用频率更高，如《全三国文》共出现3例，《全晋文》《全梁文》、裴注《三国志》各2例，道教文献《真诰》1例，略举如下：

（55）诸葛丞相德威远著，翼戴本国，典戎在外，信感阴阳，诚动天地，**重复**结盟，广诚约誓，使东西士民咸共闻知。（《全三国文》卷六十七，胡综《中分天下盟文》）

（56）二十一日，梦见天子，天子当年十六七许，在殿上（此应康帝时，不知是何年）。**重复**梦见在一处，悬崄自放，落下歧危，遥见刘升远与语。（南朝梁·陶弘景《真诰》卷十八）

唐宋元明清时期"重复"亦屡见于文献，唐代的《全唐文》共出现4例；宋代的《云笈七签》出现1例，《朱熹集》2例，《苏辙集》3例；元代《砚北杂志》出现1例；明代的《天工开物》《水浒传》《金瓶梅》各出现1例，《喻世明言》《二刻拍案惊奇》各7例，《醒世恒言》8例；清代的《红楼梦》共出现 1 例,《淞滨琐话》4 例,《儿女英雄传》8 例,《海上花列传》23 例,《荡寇志》59 例,《野叟曝言》75 例。略举如下:

（57）讫,又如前,咽液无数,觉宁乃止。止而未宁,<u>重复</u>为之,须臾之间,不宁之疴,即应廓散,自然除也。（宋·张君房《云笈七签》卷四十七）

（58）雨村原是个颖悟人,初听见"葫芦"两字,后闻"玉钗"一对,忽然想起甄士隐的事来。<u>重复</u>将那道士端详一回,见他容貌依然,便屏退从人,问道:"君家莫非甄老先生么?"（清·曹雪芹《红楼梦》第一零三回）

《汉语大词典》"重复"有四个义项:1. 谓相同的事物又一次出现;2. 谓山重水复;3. 引申为遥远;4. 重新恢复。只有义项一似乎是副词的用法,其他均是动词用法。从义项一的例子来看,只有一例可以看作副词用法,其他均用作动词,副词例如下:

（59）诚恐其余路分亦有似此,<u>重复</u>差役,骚扰站户。（《元典章·兵部三·站户》）

《汉语大词典》似乎可以把副词义明确列出。

"复重"在东汉三国佛教文献中共有 5 例,如:

（60）佛便告阿难……佛<u>复重</u>告阿难:"不致是有不?"阿难便白佛:"不离是。"佛复告阿难……（后汉·安世高译《佛说七处三观经》卷 1,T02,No. 150A,p0881c）

（61）是诸菩萨摩诃萨自生意念,欲从其刹至他方世界,俱至诸如来所听所说法,为诸佛世尊作礼,讽诵之,<u>复重</u>问意解,为诸佛作礼,讽诵已,重问意解已,便复还至阿閦如来所。（后汉·支娄迦谶译《阿閦佛国经》卷 2,T11,No. 313,p0758b）

例（60）"佛复重告阿难"与"佛复告阿难"前后出现,可见"复重"就是"复"。例（61）的"复重问意解"与"重问意解已"对应,可见,"复重"就是"重"。

《大藏经》中,东汉三国以后"复重"共出现 431 例,如:

（62）子曹见我不语,皆瞋,既咒我,欲令我住死。子曹咒我,我面更好。子曹更复咒,我面色<u>复重</u>好。（东晋·竺昙无兰译《梵志頞波罗延问种尊经》卷 1,T01,No. 71,p0878a）

（63）又更割截,既割截已,<u>复重</u>割截,极细割截,如是如是。（隋·阇那崛多等译《起世经》卷 3,T01,No. 24,p0325a）

"复重"一般修饰动词及其短语,如例（62）,但是也可修饰形容词,如例（63）。

"复重"除了用作副词以外，还可以用作动词，如：

（64）爱生自身长，如尼拘律树。展转相拘引，如藤绵丛林。若知彼所因，当令鬼觉悟。度生死海流，不<u>复重</u>增有。（刘宋·求那跋陀罗译《杂阿含经》卷49，T02，No.99，p0363c）

（65）有一年少比丘，于此法律，出家未久，行乞食时不以次第，前后<u>复重</u>，诸比丘等再三谏不受。（同上，卷39，T02，No.99，p0284a）

例（64）用作副词，例（65）用作动词，《杂阿含经》中同时出现用作副词与用作动词的用法。

"复重"西汉已经出现，如《列女传》《盐铁论》《太玄经》各出现1例，如下：

（66）赵高治狱于内，蒙恬用兵于外，百姓愁苦，同心而患秦。陈王赫然奋爪牙为天下首事，道虽凶而儒墨或干之者，以为无王之矣，道拥遏不得行，自孔子以至于兹，而秦<u>复重</u>禁之，故发愤于陈王也。（西汉·桓宽《盐铁论》卷四《褒贤第十九》）

盐铁之议，起昭帝之始元中，至宣帝时，桓宽推衍增广成一家之言。汉昭帝始元元年为公元前86年，汉宣帝刘询本始元年即公元前73年，宣帝在位25年，至汉元帝刘奭初元元年即公元前48年，《盐铁论》当写定于公元前73年至前48年之间。

可见，西汉"复重"已经产生，这远远早于佛教文献，当然，"复重"在西汉的使用频率并不高。

东汉"复重"的使用频率大大提高，《论衡》《汉书》各出现1例，《吴越春秋》2例，《全后汉文》3例，早期道教典籍《太平经》高达12例，略举如下：

（67）前人近圣，犹为蕞残，况远圣从后<u>复重</u>为者乎？其作必为妄，其言必不明，安可采用而施行？（东汉·王充《论衡》卷二十八，《书解篇第八十二》）

王充生于公元27年，卒于公元104年。

（68）钦为人深博有谋。自上为太子时，以好色闻，及即位，皇太后诏采良家女。钦因是说大将军凤曰……凤白之太后，太后以为故事无有。钦<u>复重</u>言："《诗》云：'殷监不远，在夏后氏之世'……"（东汉·班固《汉书》卷六十《杜周传》）

班固生于光武帝建武八年即公元32年，卒于永元四年即公元92年。

（69）念此酷毒可痛伤，当以重币用相偿，请为诸君说事状。我父躯体与众异，脊背伛偻卷如截，唇吻参差不相值，此其庶形何能备。请<u>复重</u>陈其面目，鸱头鹊颈獬狗啄，眼泪鼻涕相追逐，吻中含纳无齿牙，食不能嚼左右蹉。（《全后汉文》卷六十八，戴良《失父零丁》）

戴良，据《吴志·士燮传》，"黄武五年，孙权分交趾以南为交州，戴良为刺史。"黄武五年，即公元226年，戴良《失父零丁》当写于公元226年前后，是东汉末年了。

（70）行，<u>复重</u>晓真人一解。今是吉凶之行，比若道德礼义与刑罚矣。人而守其道德礼义，则刑罚不起矣；失其道德礼义，则刑罚兴起矣。（《太平经·己部之七》）

魏晋南北朝时期，"复重"的使用仍然很多，《魏书》共出现4例，《全三国文》《后汉书》各2例，《世说新语》《搜神记》各1例，道教典籍《真诰》出现3例，如：

（71）汉献帝建安中，东郡民家有怪。无故瓮器自发訇訇作声，若有人击。盘案在前，忽然便失。鸡生子，辄失去。如是数岁，人甚恶之。乃多作美食，覆盖，着一室中。阴藏户间，窥伺之。果<u>复重</u>来，发声如前。（东晋·干宝《搜神记》卷十四）

唐宋元明清，"复重"代有所见，如唐代《逸史》《毛诗正义》各出现1例，《春秋左传正义》3例；宋代《吴郡志》出现1例，《资治通鉴》2例，《太平广记》4例，道教典籍《云笈七签》3例；金元时期，《大金吊伐录》出现1例，《全金诗》《文献通考》各2例；明代《类经》《法书通释》《宋濂集》各1例；清代《金匮要略心典》《过江七事》《野叟曝言》各1例，《孽海花》2例，如：

（72）李公至，<u>复重</u>言之。崔公踧踖而已，不复致词。（宋·李昉《太平广记》卷一四八《崔圆》）

（73）素臣<u>复重</u>跪下，汗流浃背，涕泪交颐，顿首认罪道："孩儿知罪！孩儿良心已昧……"（清·佚名《野叟曝言》第五十九回）

从上可见，"重复""复重"在各类文献中都有用例。

下面我们讨论两个"重复""复重"相关的问题。

（一）关于"重复""复重"的副词性问题

《汉语大词典》"重复"有四个义项，除一个义项中有一例可以用作副词外，其他均用作动词，同时，它将"复重"解释为"重复"，三个例证全是动词用法。

我们认为"重复""复重"可以用作副词，原因是：

第一，从结构上看，"重复""复重"是副词"重""复"的同义组合。

《玉篇·壬部》："重，又，且也。"《广韵·锺韵》："重，复也，迭也。"如《易·干》："九三，重刚而不中。"孔颖达疏："上下俱阳，故重刚也。"宋陆游《游山西村》："山重水复疑无路，柳暗花明又一村。""山重水复"中"重"与"复"互文见义。由此语法化为副词，表示动作行为的重复，相当于"再""又""重新"。《尔雅·释言》："重，再也。"《广韵·用韵》："重，更为也。"如《左传·昭公十年》："孤斩焉在衰绖之中。其以嘉服见，则丧礼未毕，其以丧服见，是重受吊也。"

《尔雅·释言》："复，返也。"《说文·彳部》："复，往来也。"段玉裁注："返，还也。还，复也。皆训往而仍来。"《小尔雅·广言》："复，还也。"如《左传·桓公五年》："淳于公如曹，度其国危，遂不复。"杜预注："国有危难，不能自安，故出朝而遂不还。"由此语法化变为副词，表示重复或继续，相当于"再""又""也"等。如《论语·述而》："久矣吾不复梦见周公。"

副词"重"与"复"组合成副词"重复"与"复重"。

第二，从语义来看，"重复""复重"是副词"重""复"所表示的语义，表示动作行为重复，这在以上用例中得到了说明。

第三，从语法功能来看，表示动作行为重复的副词"重复"与"复重"，在句子中一般修饰动词及其短语，偶尔修饰形容词，只能作状语。

（二）关于副词"重复""复重"的演变问题

我们认为，副词"重复""复重"在演变过程中，动词性与副词性是交织在一起的，现代汉语之前，副词"重复""复重"同时使用，但是现代汉语中，只有"重复"可以偶尔继续用作副词，主要用作动词，副词"复重"已经消失。为什么会出现这样的情况呢？我们认为原因如下：

第一，副词"复重"的消失是语言竞争的结果。现代汉语中，表示重复的副词大量存在，"复重"缺乏生存的土壤。我们且不说单音节副词"再""还""又""重""复"等，只比较一下双音节副词"重复、复重、反复、再三"的使用情况。

表2-3 双音节副词"重复、复重、反复、再三"演变情况简表

		重复	复重	反复	再三
先秦	周易	0	0	0	2
	左传	0	0	0	2
	庄子	0	0	2	0
西汉	史记	0	0	0	3
	全汉文	0	0	3	4
	盐铁论	0	1	0（1）	0

续表

东汉	汉书	0	1	4（14）	7
	太平经	4	12	18（2）	0
	安世高译经	0	1	1	0
魏晋	支谦译经	2（2）	2	1（3）	2
	搜神记	0	1	1（4）	7
	魏书	0（4）	4（3）	3（3）	15
	后汉书	1	2	5（11）	7
唐代	全唐文	4（30）	0	6（6）	218
	韩愈集	0（14）	0	1（5）	4
	敦煌变文集	0	0	0	47
宋代	容斋随笔	0	0	2（2）	0
	朱子语类	1（5）	0	26（12）	49
	苏轼集	2（2）	0	21（6）	24
元代	大宋宣和遗事	0（1）	0	1（1）	6
	元朝秘史	0（1）	0	1	0
	元好问集	0（3）	0	3（2）	5
明代	水浒全传	1	0	2（1）	33
	型世言	1	0	3	43
	金瓶梅	1（1）	0	0	121
清代	红楼梦	1	0	1（1）	23
	儿女英雄传	8	0	2（1）	32
	野叟曝言	75	1	18（9）	84
	官场现形记	2（1）	0	1（2）	49
总　　计		103（64）	25（3）	126（86）	787

说明：括号内为动词用法，下同。

　　从上表可以看出，"再三"出现时代最早，使用频率最高，其次是"反复"。"复重"虽然出现得比"重复"早，但是使用频率没有"重复"高。"复重"先在西汉的中土文献出现，然后影响到佛教文献，东汉又出现了"重复"，副词"重复"与"复重"是佛教文献中很有特色的一种语言现象。但是"复重"主要出现于汉魏六朝，后代由于竞争不过其他副词，基本消失。

　　从用法来看，除了"再三"外，其他副词都有动词的用法，但是总体来看没有超过副词的用法。

　　发展到现代汉语的情况又如何呢？请看简表。

表 2-4　现代汉语双音节副词"重复、复重、反复、再三"使用情况简表

	重复	复重	反复	再三
老舍作品	0（3）	0	6（2）	6
王朔作品	2（22）	0	19（2）	47

就现代汉语的情况来看，副词"复重"已不见使用，"重复"主要用作动词，偶尔用作副词。表示重复义的专用副词主要是"再三"，一般作状语，偶尔也可用作补语。"反复"主要用作副词，但是也可用作动词，它还有"反反复复"的重叠形式。

第二，副词"复重"的消失是因为其不符合调序原则。就《广韵》来看：

复：《广韵》房六切，入屋，奉。扶富切，去宥，奉。现代音为 fù。

重：《广韵》直容切，平钟，澄。现代音为 chóng。

就《广韵》而言，"重复"不论是"平入"还是"平去"，都符合调序原则，因此使用频率高。而"复重"不符合调序原则，因此趋于消失。

第三，副词"重复""复重"在演变过程中趋于消亡，是语义表达精密化的必然要求，因为副词"重复""复重"在演变过程中，动词性与副词性是交织在一起的，这必然影响到语言的交际，只是目前"重复"的副词性还没有完全消失。

第四，现代汉语中"重复"偶尔可以继续用作副词，是因为语言演变的惯性作用。由于历代"重复"都可以用作副词，尽管有语言表达精密化的要求，但由于语言演变的惯性作用，现代汉语中"重复"还可以继续用作副词，但是这种数量明显减少，随着语言的进一步发展，副词"重复"也会像"复重"一样基本消失。

《现代汉语词典》没有立"复重"这一词条，但是有"重复"。"重复"有两个义项：1.（相同的东西）又一次出现；2.又一次做（相同的事情）。例证均用作动词，可见，《现代汉语词典》也没有考虑到"重复"的副词用法。

二、同素异序副词的两种形式一般没有意义上的差别

韩陈其（1983）在注释中附了《史记》中的词与现代汉语的词互为字序对换的双音词的例子 40 组，其中 33 组意义相同，7 组意味不尽相同。具体到副词也是一样，一般而言，具有同素异序关系的两个副词，没有意义上的区别，只有个别例外，如"随便——便随""当即——即当""便即——即便"等，例外的情况后面再议，这里先看没有区别的情况。

即辄——辄即

"即辄"在东汉三国佛教文献中只有1例，如：

（74）意欲得者，即自然化生，意不用者，即化去。诸菩萨便共持，供养诸佛及诸菩萨、阿罗汉，边傍前后回绕周匝，在意所欲即辄皆至。（吴·支娄迦谶译《佛说阿弥陀三耶三佛萨楼佛檀过度人道经》卷1，T12，No. 362，p0306a）

《大藏经》中东汉三国以后"即辄"也用例甚少，只有1例，如下：

（75）时有菩萨名曰宝光，闻佛说是诸菩萨业，解阴衰入诸种十八，十二缘起，诸根意止，八正道行，世俗度世，有为无为，即辄奉受。如是精进十二亿岁。（西晋·竺法护译《持人菩萨经》卷4，T14，No. 481，p0639a）

为了了解"即辄"使用的全面情况，我们还考察了中土文献，其中"即辄"我们发现16例，如：

（76）夫天道生物，当周流俱具，睹天地四时五行之气，乃而成也，一气不足，即辄有不足也，故本之于天地，周流八方也，凡数适十也。（《太平经·丙部之六》）

（77）德宗皇帝英明果断，无以比德。每进用公卿大臣，莫不出自宸衷。若闻一善可录，未尝不称奖之。百官对扬如稍称旨，无不抬眉耸听。朝退，即辄书其姓名于座侧。（唐苏鹗《杜阳杂编》卷上）

（78）既而道流四人，邀延出门。心欲有诣，身即辄至，离乡三十余年，因思一到，俄造其居。室宇摧落，园圃荒芜，旧识故人，孑遗殆尽。（宋·李昉《太平广记》卷七八《符契元》）

（79）更令以涂中上下，两釜内外，各令厚三分。暴之十日期干，无令燥拆，拆即辄以泥随护之。（宋张君房《云笈七签》卷六十五）

"辄即"在东汉三国佛教文献中也只有1例，如：

（80）中有但欲闻音乐者，中有但欲闻华香者，有不欲闻经者，有不欲闻音乐声者，有不欲闻华香者。其所欲闻者，辄即独闻之。不欲闻者，则独不闻。（吴·支娄迦谶译《佛说阿弥陀三耶三佛萨楼佛檀过度人道经》卷1，T12，No. 362，p0305c）

《大藏经》中东汉三国以后"辄即"共有10例，如：

（81）六、如来见心为说经典，七、闻其所说辄即奉行，八、寻便逮得立不退转，九、晓了空慧逮无从生，十、疾成无上正真之道。（西晋·竺法护译《诸佛要集经》卷1，T17，No. 810，p0761c）

（82）诸如是等妄说吉凶，或习世间礼仪书数算历一切伎艺，或行咒术秘方工巧种种事业，或商贾往来为他使命，或共他语议好为诤论，或所不应说辄即出言，或弃正思惟起诸恶觉，如是等事名世间也。（隋·阇那崛多译《大法炬陀罗尼经》卷12，T21，No. 1340，p0713c）

就东汉三国佛教文献看，"即辄"与"辄即"均出现于支娄迦谶的同一部译经中，就《大藏经》中东汉三国以后佛教文献来看，"即辄"与"辄即"主要出现于竺法护的译经中，"即辄"只有1例就见于竺法护译经，"辄即"共有4例。

我们同样比较了中土文献，"辄即"我们发现42例，如：

（83）至如颉利，往岁数来侵我国家，部落疲于征役，遂至灭亡。朕今见此，岂得辄即发兵？（唐·吴兢《贞观政要》卷九《征伐第三十五》）

（84）公既殁，君以县学生遇例告入太学。忤御史，辄即弃去。乃益勤苦，持先人门户，里舍时节庆吊往还，未尝失礼。（明·归有光《归有光集》卷十九《震川集之十九》）

（85）每逢劲兵进剿，辄即弃而他窜，所在掳掠粮食，轻飘迅疾，而官兵非整旅赍粮，不能追蹑其后。（清·余澜阁《蜀獠死事者略传》）

"辄"有"即、就"的意思。《增韵·叶韵》："辄，忽然也。"如《史记·季布栾布列传》："有敢收视者，辄捕之。"

"即"表示时间，相当于"就、即刻"。清王引之《经传释词》卷八："即，犹遂也"。如《战国策·楚策一》："（苏秦）即阴与燕王谋，破齐共分其地。"可见，"即"与"辄"同义。

宋朱熹《原本韩集考异》卷七"凡产辄即皆有名"考证"或无即字"，可见用"辄即"与用"辄"同义。

从东汉三国佛教文献"即辄"与"辄即"的使用情况也可看出它们语义相同，"即辄"与"辄即"都出现在支娄迦谶所译《佛说阿弥陀三耶三佛萨楼佛檀过度人道经》中，可见这只是一个词的不同书写形式而已。

"即辄"与"辄即"不仅佛教文献有些用例，中土文献也有不少，并且出现的时代也相差不是很远，"即辄"《太平经》中已有用例，"辄即"用例可能较晚，我们在唐代的中土文献中才看到用例。

现代汉语中，不论"即辄"与"辄即"由于文言色彩太浓而完全消失。《汉语大词典》没有"辄即"与"即辄"。

以下是它们在三类文献中的出现次数。

表 2-5　"即辄""辄即"佛教文献与中土文献使用频率简表

	东汉三国佛教文献	后代佛教文献	中土文献
即辄	1	1	16
辄即	1	10	42

从上表可以看出，"即辄"与"辄即"中土文献的使用频率明显高于佛教文献，这与"即辄"与"辄即"文言色彩太浓有很大关系，因为佛教文献的口语色彩相对较浓。

从简表我们还可以看出，不论是佛教文献还是中土文献，"辄即"的使用频率相对较高，而"即辄"的使用频率低，目前我们还无法从语音语义上找到解释的办法，请看：

即：《广韵》子力切，入职，精。现代音为 jí。

辄：《广韵》陟叶切，入叶，知。现代音为 zhé。

从调序原则来看，它们均为入声，从声母的清浊来看，据王力《汉语音韵学》（2014）均为全清，语义上也看不出什么联系，我们只好存疑。

都悉——悉都

"都悉"在东汉三国佛教文献中共出现 7 例，如：

（86）是者，须菩提！菩萨摩诃萨劝助之为尊。如恒边沙佛刹中菩萨，悉寿如恒边沙佛劫，恒边沙佛刹人，都悉供养诸菩萨摩诃萨。（后汉·支娄迦谶译《道行般若经》卷 3，T08，No. 224，p0440b）

（87）有一长者，名曰若达多……听佛说法，心生欢喜，还归辞家及诸眷属，求索入道。时诸亲属，都悉听许，还归白佛，求索出家。（吴·支谦译《撰集百缘经》卷 5，T04，No. 200，p0226a）

（88）无量寿佛，为诸声闻，菩萨大众颁宣法时，都悉集会七宝讲堂，广宣道教，演畅妙法，莫不欢喜，心解得道。（曹魏·康僧铠译《佛说无量寿经》卷 2，T12，No. 360，p0273c）

《大藏经》中东汉三国以后"都悉"用例共有 21 例，如：

（89）犹如良牛入牛众中，而自称说："我今是牛！"然其毛尾、耳角、音声都悉是牛。诸牛见已，各来舐体。（东晋·瞿昙僧伽提婆译《增壹阿含经》卷 7，T02，No. 125，p0580a）

（90）即以珍宝，雇人作舍，未盈一月，宫室屋宅，都悉成就，宫人妓女，充满其中，奴婢仆使，不可称计。（元魏·吉迦夜共昙曜译《杂宝藏经》卷 2，T04，No. 203，p0458b）

中土文献中"都悉"亦发现 2 例，如：

（91）凡赀产之饶，室庐台榭园池之壮，与夫舆服伎妾优伶之丽，

都悉冠于吴中。（清·汪琬撰《尧峰文钞》卷十五）

（92）诸与天灾变怪，日月运珥，倍臣纵横，刺贯之咎，过罪所致；五星顺轨，客逆不曜，疾疫之气，都悉止矣。（东汉·张道陵《老子想尔注》）

"悉都"在东汉三国佛教文献中共出现1例，如下：

（93）时波斯匿王夫人怀妊足满十月，生一男儿，端政殊妙，世所希有，身被袈裟，生已能语，问父王言："如来世尊，今者在不？"大德迦叶、舍利弗、大目揵连，如是遍问诸大弟子，悉为在不？父王答曰："今悉都在。"（吴·支谦译《撰集百缘经》卷9，T04，No. 200，p0245c）

例（93）与例（87）正好形成对比，说明支谦有意识的使用"都悉"与"悉都"这一同素异序形式。

《大藏经》中东汉三国以后"悉都"共出现8例，如：

（94）是诸鬼王，各与等类百千众俱来诣佛所。皆各稽首，以次就位，悉都专精志愿经道、饥虚于法，身口意并加敬归佛，靖心而听。（西晋·竺法护译《文殊师利佛土严净经》卷1，T11，No. 318，p0890c）

（95）阿尼弥沙土者，无地狱、饿鬼、畜生、众恶诸苦，无奉戒救亦无犯禁，不闻见女人。所以者何？皆由化生莲华交露，无有悭贪，亦无淫恚，离于痴畏，悉都无此三毒之名，何况余乎？（西晋·竺法护译《阿差末菩萨经》卷1，T13，No. 403，p0585b）

中土文献中，"悉都"我们只在《太平经》发现2例，如下：

（96）"小子童蒙，未得其意。""子试言之，吾且观子具解不。""今若愚生意，欲悉都合用之，上下以相足，仪其事，百以校千，千以校万，更相考以为且可足也；不者，恐不能尽周古文也。"（《太平经·丙部之十七》）

（97）真人疾以文付之，使其疾思天意，可以自安；不者，天怒会不绝也。故天不复使圣人语，会不能悉都除其病，故使天下人共一言，俱一集古文考之也。（《太平经·己部之六》）

"都悉"与"悉都"不仅佛教文献有些用例，中土文献也有少量用例，并且出现的时代也相差不是很远，"悉都"《太平经》中已有用例，"都悉"用例可能较晚，我们在清代的《尧峰文钞》才看到用例。《汉语大词典》没有"悉都"与"都悉"。以下是它们在三类文献中的出现次数。

表2-6　"都悉"与"悉都"在后代佛教文献与中土文献中的使用频率简表

	东汉三国佛教文献	后代佛教文献	中土文献
都悉	7	21	2
悉都	1	8	2

从上表可以看出，佛教文献"都悉"明显高于"悉都"，中土文献"悉都"与"都悉"持平。为什么"都悉"的使用频率要相对较高呢？这与"都""悉"组合的调序有一定关系。请看：

都：《广韵》当孤切，平模，端。现代音为 dōu。

悉：《广韵》息七切，入质，心。现代音为 xī。

"都悉"符合调序原则，因此使用频率比"悉都"要高。

从语义看，"都"，副词，相当于"全、全部"。如《列子·周穆王》："莫知其所施为也，而积年之疾一朝都除。"

"悉"，副词，表示范围，相当于"全、都"。如《书·汤誓》："格尔众庶，悉听朕言。"

可见，"悉"与"都"同义，"都悉"与"悉都"也同义。

三、个别同素异序副词的两种形式意义有些不同，或者后代出现了一些变化

前面已经提及，汉语的同素异序副词一般两种形式没有意义上的区别，但也有例外情况，主要有"随便——便随""当即——即当""便即——即便"等，下面分别加以讨论。

随便——便随

副词"随便"在东汉三国佛教文献中共有 1 例，如：

（98）或时不如闻不如受，亦不计念，但从行取一定相熟、受熟、念熟，行已受定相熟、受熟、念熟、行熟，随便如法，便如应解，便如法解。已如应解，已如法解便可生，已可生便哀生。（后汉·安世高译《长阿含十报法经》卷 1，T01，No.13，p0235b）

这里"随便"相当于"便"。

《大藏经》中东汉三国以后相当于"便"的副词"随便"共有 27 例，如：

（99）其三昧定无能动移，淫怒痴心不能染之，是曰精进。圣慧所行无能分别，应时随便度脱一切，是曰一心。（西晋·竺法护译《贤劫经》卷 5，T14，No.425，p0034c）

（100）时二天王，知诸小王及余天众皆集会已，亦自严身，服众璎珞，前就骑乘，与众围绕，咸共往诣毘沙门大天王所，到已在前随便停住。（隋·阇那崛多等译《起世经》卷 6，T01，No.24，p0340c）

但是在较后的佛教文献中，"随便"也用作情态副词，有"随意"的意思，如：

（101）释氏死，谓涅盘，圆寂，归真，归寂，灭度，迁化，顺

世，皆一义也。<u>随便</u>称之，盖异俗也。（宋·道诚集《释氏要览》卷3，T54，No. 2127，p0307b）

这种语义的"随便"是从动宾短语"随便宜"凝固而成，这种短语佛教文献很多，如：

（102）尔时能仁正觉一切发遣，十方世界诸来世尊，各<u>随便</u>宜从其所安。（西晋·竺法护译《正法华经》卷10，T09，No. 263，p0134b）

中土文献中，我们没有找到表示时间的"随便"，副词"随便"主要表示情态，相当于"随意""任意"，如：

（103）一年中，即高一丈余。其旁生枝叶，即掐去，令直耸上。高下任人，取足，便掐去正心，即四散下垂，婀娜可爱。若不掐心，则枝不四散，工斜或曲，生亦不佳也。六七月中，<u>随便</u>生少枝种，星期倍疾。少枝叶青气壮，故长疾也。（北魏·贾思勰《齐民要术·卷五·种槐第五十》）

（104）迦毗罗等知大乘之有在，识玄统之所归，各将赢卒数千，咸来请命。臣哀其晚悟，许以自新，即令慈悲观道士毕无缘<u>随便</u>安养。伪谏议大夫郅谛，怀逸群之思，负出世之奇，将全国以效忠，反危身而被系。（《全后魏文》卷五十九，释僧懿《平心露布文》）

中土文献中，"随便"主要是一个动宾成分，表示随其所宜。《汉语大词典》"随便"有四个义项：1. 随其所宜；2. 任意、不经心；3. 任何、无论；4. 简便、简单。其中义项二当是副词用法。

"便随"在东汉三国佛教文献中共有5例，如：

（105）摩尼珠德巍巍自在，持着何所。着水中水<u>便随</u>作摩尼珠色。持缯裹着水中，水便如摩尼珠色。正使持若干种缯裹着水中，水便如摩尼珠色，水浊即为清。摩尼珠德无有比。（后汉·支娄迦谶译《道行般若经》卷2，T08，No. 224，p0436a）

以上"便随"相当于"便"。

《大藏经》中东汉三国以后副词"便随"共有18例，如：

（106）取诸种物，散种于地，<u>便随</u>得茎枝叶华果实而食之。（西晋·竺法护译《等目菩萨所问三昧经》卷2，T10，No. 288，p0584b）

中土文献中"便随"十分罕见，我们没有找到用例。《汉语大词典》也没有"便随"。

从语义看，"随"，副词，随即，马上。如《墨子·杂守》："守烽者事急，候无过五十，寇至叶，随去之。"孙诒让《间诂》引王引之曰："言候无过五十人，及寇至堞时，即去之也。"

"便"，副词，表示动作的时间，相当于"就""即"。《字汇·人部》："便，即也。"如《庄子·达生》："若乃夫没人，则未尝见舟而便操之也。"

可见，"随"与"便"同义，"随便"与"便随"也同义，表示动作的时间短。

但是，"随"又可以表示跟从、跟随。《玉篇·阜部》："随，随从也。"引申为顺应。《广雅·释诂一》："随，顺也。"如《书·禹贡》："禹敷土，随山刊木，奠高山大川。"

"便"又可以表示有利、合宜。《字汇·人部》："便，宜也，利也。"如《战国策·齐策一》："今婴子逐，盼子必用，复整其士卒以与王遇，必不便于王也。"高诱注："便，利也。"

可见，"随便"又可以用作动宾短语，表示顺从便利。由于这种意义无法构成异序形式，因此，这种意义的"便随"我们没有发现用例，不论佛教文献还是中土文献。

同时，我们还发现，不论"随便"与"便随"，作为时间副词主要出现于佛教文献，中土文献中我们没有发现用例，这是同素异序副词"随便"与"便随"在演变过程中语义的变化，因此，我们有理由相信，表时间的"随便"与"便随"是受佛教文献影响很深的两个成分。

表2-7　时间副词"随便"与"便随"佛教文献与中土文献使用频率简表

	东汉三国佛教文献	后代佛教文献	中土文献
随便	1	27	0
便随	5	18	0

从表中可以看出，"随便"比"便随"的使用频率要高。通过《现代汉语词典》我们还看到，"随便"尽管作为时间副词中土文献已经消失，但是作为别的形式现代汉语仍然存在，而"便随"不论哪种形式都已经消失，原因可能与组成成分"随""便"的调序有关，请看：

随：《广韵》旬为切，平支，邪。现代音为 suí。

便：《广韵》婢面切，去线，并。现代音为 biàn。

就《广韵》来说，"随便"是符合调序原则的，因此现代汉语仍旧使用。

当即——即当

"当即"在东汉三国佛教文献中出现了6例，如：

（107）冥虽久在中，见火明，不敢当即去。（后汉·支娄迦谶译

《佛说遗日摩尼宝经》卷 1，T12，No. 350，p0191b）

（108）接我以礼，当以敬报。待我以慢，<u>当即</u>远避。（吴·支谦译《佛说孛经》卷 1，T17，No. 790，p0731a）

这里例（107）"当即"表示"立即"义，例（108）"当即"表示"应即"义，"当即"与前面的"当"形成对文。

《大藏经》中东汉三国以后"当即"共出现了 147 例，如：

（109）儿或以草，以土诸不净物着其口中，乳母<u>当即</u>教令除去。（刘宋·求那跋陀罗译《杂阿含经》卷 26，T02，No. 99，p0187b）

（110）然我身死如何闻法？今我先可听其妙法，既受持已，<u>当即</u>舍身。（唐·义净译《妙色王因缘经》卷 1，T03，No. 163，p0391b）

例（109）是"立即"义，例（110）是"应即"义。

中土文献中，"当即"东汉时已经出现，如：

（111）太宰嚭曰："死与生，败与成，故有避乎？"王曰："然曾无所知乎？子试前呼之。圣在，<u>当即</u>有应。"吴王止秦余杭山，呼曰："公孙圣！"三反呼圣，从山中应曰："公孙圣。"三呼三应。（东汉·赵晔《吴越春秋·夫差内传第五》）

（112）久废过庭，不闻善诱，陟岵瞻望，惟日为岁。知以直道，不容于时，悦山乐水，家于阳城。道近路夷，<u>当即</u>聘问，无状婴疾，阙于所仰。（《全后汉文》卷六十七，荀爽《贻李膺书》）

（113）邪人有邪心，不欲阴佑利凡事，则致邪，此乃皇天自然之格法也，故<u>当即</u>退之，不退之且忿天，使地杀气出，故当疾去之。是大事也，真人知之耶？（《太平经·己部之十一》）

例（111）—例（113）均"当即"表示"应即"义。

另外，《文子》有一例，如下：

（114）老子曰："天下是非无所定，世各是其所善，而非其所恶。夫求是者，非求道理也，求合于己者也；非去邪也，去近于心者也。……夫趣合者，即言中而益亲，身疏而谋，<u>当即</u>见疑。……"（春秋·辛钘《文子》卷五《道德》）

由于《文子》内容后代有所增益，因此我们把它单独列出，仅作参考。这里"当即"也是表示"应即"义。

中土文献中，大概到魏晋南北朝时期，"当即"开始有了"立即"义（这比佛教文献晚），与先期产生的"应即"义并行使用。这样的情况一直延续到宋元时期，明代开始，"当即"才走向语义单一化的道路，专表"立即"

义。我们考察了魏晋南北朝至唐宋时期"当即"两个义项的分布情况，请看简表。

表 2-8　"当即"不同义项分布情况简表

		全晋文	宋书	全唐文	夷坚志
当即	立即义	1	1	3	4
	应即义	1	1	2	7

从简表可以看出，从魏晋南北朝到唐宋，"当即"的两个义项是同时使用的，这也反映了语言发展的复杂性。现举例加以应证：

（115）已令天策上将太尉领司徒，尚书令陕东道大行台雍州牧领十二卫大将军，上柱国秦王世民为江州道行军元帅，统率骁勇，风驱电击，麾旆所临，<u>当即</u>奔溃。（《全唐文》卷二，高祖《讨辅公祏诏》）

（116）项因奏事，陛下谓臣等曰："吐蕃虽众，<u>当即</u>破亡。计日之间，捷书必至。"昨见皇甫惟明奏，破定戎城，下吐蕃贼二十万众，并斩获大将论莽布支头，随状奉进。（《全唐文》卷三百十一，孙逖《为宰相贺破吐蕃并庆云见表》）

"当即"前一例表示"立即"义，后一例表示"应即"义。

明代，是"当即"由两义分立走向单独只有"立即"义的过渡时期。请看下表：

表 2-9　明代"当即"使用情况简表

		徐霞客游记	三国演义	王阳明集	西游记	水浒传	金瓶梅	"二拍"
当即	立即义	2	2	14	2	5	1	7
	应即义	5	2	0	0	0	0	0

从简表可以看出，明代"当即"的语义趋向单一化，集中于表示"立即"，但是"应即"义仍然残存，现举例加以说明：

（117）玄德重赏黄忠，使人押泠苞到帐下，玄德去其缚，赐酒压惊，问曰："汝肯降否？"泠苞曰："既蒙免死，如何不降？刘璝、张任与某为生死之交；若肯放某回去，<u>当即</u>招二人来降，就献雒城。"（明·罗贯中《三国演义》第六十二回）

（118）操曰："天报应我，<u>当即</u>防之。"遂分兵九队，只留一队向前虚扎营寨，余众八面埋伏。（明·罗贯中《三国演义》第二十四回）

这里例（117）表示"立即"义，例（118）表示"应即"义。

清代，"当即"基本上表示"立即"义，请看下表：

表 2-10　清代"当即"使用情况简表

		儿女英雄传	雪月梅	荡寇志	野叟曝言	七剑十三侠	官场现形记	镜花缘	醒世姻缘传	聊斋志异
当即	立即义	15	29	23	25	162	2	15	2	15
	应即义	0	0	0	0	0	0	0	0	1

清代,"当即"表示"应即"义的用法非常罕见,只是个别的残留,我们只发现《聊斋志异》中有一例,因为《聊斋志异》是文言色彩很浓的小说,出现这么一例不能视为清代的普遍现象。清代"当即"已经基本上表示"立即"义了,不过《红楼梦》与《儒林外史》没有"当即"的用例。兹举几例加以说明。

（119）安公子听了这一番说话,心中大喜,忙叫下人收拾房间,与周三居住。周三当即见过冯、赵、陆三人。相见后,彼此叙谈,专候安公子动身闯边,好一同保护。（清·文康《儿女英雄传》第四十五回）

（120）三十许男子,尚未经人道耶?市儿初合卺,亦须一杯薄浆酒,汝家沃饶,当即不难。清醒相对,是何体段?（清蒲松龄《聊斋志异》卷三,《庚娘》）

这里前一例表示"立即",后一例表示"应即"。

现代汉语中"当即"的使用情况如何呢?请看下表:

表 2-11　现代汉语"当即"使用情况简表

		老舍作品	鲁迅作品	钱钟书	沈从文	王朔	梁晓声	皇城根
当即	立即义	0	1	0	0	5	4	4
	应即义	0	0	0	0	0	0	0

这里选用的语料是这些作家的部分作品,不过"当即"的使用并不踊跃。《现代汉语词典》有"当即"一条,是"立即;马上就"的意思。

《汉语大词典》"当即"条有两个义项:1. 应即;2. 立即。"立即"义的最早用例是清代末年的《老残游记》,应可提前到魏晋南北朝。

为什么魏晋南北朝时期中土文献"当即"有了"立即"义呢?原因有二:

第一,"当"有"立即"义,"即"也有"立即"义,"当即"同义组合是十分正常的情况。

《说文·田部》:"当,田相值也。"段注:"值者持也,田与田相持也。引申之,凡相持、相抵皆曰当。"由此抽象化为"应该、应当"。《字汇·田部》:"当,理合如是也。"杨树达《词诠》卷二:"当,助动词,直也,应也。今言'该当''应当。'"再语法化而相当于"将""将要"。清王引之《经传释词》卷六："当，犹将也。""当"也相当于"即"。《篇海类编·地理类·田部》："当，即也。"如晋张华《博物志》卷十："（刘玄石）归至家当醉，而家人不知，以为死也，权葬之。"

《说文》："即，即食也"。由此语法化变为副词，相当于"立即"。如《战国策·楚策一》："（苏秦）即阴与燕王谋，破齐共分其地。"

可见，在表示时间短这一意义时，"即"与"当"同义。

第二，受佛教文献的影响。在东汉三国的佛教文献中，"当即"就表示"立即"义，受此影响，先前已经出现的"应即"义与"立即"义并存，清代以后"立即"义就完全取代"应即"了。

一说以为"当即"由介词"当"和名词"即"构成，《玉篇》："即，今也。""当即"本为介宾词组，凝固为复合词。作副词用于谓语前，表示动作行为或情况很快发生，相当于"立即"。[①]这里与我们有两点不同：一是我们将"当即"看作联合式的复合词，而他们以为是介宾短语凝固的复合词；二是我们认为"当即"先有"应即"义，后有"应即"与"立即"并存的阶段，后来为"立即"义所取代。在东汉三国佛教文献中，"当即"以"立即"义为主。

"即当"在东汉三国佛教文献中出现了11例，如：

（121）即当专成无上正真道最正觉。贤者舍利弗白佛言：是阿閦佛德号法经，薄德之人终不得闻受持讽诵。所以者何？天中天，不能得阿惟越致故。（后汉·支娄迦谶译《阿閦佛国经》卷2，T11，No. 313，p0763c）

（122）是十二天神即当往护之，终不使横殃。（后汉·支曜译《佛说成具光明定意经》卷1，T15，No. 630，p0458a）

以上"即当"相当于"即将"，因为"当"有"将"义。再如：

（123）审如我至诚者，是鬼神即当去，是弊魔便作是念，我当使鬼神去。（后汉·支娄迦谶译《道行般若经》卷7，T08，No. 224，p0460a）

（124）汝婆罗门应起慈心，设起慈心即当生天，怨心如火汝当速灭。（吴·支谦译《菩萨本缘经》卷2，T03，No. 153，p0064b）

（125）帝敕近臣主巾栉者，尔其见吾头发生白，即当以闻，夫发白色毁死之明证。（吴·康僧会译《六度集经》卷8，T03，No.152，p0048c）

---

① 参考中国社会科学院语言研究所古代汉语研究室（编）（1999）《古代汉语虚词词典》，北京：商务印书馆。

以上"即当"相当于"即应"。

值得注意的是,"即当"并不与"当即"一样,有"立即"义。

《大藏经》中东汉三国以后"即当"用例甚多,也不与"当即"完全对应,如:

(126)或能使亲族起愁忧,怨家欢喜。食不消化,<u>即当</u>成病,身体烦热,由此缘本,便致命终。(东晋·瞿昙僧伽提婆译《增一阿含经》卷24,T02,No. 125,p0679c)

(127)若彼作是念,我不舍此语,不舍此见,不舍此慢,而至沙门瞿昙所者,彼头<u>即当</u>破为七分。(后秦·佛陀耶舍共竺佛念译《长阿含经》卷11,T01,No. 01,p0068a)

以上"即当"都表示"即将"义。

(128)为沙门行善当如是,若沙门斗诤<u>即当</u>和解,若以法诤,便当不惜身命为作法护,若比丘病困便当以身肉施与令差。(西晋·竺法护译《郁迦罗越问菩萨行经》卷1,T12,No. 323,p0027b)

(129)菩萨都无罪盖之患,持戒沙门梵志,若说粗言<u>即当</u>自疑,不加精进不得解脱。欲建斯等犹豫志者,菩萨以权口发此言:"缘是度之<u>即当</u>自说,吾等无智自责悔过,唯学道慧普行恭敬"(同上,《慧上菩萨问大善权经》卷2,T12,No. 345,p0162c)

以上"即当"相当于"即应"。

可见,"当即"在佛教文献中有"立即"与"应即"两个意义,"即当"并不像别的同素异序副词一样,意义相同,"即当"有"即将"与"即应"两个意义。

中土文献中,"即当"使用也十分频繁,先看较早的几个例子:

(130)臣意未往诊时,齐太医先诊山跗病,灸其足少阳脉口,而饮之半夏丸,病者即泄注,腹中虚;又灸其少阴脉,是坏肝刚绝深,如是重损病者气,以故加寒热。所以后三日而当狂者,肝一络连属结绝乳下阳明,故络绝,开阳明脉,阳明脉伤,<u>即当</u>狂走。(西汉·司马迁《史记》卷一百五《扁鹊仓公列传》)

(131)又方:取炊底釜汤净洗,以布拭令水尽。取黍米一升作稠粥,以故布广三四寸,长七八寸,以粥糊布上,厚裹蹄上疮处,以散麻缠之。三日,去之,<u>即当</u>差也。(北魏·贾思勰《齐民要术》卷六《养牛马驴骡》)

这里"即当"表示"即应"义。《史记》已经出现,时代当比佛教文献早。与"当即"类似的是,"即当"也是先出现"即应"的用法。

（132）时宾客盈坐，祈令根前，使庭下五十余人将绳索鞭杖立于根后。祈厉声问曰："君有道耶？"根曰："有道。"祈曰："有道能召鬼使我见乎？若不见，<u>即当</u>戮汝。"根曰："甚易耳。"（晋·葛洪《神仙传》卷八）

（133）庾公乘马有的卢，或语令卖去。庾云："卖之必有买者，<u>即当</u>害其主。宁可不安己而移于他人哉？昔孙叔敖杀两头蛇以为后人，古之美谈，效之，不亦达乎？"（南朝宋·刘义庆《世说新语·德行第一》）

以上两例"即当"表示将来的时间，相当于"即将"等，这种用法比佛教文献要晚。

下面请看"即当"在魏晋南北朝至唐宋时期四种代表性文献的意义分布情况，我们有意选取与"当即"相同的几种文献，以便于比较。

表 2-12　"即当"不同义项分布情况简表

		全晋文	宋书	全唐文	夷坚志
即当	即将义	0	1	26	3
	即应义	3	2	18	1

可见，表中两个义项分布基本均匀，《全晋文》"即将"义虽然没有用例，但晋代其他文献用例不少，现举例加以说明：

（134）詹招法师张成乙考召，其鬼乃作张五声音，举止与之绝类。曰："我既伏法，魂魄无归着处，若能供我，<u>即当</u>屏迹矣。"法师释其罪，但牒城隍司收管，兄以时节祀之。（宋·洪迈《夷坚志·志补卷第十六》）

（135）顷者，梦一脚神来言："吾将发迹于此，汝能谨事我，凡钱物百须，皆可如意。"明日，访屋侧，得一毁庙。问邻人，曰："旧有独脚五郎之庙，今亡矣。"默感昨梦之异，随力稍加缮葺。越两月，复梦神来曰："荷尔至诚，<u>即当</u>有以奉报。"凌晨起，见缗钱充塞，逐日以多，遂营建华屋。（宋·洪迈《夷坚志·支癸卷第三》）

同书的前一例均表示"即应"义，后一例表示"即将"义。

"当即"发展到明代，表义趋于单一化，但是"即当"并非如此，仍用与"当即"完全相同的文献作一比较，如下：

表 2-13　明代"即当"使用情况简表

		徐霞客游记	三国演义	王阳明集	西游记	水浒传	金瓶梅	"二拍"
即当	即将义	0	11	0	0	1	0	6
	即应义	1	5	5	1	1	0	3

可见，明代"即当"的两个义项仍旧交替使用，如：

（136）近至汝南，方知兄信；<u>即当</u>面辞曹公，奉二嫂归。羽但怀异心，神人共戮。（明·罗贯中《三国演义》第二十六回）

（137）却说司马懿在城中，令次子司马昭去探前路：若街亭有兵守御，<u>即当</u>按兵不行。司马昭奉令探了一遍，回见父曰："街亭有兵守把。"懿叹曰："诸葛亮真乃神人，吾不如也！"（明·罗贯中《三国演义》第九十五回）

例（136）"即当"表"即将"义，例（137）"即当"表"即应"义。

"当即"发展到清代，表义完全趋于单一化，但是"即当"并非如此，与前代完全一样，没有什么变化，我们仍用与"当即"完全相同的文献作一比较，如下：

表2-14　清代"即当"使用情况简表

		儿女英雄传	雪月梅	荡寇志	野叟曝言	七剑十三侠	官场现形记	镜花缘	醒世姻缘传	聊斋志异
即当	即将义	1	24	2	21	1	0	0	1	2
	即应义	0	3	0	7	1	0	0	0	2

可见，清代"即当"的两个义项仍旧交替使用，如：

（138）红须客、铁丐、尹雄夫妇，皆当今豪杰也；今乃俱为文爷所得，党羽已成矣！小人<u>即当</u>通知众弟兄，一有信至，即刻奔赴。（清·夏敬渠《野叟曝言》第六十五回）

（139）汝等既受我记，<u>即当</u>从我之命；既入中国，<u>即当</u>从中国之制。（清·夏敬渠《野叟曝言》第一百十四回）

例（138）"即当"表"即将"义，例（139）"即当"表"即应"义。

现代汉语"即当"完全消失，这也是与"当即"不同的，《汉语大词典》没有收录"即当"。

可见，同素异序副词"当即"与"即当"在演变过程中，存在一些特殊性，值得我们注意。

"即当"消失的原因，我们认为是"即当"表义过于混乱，有时两个义项难以确定，后来又不像"当即"一样只集中于某一义项，这是违背语言表达精密化的原则的，因此，现代汉语中"即当"就失去了生存的土壤。

这里还有一个问题需要说明，为什么"当即"较早出现，并且最后保存下来了呢？这除了以上讲到的那些原因以外，还可以从"当""即"结合的语音顺序来看：

当：《广韵》都郎切，平唐，端。现代音为 dāng。

即：《广韵》子力切，入职，精。现代音为 jí。

就《广韵》而言，"当即"的调序为"平入"，即使是现代音"当即"的调序也是"阴阳"，因此最终选择了"当即"，而抛弃了"即当"。

便即——即便

"便即"由副词"便"与"即"同义复合而成，表示后一情况紧接前一情况，具有时间上的相承性，相当于"便、就、立即"等，《汉语大词典》没有收集，但是文献中用例较多。

"便即"在东汉三国汉译佛经中共有 11 例，如：

（140）菩萨摩河萨自念："我乡里郡国县邑不闻般若波罗蜜，及所生处了不闻是。"其意欲悔便即舍去，其人却后当复更劫数乃有所得。（后汉·支娄迦谶译《道行般若经》卷 4，T08，No. 224，p0447a）

（141）诸菩萨各以身上衣供养佛，便即起愿。（吴·支谦译《佛说慧印三昧经》卷 1，T15，No. 632，p0463b）

《大藏经》中东汉三国以后"便即"用例甚多，我们选取三种不同时代，不同类别的译经作代表加以考察。其中阿含部的《杂阿含经》出现 3 例，本缘部的《佛本行集经》19 例，宝积部的《大宝积经》23 例，如：

（142）时，彼王子即趣东门，即堕火坑，便即死亡。（刘宋·求那跋陀罗译《杂阿含经》卷 23，T02，No. 99，p0163b）

（143）彼王已得统四天下，犹不知足。腾上至彼三十三天，得于帝释半座而坐。以其内心不知足故，五欲境界，便即失尽，堕落于地。（隋·阇那崛多译《佛本行集经》卷 21，T03，No. 190，p0752b）

（144）尔时女人持花授与，迷伽取花，便即往诣放光佛所。（唐·菩提流志译《大宝积经》卷 54，T11，No. 310，p0318b）

中土文献中，"便即"用例甚多，我们也只能选取一些有代表性的文献加以考察。我们所见"便即"最早用例在《全后汉文》，如下：

（145）小吏不与国同心者，率入十一月得死罪贼，不问曲直，便即格杀，虽有疑罪，不复谳正。（《全后汉文》卷三十三，鲁恭《议奏断狱以冬至前》）

鲁恭生于汉光武帝建武八年（公元 32 年），在建初初年，已经为郡吏，永初六年（公元 112 年）卒，年八十一岁。此文又见于《后汉书·鲁恭传》，袁宏《后汉纪》卷十六。

"便即"在佛教文献中的使用，最早见于支娄迦谶的译经，据任继愈（1985）考证，支娄迦谶为大月氏人，汉灵帝光和、中平年间（约 178—

189）在中国传教，译经共 10 部。可见，支娄迦谶的译经当在鲁恭文之后。

"便即"魏晋南北朝时期使用甚多，如《世说新语》出现 1 例，《全后魏文》3 例，《魏书》15 例，如：

（146）凡诸不逞，皆迭加爵位，许以南面之日，<u>便即</u>施行，皆疏官位名号于黄笺纸与之，各各囊盛，带之肘后。（北齐·魏收《魏书》卷九十八，《列传·岛夷萧道成、萧衍列传》）

（147）天惠与万寿等内外齐击，俘斩数百，<u>便即</u>据城。（《全后魏文》卷三十七，卢昶《掩据朐山表》）

唐宋以后，有些典籍出现的频率也相当之高，如唐代《朝野佥载》出现 3 例，《全唐文》19 例，宋代《朱子语类》15 例，明代《西游记》1 例，清代《醒世姻缘传》3 例，《后红楼梦》15 例，如：

（148）气禀之偏者，自不求所以知。若或有这心要求，<u>便即</u>在这里。（宋·朱熹《朱子语类》卷十八《大学五或问下》）

（149）我朝戚太师降得那南倭北敌望影惊魂，任凭他几千几万来犯边，只远远听见他的炮声，遥望见他的传风号带，<u>便即</u>抱头鼠窜，远走高飞。（清·西周生《醒世姻缘传》第六十二回）

现代汉语偶尔使用。老舍、王朔的作品中没有找到用例，《人民日报》1995 年全年，《作家文摘》从 1993 年至 1997 年都没有发现"便即"的用例。现代汉语中，"便即"我们找到了 5 例，其中鲁迅的作品中找到了 4 例，如：

（150）脱下衣服的时候，他听得外面很热闹，阿 Q 生平本来最爱看热闹，<u>便即</u>寻声走出去了。（鲁迅《阿 Q 正传》）

（151）忽一日，作田既毕，临溪洗脚，见溪底石上，有一螺蛳，螺体硕大，异于常螺，壳有五色，晶莹可爱，怦然心动，如有所遇。<u>便即</u>携归，养于水缸之中。（汪曾祺《拟故事两篇·螺蛳姑娘》）

"即便"在东汉三国汉译佛经中共有 145 例，均表示"立即"，如《佛说成具光明定意经》出现 1 例，《修行本起经》4 例，《中本起经》《菩萨本缘经》各 14 例，《撰集百缘经》98 例，略举如下：

（152）屋室自然长广高大，像天之殿。于屋下，便有千亿万座，皆是众宝变地之形，绀琉璃色。室中床座亦复如是。……其所行道，<u>即便</u>广平。（后汉·支曜译《佛说成具光明定意经》卷 1，T15，No. 630，p0452b）

（153）时彼长者叹未曾有，<u>即便</u>以身五体投地，发大誓愿。（吴·支谦译《撰集百缘经》卷 1，T04，No. 200，p0203b）

东汉三国佛教文献中，"即便"一般修饰动词及其短语，只有例（152）的情况比较特殊，"即便"用在"道广平"之间，"广平"是形容词短语，我们认为出现的原因有三：第一，佛教文献特有的四字格使然。"其所行道"与"即便广平"正好形成两个四字格。第二，从语义上看，"即便"似乎也有肯定的语气。第三，这是佛教文献翻译之初，为了形式上四字格的需要，而不顾语法规则的现象。

《大藏经》中东汉三国以后"即便"用例也甚多，我们选取与以上相同的三种译经加以考察，其中《杂阿含经》出现 32 例，《佛本行集经》174 例，《大宝积经》136 例，如：

（154）彼阎浮城，所有人民，皆悉纯直。彼诸人民，欲相娱乐。更无别音，闻彼铃声，即便欢喜，自然歌舞，更不忆念其余音乐。（隋·阇那崛多译《佛本行集经》卷 2，T03，No. 190，p0660c）

（155）一切有情若见如来即便调伏，或闻说法亦皆调伏。（唐·普提流志译《大宝积经》卷 40，T11，No. 310，p0231b）

以上"即便"也均表示"立即"。

中土文献中，"即便"用例更多，我们也只能选取一些有代表性的文献加以考察。我们所见"便即"最早用例在《全后汉文》，如下：

（156）宜严敕三府，隐核牧守令长，其有在政失和，侵暴百姓者，即便举奏，更选清贤奉公之人，能班宣法令、情在爱惠者，可不劳王师而群贼弭息矣。（《全后汉文·卷六十三》，东汉·陈蕃《驳讨零陵桂阳山贼及州郡一切得举孝廉茂才疏》）

东汉陈蕃此文时间当在汉灵帝刘宏建宁元年（168 年）前，因为陈蕃建宁初，与窦武等谋诛宦官，事泄，为曹节等矫诏反杀，年七十余。

与佛教文献相比，从出现的时间看，较早的安世高、支谶、严佛调、安玄等人没有发现"即便"的用例，最早的当是支曜的译经，支曜是大月氏人，任继愈《中国佛教史》考证他是东汉灵帝时在中国传教译经。可见，"即便"在佛教文献中的用例当晚于中土文献陈蕃的文章。

时间完全确定的是如下一段文献：

（157）夷狄不识文字，故校尉阎柔保我于天子。我与素利为仇，往年攻击之，而田校尉助素利，我临阵使琐奴往。闻使君来，即便引军退。（《全三国文·卷五十六·魏五十六》，阙名《与辅国将军鲜于辅书》）

此文虽然阙名，但根据记载，这是汉文帝曹丕黄初五年（公元 224 年）所写。

此后，《三国志》出现 6 例，《宋书》18 例，《魏书》5 例，《世说新语》2 例，《抱朴子》3 例，可见魏晋时期"即便"的使用频率已经非常之高。

略举几例如下：

（158）帝将乘马，马恶衣香，惊咬文帝膝，帝大怒，<u>即便</u>杀之。（西晋·陈寿《三国志》卷二十九《魏书二十九》）

（159）（王子猷）四望皎然因起彷徨，咏左思招隐诗。忽忆戴安道，时戴在剡，<u>即便</u>夜乘小舟就之。（南朝宋·刘义庆《世说新语·任诞第二十三》）

唐宋以后，用例更多，如《全唐文》43例，《朱子语类》20例，《西游记》38例，《红楼梦》9例。略举几例如下：

（160）举此一端，<u>即便</u>可见。（宋·朱熹《朱子语类》卷十八《大学五或问下》）

（161）贾母等只得叫人抬了竹椅子过来，扶宝玉坐上。贾母王夫人<u>即便</u>先行。到了潇湘馆内，一见黛玉灵柩，贾母已哭得泪干气绝。（清·曹雪芹《红楼梦》第九十八回）

以上"即便"全部为副词，相当于"立即"。

大概从明代开始，"即便"进一步虚化为连词，相当于"即使"，《汉语大词典》已经明确指出了"即便"的"立即"义与"即使"义，清代以后"即使"义多有发见，如：

（162）你既然到此，你我是一般人了。<u>即便</u>寻死，丈夫、父母也不知道，有冤难报。（明·无名氏《风流和尚》第七回）

（163）今为三杯薄酒所卖，<u>即便</u>不出一言，吾等何所望也。（明·瞿佑《剪灯新话·三山福地志》）

（164）自己的伯叔兄长，这是不必说的。<u>即便</u>是父辈的朋友，乡党中有那不认得的高年老者，那少年们遇着的，大有逊让，不敢轻薄侮慢。（清·西周生《醒世姻缘传》第二十三回）

（165）<u>即便</u>朕要挽回造化，命他百花齐放，他又焉能违拗！（清·李汝珍《镜花缘》第四回）

例（162）—例（165）"即便"均用作连词。

据《现代汉语词典》，现代汉语中"即便"只用作连词，相当于"即使"。反映老派北京话的老舍的《四世同堂》"即便"出现了6例，全部用作连词，反映新派北京话的王朔的作品中我们找到了55例，全部用作连词，如：

（166）说一句大不孝的话吧——即便祁老人死了，天佑太太死了，妞子也必须活下去。（老舍《四世同堂》97）

（167）其实你们<u>即便</u>请我，我也不见得会去。（王朔《你不是一个俗人》）

"便即"与"即便"的演变轨迹是十分清晰的，"便即"从产生以来一直用作副词，但现代汉语的副词用法已经非常罕见；"即便"从东汉产生以来，一直以强势用作副词，大概从明代开始出现连词的用法，不过明清时代仍以副词的用法为主，连词的用法我们只找到5例，可是现代汉语中只有连词的用法，副词用法完全消失，但在一些方言中还有遗留，如粤语。这是一个很有意思的现象。

（168）广东：木鱼书《二荷花史》卷一："<u>即便</u>展开笺一副，枯肠搜索细思寻。"（许宝华、宫田一郎 1999：2962）

此例中"即便"是副词，表"立即"义。

为什么"便即"与"即便"在演变过程中，"即便"会出现连词的用法呢？

连词是比副词更虚的一个词类，它用来连接词、短语、分句和句群乃至段落，具有纯连接性，没有修饰作用，也不充当句子成分——状语。一般说来，连词有很多是由副词发展而来的。具体就"即便"来说，它出现连词的用法我们认为至少有以下三个原因：

第一，具有相同的结构基础。

瞿霭堂（1995）认为，汉藏语言的虚词具有多元性，可以使用于词、词组和句子多种语言结构层次。"即便"就同时可以修饰词、短语和句子。试比较：

（169）尔时世尊观彼女人发广大心。<u>即便</u>微笑。（吴·支谦译《撰集百缘经》卷1，T04，No.200，p0203c）

（170）王闻是已，<u>即便</u>为具种种饮食，而与罗刹。（同上，卷4，p0219a）

（171）见是变已，<u>即便</u>己身五体投地，发大誓愿："以此供养善根功德……"（同上，卷1，p0204c）

（172）不要说金枝确实没说，<u>即便</u>说了，金秀又怎么能告诉他。（陈建功、赵大年《皇城根》36）

（173）这画面<u>即便</u>今天回想起来，金一趟也觉得那太师椅上端坐的，不仅只是他的恩师，而是一个神。（同上，19）

（174）做丈夫最觉棘手的，大概也就是这种时候了。<u>即便</u>妻子又哭又闹，也比这无声的抗议稍好一些。（同上，10）

以上六例，虽然时代相差甚远，词性也完全不同，但是就出现于词、短语、句子的前面这一点而言是完全一致的。这种句法位置的一致性是导致副词"即便"向连词"即便"演变的一个重要诱因，因为那种改变句法位置的演变相对比较困难，处于状语位置的成分比较容易虚化。

不过，就出现频率来看，现代汉语连词"即便"用于词前面的较少，一般用于句子前，我们再增补两例用于词前面的例子，加以说明：

（175）我不否认那时你们是纯洁的，但<u>即便</u>是，那时你们也不是真空罐里的无菌儿。（王朔《我是"狼"》）

（176）其实<u>即便</u>如此，我们也还可从容将你摆平。（刘心武《贾元春之死》）

第二，具有深厚的语义基础。

《说文》"即，即食也。"徐锴系传："即，犹就也，就食也。"由此引申为"就""接近""靠近"等义。如《诗经·魏风·氓》："匪来贸丝，来<u>即</u>我谋。"郑玄笺："即，就也。"由此虚化为副词，表示某一动作行为在很短的时间内或在某种情况下很快的发生、出现，强调动作行为发生、出现之迅速，相当于"立即"，如《尚书·西伯戡黎》："殷之<u>即</u>丧，指乃功，不无戮于尔邦？"也表示后一动作行为或情况紧接前一动作行为或情况发生、出现，在时间上具有相承性，相当于"便""就"。如《左传·隐公四年》："此二人者，是弑寡君，敢<u>即</u>图之。"杜预注："因其往，就图之。"这两个意义有一共同点，就是表示时间。由于"即"所表示的是在某一动作行为或情况下所出现的结果，因此，很自然就可以表示让步，即前一部分表示让步，后一部分表示结果或者推论，如《战国策·齐策一》："齐地方二千里，带甲数十万，粟如邱山；齐车之良，五家之兵，疾如锥矢，战如雷电，解如风雨。<u>即</u>有军役，未尝倍太山，绝清河，涉渤海也。"

《说文》："便，安也。"本义是"安适"，如《墨子·天志》："百姓皆得暖衣饱食，<u>便</u>宁无忧。"由此虚化为副词，表示动作的时间，相当于"就"、"即"。《字汇·人部》："便，即也。"《助字辨略》："便，即也。"《词诠》："便，本为'就便'之义，则与'即'字义同。"如《庄子·达生》："若乃夫没人，则未尝见舟而<u>便</u>操之也。"这里"便"不仅表示时间短，也表示前一动作行为或情况发生、出现，立即产生后一动作行为或情况，也就是两个动作、情况之间有前因后果的关系。由此自然再次虚化为连词，表示让步关系，相当于"纵然""即使"。如唐杜甫《送郑十八虔贬台州司户》："<u>便</u>与先生应永诀，九重泉路尽交期。"

"即便"的合用，既是副词"即"与同义的"便"的合用，由于"即""便"也有连词的用法，因此"即便"也自然沾染了连词的用法，可见连词"即便"具有深厚的语义基础。只是"即便"先是副词的用法，后来才出现连词的用法。

第三，同义竞争。

汉语中表示让步关系有一组同义连词："即便""即使""即令""即或"。

"即令"用作连词，《汉语大词典》最早用例是明代李贽《与友人书》之二，其实《汉书》已有用例，我们援引中国社会科学院语言研究所编的《古代汉语虚词词典》之例如下：

（177）莽自知败，乃率群臣至南郊，陈其符命本末，仰天曰："皇天既命授臣莽，何不殄灭众贼？即令臣莽非是，愿下雷霆诛臣莽！"因搏心大哭，气尽，伏而叩头。（东汉·班固《汉书》卷九十九下《王莽传》）

"即使"用作表示让步关系的连词，最早见于魏晋，《全晋文》出现了4例，如：

（178）设使昌父尚存，二妻俱在，今始会同，必不使两妻专堂，二嫡执祭，同为之齐也。以此验之，故知后嫡立，宜前嫡废也，即使父有两立之言，犹将以礼正之，况无遗命可以服乎！溥以为宜如猛议。（《全晋文》卷七十九，虞溥《王昌前母服议》，亦见于房玄龄等《晋书·礼志中》，杜佑《通典》八十九）

"即或"出现时代相对较晚，《汉语大词典》最早用例是清代的《儿女英雄传》，其实明代已有大量用例，如：

（179）故将数十里之山，付之军士，人自为守，彼无身家在墙下，彼无督责于墙上。就使军士用命射打，敌兵死，谁则知之？即或先走，谁则见之？（明·戚继光《练兵实纪·杂纪卷四·登坛口授》）

（180）那芳卿见他这光景，道他致诚，可托终身，偏要来惹他。父亲不在时，常到小坐憩边采花，来顽耍，故意与采菱大惊小怪的，使他得知。有时直到他环洞门外，听他讲书。仲含却不走出来，即或撞着，避嫌折身转了去。（明·陆人龙《型世言》第十一回《毁新诗少年矢志》）

从出现时代来看，连词"即令"出现于东汉，"即使"出现于魏晋，"即或"与"即便"出现于明代。"即令"与"即或"文言色彩较浓，所以现代汉语多见于书面语，使用也较少，"即便"口语色彩浓，所以现代汉语使用较多，而"即使"兼有口语与书面语色彩。李英哲、卢卓群（1997）认为，汉语连词从产生到现代的定型形式，经历了一个长时间的历史发展过程。其发展方式是：同义共存，同义竞争，自然淘汰，约定俗成。"即便""即使""即或""即令"的发展正好印证了这一观点。下面是"即便""即使""即或""即令"在明清时期的使用频率统计。

表 2-15　明清时期"即便""即使""即或""即令"使用频率简表

		即便（副词）	即便（连词）	即使	即或	即令
明代	本草纲目	15	1	0	0	0
	七修类稿	1	0	1	0	0
	六十种曲	121	0	2	0	0
	西游记	36	1	0	0	0
	型世言	8	0	1	1	0
	金瓶梅	14	0	0	0	0
清代	红楼梦	9	0	0	1	0
	儒林外史	7	0	0	0	0
	醒世姻缘传	4	1	11	0	0
	官场现形记	2	0	5	0	0
明清时歌调集		10	0	0	0	0

从简表可以看出，明清时期"即便"主要用法是作副词，但是也有少量连词的用法，相对来说，"即使"的使用频率较高，"即或"整个只发现 2 例，而"即令"一例也没有出现。

下面是"即便""即使""即或""即令"在现代与当代语料库中统计的数据。

表 2-16　现当代"即便""即使""即或""即令"使用频率简表

	即便（连词）	即使	即或	即令
现代语料	19	759	58	5
老舍作品	7	439	2	0
当代语料	253	558	6	10
王朔作品	56	24	0	0

从简表可以看出，不论现代语料还是当代语料，"即使"的使用频率明显高于"即便"，"即或"在现代语料中数量还较多，但是当代较少，王朔作品中更是没有发现，"即令"不论现代还是当代使用频率都较低，老舍与王朔作品均没有发现用例。有意思的是老舍作品中"即使"明显高于"即便"，而王朔作品中"即便"高于"即使"。可见，"即便""即使"在现当代是使用频率较高的连词，而"即或""即令"少见。

同样是让步关系的连词，"即便"与"即使"还是有区别的，表现在以下方面：

第一，从语体色彩看，"即便"多见于口语，"即使"没有语体的差异。

第二，从语义看，"即使"在表示让步关系时，明显带有假设的意味，而"即便"没有这种意义。原因在于"即使"最早表示假设关系，这种用法《战国策》已经出现，如《战国策·秦策三》"即使文王疏吕望而弗与深言，是周无天子之德，而文、武无与成其王也"。这里"即使"假设意味占住主导，当然也有让步的成分，后来由于"即"和"即令"的类化作用，"即使"的假设义退居第二位，让步义占居第一位，试比较：

（181）<u>即使</u>神仙下凡，也难救活。

（182）<u>即便</u>神仙下凡，也难救活。

例（181）在表示让步的同时暗含假设，例（182）只表示让步。

现代汉语与明清时期不同的是，"即便"已经由主要充当副词的身份转为充当连词了，副词"即便"与连词"即便"的差异性主要表现在以下方面：

第一，语义上的差异性。

副词"即便"表示后一情况紧接前一情况，具有时间上的相承性，相当于"便、就、立即"等。连词"即便"表示让步，相当于"即使"。

第二，结构上的差异性。

连词"即便"具有关联性，总是与"也""又"等连词配套出现。副词没有这种情况。

第三，时间上的差异性。

"即便"用作副词，历史悠久，从东汉产生到元代，均是副词的用法，明清时期，是副词用法向连词用法的过渡，但是以副词用法为主，现代汉语中，"即便"基本上是连词用法，这种时间的差异非常明显。

"即便"由副词"即"与"便"同义复合而成，表示后一情况紧接前一情况，具有时间上的相承性，相当于"便、就、立即"等。《汉语大词典》"即便"一词有"立即"与"即使"两个义项，前一个为副词义项，后一个为连词义项。

下面我们列表比较"即便"与"便即"的演变情况。

表 2-17 "即便"与"便即"使用频率对照表

	魏晋六朝			唐代			宋代			元代		明代			清代	
	世说新语	宋书	百喻经	全唐诗	敦煌变文集	祖堂集	朱子语类	五灯会元	苏轼集	全元散曲	西厢记	西游记	金瓶梅	王阳明集	红楼梦	儒林外史
即便	2	18	42	7	32	4	20	29	7	1	2	38	14	101	9	7
便即	1	3	0	4	70	0	15	2	0	0	0	1	0	2	0	0

说明：以上所列均为副词用法。

由上可见，在历代文献中，"即便"的使用最为频繁，其中《敦煌变文集》的情况比较特殊，只能视为特例。

这里我们不能回避这样一个问题，就是为什么"即便"的使用最为频繁？请看：

即：《广韵》子力切，入职，精。现代音为 jí。

便：《广韵》婢面切，去线，并。现代音为 biàn。

从调序原则来看，"便即"应当是使用频率最高的，但是事实上并非如此，"即便"不仅使用频率高，而且还以别的方式在现代汉语中使用，我们目前也找不到很好的解释。

从严格意义上说，"即便"与"便即"只能是两个同义语素的结合，我们之所以将其视为副词，是因为它们语义上相当于"便、就、立即"等，语法功能主要是作状语，使用频率也比较高，特别是"即便"。

四、AB 与 BA 两种形式长期使用，最终选择其一

共同——同共

"共"用作副词，可以表示"皆、共同、一起"的意思。如《礼记·内则》："少事长，贱事贵，共帅时。"郑玄注："共，犹皆也。帅，循也。时，是也。礼皆如此也。"

"同"用作副词，也可以表示"共同、一起"。如《易·睽》："二女同居，其志不同行。"

可见，在表示范围这一点上，"共"与"同"同义，"共同"也就是"同共"。

范围副词"共同"在东汉三国佛教文献中共出现 5 例，如：

（183）阿閦佛刹人民无有治生者，亦无有贩卖往来者。人民但<u>共同</u>快乐，安定寂行。（后汉·支娄迦谶译《阿閦佛国经》卷 1，T11，No. 313，p0756b）

（184）寻共交战，即破彼军，获其象马，即便捉得阿阇世王，大用欢庆，与<u>共同</u>载羽宝之车，……（吴·支谦译《撰集百缘经》卷 1，T04，No. 200，p0207c）

《大藏经》中东汉三国以后"共同"使用非常频繁，如《大般涅盘经》出现 1 例，《佛本行集经》3 例，《正法念处经》8 例，《大宝积经》29 例，略举几例如下：

（185）第十一者，若得苦恼，则<u>共同</u>苦，设使大瞋，心亦不变。

随有何食，一切同食，<u>同共</u>游戏。（元魏·瞿昙般若流支译《正法念处经》卷 55，T17，No. 721，p0322b）

（186）今日此等诸婇女辈，色白如雪，唇赤如朱，可喜少双，端正第一。解身璎珞，脱妙衣裳，应须<u>共同</u>受诸欲乐，谁知一朝忽成孤寡。（隋·阇那崛多译《佛本行集经》卷 19，T03，No. 190，p0740c）

例（185）"共同"与"同共"同时出现。

就中土文献来看，"共同"大概出现于魏晋，《全晋文》出现 2 例，《后汉书》1 例，《三国志》1 例，如：

（186）惟尔股肱爪牙之佐，文武熊罴不贰心之臣，用能宣力四方，左右我先帝，弼宁晋室，辅余一人。思与万国<u>共同</u>休庆。（《全晋文》卷八，元帝《改元大赦诏》，又见《晋书·元帝纪》）

（187）及帝崩，大将军窦武欲大诛宦官，乃引瑜为侍中，又以侍中尹勋为尚书令，<u>共同</u>谋画。（南朝宋·范晔《后汉书》卷五十七《杜栾刘李刘谢列传》）

此后，"共同"多有运用，如唐代《朝野佥载》出现 1 例，《全宋词》4 例，《全金元词》7 例，《水浒全传》2 例，《红楼梦》2 例，略举如下：

（188）（昙畅）道逢一道人，着衲帽弊衣，掐数珠，自云贤者五戒讲。夜至马嵬店宿，五戒礼佛诵经，半夜不歇，畅以为精进。一练至四更，即<u>共同</u>发，去店十余里，忽袖中出两刃刀矛，便刺杀畅。（唐·张鹭《朝野佥载·卷二》）

（189）探春听了，方罢了。又<u>共同</u>斟酌出几人来，俱是他四人素昔冷眼取中的，用笔圈出。（清·曹雪芹《红楼梦》第五十六回）

范围副词"同共"在东汉三国佛教文献中共出现 2 例，如：

（190）诸弟子不复行求衣钵也。亦不裁衣，亦不缝衣，亦不浣衣，亦不染衣，亦不作衣，亦不教人作。以佛威神所致，<u>同共</u>安乐自然生。（后汉·支娄迦谶译《阿閦佛国经》卷 1，T11，No. 313，p0757b）

（191）应时二万二千菩萨，<u>同共</u>发声："我等欲与文殊师利俱行。"实时如其数菩萨，与文殊师利俱行。（后汉·支娄迦谶译《佛说阿阇世王经》卷 1，T15，No. 626，p0397a）

"同共"与"共同"一样均修饰动词或者动词性短语。

《大藏经》中，东汉三国以后"同共"的使用频率相当之高，如《大般涅盘经》出现 3 例，《正法念处经》5 例，《佛本行集经》8 例，《大宝积经》10 例，略举如下：

（192）汝今若欲舍家出家，既关我者，我不相违，任随汝去。当于彼时，诸释种等，复皆实语，是故请王，<u>同共</u>出家。（隋·阇那崛多译《佛本行集经》卷58，T03，No.190，p0922a）

（193）尔时，慧命舍利弗亦乞食已，<u>同共</u>往到那罗陀村。（元魏·瞿昙般若流支译《正法念处经》卷1，T17，No.721，p0001c）

就中土文献而言，"同共"的出现早于"共同"。"同共"，《汉书》已有用例，如：

（194）惟嘉父子兄弟，虽与崇有属，不敢阿私，或见萌牙，相率告之，及其祸成，<u>同共</u>仇之，应合古制，忠孝著焉。（东汉·班固《汉书》卷九十九上《王莽传》）

（195）先古之制休废，时王之政不平，直正不行，诈伪独售，于是世俗<u>同共</u>知节义之难复持也，乃舍正从邪，背道而驰奸，彼独能介然不为，故见贵也。（《全后汉文》卷八十九，仲长统《昌言》）

（196）孤与卿君<u>同共</u>举事，加钦令问。始闻越言，固自不信，及得荀令君书，具亮忠诚。（《全三国文》卷二，武帝《辨卫臻不同朱越谋反论》，亦见于《魏志·卫臻传》）

（197）洪亲见呼张陈留为兄，则洪府君亦宜为弟，<u>同共</u>戮力，为国除害，何有拥众而观人屠灭！（东晋·袁宏《后汉纪·孝献皇帝纪》卷二十八）

《汉语大词典》有"同共"一词，表示共同、一起的意思，与我们所说相同，但是最早用例是宋代欧阳修的文章，至少可以提前到东汉。

下面我们比较一下"共同"与"同共"的演变情况。

表2-18　两汉—明清"共同""同共"使用情况简表

	史记	汉书	全后汉文	后汉书	全晋文	魏书	全唐诗补编	全唐文	三朝北盟会编	全宋词	全金元词	全元散曲	水浒全传	红楼梦	泰州旧事摭拾
共同	0	0	0	1	1	0	1	0	0	4	7	1	2	2	0
同共	1	1	1	0	0	1	2	7	17	2	3	1	1	0	1

从出现的时代来看，"同共"早于"共同"，"同共"产生于东汉，"共同"产生于魏晋南北朝。从简表可以看出，副词"共同"与"同共"产生以后，是同时使用的，直到清代。

为什么"同共"的产生先于"共同"呢？我们认为可以从语音关系上找到原因，请看：

共：《广韵》渠用切，去用，群。现代音为gòng。

同：《广韵》徒红切，平东，定。现代音为tóng。

就《广韵》而言，"同共"符合调序原则，因此它就先于"共同"而出现了。

但是"共同"与"同共"在现代汉语的使用情况如何呢？且看下表：

表 2-19　现代汉语"共同""同共"使用情况简表

	老舍作品		王朔作品	
	形容词	副词	形容词	副词
共同	7	5	15	32
同共	0	0	0	0

从简表看，"共同"与"同共"在现代汉语的发展有两个特点：

第一，现代汉语一般使用"共同"，而不再使用"同共"；

第二，现代汉语"共同"既可以用作副词，也可以用作形容词。《现代汉语词典》"共同"条收集了两个义项：（1）属于大家的；彼此都具有的：～点｜五一节是全世界劳动人民的～节日｜群众知道了真理，有了～的目的，就会齐心来做。（2）大家一起（做）：～努力。义项一为形容词，义项二为副词。

现代汉语为什么会使用"共同"而不再使用"同共"呢？我们目前还找不到合理的解释。

五、东汉三国佛教文献同素异序副词的产生时间

东汉三国佛教文献使用的这些同素异序副词，从出现时间看，有的在中土文献之前，有的在后，还有的大体同时出现。

东汉三国佛教文献同素异序副词明显早于中土文献的如：共俱、辄即、都悉、即寻、寻即、当定、定当、共同。

东汉三国佛教文献同素异序副词明显晚于中土文献的如：复还、还复、重复、复重、当即、即当、便即、即便、同共、复更、更复。

东汉三国佛教文献同素异序副词与中土文献同时出现的如：俱共、即辄、悉都。

从以上情况来看，东汉三国佛教文献同素异序副词大多是中土文献已经出现了的，但是也有不少中土文献出现得晚，还有几个同时产生的，我们重点比较两组。

复更——更复

"复"用作副词，表示动作的重复，相当于"又、更、再"。如《左

传·僖公五年》:"晋侯复假道于虞以伐虢。"

"更"用作副词,也表示动作的重复,相当于"再、又"。如《左传·僖公五年》:"在此行也,晋不更举矣。"

可见,在这一意义上,"复"与"更"同义,"复更"就是"更复"。

"复更"在东汉三国佛教文献中共21例,如:

(198)我当从心得? 从身得? 复更作念,佛亦不用心得,亦不用身得,亦不用心得佛,亦不用色得佛。(后汉·支娄迦谶译《般舟三昧经》卷2,T13,No. 418,p0908b)

(199)时,婆罗门将其二子速疾发引。是时,二子随路还顾,回视父面,悲号啼哭,菩萨尔时更复呵心:"汝今不应复更战动,当观受形老死炽然……"(吴·支谦译《菩萨本缘经》卷2,T03,No. 153,p0060a)

《大藏经》中东汉三国以后"复更"用例甚多,以《佛本行集经》为例,共出现155例,如:

(200)种种战具,随夫人后。复更别有一万宝车,十千妃嫔,皆坐其上。(隋·阇那崛多译《佛本行集经》卷7,T03,No. 190,p0685c)

就中土文献来看,"复更"西汉的《史记》《新序》已各出现1例,东汉的《论衡》出现3例,《太平经》17例,如:

(201)广出猎,见草中石,以为虎而射之,中石没镞,视之石也。因复更射之,终不能复入石矣。(西汉·司马迁《史记》卷一百九《李将军列传》)

(202)宣王大惊,立发隐书而读之,退而惟之,又不能得。明日,复更召而问之,又不以隐对,但扬目衔齿,举手拊肘曰:"殆哉! 殆哉!"如此者四。(西汉·刘向《新序》卷二)

(203)《禹贡》九州,方今天下九州也,在东南隅,名曰赤县神州。复更有八州。每一州者四海环之,名曰裨海。九州之外,更有瀛海。(东汉·王充《论衡》卷十一《谈天篇第三十一》)

(204)五事解,然真人复更危坐,详听吾言。本道常正,不邪伪欺人。(《太平经·丙部之三》)

此后"复更"一直沿用,如:

(205)问曰:病发热头痛,身疼恶寒,吐利者,此属何病?答曰:此名霍乱,自吐下,又利止,复更发热也。(清·尤在泾《伤寒贯珠集》卷二《太阳篇下》)

现代汉语"复更"由于文言色彩太浓而消失。《汉语大词典》没有收录"复更"。"更复"在东汉三国佛教文献中共有5例,如:

（206）是菩萨骂以随心所念转怀怨恨，心一转念听却一却苦萨虽有是恶念，不舍萨芸若，却无数劫极，甫当<u>更复</u>从发意起。（后汉·支娄迦谶译《道行般若经》卷8，T08，No. 224，p0464b）

（207）佛见世间人有财宝者，皆坚藏守之，不肯布施与人，悭贪藏之，<u>更复</u>求索。帝王及人民皆不知厌足，至于死不弃爱欲。（吴·支谦译《佛说赖吒和罗经》卷1，T01，No. 68，p0871c）

（208）佛告诸天子：置是三千大国土中人皆作无上正真道者，<u>更复</u>异恒沙佛刹人都共供养。（同上，《大明度经》卷2，T08，No. 225，p0487a）

《大藏经》中，东汉三国以后"更复"用例甚多，如《佛说宝网经》出现1例，《修行地道经》2例，《正法念处经》21例，《起世经》6例，《佛本行集经》56例，《大宝积经》6例，略举如下：

（209）次复钉之尽遍其体，身碎破坏骨肉皆然，诸节解脱各在异处，其命欲断困不可言，自然有风吹拔诸钉平复如故。<u>更复</u>以钉而钉其身，如是苦恼不可计数百千万岁。（西晋·竺法护译《修行道地经》卷3，T15，No. 606，p0202b）

（210）又彼比丘思惟观已，不取业果，<u>更复</u>思惟，观异业果，于有中行，犹如轮转。（元魏·瞿昙般若流支译《正法念处经》卷4，T17，No. 721，p0022a）

（211）如来见此阎浮提人，闻佛说法，信乐听受，生欢喜心，心意柔软，心得无碍，如来<u>更复</u>为说诸法。（隋·阇那崛多译《佛本行集经》卷2，T03，No. 190，p0663a）

就中土文献而言，西汉的《说苑》与东汉的《太平经》各出现1例，魏晋以后用例较多，如《全晋文》出现了5例，《魏书》3例，如：

（212）六曰谄言以邪，坠主不义，朋党比周，以蔽主明，入则辩言好辞，出则<u>更复</u>异其言语，使白黑无别，是非无间，伺候可推，而因附然，使主恶布于境内，闻于四邻，如此者，亡国之臣也；是谓六邪。（西汉·刘向《说苑·卷一·君道》）

（213）行，为人师者多难訾。真人悒悒，为子<u>更复</u>分别悉道其意。夫天道乃有格法，不以故人也。（《太平经·己部之五》）

（214）琛在定州，惟不将中山宫来，自余无所不致，何可<u>更复</u>叙用？（北齐·魏收《魏书》卷二十《列传第八·文成五王》）

"更复"一直沿用至清代，如：

（215）冯，邑名士，子慧而能文。将告于王；王出负贩未归，遂径诺之。黄以不得于虞，亦托作贾，迹王所在，设馔相邀，<u>更复</u>助以资本，渐渍习洽。因自言其子慧以自媒。王感其情，又仰其富，遂与订盟。（《聊斋志异》卷十二《钢针》）

现代汉语由于文言色彩太浓一般不再使用，只有个别残存，我们找到了1例。如下：

（216）人生尚且如此，灵魂<u>更复</u>何求呢？（梁晓声《表弟》）

《汉语大词典》没有收录"更复"与"复更"。

就以上可以看出，不论"复更"还是"更复"，中土文献的使用都早于佛教文献。

就"更复"与"复更"而言，它们出现的时代大体相近，西汉均已产生，但是就使用频率来说，以东汉三国佛教文献《佛本行集经》《太平经》等为例，"复更"出现的频率远远高于"更复"，究竟是为什么呢？我们还是从语音来看：

复：《广韵》房六切，入屋，奉。又扶富切，去宥，奉。现代音为 fù。

更：《广韵》古行切，平庚，见。现代音为 gēng。

"更复"无论是就《广韵》还是现代音来看，都符合调序原则，但是使用频率却低于"复更"，"复更"从语义原则上也看不出什么需要组合在一起的很好理由，我们只好存疑。

定当——当定

"定"用作副词，表示"必定；一定"。如《史记·高祖本纪》："闻陈王<u>定</u>死，因立楚后怀王孙心为楚王。"

"当"用作副词，相当于"必""必定"。如《史记·扁鹊仓公列传》："（臣）以为肥而蓄精，身体不得摇，骨肉不相任，故喘，不<u>当</u>医治。"

可见"定"与"当"在这一意义上同义，用作表示肯定的语气副词"定当"就是"当定"。

"定当"在东汉三国佛教文献中共出现了3例，均表示肯定语气，如：

（217）佛言："是菩萨如是于智中少，是菩萨无有沤和拘舍罗，反作是念：'是所言我字当作佛时，亦如我先时所念，我<u>定当</u>作阿耨多罗三耶三菩，字如是。'"（后汉·支娄迦谶译《道行般若经》卷7，T08，No. 224，p0460c）

（218）我于今日命必不全。所以者何？本所愿求今悉灭坏，我何能起？<u>定当</u>舍命。（吴·支谦译《菩萨本缘经》卷1，T03，No. 153，p0056b）

《大藏经》中，东汉三国以后"定当"的使用频率相当之高，如《放光

般若经》《妙法莲华经》各出现 1 例,《佛本行集经》19 例,《大宝积经》46 例, 略举如下:

（219）以是证像, 我今定当得阿耨多罗三耶三菩。（西晋·无罗叉译《放光般若经》卷 14, T08, No. 221, p0096c）

（220）我定当作佛, 为天人所敬。（姚秦·鸠摩罗什译《妙法莲华经》卷 2, T09, No. 262, p0011b）

（221）其若在家, 定当得作转轮圣王。若舍出家, 必得成就于无上道。（隋·阇那崛多译《佛本行集经》卷 12, T03, No. 190, p0707b）

中土文献中,"定当"出现较晚, 我们在《全晋文》中看到一个最早的用例, 如下:

（222）夫人涉道康和, 足下小大皆佳。度十五日必济江, 故二日知问, 须信还知, 定当近道迎足下也。可令时还, 迟面以日为岁。（《全晋文》卷二十二王羲之《吾何当还》）

唐代开始, 用例甚多, 如《春秋左传正义》出现 4 例,《全唐诗补编》2 例,《敦煌变文集》4 例, 宋代《朱熹集》出现 8 例,《全宋词》3 例, 明代《水浒传》1 例,《醒世恒言》4 例, 清代《红楼梦》1 例,《儿女英雄传》2 例, 略举如下:

（223）正义曰: 不怀, 不宣, 不知, 不受, 皆据华定为文也。《诗》云"燕笑语今", 言定当思此笑语, 与主相对也。《诗》云"为龙为光", 定当应此宠光宣扬之也。《诗》云:"令德寿岂", 定当知已有德与否, 须辞谢之也。《诗》云"万福攸同", 定当受同福, 荷君恩也。各准事而为之文。（唐·孔颖达疏《春秋左传正义》卷四十五）

（224）如今尚欲访师觅友, 教导愚蒙, 幸会世兄, 定当有以教我。（清·曹雪芹《红楼梦》第一一五回）

现代汉语仍旧使用, 如:

（225）你就帮帮我吧, 大哥日后定当重谢。（方方《一波三折》）

《现代汉语词典》收录了"定当", 认为这是方言词, 是"停当;妥当"的意思, 似乎没有考虑到"定当"的历史发展。

《汉语大词典》"定当"条最早用例见于明代的《醒世恒言》, 也应可提前。

"当定"在东汉三国佛教文献中只出现 1 例, 如下:

（226）既亡欲愿, 毒箭着身。是欲当远, 如附蛇头。违世所乐, 当定行禅。（吴·支谦译《佛说义足经》卷 1, T04, No. 198, p0175c）

《大藏经》中, 东汉三国以后"当定"共出现 52 例, 比"定当"明显要少，如：

（227）第二一心，复以是身，得三昧定，欢喜安隐，以无挂碍，观视具足，无有身类，成无所与，<u>当定</u>欣喜。（东晋·竺昙无兰译《寂志果经》卷1，T01，No. 22，p0274c）

（228）诸天龙神欢喜观敬，<u>当定</u>成就一切勇猛顶王咒力，得无数佛种种歌赞供养功德。（唐·菩提流志译《一字佛顶轮王经》卷2，T19，No. 951，p0239b）

（229）我须上汝头上，后脚捉头，以我双爪打彼蛇脑。后之两足，入汝头中，汝当必死。我打蛇脑，蛇<u>当定</u>死。（唐·义净译《根本说一切有部毗奈耶药事》卷15，T24，No. 1448，p0069c）

中土文献"当定"用例甚少，我们仅找到如下几例：

（230）常恐沈黄垆，下与鼋鳖同。南极苍梧野，游眄穷九江。中夜指参辰，欲师<u>当定</u>从。仰天长太息，思想怀故邦。乘桴何所志，吁嗟我孔公。（曹魏·曹植《曹子建集·卷六·盘石篇》）

（231）是夜，少府监冯长命又梦，已在一处多见先亡人。长命问："经文说罪福之报，未知<u>当定</u>有不？"答曰："皆悉有之。"（唐·释道世《法苑珠林》）

（232）此可谓善状乃翁，而休文赤章<u>当定</u>愧此！（明·姚士麟《见只编·卷下》）

（233）这话引起了众怒。大家认为她们就是"草原小姐妹"，他却道不是！扫大家的兴！真是罪该万死！"是！<u>当定</u>是！""你胡说！"（梁晓声《一个红卫兵的自白》）

例（233）可以视为"当定"在现代汉语的残存。

"当定"虽然用例不多，但是从三国到现代都有零星用例。不过《汉语大词典》没有收录"当定"一词。

就佛教文献与中土文献"定当""当定"出现的时代来看，佛教文献均早于中土文献。

通过"当定"与"定当"的比较我们也可以看出，"当定"早于"定当"出现，但是出现频率远远低于"定当"。为什么会出现这种情况呢？且看：

定：《广韵》徒径切，去径，定。现代音为dìng。

当：《广韵》都郎切，平唐，端。现代音为dāng。

不论是就《广韵》还是就现代音来看，"当定"符合调序原则，也许正因为这个原因，所以最初人们选定了"当定"。但是，为什么"定当"的使用频率远远高于"当定"呢？我们目前还说不出具体原因。

总之：

1. 东汉三国佛教文献中出现的同素异序副词大多在后代佛教文献和中土文献中都有运用。

2. 这两种形式一般没有意义上的差别，但是也有一些在演变过程中意义发生了变化。

3. 一般有一种形式明显地用得比较多，也有同时使用，势均力敌的，但是最后都统一为一种形式。

4. 就出现时间来看，有的中土文献的同素异序副词明显早于东汉三国佛教文献，也有的同时产生，还有晚于东汉三国佛教文献的。

5. 同素异序副词的这种灵活性表明，在公元三世纪，复合词的构成仍处在产生和逐渐定型的阶段，这时期的许多复合词还没有凝固成以后那种固定形式。

第三节　同素异序副词产生的原因

同素异序词的出现，不只是汉语通语特有的现象，在不少方言中普遍存在。如在闽南方言中，有不少的同素异序词，据马重奇（2002）考察，台湾话、漳州话、泉州话、厦门话、漳平话、龙岩话、潮汕话都有同素异序词，只是他所说的主要是两类：一是把附加成分放在主要成分之后，构成特殊的偏正式合成词，如人客、鞋拖、头前等；一是与普通话语素正好相反的由意义相同或相反的语素构成的复音词，如闹热、利便、欢喜等。这里的第一类不是我们所考察的对象。钱曾怡（2002）也考察了嵊县长乐话复合词的语序与普通话的不同，可以参看。可见，同素异序词的出现，不只是通语的现象，方言也有这种情况出现。那究竟是什么原因造成同素异序词的产生呢？

一、同素异序副词的出现是汉语词语的弹性作用所致

郭绍虞（1985）的《中国语词之弹性作用》，是从音节和节奏角度研究汉语构词、用词特点的最早、最系统的一篇论文。他认为，由于字和词的不同，书面语和口语的矛盾，造成了语词的弹性作用。"词本位的口头语虽有趋于复音的倾向，而在字本位的书面语中，依旧保存着较多的单音语词，这就引起了语词本身的不固定性，这不固定性即是我们所说的弹性作用。"他将语词的弹性作用归纳为四类：

（一）语词伸缩例，即是语词成语之音缀长短，可以任意伸缩，变化自如。

（二）语词分合例，即是单音语词可以任意与其他语词相结合或分离，而复音语词也可分用如单词。

（三）语词变化例，即重言、连语任意混合的结果，演变孳生为另一新语词。

（四）语词颠倒例，语词既可以分合变化，于是顺用倒用亦无限制。

郭先生的弹性理论是建立在对汉语语言和语词特性的分析上的，也就是"利用单音语词演化为复音的倾向，利用复音语词之单音化的性质，于是语言文学之不调协性遂归于调协，而文学作品中遂很显著地表现着语词的弹性作用了。"我们认为，在汉语语言，特别是口语性较强的佛教文献中出现大量的同素异序副词，也是郭先生所谓"弹性作用"的体现。在不增加新形体的情况下创造了新词，增加了词汇的数量，为词的选用提供了多种可能性，避免了语言的重复，增强了语言的表现力。从修辞方面来看，同素异序词的产生，不只是扩大词汇量以增加信息载体的构词法问题，同时也是作为一种修辞手段适应修辞活动的需要，经常为古人所用。宋代陈骙所撰《文则》卷上曰："倒言而不失其言者，言之妙也；倒文而不失其文者，文之妙也。文有倒语之法，知者罕矣。""倒文"就是我们这里所说的同素异序词现象，"倒言"实指句中词序的倒逆现象，属于句法范畴。可见，同素异序词的修辞功能很早就被人们意识到了。

我们具体分析两例：

（234）一时佛在迦维罗卫国，释氏精舍尼拘陀树下，与大比丘众千二百五十人俱，<u>皆</u>是阿罗汉。……比丘尼众，大伏爱等五百人，不可计，诸优婆塞优婆夷四辈，普集诸异学婆罗门尼捷等，不可计，<u>都悉</u>来会。一切诸四天王，忉利天王，炎天王……<u>皆悉</u>来会。诸龙王阿须伦，迦留罗，真陀罗，摩休勒，一一尊神，复各与眷属，<u>皆悉</u>会来。（后汉·竺大力共康孟详译《修行本起经》卷1，T03，No. 184，p0461a）

（235）一切众会叹未曾有，诸来决艺，<u>悉皆</u>受折惭辱而去。（同上，p0466a）

例（234）、例（235）均出现于《修行本起经》卷1，例（234）的范围副词有"皆""都悉""皆悉"，例（235）的范围副词有"悉皆"，意义都是"皆"，但是分别用了四个不同的形式来表达，避免了语言的重复，增强了语言的表现力。

二、同素异序副词的出现是为了适应汉语双音化的趋势和佛教文献"四字格"的语体风格

曹先擢（1979）认为，造成同素异序词的原因可以从三个方面考虑，

首先就是"古汉语以单音节为主，在这些结构中两个同义的汉字，常常有各自独立的词义，当它们结合在一起时，其结构是比较松散的，两个汉字的先后次序也不是固定的，"因而"古汉语里这种字序可倒换的复音词（词组）较现代汉语为多，主要的原因是因为在古代它们基本上属造句法的范畴，在现代汉语里则基本上属于构词法的范畴。"

最早明确提出音节在构词中的作用的是刘复（1920），他提出"等词"的概念，认为"等词，实在不过是为了声调上的需要，把本来一个字可以表示的意义，扩充成了两个字；例如'法律'与'法'，作用实在是一样的——我们说'奉公守法'时只有一个'法'，到了说'遵守法律'时，习惯上就一定要说'法律'了。"刘氏所谓"声调上的需要"，就是我们所说的音节变化。早在一千多年前，刘勰就说"偶语易安，奇字难适。"马建忠（1983）也提出"语欲其偶，便于口诵。"到后来，吕叔湘所反复强调的"单音节站不住"的理论，都是一脉相承。

对于并列复合词，郭绍虞（1985）称之为"并行连语"，他认为是双音化的要求，"至于并行连语，即是现在的所谓骈词。骈词之组合有取其义之相反，有取其义之相并，也有取其义之相同。大抵也因单音不足以成词，于是组合之以使其双音化。""其取之相同或相近者，于义为赘，于音则所以足词。"冯胜利（2000）从汉语韵律的角度出发讨论了汉语双音节词的产生，也可以参看。

如果汉语词汇的双音化之说可以成立，那么在汉语词汇双音化的过程中，总要经历一个结构逐渐凝固定型的过程，因此，有些双音词在形成的初期，曾有过一个语素次序不固定的阶段，这样就导致了同素异序词的产生。张能甫（2000）指出，之所以会有同素异序现象，是因为复音词产生之初语素的位序排列并不影响词义和使用效果。林华东（2004）也认为古汉语在从单音词为主发展到双音词为主的过程中，双音词的词序在排列上常常出现不稳定现象。而由两个语义相同或者相近的语素构成的并列式双音词，语序更加灵活，这种现象更多。董志翘（1999）更就同素异序副词的现象指出："汉语虚词的双音化与实词的双音化一样，其中不少都经过同义词临时组合阶段，这就是说，初时仅是两个同义词的并列，并未凝成浑然整体，成为一个单词。故这类双音词还未有固定形式，甚至可以任意颠倒。"他考察的例子是"遂乃"与"乃遂"，"犹尚"与"尚犹"。

语言的这种双音化与"四字句"也有很大关系。朱庆之（2001）在谈到佛教混合汉语词汇的高度双音化时说："事实上，佛教混合汉语的高度双音化更与佛教文献四字格特殊文体的需要有关，……许多汉语固有的单音节词往往临时用某种有规律可循的方式如'同义连文'或在自由构词语素的帮助下创造出一个双音节形式来,正因为是个人一时的言语创造,所以有不少的双音词语甚至找不到第二个用例。"郭绍虞(1985)也认为:"复音语词以二字连缀者为最多,其次则三字四字。二字连缀者成为二音步,三字连缀者成一个单音步,一个二音步,四字连缀者则成为两个二音步。中国文学之得有一种特殊的韵律者,即因语词的音缀,适合这种配合条件的缘故。"而林汉达(1955)提出的"四平八稳"说是刘勰"偶语易安,奇字难适"的发展,"汉语还有个特点,就是词儿的音节,一般说来,要求'四平八稳',而所谓'四平八稳'大多是把音节成双搭对地说着。"所以许理和(2001)认为"四言格式"并不是佛教文献在翻译时受到梵文等的影响,而是汉语本身就有的。"而在另一些译经中则不同程度地夹杂着文言成分,如先秦行文风格中常见的四言句式。""我们经常发现由于诗歌化句式的影响而造成的变异形式,特别是在一些较为'熟练'的译经中,众所周知,公元二三世纪的中国散文明显的倾向于用四言句,例如,当时荀悦(公元200年)的世俗作品《申鉴》中四言句占全文的52%,而三言句只占17.3%,五言句占15.5%。在一些佛教文献中,四言句也达到了同样的比例。"可见,这种"四字格"的形式,本是汉语固有的现象,但在佛教文献中将其发展到极限,以致反过来又影响到汉语词汇的发展。正如朱庆之(1992b)所指出,佛教文献的语言特点是"刻意讲求节律。通常是以四字为一顿,组成一个大节拍,其间或与逻辑停顿不一致;每个大节拍又以二字为一个小节。基本上通篇如此。这与中土散文迥然不同。"

可见,佛教文献在文体上的一个很大特点就是"四字格",为了凑足音节,一些同义副词临时组合成词,与别的成分一起构成"四字格"的形式。正如朱剑芒(1955)所说:"用四个单音词或是一对双音词并合起来,那就是口语中最整齐的形式。""因原有的口语并非四字,为了使形式整齐,就特意增减字数。"吕叔湘(1963)也明确指出,汉语有四音节的倾向,并且语音段落2+2远远多于1+3或3+1,在某些组合里,一个双音节成分要求另一个成分也是双音节,因此,某些双音节副词后面要求用双音节动词。佛教文献的很多例子都能说明这一问题,如:

(236)以指弹扣,声震三千大千世界,皆悉震动。次复射箭,化为五拨……诸天人民,有获道果。地狱中者,汤冷火灭;饿鬼中者,悉得饱满;畜生中者,脱于重担。贪欲瞋恚,愚痴烦恼,遇斯光者,悉皆调伏……今此罽宾宁王等比丘,宿殖何福,皆生豪族,有大气力。(吴·支谦译《撰集百缘经》卷9,T04,No.200 p0248b)

这段话中，范围副词有"皆悉""悉皆""悉""皆"等。"震动"是双音节成分，所以用"皆悉"；"得饱满"是三音节短语，所以用"悉"；"调伏"是双音节成分，所以用"悉皆"；"生豪族"是三音节短语，所以用"皆"。可见，不论何种情况，大都是为了构成一个"四字格"形式。

值得注意的是，四音节的形式不只是汉语的专利，其他语言也有这种情况。据戴庆厦（1999）对《景汉词典》的统计，景颇语共有词、词素15245个，其中双音节词8317个，单音节词、三音节词、四音节词，个数分别为2693、2103、2001，五音节以上的词为131个。戴庆厦、孙艳（2005）进一步认为，语音和谐和并列的结构关系是景颇语四音格词的主要特征，双音节化韵律机制为大量产生四音格词提供了基本模式。通过与汉语的对比，认为景颇语的四音格词与汉语无发生学关系，其共性属类型学特征。

三、同素异序副词的出现是一种语用现象，是为了加强语义

马建忠早在《马氏文通》中就指出："按古籍中诸名往往取双字同义者，或两字对待者，较单辞只字，其辞气稍觉浑厚。"虽然讲的不是副词，但是他已经注意到了这种同义并列复音词的作用是加强语气。

刘丹青、徐烈炯（1998）从现代语言学理论出发，认为信息的新旧是客观存在的，而强度则是说话人主观赋予的。根据二位的观点，我们认为，副词所修饰的对象谓词性成分就是常规焦点，说话者为了强调这一焦点，办法很多，最为直观的办法（不一定是最有用的办法）可能在这个谓词性成分前的副词前后再加上两个同义副词，以凸显这一焦点，这一办法很直观，从感觉上似乎凸显了焦点成分，但是从理论上分析并不尽然，也许是一种语言的浪费。不过表达者的出发点还是为了加强语义。请看：

（237）尔时菩萨闻是语已，身心战动即自呵责何缘乃尔，心汝不知耶？……尔时菩萨呵责心已即得定住，语婆罗门："汝速将去。"……是时二子随路还顾，回视父面悲号啼哭，菩萨尔时更复呵心：汝今不应复更战动，当观受形老死炽然。（吴·支谦译《菩萨本缘经》卷2，T03，No. 153，p0060a）

"菩萨尔时更复呵心"这一句子中，要突出的焦点是"呵心"，加上"更复"是为了凸现这一焦点。本来可以用"复呵心"或"更呵心"，但是支谦为了强调这一焦点，用了同义的"复"与"更"，加强了动作的重复性。

同样，"汝今不应复更战动"这一句子中，要突出的焦点是"战动"，加上"复更"也是为了凸现这一焦点。

　　另外，曹先擢（1979）认为造成同素异序词的原因除了音节的因素以外，还有两个原因：一是每个时代的语言习惯不同，字序的不同有一个古今语的问题。作上下几千年的综观，这种字序可对换的双音词就多了；二是字序的问题也受到方言的影响，因为不少词素次序倒顺的问题带有方言的习惯性。

　　我们认为，这两个原因体现了语言的时空观念，因为语言是变化发展的，不同时代的语言变化体现在并列式词语上，就自然有语素次序的不同。方一新（1996）指出，东汉时代"新增加的复音词中，由同义、近义词构成的复音词占了相当大的比重，这部分词在产生之初，往往存在着同素异序的现象。这种情况虽然先秦已经见到，但在汉代尤其是东汉文献中特别常见……这些复音词之所以出现了 AB、BA 两式，原因可能是多种多样的，但在汉世属于产生之初，所以可以互换语素而不影响词义和使用效果。"他提出了同素异序现象的产生时代，认为先秦已见，东汉时代特别常见，通过我们的考察，认为此说可信。不过，我们一定要注意，不能把同素异序现象全部归结为共时的产物，同素异序词，既有共时的，也有历时的。有些同素异序现象，用共时的观点是解释不通的，因为它们不是一个时代的词语，而是跨了一个时代或者多个时代，对于这类现象，就只有从历时的视角，才能够说清楚。我们的汉语研究，实际上是研究书面文献。张能甫（2000）认为，对于同素异序现象，能够从书面文献中找到共时的用语，把它们处理为共时现象，也未尝不可；如果从书面文献中找不到（或者暂时找不到）共时的同素异序词语，能够找到的，只有不同时代的同素异序词，对于这种情况，我们觉得，最好还是处理为历时的同素异序为好。目前，这不失为一种行之有效的办法。

　　而方言习惯更是变化多端，出现语素次序的不同也不难理解，中国幅员辽阔，人口众多，地貌复杂，山川丘壑的阻隔，造成诸多的方言分支。同素异序词的地域色彩主要表现在方言上。通语用 AB 式，而某一地域的方言用 BA 式（或者不同的地方分别用 BA 和 AB 式）这就形成一对有地域色彩的同素异序词。据张巍（2005）考察，"常时""时常""倒反""反倒"，"才方""方才"，"为因""因为"这几组同素异序词近代汉语通用，例见《红楼梦》《金瓶梅》与《水浒传》等。"常时"和"时常"二词在近代汉语中有两个常用义项："平时"与"经常、常常"。现代汉语普通话中仍用"时常"表示"经常、常常"义，但是"常时"已不再使用。而吉首方言（李启群 2002）还使用"常时"表示"时常"义。浙江温州方言（臧爱珍 2017）还使用"早迟"表达"迟早"义。语气副词"真当"和"当真"

分别在吴语和湘语中也均有使用，例如：

（238）浙江绍兴：伽家人家真当 / 是客气（哉）！ 他们一家人真客气！（盛益民 2014: 372）

（239）湖南衡阳：你若当真不想去，我就喊别个去哒。 你如果真的不想去，我就叫别人去了。①

副词"倒反"与"才方"普通话已不再说，却活跃在陕西方言中；"为因"现在还保留在粤语中。对于同素异序词，我们应注意中古与上古的不同语言环境对它们所产生的影响。特别在中古，来自方言、外来语等语言多元化的影响非常复杂，也就增多了同素异序词进入汉语的机会。

所以，这两个因素也是产生同素异序词的重要原因。

第四节　同素异序副词词序确立条件的跨语言考察

汉语的同素异序副词由于是由两个意义相近或相反的语素并列而成，产生之初，词序是不确定的，但是经过一定时期的发展以后，由于词序不定造成的两种形式，逐渐只保留其中一种形式，是什么原因导致其中一种形式保留而另一种形式消失呢？或者是一种形式出现频率高而另一种形式出现频率低？或者是一种形式先出现而另一种形式后出现呢？过去一般认为是意义的因素。但事实证明，意义决定同素异序副词语素先后次序只限极少数的词，绝大多数并非如此。

余嘉锡（1983）在为《世说新语》作笺疏时就说："凡以二名同言者，如其字平仄不同，……则必以平声居先，仄声居后，此乃顺乎声音之自然，在未有四声之前固已如此。"

丁邦新（1969）考察了《国语辞典》中所收的 3056 个双音节并列词（词组）中的声调分布情况，认为其排列次序有两条规则：一是从现代音看，除属同一声调外，其排列大致以阴阳上去为序，"两成分中如有一个是阴声字，它一定在前（包括阴平—阳平，阴平—上声，阴平—去声），如有一个是去声字，它一定在后（包括阴平—去声，阳平—去声，上声—去声）；如没有阴平字，也没有去声字，则阳平字在前（包括阳平—上声）。"其不符合这一规则的例外共 447 条，约占总数的 14%。

---

① 本条语料为调查所得，发音人王元社，男，汉族，1955 年生，小学文化，湖南省衡南县栗江镇人。

二是从中古音看，除属同一声调外，其排列大致以平上去入为序，"两成分中如有一个是平声字，它一定在前（包括平—上，平—去，平—入），如有一个是入声字，它一定在后（包括平—入，上—入，去—入）；没有平声、入声字时，上声字在前（包括上—去）。依此规则，在 3056 条并列语中，共有例外 314 条，约占 10%。"

为什么会出现这两条规则和例外情况呢？他认为，这两条规则是基于一个假设——当说话人有自由权选择两个字组成并列语时，可能会不自觉地说出最自然的次序来。这一次序在统计之后就得出规则来了。然而，我们不要忽略，汉语中还有许许多多不是并列语的语组和复合词，它们的数目远超过并列语的数目。由于结构的不同，它们成分的次序是固定的，是受语法限制的，说话人没有选择次序的自由。而并列语的成分按声调排列的所谓自然，在最初构词时，并不发生决定性的意义上的关系，也就是说，这种声调上的自然排列并没有任何语法上的功用。所以在大多数别种结构的词语环境之下，那些词语前后成分的声调是不管自然不自然的，那么，并列语中有一小部分也没有能按声调的自然排列，与其说是例外，毋宁说是我们意料中的现象。如果每一条并列语都合规则的话，我们反而要怀疑是不是有语法上的意义上的原则了。

丁邦新（1976）又对《论语》《孟子》及《诗经》的并列成分之间的声调关系做了考察，在三书全部 411 条双音节异调并列语中，符合"平上去入"四声排列的 331 条，占 80.7%，例外 19.3%。

陈爱文、于民（1979）认为，"决定并列双音词的字序的因素有两个：意义和声调。意义的作用是人们自觉注意到的，声调的作用是发音的生理机能所要求的，是不自觉的。"他们对《普通话三千常用字表》中的 525 个并列双音词的声调配合情况进行了考察，按中古声调统计，同声调的 80 个不计，合于平上去入声调次序者 358 个，占 80.5%，不合者 87 个，占 19.5%。按现代声调统计，同声调的 145 个不计，合于阴阳上去声调次序者 299 个，占 78.8%，不合者 81 个，占 21.3%。

从丁邦新（1969，1976）、陈爱文、于民（1979）的考察我们发现，汉语的并列式双音词词序的排列，不论古音、今音，都有 80% 左右符合"平上去入"或"阴阳上去"的规律，丁邦新的解释是自然，而陈、于二位从发音的生理要求上做了解释：

声调的次序为什么能对并列式双音词的字序起作用？我们只能从发音的生理要求上来解释。人们说话的时候，有一种本能的要求，在不影响表达思想的前提下，发音尽可能省力一点。这样看来，两个字连在一起，顺着四声和阴阳的次序，发音就省力一些；反之，就费力一些。这个连读的省力和费力的差别很细小，我们不大容易自觉地感觉到。但是四声八调发音的省力费力我们是可以感觉到的。四声中发音最费力的是入声，最轻松的是平声，发上声和去声哪个省力，哪个费力，凭感觉不容易判断，发清浊声母省力费力的差别是很明显的。它们的次序可以这样排列：平声发音最省力，上去次之，入声最费力；发清声母的阴调比发浊声母的阳调省力。因而我们可以这样说：两个字连起来发音的时候，省力的声音在前，费力的声音在后，就是顺口省力，反之费力。

这样的解释较丁邦新的"自然说"也许更具有科学性，这是从发音的生理要求方面作出的解释，是目前我们认为最具解释力的理由。

李思明（1997）考察了《朱子语类》的并列合成词，从中收集了 2452 个并列合成词。这些词绝大多数是魏晋以来千余年逐渐形成和使用的，也有极少数出现于上古。他认为，决定这些词的语素排列次序的因素有三个方面：语音、意义和习惯。而组成语音的声母、韵母、声调三部分中，对并列合成词词素排列次序起影响的，首先是声调，其次是声母，至于韵母，则不起任何作用。《朱子语类》2452 个并列合成词，绝大多数出现于中古，极少数出现于上古，都是处于有四个声调的时代，可以按中古四声去考察。根据平上去入这个先后次序，这些并列合成词两个语素的声调有顺序（第一词素声调先于第二词素）、同序（第一、第二两个词素声调相同）和逆序（第一词素声调后于第二词素）三种。在并列合成词总数（2452）中，顺序为主，占 62.2%；同序次之，占 28.2%；逆序最少，占 9.6%。这说明，并列合成词的词素次序，多数是按声调的先后来排列的。

比起声调来，声母对并列合成词词素次序的影响是第二位的，表现在两个方面：一是只限于声母的清浊，与发音部位及阻碍、送气与否的发音方法无关；一是只限于前文所述声调同序类范围，与声调顺序和逆序两类无关。对前面声调同序类中"平平""上上""去去""入入"四小类声母清浊排列情况作进一步的考察，按照清浊这个先后次序，也可分顺序（前清后浊）、同序（同清或同浊）和逆序（前浊后清）三种。

另外，蒋文钦、陈爱文（1982）将研究范围从并列双音词扩展到成语，认为"声调次序及音节奇偶决定大多数固定并列结构的内部次序。"周祖谟（1985）得出汉语的骈列词语次序排列的先后仍以四声为序的规律，由于所用例证古今相承，可以想到这一规律也沟通古今。周荐（1986）认为骈列结构（短语）一般遵循两个原则：一是语义原则，即把用来指称好、大、重要、习用一类事物的词语放在前面，把用来指称坏、小、次要、罕见义一类事物的词语放在后面；二是语音原则，即按照调序原则和先偶后奇原则。当语义原则与语音原则发生矛盾时，一般语义原则让位于语音原则。侯敏（1987）在对五四时期246对同素异序词深入考察后，得出三条结论，除调序原则以外，他特别提到"同声调的同素异序词中，人们可能选择以开口度大的音节收尾的排列次序。"这一结论值得我们注意。张鸿魁（1988）考察了《世说新语》的并列结构后得出两条规则，一是调序规则，二是声序规则。"传统音韵学所说的浊声母字，包括全浊和次浊，一般在并列结构的后项，即作后字。清声母字一般作并列结构的前项。"

综观以上诸家论述，我们认为，汉语同素异序副词词序确定的原则有三：一是调序原则，古代音按照平上去入排列，现代音按照阴阳上去排列；二是声序原则，对于声调相同的情况，按照清声母在前，浊声母在后的原则排列。在东汉三国佛教文献的同素异序副词中，我们没有发现能够属于这一原则的现象。三是语义原则，指称好、大、重要、习用一类事物的词语放在前面，指称坏、小、次要、罕见义一类事物的词语放在后面，但当语义原则与语音原则发生矛盾时，一般语义原则让位于语音原则。在东汉三国佛教文献的同素异序副词中，我们也没有发现能够属于这一原则的现象。但是其他语料中常见的"始终"与"终始"可以用语义原则来解释，具体可以参看唐贤清（2004）有关《朱子语类》同素异序副词的相关论述。

按照调序原则，东汉三国佛教文献同素异序副词作以下总结：

（一）顺序

主要以《广韵》为参照系，其声调符合"平上去入"的顺序。括号内为不符合调序原则的另一形式。主要有12组，如下：

重复（复重）、当即（即当）、都悉（悉都）、还复（复还）、皆悉（悉皆）、俱毕（毕俱）、俱共（共俱）、甚大（大甚）、手自（自手）[①]、随便（便随）、又亦（亦又）、寻即（即寻）

（二）同序

以《广韵》为参照系，其声调相同者。共有2组，如下：

即辄（辄即）、将当（当将）

（三）逆序

以《广韵》为参照系，其声调不符合"平上去入"的顺序。括号内为符合调序原则的另一形式，但是使用频率没有前一形式高，或者出现时间

---

① "手自"虽然在东汉三国佛教文献中出现频率低于"自手"，但是在其他文献中一般高于"自手"。

没有前一形式早。共有 4 组，如下：

定当（当定）、复更（更复）、共同（同共）、即便（便即）

另外还有 6 组同素异序副词没有讨论，按照《广韵》，它们的调序情况如下（词条后的数字为出现频率）：

顺序

甚益 2（益甚 1）、皆各 9（各皆 1）、俱悉 1（悉俱 1）

同序

皆俱 2（俱皆 4）、悉各 3（各悉 3）

逆序

必定 8（定必 1）

总体来说，东汉三国佛教文献中的同素异序副词，顺序的 15 组，同序的 4 组，逆序的 5 组，顺序的占总数的 62.5%。同序的为 16.7%，逆序的为 20.8%。可见，东汉三国佛教文献中的同素异序副词，其出现频率的高低或者出现时间的前后，基本上符合调序原则。就声序原则看，"即辄"与"辄即""将当"与"当将"前面已经论及，其声母均为全清，"皆""俱""悉""各"的情况如下：

皆:《广韵》古谐切，平皆，见。

俱:《广韵》举朱切，平虞，见。

悉:《广韵》息七切，入质，心。

各:《广韵》古落切，入铎，见。

根据王力（2014）"见母"与"心母"也均为全清，所以同样看不出符合声序原则。

总之，东汉三国佛教文献中的同素异序副词，大部分可以按照调序原则来解释，声序原则与语义原则目前我们还没有看到其解释力。对于调序原则的同序与逆序现象，目前我们也没有找到很好的办法来解释。

调序原则或者说语音原则是否具有普遍性呢？或者说其他语言中语音原则也有解释力呢？戴庆厦、李泽然（2000）指出："并列复合词是由相对、相关的两个词素组成的。但不同的词素孰先孰后，存在什么制约条件，不同语言的特点各异。有的是语音条件，有的是语义条件，有的是二者兼而有之，但不外乎都是语音、语义两个方面。"我们具体看几种语言：

（一）哈尼语

戴庆厦、李泽然（2000）考察哈尼语后发现，制约词序孰先孰后的条件是"语音、语义两个原则。复合词中，有的词按照语音条件排列先后，有的词按语义条件排列先后，形成两个不同的系统。语音原则是指元音舌位的高低，即元音舌位低的音节在后，元音舌位高的音节在前。若是四个音节，主要是二、四音节相配，舌位低的在第四音节。若二、四音节舌位高低相同，则由一、三音节舌位高低定前后。语义原则比较复杂，主要是按事物的习惯顺序或本族人认为的主次顺序等决定词序。"可见，哈尼语中决定词序的是元音舌位的高低。

（二）彝语

戴庆厦（1998）所考察的彝语的并列复合词的词序也主要是由语音特点决定的，并且主要和元音和谐有关。元音和谐表现在元音舌位的高低和前后的搭配上。舌位高的元音在前，舌位低的元音在后；舌位居后的元音在前，舌位居前的元音在后。可见，彝语中决定词序的是元音的和谐，即元音舌位的高低和前后的搭配。

（三）景颇语

戴庆厦（1990）在考察景颇语并列复合词语素的顺序时，认为这种顺序与语义特点关系不大，而与元音舌位高低搭配的元音和谐有关，但与元音舌位前后无关。并且，并列复合词的构词语序已在一定程度上"扩散"到并列短语。可见，景颇语中决定词序的也是元音的和谐，但与彝语不同，只与元音舌位高低有关，与元音舌位前后无关。

（四）苗语

余金枝（2010）考察矮寨苗语数词时发现，苗语数词组合只有"二三、三四、四五、五六、七八"，没有"一二、六七、八九"等组合类型，主要是由于苗语声调配合的关系。苗语数词组合主要是阴平＋阴平，阴平＋阳上，阳平＋阳去，而阴上＋阴平，阳上＋阳去，阳入＋阳平不能组合。

（五）布依语

陈娥（2017）对布依语四音格并列复合词的韵律特征进行了共时分析，发现制约布依语四音格并列复合词的主要因素是元音舌位的高低。她通过定量研究发现，受高元音居前规律制约的布依语四音格并列复合词占71.9%，不受高元音居前规律制约的占28.1%。并列式复合词受元音舌位"前高后低"搭配制约的语言，除了布依语外，还有藏缅语族的景颇语、拉祜语、哈尼语和纳西语等。

（六）壮语

李秀华（2018）认为和温壮语并列复合词的一个显要特征是其内部词根词序是固定的，不能随意变化位置。这些词根顺序主要受语音、语义、语言接触等因素的制约，其中语音因素最为突出，受语音因素制约的并列复合词数量最多，所占比例也最大，占总数的73.4%。元音舌位的高低是制约其词序的最主要条件，其他如声调、唇形、有无韵尾、韵尾的类型也对并列式复合词的词根次序有一定的制约。

可见，与汉语关系密切的哈尼语、彝语、景颇语、苗语、布依语、壮语等，决定其词序的也主要是语音原则。它们的共性是与元音和谐原则有关，这与汉语主要同声调有关不同，但都属于语音原则。可见，汉语中同素异序副词的调序原则是具有普遍的解释力的。

除语音原则具有普遍的解释力外，语义原则对并列式复合词词序的制约也具有普遍性。汉语并列式复合词词序确定的语义原则，一般是把指称好、大、重要、习用一类事物的词语放在前面，指称坏、小、次要、罕见义一类事物的词语放在后面。这一原则在壮语、布依语、拉祜语、景颇语、哈尼语、藏语、门巴语、阿昌语、苗语等也普遍适用。例如：

（240）壮语：sok^{7}son^5 深浅　　　kap^7 kwe^3 青蛙
　　　　　　尺　寸　　　　　　大青蛙 小青蛙（李秀华 2018）

（241）布依语：la:u^{4}ni^5 大小　　　θa:ŋ^{1}ta:m^5 高度
　　　　　　大　小　　　　　　高　低　　（周国炎 2018）

（242）拉祜语：da^{21}lv^{31} 好坏　　　ɔ^{31} na^{33} ɔ^{31} xɔ^{35} 父子
　　　　　　好　坏　　　　　　　父　子 （戴庆厦 2015）

（243）景颇语：tʃa^{31}kum^{31}phʒo^{31} 财产
　　　　　　金　银　　　　　　　　　（戴庆厦 2015）

（244）哈尼语：a^{55}ji^{31}tsln^{33}mɣ^{33} 妯娌　　a^{31}zɣ^{31} a^{31}ni^{55} 兄弟
　　　　　　大的　小的　　　　　　年长者 年少者
　　　　　　　　　　　　　　　　　（范丽君 2018）

（245）藏语：thu^{33}mɛ^{41}
　　　　　　高　低

（246）门巴语：phɔ^{53}mɔ^{53} 雌雄　　　（范丽君 2018）
　　　　　　公　母

（247）阿昌语：ka^{31}ʂaŋ^{31} 厚薄　　　（范丽君 2018）
　　　　　　厚 薄

（248）苗语：na^{53}kɯ^{31} 兄弟　zа^{35} kɯ^{31} 姐妹　ma^{35}te^{31} 父子 ①
　　　　　　兄弟　　　　姐 妹/弟　　父子（山江苗语）

但是还有些语言除了受上述语义原则制约外，还受其他语义原则制约。

---

① 山江苗语材料由田野调查所得，发音合作人吴秉承，系凤凰县山江镇茶林村人，1988 年出生，苗族，博士研究生。

比如布依语、壮语等并列式复合词还受传统社会观念（"长幼有序""父权、夫权至上"）、空间的"先上后下或先左后右"、时间的"先早后晚"等影响，例如：

（249）布依语：po⁶luk⁸　父子　　　pau⁵ya⁶　夫妻　　　luk⁸ja⁶　妻儿
　　　　　　　　　父子　　　　　　夫妻　　　　　　　儿妻

（250）xɯn³　　　　ðoŋ²　　上下/升降　ŋon²ɕɯ²　时间
　　　从下往上走　从上往下走　　　　　日　时

（周国炎 2018）

（251）壮语：po⁶ lok⁸　父子/父女　pei¹dun¹　年龄
　　　　　　父亲孩子　　　　　　年　月
　　　　　　pəɯ⁶tiu³　左右（赶牛用）
　　　　　　左　右

（李秀华 2018）

另外，语言接触原则也是导致并列式复合词词序的重要因素之一。以壮语为例，由于壮族与汉族聚居的历史非常久远，相互之间语言接触频繁。壮语从汉语中借入了一定数量的并列式复合词，这些并列式复合词的词序与壮语并列式复合词的词序存在差异。具体可以分为两种情况：

一是整体借入。即并列式复合词中的所有词根均借自于汉语，这类并列式复合词的词序与汉语一致。例如：

（252）ta:pʔɔn⁵　答应　　pa⁵ wo²　把握　　ŋa:i⁴ ha:u³　爱好
　　　　答　应　　　　　把　握　　　　　爱　好

（李秀华 2018）

二是部分借入。即借入汉语的一个词根，并将其与壮语的词根组合成并列式复合词，这类并列式复合词的词序遵循壮语固有的词序。例如：

（253）pei²　　　maŋ⁶　强壮　　θa:u⁵　　　pat⁷　扫帚
　　　肥（汉借）壮　　　　　　扫（汉借）扫

（李秀华 2018）

跨语言考察发现，制约并列式复合词词序的主要因素有三类：一是语音因素，包括调序原则、声序原则和元音和谐原则；二是语义因素；三是语言接触因素。这三类制约因素一般不会同时发生作用，但是在有些语言中，也存在不同的制约因素发生矛盾的时候，此时不同类型的语言，不同类型制约因素的强弱有别。比如在汉语中当语义因素和语音因素同时发生作用时，一般语义因素让位于语音因素。而在有些语言中恰巧相反，当语音因素和语义因素发生冲突时，语音因素一般让位于语义因素。例如：

（254）和温壮语：mɔt^8 mo^1　做法事的人

嬷婆道公　　　　　　　　（李秀华 2018）

如果按照语音因素中的元音和谐原则，和温壮语并列式复合词的词序应该遵循元音舌位"前高后低"原则，那么例（254）中"mɔt^8 mo^1 做法事的人"的词序就应该为"mo^{1}mɔt^8"。但是和温壮语受"阴性意义居前，阳性意义居后"的语义因素制约，元音和谐原则就不再起作用。

综上，我们可以根据各类制约因素在不同类型语言（方言）中作用的强弱，把不同类型的语言（方言）分为如下几类：

1. 并列式复合词的词序以元音和谐为主要依据

这类语言（方言）中的并列式复合词的词序主要以元音和谐为主，元音舌位的高低、唇形的圆展、舌位的前后、韵尾等因素都是其确立并列式复合词的词序的判断因素。这类语言所占的比重比较大，比如上文我们提到的哈尼语、彝语、景颇语、苗语、布依语、壮语以及独龙语、纳西语、彝语、傈僳语、拉祜语、阿昌语等都属于这一类的语言。

2. 并列式复合词的词序以声调原则为主要依据

以声调原则作为确立并列式复合词词序的语言，主要分布在声调比较丰富的语言中，比如古代汉语主要按照平上去入来对并列式复合词的词根进行排序，现代汉语则按照阴阳上去的顺序进行排序，而白语是按照并列式复合词词根的相对音高来排列（赵燕珍 2012）。像声调比较少的印欧语系，阿尔泰语系，藏缅语族等语言则一般不依据声调原则来判定并列式复合词的词序。

3. 并列式复合词的词序以声序原则为主要依据

张鸿魁（1988）考察了《世说新语》的并列结构后得出两条规则，一是调序规则，二是声序规则。"传统音韵学所说的浊声母字，包括全浊和次浊，一般在并列结构的后项，即作后字。清声母字一般作并列结构的前项。"这类现象我们仅在汉语古籍文献中发现有使用，东汉佛经文献、汉语方言以及民族语言中，从我们收集和调查的材料来看，暂时还未发现以声序原则作为确立并列式复合词词序的主要因素。

4. 并列式复合词的词序以语义因素为主要依据

此类语言多是以词缀构词为主要构词方式，语言中的并列式复合词较少，且多是声调不发达型语言（范丽君 2018）。语义一般遵循传统社会观念（"长幼有序""父权、夫权至上"）、传统价值观念（一般是把指称好、大、重要、习用一类事物的词语放在前面，指称坏、小、次要、罕见义一类事物的词语放在后面）、空间顺序、时间顺序等原则。例如：

（255）普米语：ko⁵⁵ ni⁵⁵　胜负

　　　　　　　　胜利失败

（256）博嘎尔语：abɯŋnɯro　兄弟

　　　　　　　　哥哥弟弟

（257）错那门巴语：phɔ⁵³ mɔ⁵³　雌雄

　　　　　　　　公　　母

此外，还有部分语言的并列式复合词的词序无明显规则可循，它们既不遵循语音原则，也不遵循语义原则，也不是语言接触而来。例如：

（258）鱼通贵琼语：

$$dʑiɔ̃^{55}ʃø^{53} \quad 东北 \qquad ʃø^{53}ø^{53} \quad 东南$$

北　东　　　　　东　南

$$ø^{53}lø^{53} \quad 西南 \qquad lø^{53}dʑiɔ̃^{55} \quad 西北$$

南　西　　　　　西　北　　　　　　　（范丽君 2018）

所以我们通过类型学视角对并列式复合词词序的制约因素的研究，可以更加清楚地认识到东汉三国佛教文献中的同素异序副词，同汉语、白语等少数语言一样同属于第二种类型"并列式复合词的词序以声调原则为主要依据"的语言。区别于以元音和谐、声序原则、语义因素为主要的依据的语言。

第三章 东汉三国佛教文献同义副词 三音节叠加研究

佛教文献中，出现了大量的三音节语言形式，不仅实词有，如"教劝说""僮仆奴"等，虚词也有不少用例，特别是其中的副词。竺家宁（2002）曾指出，汉语的构词是以双音节词为主，可是在佛教文献语言当中，却有一种很特殊的现象，就是利用同义词或词素组成的三音节词。这种构词方式与汉语双音节的特性不符，应属复音化早期口语的一种现象。其内部结构属并列式。其中又分为两种：一是一个单音节词素与一个双音节词并列组成的三音节词；二是三个单音节词素并列组成的三音节词。但这些由单音节同义副词叠加而形成的三音节副词性结构是否已经凝固成词，并不好判断。这种形式有人认为是复合词（许理和1987），有人说是"语义叠架"（王海棻1991），有人说是"同义连用"（武振玉2002），还有人称之为"副词并用"（杨荣祥2004b）。我们认为这是同义副词的叠加而形成的三音节副词性结构。其理由是：

第一，三个构成成分具有独立性，就是说都是独立的单音节副词，如"皆悉遍"是由单音节副词"皆""悉""遍"构成，它们之间是词和词的结构关系，不是语素和语素之间的结合关系。不仅如此，构成成分的位置变化也不会带来语义和语法功能上的变化，如"皆悉遍"又可以说成"遍皆悉""悉皆遍"而没有变化。

第二，三个构成成分具有同一性，就是说三个副词在句法上一起充当状语，语义上只相当于其中的一个副词，即与其中一个单一的副词等价。如"皆悉遍"中的三个副词在句法上一起充当状语，都处于同一结构层次，语义上等价于"皆"（或者"悉""遍"）。当然，从使用频率来说，由于"皆悉"结合较紧，所以，我们也可以看作一般所谓的"2＋1"型。又如"必定当"我们就既可以看作"2＋1"型（"必定"与"当"组合），又可以看作"1＋2"型（"必"与"定当"组合），不过，"必定"结合得紧密一些。

杨荣祥（2004b）认为这种情况只是一种语用现象，我们完全赞同，因为从句法上说，它不增加句法结构的层次，从语义上说，它带来的只是语义上的冗余（redundancy）。既然从句法和语义两方面并列三个近义副词都不是必要的，那么只能认为这是一种语用现象。

对于并列两个或者三个近义副词的现象古人早已注意，如清陆以湉《冷庐杂识》卷三专门用一节讨论"同共皆悉等字"，如下：

> 同、共、皆、悉等字，《汉书》往往有之，陈寿《三国志》尤多，略识于此。"同共戮力"（《臧洪传》）、"咸共赠赗"（《管宁传》）、"悉共会聚"（《仓慈传》）、"皆悉俱东"（《陈群传》）、"咸悉具至"（《先主传》）、"并咸贵重"（刘封等传后评）、"士人咸多贵之"（《张嶷传》）、"众悉俱济"（《吴主权徐夫人传》）、"若悉并到"（《韦曜传》）。

陆以湉总结了《汉书》中的"同共""咸共""悉共""并咸""悉俱""悉并"等双音节形式以及"皆悉俱""咸悉具"等三音节形式，但是没有加以深入讨论。

董志翘（1999）很早就提出要加强同义副词三音节叠加的研究，"在这些同义词临时组合复音词里，双音同义复词居多，为人们所习见，亦有不少文章论及，但也有一些多音节的同义复词，因不常见，故训释者时有分训误释，此当引起训诂界的重视。""古文献中的三音节同义复词，以动词、形容词、副词为多，尚有少量的连词，如'籍第令'等，但不多见。"

用现代语言学理论来分析汉语同义副词三音节叠加的是梁晓虹（2005），她将近代汉语的同义副词三音节叠加分为范围、时间、程度、语气、情态、否定六类加以举例，并总结了它的构成，分为四类：同义连用；双音词（词组）＋后缀；ABB式与ABC式；词组凝用。由于讨论的范围是近代汉语，所以她将重心集中于中土文献（对中古的佛教文献也有涉及）。

此外，曹广顺（1984）、王海棻（1991）、梁晓虹（2001a）、胡敕瑞（2002）、武振玉（2002）、竺家宁（2002）、杨荣祥（2004b）、陈秀兰（2008）等都对汉语中的同义副词三音节叠加有所论列，这里不一一介绍。

东汉三国佛教文献中使用的同义副词三音节叠加主要有：范围副词"遍皆悉、皆悉备、皆悉遍、皆悉普、俱共同"，时间副词"便旋即、当行欲"；语气副词"必定当、决定必、要会当"等，下面一一加以分析。

第一节　同义副词三音节叠加的呈现差异分析

为了清楚地了解东汉三国佛教文献同义副词三音节叠加的基本情况，

我们将东汉三国佛教文献与同期或者前后时代的中土文献及后代的佛教文献同义副词三音节叠加进行比较，暂且作以下分类。

一、东汉三国与后世佛教文献以及中土文献均出现者

这一类在东汉三国佛教文献中有：必定当。

《说文·八部》："必，分极也。"段玉裁注："极，犹准也。凡高处谓之极，立表为分判之准，故云分极。"朱骏声《说文通训定声》："树臬则介分也。"由"标杆；标准"抽象化为"肯定，确定"，如"无参验而必之者，愚也。"（《韩非子·显学》）再由此虚化为表示肯定语气的副词，《字汇·心部》："必，定辞。"如"取妻如之何？必告父母。"（《诗·齐风·南山》）

《说文》："定，安也。"如"正家而天下定矣。"（《易·下经·家人》）由此抽象化为"确定"。如"以闰月定四时成岁。"（《书·尧典》）孔颖达疏："若以闰月补阙，令气朔得正，定四时之气节，成一岁之历象。"再虚化为表示肯定语气的副词，相当于"的确、必定"等，清刘淇《助字辨略》卷四："定，的辞也。"如"主父定死，乃发丧赴诸侯。"（《史记》卷四十三《赵世家》）对于"定"的副词用法可以参见高育花（1999）博士论文。

《说文》："当，田相值也。"段玉裁注："值者，持也，田与田相持也。"如"则天子当阳，诸侯用命也。"（《左传·文公四年》）俞樾平议："当，犹对也。南方为阳，天子南面而立，故当阳也。"由此抽象化为"应该；应当。"《字汇·田部》："当，理合如是也。"杨树达《词诠》卷二："当，助动词，直也，应也。今言'该当''应当。'"如"当断不断，反受其乱。"（《史记》卷五十二《齐悼惠王世家》）再虚化为表示肯定语气的副词，相当于"必定"，裴学海《古书虚字集释》卷六："当，犹定也，必也。"如"既能进善，当能戒恶。"（《白虎通义》卷五《考黜》）

由上可见，"必""定""当"是同义组合，从结合程度看，"必定"结合得比较牢固，是"必定+当"的形式，这种组合最早见于东汉三国佛教文献，"必定当"出现了1例，如下：

（1）如是二子<u>必定当</u>舍，我今为法而以施人，汝当欢喜不应愁苦，我虽舍子，子必安乐，是故不应生大苦恼。（吴·支谦译《菩萨本缘经》卷2，T03，No.153，p0061a）

"必定当"修饰单音节动词"舍"。这里"汝当欢喜"与"子必安乐"对应，"不应愁苦"与"不应生大苦恼"对应，可见，此处"当"犹"必"也，"必定当舍"就是"必舍"。

"必定当"在中土文献（唐代）出现1例，如下：

（2）若知名号即非名，解了众生知佛教……若人无愿亦无修，<u>必定当为世间导</u>。（《全唐诗补编·全唐诗续拾》卷五十九）

例（2）"必定当"修饰动宾短语"为世间导"，中心语动词是单音节动词"为"。

后代的佛教文献中"必定当"用例很多，共出现 177 例，如《大般涅盘经》共出现 15 例，《禅秘要法经》10 例，《佛本行集经》《大宝积经》各 8 例，《正法念处经》7 例[①]，略举如下：

（3）有佛性者<u>必定当成阿耨多罗三藐三菩提</u>。（北凉·昙无谶译《大般涅盘经》卷 7，T12，No. 374，p0405b）

（4）此优婆塞，欲命终时，十八地狱，火车炉炭，变化恶事，一时迎之，<u>必定当堕三恶趣中</u>，无有疑也。（姚秦·鸠摩罗什等译《禅秘要法经》卷 3，T15，No. 613，p0268b）

（5）若在家者，必定得作转轮圣王；若舍出家，修学圣道，<u>必定当得阿耨多罗三藐三菩提</u>，名称远闻，威德自在，此是无疑。（隋·阇那崛多译《佛本行集经》卷 3，T03，No. 190，p0666b）

（6）假使法界有其变异，是诸善男子善女人能如是信者，<u>必定当觉无上菩提无有变退</u>。（唐·菩提流志译《大宝积经》卷 69，T11，No. 310，p0392a）

以上"必定当"均修饰动词性短语，但是中心语分别是"成""堕""得""觉"等单音节动词。

二、东汉三国及后世佛教文献出现而中土文献没有出现者

这一类在东汉三国佛教文献中主要有：皆悉备、皆悉遍、皆悉普、便旋即、俱共同、决定必。

皆悉备

《说文》："皆，俱词也"，如"百堵皆作。"（《诗经·小雅·鸿雁》）《王力古汉语字典》（2000）认为"皆"只能用作副词，但是这种副词用法是由动词"普遍""相同""偕同"虚化而来。"降福孔皆。"（《诗经·周颂·丰年》），朱熹注："皆，偏也。""皆"就是"普遍"义。

《说文》："悉，详尽也。"由此虚化为副词，表总括，相当于"都"，如

① 文中所统计的三音节副词在佛教文献中出现的频率是《大正新修大藏经》第 1—55 册及第 85 册中的数据，下同。

"格尔众庶，悉听朕言。"（《尚书·汤誓》）

　　《玉篇》"备，预也"。《字汇》"备，预办也。"也就是预备、准备的意思，如"有备无患。"（《尚书·说命中》）由此引申为"满"，如"四封不备一同。"（《国语·楚语上》）韦昭注："备，满也。"再虚化为副词，《广韵·至韵》："备，咸也，皆也。"如"士备入而后朝夕涌。"（《礼记·檀弓上》）郑玄注："备，犹尽也。"

　　可见"皆""悉""备"为同义组合，从结合程度看，"皆悉"结合得比较牢固，是"皆悉＋备"的形式，这种组合最早见于东汉三国佛教文献，"皆悉备"出现了3例，如下：

　　　　（7）时王太子白大师言："若欲所须，愿见告示，及身妻子，象马珍宝，皆悉备有，终不吝惜，当相供给。"（吴·支谦译《撰集百缘经·梵摩王太子求法缘》卷4，T04，n0200，p0220a）

　　　　（8）有一长者，名曰修伽，……其妇怀妊，足满十月，生一女儿，寻即能语。家中自然，百味饮食，皆悉备有。（同上，《善爱比丘尼生时有自然食缘》卷8，T04，n0200，p0238c）

　　　　（9）时有舞师夫妇二人，从南方来，将一美女，字青莲华，端政殊妙，世所希有。聪明智能，难可酬对。妇人所有六十四艺，皆悉备知。（同上，《舞师女作比丘尼缘》卷8，T04，n0200，p0240a）

　　以上"皆悉备"例（7）、例（8）处于两可之间，"备有"似乎既可以理解为"都有"，又可以理解为"准备有"，从上下文语义看，例（7）"都有"的成分浓一些，例（8）"准备有"的成分浓一些。这种歧义可能与所修饰的单音节动词"有"有关，因为"有"表存现，可以受表示范围与表示准备的词语修饰。例（9）没有歧义，"备"表示"都"无疑，因为单音节动词"知"是表示心理活动的动词，不能受表示准备的词语修饰，可以受表示范围的副词修饰。"皆悉备"后一般为单音节动词，这是佛教文献四音节的特点所造成的。

　　"皆悉备"在同期及前后的中土文献中都没有发现用例，《全唐文》卷九百二中的"其营县废兴，各依界分。府寺回换皆悉备，其山水川源，盖从事典。"《全辽文》卷七中的"经律三学之内典，皆悉备矣"。"备"都用作动词，不是我们所说的用法。

　　但在后代的佛教文献中用例很多，佛教文献共出现47例，如《增壹阿含经》共出现6例，《佛本行集经》5例，略举如下：

　　　　（10）比丘，多闻不忘，恒念思惟正法道教，昔所经历皆悉备知，是谓比丘成就此第三法。（东晋·瞿昙僧伽提婆译《增壹阿含经》卷

33，T02，No. 125，p0730b）

（11）或试音声，或试歌舞，或试相嘲，或试漫话戏谑言谈，或试染衣，或造珍宝及真珠等，或画草叶，和合杂香，博弈摴蒲，围棋双六，握槊投壶，掷绝跳坑，种种诸技，皆悉备现。（隋·阇那崛多译《佛本行集经》卷13，T03，No. 190，p0711c）

（12）昙恒河东人，童孺出家，年十三讲大乘经论，深明至理。及具戒，内外典籍皆悉备通。（宋·陈舜俞撰《庐山记·释昙恒法师》卷3，T51，No. 2095，p1042a）

以上"皆悉备"分别修饰单音节动词"知""现""通"等。

皆悉遍

《广韵·线韵》："徧，周也。"《说文》"徧，帀也，遍，俗。""遍"是"徧"的俗体字，所以朱骏声《说文通训定声》："徧，字亦作遍。"如："肆类于上帝，禋于六宗，望于山川，遍于群神。"（《尚书·虞书·舜典第二》）"遍"为"普遍、周遍"之义，由此虚化为副词，表示"都"，如："我入自外，室人交遍摧我。"（《诗经·国风·邶风》）

"皆""悉""遍"也是近义组合，从结合程度看，"皆悉"结合得比较牢固，是"皆悉 + 遍"，这种组合最早见于东汉三国佛教文献，"皆悉遍"出现了3例，如下：

（13）阿閦佛摩诃般泥洹时，当大动摇皆悉遍三千大千世界，声上闻阿渐货罗天，乃复至闻阿迦尼咤天。（后汉·支娄迦谶译《阿閦佛国经》卷2，T11，No. 313，p0760c）

（14）以空法教导人，令一切脱生死。授菩萨发快心，于法中所当行。分舍利皆悉遍，令众生得安隐，留经戒于十方，令一切常习行。（吴·支谦译《私呵昧经》卷1，T14，No. 532，p0812c）

（15）尔时于是三千大千刹土，诸天及人非人，从下上至二十八天，中无空缺皆悉遍满。（吴·支谦译《佛说慧印三昧经》卷1，T15，No. 632，p0461b）

从例（13）到例（15）反映了"遍"的虚化过程。例（13）"遍"用于名词性短语"三千大千世界"之前，"遍"作动词，"三千大千世界"作补语。例（14）"遍"后没有任何成分，"遍"也作动词。例（15）"遍"修饰形容词"满"，"皆悉遍满"是进一步说明"缺"，"遍"用作总括副词，相当于"都"。因此，只有例（15）才是真正意义上的同义副词三音节叠加。

例（15）《佛说慧印三昧经》的异译本《佛说如来智印经》（僧佑云阙译人，今附宋录）是这样的：

（16）时此三千大千世界，<u>大威德众皆悉云集，上至梵世无空缺处</u>。（《佛说如来智印经》卷1，T15，No. 633，p0469a）

例（16）作为异译本，没有使用同义副词三音节叠加，只用"皆悉"，说明"皆悉遍"的结合并不紧密，既可以像例（15）一样用三音节形式"皆悉遍"，也可以像例（16）一样用双音节形式"皆悉"。究竟是用三音节还是用双音节，主要根据所修饰对象的音节，例（15）修饰单音节形容词，所以用三音节形式，例（16）修饰双音节的动词短语，所以用双音节的形式。

竺家宁（2002）认为"皆悉遍"有两个用法：一是用作状语，修饰后面的动词；二是直接作动词。对于"皆悉遍"的结构，竺家宁认为看起来是个偏正结构，"遍"为中心词，但是大量的事实证明"皆悉遍"是并列结构，我们认同这一看法。

"皆悉遍"在同期及前后的中土文献中都没有发现用例，只有《太平御览》卷七百七十八引《隋书》"家有书万卷，皆悉遍涉。"其中"遍"有两种解释，一是形容词，"广"的意思；二是副词，"遍"与"皆悉"同义，这才是我们所说的同义副词三音节叠加，由于模棱两可，我们暂且将其放在这里。

但后代的佛教文献中用例很多，共出现87例，如《正法念处经》出现了10例，《大方广佛华严经》《佛本行集经》各5例，《大方等大集经》3例，略举如下：

（17）八万四千种众生之行，二万一千则属贪欲行，二万一千属瞋怒行，二万一千属愚痴行，二万一千属等分行，是等之类<u>皆悉遍入</u>菩萨之行。（西晋·竺法护译《等集众德三昧经》卷3，T12，No. 381，p0984a）

（18）一切如来过去行，<u>皆悉遍闻</u>十方国。（东晋·佛驮跋陀罗译《大方广佛华严经》卷3，T09，No. 278，p0414a）

（19）一切身分，<u>皆悉遍削</u>，唯有骨在。（元魏·瞿昙般若流支译《正法念处经》卷15，T17，No. 721，p0089a）

（20）诸众生心所行业果报因缘，无事不知，从十方现在诸佛及过去未来世佛及世界弟子及所行事<u>皆悉遍知</u>。（后秦·鸠摩罗什译《大智度论》卷67，T25，No. 1509，p0532c）

（21）诸大菩萨声闻之众，地及虚空<u>皆悉遍满</u>，俱来集会前后围绕。（北凉·昙无谶译《大方等大集经》卷34，T13，No. 397，p0233a）

以上"皆悉遍"分别修饰"人、闻、削、知、满"等，可见修饰的动词均是单音节动词。

皆悉普

《说文》："普，日无色也。"引申为"广大"，如："圣人之德，若天之高，若地之普。"（《墨子》卷二《尚贤中》）虚化为"遍、全"，如："高辛生而神灵，自言其名。普施利物，不于其身。"（《史记》卷一《五帝本纪第一》）

"皆""悉""普"也是近义组合，从结合程度看，"皆悉"结合得比较牢固，是"皆悉 + 普"形式，这种组合最早见于东汉三国佛教文献，"皆悉普"出现了 2 例，如下：

（22）如来出于世，如日月光明。照彼诸黑暗，皆悉普使明。（吴·支谦译《撰集百缘经》卷 6，T04，No. 200，p0230a）

（23）学一切法，贯综缕练，所住安谛，靡不感化。无数佛土，皆悉普现，未曾慢恣惮。（曹魏·康僧铠译《佛说无量寿经》卷 1，T12，No. 360，p0266a）

例（22）"皆悉普"修饰短语形式"使明"，例（23）修饰单音节动词"现"。

"皆悉普"在同期及前后的中土文献中都没有发现用例，但在后代的佛教文献中有大量用例，共出现 37 例，如《大方广佛华严经》出现 11 例，《正法念处经》8 例，略举如下：

（24）佛昔无量劫行时，赞叹十方一切佛。故有高远大名称，皆悉普闻十方国。（东晋·佛驮跋陀罗译《大方广佛华严经》卷 2，T09，No. 278，p0403b）

（25）无量无数诸供养具，皆悉普现于祇陀林。（西秦·圣坚译《佛说罗摩伽经》卷 1，T10，No. 294，p0853a）

（26）以是因缘，令诸众生得惭愧衣，法界覆身，裂诸见衣，衣服离身一尺六寸，得金色身，所受诸触柔软无碍，光色润泽皮肤细软，常光无量无色离色，愿诸众生皆悉普得无色之身。（北凉·昙无谶译《大般涅盘经》卷 15，T12，No. 374，p0455b）

（27）牟修楼陀夜摩天王于一切天，若旧生者，若始生者，皆悉普识。（元魏·瞿昙般若流支译《正法念处经》卷 38，T17，No. 721，p0221c）

（28）此佛世界安住不动，而一切处皆悉普现，一切皆见。……乃至一切诸佛世界，随心忆念皆悉普现。（元魏·毗目智仙共般若流支译《圣善住意天子所问经》卷 3，T12，No. 341，p0133a）

（29）其物数甚哉说不能尽，皆从钵中出。一切诸如来<u>皆悉普</u>供养，如此诸功能皆由佛力。（失译《大佛顶广聚陀罗尼经》卷2，T19，No. 946，p0164a）

例（24）、例（25）"皆悉普"修饰动补短语"闻十方国"和"现于祇陀林"，但中心语动词均是单音节动词"闻"与"现"；例（26）修饰动宾短语"得无色之身"，中心语动词也是单音节动词"得"；例（27）、例（28）分别修饰单音节动词"识"与"现"，从例（28）的"一切处皆悉普现，一切皆见"，我们可以看出"皆悉普"就是"皆"；例（29）修饰双音节动词"供养"，情况比较特殊。

便旋即

《说文》："便，安也。"如"百姓皆得暖衣饱食，便宁无忧。"（《墨子·天志》）由此引申为"有利；合宜。"《字汇·人部》："便，宜也，利也。"如"今婴子逐，盼子必用，复整其士卒以与王遇，必不便于王也。"（《战国策·齐策一》）高诱注："便，利也。"由此抽象化为"敏捷"，如"齐给便敏而无类。"（《荀子·性恶》）杨倞注："便，谓轻巧敏速也。"由此虚化为表示动作短暂的时间副词，相当于"就""即"，《字汇·人部》："便，即也。"如"若乃夫没人，则未尝见舟而便操之也。"（《庄子·达生》）关于"便"的副词用法可以参见高育花（1999）博士论文。

《说文》："旋，周旋。"本义就是"转动"的意思。如："九星悬朗，七曜周旋。"（《素问·天元纪大论》）王冰注："旋谓左循天度而行。"由此虚化为副词，表示时间短暂，相当于"随即""立即"。《广韵·仙韵》："旋，疾也。"《助字辨略》："不多时曰旋。旋，转也，言一转顷即如何也。"如："菑川王病……臣（淳于）意即以寒水拊其头，刺足阳明脉，左右各三所，病旋已。"（《史记·扁鹊仓公列传》）

《说文》："即，即食也。"这是"即"的本义，如："鼎有实，我仇有疾，不我能即，吉。"（《周易·下经·鼎》）高亨今注："《说文》'即，就食也，'此用其本义。"由此抽象化为"就，靠近"，《尔雅·释诂下》："即，尼也。"郭璞注："尼者，近也。"如："匪来贸丝，来即我谋。"（《诗经·卫风·氓》）郑玄笺云："即，就也。"再由此虚化为表示时间短暂的副词，相当于"就，即刻"。清王引之《经传释词》卷八："即，犹遂也。"如："殷之即丧，指乃功，不无戮于尔邦。"（《尚书·西伯戡黎第十六》）孔传："言殷之就亡，指汝功事所致，汝不得无死戮于殷国，必将灭亡，立可待。"

由上可见，"便""旋""即"是近义组合，从结合程度看，"旋即"结合得比较牢固，是"便 + 旋即"，这种组合最早见于东汉三国佛教文献，"便旋即"出现了 2 例，如下：

（30）曰："夫老者，年耆根熟，形变色衰，气微力竭，食不消化，骨节欲离，坐起须人。目冥耳聋，<u>便旋即忘</u>，言辄悲哀，余命无几，故谓之老。"（后汉·竺大力共康孟详译《修行本起经》卷 2，T03，No. 184，p0466b）

（31）耳听不聪，盛去衰至，皮缓面皱，百节痛疼，行步苦极，坐起呻吟，忧悲恼苦；识神转灭，<u>便旋即忘</u>，命日促尽……（吴·支谦译《佛说八师经》卷 1，T14，No. 581，p0965c）

以上"便旋即"均修饰单音节动词"忘"。

"便旋即"在同期及前后的中土文献中都没有发现用例，但在后代的佛教文献中有少量用例，如《法苑珠林》《诸经要集》各 2 例，《佛说五王经》《经律异相》各 1 例，这些与东汉三国的两例大同小异，如：

（32）何谓老苦？……耳听不聪，盛去衰至，皮缓面皱，百节痿疼，行步苦极，坐起呻吟，忧悲心恼，识神转灭，<u>便旋即忘</u>，命日促尽……（失译《佛说五王经》卷 1，T14，No. 523，p0796b）

俱共同

《说文》："俱，偕也。"王筠句读："偕，俱互训，而皆亦训俱，所以见偕、俱，即皆、具之分别文。"如："道可载而与之俱也。"（《庄子·天运》）虚化为副词，表示范围，相当于"全""都"。《玉篇·人部》："俱，皆也。"如："父母俱存。"（《孟子·尽心上》）

《说文·共部》："共，同也。"表示"共同具有或承受"。如"愿车马、衣轻裘，与朋友共，敝之而无憾。"（《论语·公冶长》）由此虚化为表示范围的副词，相当于"一同；皆。"如："可与共学，未可与适道。"（《论语·子罕》）

《说文》："同，合会也。"就是"会合；聚集。"如："嗟我农夫，我稼既同，上入执宫功！"（《诗·豳风·七月》）郑玄笺："既同，言已聚也。"虚化为副词，表范围，相当于"共同；一起"。《广雅·释诂三》："同，皆也。"如："女心伤悲，殆及公子同归。"（《诗·豳风·七月》）

以上可见"俱""共""同"是近义组合，从结合程度看，"共同"结合得比较牢固，是"俱 + 共同"，这种组合最早见于东汉三国佛教文献，"俱共同"出现了 1 例，如下：

（33）于是，一切菩萨等，<u>俱共同</u>出声言。（吴·支谦译《佛说维

摩诘经》卷 2，T14，No. 474，p0536c）

"俱共同"修饰动宾短语："出声言"，但中心语是单音节动词"出"。

"俱共同"在同期及前后的中土文献中都没有发现用例，但在后代的佛教文献中有少量用例，共出现 3 例，如下：

（34）复有十事。何谓为十？与其宿世，<u>俱共同</u>学，菩萨因欲化此众生，显示德本，故在后宫。（西晋·竺法护译《度世品经》卷 6，T10，No. 292，p0651c）

（35）于是，须菩提问文殊师利："诸法等耳，<u>俱共同</u>举本际一也，是器非器何得知乎？"文殊师利答曰："……如是须菩提，诸法同等<u>俱共</u>一也，其本际一，从缘起行则有差特……"（西晋·竺法护译《佛说文殊师利现宝藏经》卷 1，T14，No. 461，p0452c）

（36）世尊所说法，弟子不怀疑。<u>俱共同</u>闻法，二人胜彼一。（后秦·佛陀耶舍共竺佛念译《长阿含经》卷 10，T01，No. 01，p0064a）

例（34）"俱共同"修饰单音节动词"学"，例（35）、例（36）均修饰中心语为单音节动词的动词性短语。

决定必

《说文·水部》："决，行流也。"就是"开凿壅塞，疏通水道。"这是本义，如："予决九川，距四海。"（《书·益稷》）抽象化为动词，表示"定；确定；断定。"如："以法为分，以名为表，以参为验，以稽为决，其数一二三四是也。"（《庄子·天下》）再虚化为表示肯定语气的副词，相当于"必定""一定"。如："今死亲之魂<u>定</u>无所知，与拘亲之罪<u>决</u>不可救何以异？"（《论衡·薄葬》）此例援引自高育花（1999），这里"决"与"定"互文见义，都是表示肯定语气的副词。

以上可见"决""定""必"是近义组合，从结合程度看，"决定"结合得比较牢固，是"决定＋必"，这种组合最早见于东汉三国佛教文献，"决定必"出现了 1 例，如下：

（37）佛语阿难："法藏比丘说此颂已，应时普地六种震动，天雨妙华以散其上，自然音乐空中赞言，<u>决定必</u>成无上正觉……"（曹魏·康僧铠译《佛说无量寿经》卷 1，T12，No. 360，p0269c）

"决定必"在同期及前后的中土文献中都没有发现用例，但在后代的佛教文献中有一些用例，共出现 32 例，如：

（38）因此发心得阿耨多罗三藐三菩提，是故名因；因初发心<u>决定必</u>得阿耨多罗三藐三菩提，是故名性。（刘宋·求那跋摩译《菩萨善戒

经》卷 1，T30，No. 1582，p0962b）

（39）譬如有人在阎浮提见彼明相，<u>决定必</u>知日出不久，大光普照。（刘宋·功德直译《菩萨念佛三昧经》卷 5，T13，No. 414，p0825a）

（40）先所忆经我今欲说，<u>决定必</u>能拥护一切。（元魏·昙曜译《大吉义神咒经》卷 2，T21，No. 1335，p0574a）

（41）上生天中，业相似果，决定受得，终不虚妄，不疑不得，如是定得，何况取戒，乃至涅盘，<u>决定必</u>得，终无虚妄。（元魏·瞿昙般若流支译《正法念处经》卷 44，T17，No. 721，p0263b）

例（38）、例（39）均修饰中心语为单音节动词的动宾短语；例（40）"决定必"与"能"构成四音节形式并共同修饰双音节动词"拥护"构成的动宾短语；例（41）修饰单音节动词"得"。

三、东汉三国佛教文献出现而中土文献与后世佛教文献均没有出现者

这种情况有"遍皆悉、当行欲、要会当"。

遍皆悉

"遍皆悉"，它是"皆悉遍"的异序形式，东汉三国佛教文献中只出现了 1 例，如下：

（42）三十者，一切生死本无所从来，去亦无所至，悉晓知随习俗入，而为十方人说法，更生更死示现如是，是为高明。三十一者，四事不护，智慧悉至，<u>遍皆悉</u>知，是为高明。（后汉·支娄迦谶译《佛说伅真陀罗所问如来三昧经》卷 2，T15，No. 624，p0358b）

这里"遍皆悉"修饰单音节动词"知"。

"遍皆悉"在同期及前后的中土文献中都没有发现用例，后代的译典中也不见用例。

当行欲

"当"相当于"将""将要"。清王引之《经传释词》卷六："当，犹将也。""行"犹将也。"欲"，将；将要。清刘淇《助字辨略》卷五："欲，将也。凡云欲者，皆愿之而未得，故又得为将也。"杨树达《词诠》卷九："欲，将也，言未来之事用之。""当""行""欲"都是表示将来的时间副词。东汉三国佛教文献共出现 2 例，如下：

（43）异道人无有善意来，都卢持恶意来故。是弊魔便作是念：怛

萨阿竭阿罗呵三耶三佛，与四部弟子共坐，欲天梵天及诸天人，悉复在其中会，无有异人，悉菩萨摩诃萨受决者会。当为人中之将自致成作佛，我<u>当行欲坏乱之</u>。（后汉·支娄迦谶译《道行般若经》卷2，T08，No. 224，p0434a）

（44）若行色灭为想行，若行色思为想行，若行色空为想行，若行色非身为想行，痛想行识如上说，皆为想行。若识有是吾<u>当行欲得</u>。（吴·支谦译《大明度经》卷1，T08，No. 225，p0479c）

例（43）"当行欲"修饰动宾短语"坏乱之"，例（44）修饰单音节动词"得"。《大明度经》与《道行般若经》是互为异译本。

要会当

"要会当"是"要"与"会当"同义组合，表示将然、必定的语气，如下：

（45）如陶家作器，或时在拘……或已行，或在干流时，入灶火烧时，或已熟出时，或给用时，<u>要会当坏</u>。人身亦如是，或从堕腹中，或不成根去，或不具根去，或临生时去，或适生去，在学业时去，或时从十六至三十八十百岁，或不啻久久，<u>要会当死</u>。（后汉·安世高译《道地经》卷1，T15，No. 607，p0235b）

（46）尊者迦叶谓阿难曰："汝莫啼哭，仁功德本以普具足，我等法<u>要会当如言</u>，直谏之辞不得不设，阿难且起，吾不与卿共结经要。"（后汉·安世高译《迦叶结经》卷1，T49，No. 2027，p0006b）

例（45）"要会当"修饰单音节动词"坏"与"死"。例（46）修饰动词性短语"如言"。《迦叶结经》任继愈没有将它列为安世高的作品，但是《大正新修大藏经》将它列为安世高的作品，仅从"要会当"来看，正好又与安世高的作品巧合，不过我们还不能仅凭此就断定它为安世高的作品，因此存疑，暂且放在这里，我们将另文讨论。

"要会当"在同期及前后的中土文献中都没有发现用例，后代的译典中也不见用例。

四、东汉三国及后世佛教文献均没有出现而中土文献出现者

一般的中土文献中我们发现了以下同义副词三音节叠加（括号内数字为出现频率）：

（一）时间副词：旋即便（3）、已尝经（3）。如：

（47）顷叨任使，已屡奏于罔功；<u>旋即便</u>安，复未能于寡过。

（宋·朱熹《朱熹集·落秘阁修撰依前谢官表》）

（48）已尝经试，直醋亦不美。以粟米饭一斗投之，二七日后，清澄美酽，与大醋不殊也。（北魏·贾思勰《齐民要术》卷八《作酢法第七十一》）以上二例均修饰单音节动词。

（二）范围副词：并悉同（3）、都俱各（1）、各相共（1）、俱共齐（4）、普博尽（1）、咸悉具（3）、相共俱（1），以上表总括；孤独特（3）、孤特独（4），以上表限制。

表总括的范围副词如：

（49）三月乙丑，淮南太守诸葛阐求减俸禄同内百官，于是州及郡县丞尉并悉同减。（南朝宋·沈约《宋书》卷五《本纪第五·文帝》）

（50）脱不了这蚀败肉还是四五日的工夫。这四五日里边，我到家不都俱各完了？（清·西周生《醒世姻缘传》第六十六回）

（51）有可听用之言则以为非，各进来共以辞距而违之，令其言不得用也。若小人有为谮毁之言，则以为是，各相共排退而去，不答难之，令小人得进谮于王。（唐·孔颖达疏《毛诗正义》卷十二）

（52）诸行军立营数多，则计或逢泥溺，或阻山河，同听角声，俱共齐发，路狭难进，徒饿马驴。（唐·杜佑《通典》卷一百五十七《兵十》）

（53）夫蝗之集于野，非能普博尽蔽地也，往往积聚多少有处。非所积之地，则盗跖所居；所少之野，则伯夷所处也。（东汉·王充《论衡》卷五《感虚篇第十九》）

（54）昔周有乌鱼之瑞，咸曰休哉。二祖受命，图、书先着，以为征验。今上天告祥，群儒英俊，并进河、洛，孔子谶、记，咸悉具至。（西晋·陈寿《三国志》卷三十二《蜀书二》）

（55）言瀼既还归，则与己身相共俱生，长保寿命，终百年也。（东汉·王逸《楚辞章句》卷十）

以上只有例（51）修饰双音节动词，例（53）修饰中心语为单音节动词的短语，其余均修饰单音节动词。

表示限制的范围副词如：

（56）今将军内不能直谏，外为亡国将，孤特独立而欲常存，岂不哀哉！（西汉·司马迁《史记》卷七《项羽本纪第七》）

（57）陛下初即位，谦让未皇，孤独特立，莫可据杖，权臣易世，意若探汤。宜蚤以义割恩，安百姓心。（东汉·班固《汉书·杜周传》）

此二例的同义副词三音节叠加只是词序有所变化，修饰的单音节动词相同。

（三）情态副词：更相互（1）、交迭相（1）。如：

（58）此五篇乐与万物得所，更相互见，明得贤所以养物也。（唐·孔颖达疏《毛诗正义》卷九）

（59）而惊喜悲惋，交迭相乘，正如浊酒楚骚，祗益凄结，惜不得并其二集读之。（清·李慈铭《越缦堂读书记·集部·别集类》）

以上二例均修饰单音节动词。

（四）程度副词：略颇稍（1）、更益甚（1）、弥更益（2）。如：

（60）今厄会已度，府帑虽未能充，略颇稍给，其以六月朔庚寅始，赋吏禄皆如制度。（东汉·班固《汉书·王莽传》）按：此句中略、颇、稍均为稍微义。

（61）虎珀太多，及差，痕不灭。左颊有赤点如意，视之更益甚妍也。（唐·段成式《酉阳杂俎》卷八《黥》）

（62）病在阳，应以汗解之，反以冷水潠之，若灌之，其热被劫不得去，弥更益烦，肉上粟起，意欲饮水，反不渴者，服文蛤散。若不差者，与五苓散。（清·尤怡《伤寒贯珠集》卷二《太阳篇下》）

例（61）修饰单音节动词，例（62）修饰单音节形容词。

（五）语气副词：须当要（6）。如：

（63）堂上父母，须当要敬。父母打骂，都是好情，无非愿你，成个好人。（佚名《四字经》）

例（63）修饰单音节动词。

为了更好地了解东汉三国佛教文献，我们还选取了中土文献中有特色的道藏文献《太平经》加以比较，发现其中有不少同义副词三音节叠加只在《太平经》中出现，佛教文献没有用例，这些同义副词三音节叠加是：

重反复、但苟空、但空独、更直相、究竟毕、究竟尽、一都通。

这些同义副词三音节叠加《太平经》均只发现1例，如下：

（64）暗昧之人，固固心结，聪明犹不达，不重反复见晓敕者，犹曚曚冥冥，复乱天师道，故敢不反复问之也。（《太平经》己部之六）

（65）□□万不失一，是吾之文大效也，不可但苟空设善言也，亲以征验起，乃与天地响相应，何可妄语乎？（同上，丙部之八）

（66）不知疾行者，但空独一世之间久苦耳。故吾教敕真人，常眷眷勉勉也。（同上，己部之八）

（67）于星二十八宿，展转相成，日月照察不得脱，更直相生，何

有解息？但人不知，以为各自主名，虽有主，更相检持。（同上，庚部之九）

（68）如都拘校道文经书及众贤书文及众人口中善辞诀事，尽记善者，都合聚之，致一间处，都毕竟，乃与众贤明大德共诀之，以类更相微明，去其复重，次其辞文而记置之，是名为得天地书文及人情辞，<u>究竟毕定</u>，其善诀事无有遗失，若丝发之间。（同上，丙部之七）

（69）故吾悉言之，吾不敢妄语。吾所以<u>究竟尽言</u>者，独知天地心意，故见遣，下与真人共议天下，分别其曲直，使德君与贤者俱思惟之，使可万万世传，后生者歌诵以为常法，而不复忘也。（同上，己部之五）

（70）会有失之者，会有得之也，故上下外内，尊卑远近，俱收其文与要语，而集其长短，以类相从，因以相补，则俱矣，然后文书及辞言<u>一都通具</u>也。（同上，己部之六）

例（65）"但苟空"比较特殊，"苟"表示范围，相当于"但""只"，清王引之《经传释词》卷五："苟，犹但也。"《易·系辞上》："苟错诸地而可矣。""空"也可用作范围副词，相当于"只""仅"，如北魏贾思勰《齐民要术·作鱼鲊》："淡则更以盐和糁，咸则空下糁。"可见，"但苟空"均相当于"但"。

例（66）"但空独"与"但苟空"同，"独"表示范围，相当于"祇""仅仅"。《孟子·告子上》："是故所欲有甚于生者，所恶有甚于死者，非独贤者有是心也，人皆有之，贤者能勿丧耳。"

以上用例中修饰动词性短语的有例（64）、例（65），例（66）修饰形容词性短语，但中心语都是单音节，其余均修饰单音节动词。

以上同义副词三音节叠加"但苟空、但空独"是范围副词中表限定的一类；"究竟毕、究竟尽、一都通"是范围副词中表总括的一类；"弥更益"是程度副词中表比较的一类；"更直相"是情态副词中表相互的一类；"重反复"是时间副词中表重复的一类；

另外，"犹且复"在《太平经》发现1例，其他中土文献2例，如：

（71）丞相、御史请废昌陵邑中室，奏未下，人以问汤："第宅不彻，得毋复发徙？"汤曰："县官且顺听群臣言，<u>犹且复</u>发徙之也。"（东汉·班固《汉书·傅常郑甘陈段传》）

（72）若天复生圣人，其言会复长于一业，<u>犹且复</u>有余流灾毒常不尽，与先圣贤无异也。（《太平经》丙部之七）

以上用例"犹且复"均修饰动词性短语，例（72）的中心语是单音节动词。"犹且复"是时间副词中表重复的一类，文言色彩很浓。

五、东汉三国佛教文献没有出现而后代佛教文献及中土文献均出现者

东汉三国佛教文献没有使用而后代佛教文献及中土文献均出现的同义副词三音节叠加主要有："必当须、并悉共、并悉俱、递互相、都合集、都尽总、分别各、复更别、更迭相、更复重、更共相、更互相、还复更、皆悉具、皆悉俱、略皆遍、身亲自、悉皆共、悉皆总、咸皆共、要必当、要当须、益复加、又复重、重复更"等25个，下面用一个简表说明它们的使用频率。

表 3-1 佛教文献与中土文献同义副词三音节叠加使用频率对照表

副词类别	副词	佛教文献	中土文献
范围副词	并悉共	3	2
	并悉俱	1	1
	都尽总	1	1
	皆悉具	56	5
	皆悉俱	3	4
	略皆遍	3	2
	悉皆共	13	3
	悉皆总	7	1
	咸皆共	11	1
情态副词	递互相	28	10
	分别各	22	4
	更迭相	2	5
	更共相	5	6
	更互相	412	10
	身亲自	1	1
时间副词	重复更	3	1
	复更别	25	3
	更复重	25	2
	还复更	12	2
	又复重	5	5
语气副词	必当须	5	3
	要必当	15	1
	要当须	5	1
程度副词	益复加	2	1

下面举例加以说明。范围副词如：

（73）至十六日未时，有风从南而来，寺内香气，殊异无比，道俗官私，<u>并悉共闻</u>。（《全隋文》卷二十二，王劭《舍利感应记别录》）

（74）舍利塔厢复有一迹，从塔东南三十步而来，直到塔所不见还踪，复无入处。或阔四寸，或阔三寸，蟠屈逶迤状等龙蛇之迹。官人道俗<u>并悉共见</u>。（唐·道宣撰《广弘明集》卷17，T52，No. 2103，p0219a）

（75）仁觉寺五月十二日未时，有风从西南来，如香气氛氲，沙门及经生道俗等，<u>并悉俱闻</u>。（《全隋文》卷二十二，王劭《舍利感应记别录》）

例（73）、例（75）《全隋文》中的两例，都来自王劭《舍利感应记别录》，也见之于道宣撰《广弘明集》，因为中土文献描写的是佛教的事情，因此难以区分这两类文献。从王劭《舍利感应记别录》同时出现"并悉共"与"并悉俱"，既说明它们语义相近，也说明它们使用混同。以上同义副词三音节叠加均修饰单音节动词。

（76）有多少女孩儿，卷珠帘骋娇奢；从头着眼看来，<u>都尽总不如他</u>。（《董解元西厢记》卷七《脱布衫》）

（77）但衮虎弓箭少会些些，隋文皇帝有一百二十指搊射燕（雁）<u>都尽总好手</u>。（《敦煌变文集·韩擒虎话本》）

"都尽总"《大藏经》没有发现用例，我们在《敦煌变文集》中找到1例，我们将"变文"也视为佛教文献。例（77）"都尽总"修饰名词性偏正短语"好手"。

（78）窃谓泰始之初，及平吴论功，制度名牒，<u>皆悉具存</u>。纵不能远遵古典，尚当依准旧事。（《全晋文》卷三十三，石崇《议奏奉赏当依准旧事》，亦见于房玄龄等《晋书·石崇传》）

（79）大地狱中，受种种苦，如前所说，<u>皆悉具见</u>，如天上乐，不可称说。（元魏·瞿昙般若流支译《正法念处经》卷22，T17，No. 721，p0128b）

"皆悉具"中不包括"皆悉具足"的形式，因为"具足"我们将它理解为"具备"的意思。

（80）闻车驾欲幸摩陂，实到许昌，二宫上下，<u>皆悉俱东</u>，举朝大小，莫不惊怪。（西晋·陈寿《三国志》卷二十二《魏书二十二》）

（81）又此菩萨了知烦恼远随行性，于加行无边性，<u>皆悉俱生</u>不相离性。（唐·尸罗达摩译《佛说十地经》卷7，T10，No. 287，p0563c）

"皆悉具"与"皆悉俱"同。《集韵·虞韵》："俱，具也。"《玉篇·人部》：

"俱，皆也。"《说文》："俱，偕也。"王筠句读："偕，俱互训，而皆亦训俱，所以见偕、俱，即皆、具之分别文。"可见，"具"与"俱"为分别文。

（82）绹少传家业强力专精，手不释卷，其礼文所涉书，<u>略皆遍睹</u>。（唐·姚思廉《梁书》卷四十，《列传第三十四·司马褧》）

（83）理怀简衷，多所博涉，内外群书，<u>略皆遍睹</u>。（梁·僧佑撰《出三藏记集》卷15，T55，No. 2145，p0108b）

例（80）—例（83）三音节的副词形式均修饰单音节动词。

（84）守尚书令荀彧，自在臣营，参同计画，周旋征伐，每皆克捷。奇策密谋，<u>悉皆共决</u>。（《魏武帝集》卷一《请爵荀彧表》，亦见于《全三国文》卷一《魏一》以及《后汉纪·孝献皇帝纪》卷二十九）

（85）见于声闻众，<u>悉皆共和合</u>。（后秦·鸠摩罗什译《大庄严论经》卷14，T04，No. 201，p0333a）

"悉皆共"中"共"副词，皆，共同，一起。如《礼记·内则》："少事长，贱事贵，共帅时。"郑玄注："共，犹皆也。帅，循也。时，是也。礼皆如此也。""悉皆共"中土文献均修饰单音节动词，佛教文献共8例修饰单音节动词，其余修饰动词性短语。

（86）愿舍此秽耳，得彼天聪。闻开塔关钥之声，弹指声咳之响，诸佛所说，<u>悉皆总持</u>。（《全梁文》卷十四，简文帝《六根忏文》）

（87）比丘，此诸答者，<u>悉皆总在一法门中</u>，我悉知之。（唐·菩提流志译《大宝积经》卷77，T11，No. 310，p0438c）

"悉皆总"除佛教文献中有2例修饰动词性短语外，其余均修饰单音节动词，不过即使是动词短语，其中心语也是单音节动词，如例（87）。

（88）搢绅高其才，烈士伏其义，竟不能骧首云路，长鸣天衢，知与不知，<u>咸皆共叹</u>，有余恨也，而君浩然冥顺，独与化游。（《全唐文》卷二百十六，陈子昂《唐水衡监丞李府君墓志铭》）

（89）百千巨亿载，<u>咸皆共来会</u>。（西晋·竺法护译《普曜经》卷7，T03，No. 186，p0530a）

"咸皆共"除佛教文献有7例修饰动词性短语，其余修饰单音节动词。

这类范围副词有一共同特点，均是表示"总括"义。

情态副词如：

（90）夫灸药制烧药，烧药制煮药，煮药制生药，生药使煮药，煮药使烧药，烧药使灸药，<u>递互相制</u>，<u>递互相使</u>，君臣俱具，父子固全，遂得阴阳，各有其绪。（宋·张君房《云笈七签》卷七十六）

（91）彼此<u>递互相破坏</u>，不能应法求利养。各欲共相求短失，命

终堕于三恶趣。（高齐·那连提耶舍译《月灯三昧经》卷3，T15，No.639，p0568a）

《尔雅·释言》："递，迭也。"郭璞注："递，更迭。"《说文》："递，更易也。"《广雅·释诂三》："递，代也。"《楚辞·九辩》："四时递来而卒岁兮，阴阳不可俪偕。"王逸注："递，更易也。""递"与"互""相"义近。

（92）比若子恶乱其父，臣恶乱其君，弟子恶乱其师，妻恶乱其夫，如此则更相贼伤大乱，无以见其善也。天地人民万物，本共治一事，善则俱乐，凶则俱苦，故同忧也；向使不共事，不肯更迭相忧也。（《太平经》丁部之二）

（93）汝等各各更迭相护。所以者何？离此过已，更无有失。（东晋·瞿昙僧伽提婆译《中阿含经》卷30，T01，No. 26，p0620a）

"更迭相"均修饰单音节动词，只《太平经》有1例修饰动词性短语。例（92）"更相"与"更迭相"前后使用，可以看出"更迭相"就是"更相"。

（94）贫为小人，富为君子，更共相为使转相理，是天地亲属也，万物不兴，其中几类似之，而实非也。（《太平经》辛部）

（95）初，李膺等虽废锢，天下士大夫皆高尚其道而污秽朝廷，希之者唯恐不及，更共相标榜，为之称号。（宋·司马光《资治通鉴》卷五十六，《孝灵皇帝·建宁二年》）

（96）若见僧毁坏，更共相诤讼。方便令悔过，还使得和合。（姚秦·鸠摩罗什译《佛说华手经》卷9，T16，No. 657，p0193c）

"更共相"均修饰动词性短语，只《佛本行集经》中有1例修饰单音节动词。

（97）盗贼、官兵以至居民，更互相食。人肉之价，贱于犬豕，肥壮者一枚不过十五千，全躯暴以为腊。（宋·庄绰《鸡肋编》卷中）

（98）尔时狱卒驱逼罪人，入此山内。入山间已，两山遂合，更互相突，更互相打，更互相磨。时彼二山，如是共合，相突相打。（隋·阇那崛多等译《起世经》卷3，T01，No. 24，p0325c）

例（97）、例（98）均修饰单音节动词。

三音节的情态副词形式均为表示"交互"义的，这是这类结构的共同特点。

时间副词如：

（99）禀过令官，弟初言志与成兄同，今所遭遇，亦与成兄同，则成兄之考，即弟之考，无庸重复更注也。（清·夏敬渠《野叟曝言》第一百五十二回）

（100）于此间或有人无有尊卑，教授戒律亦不肯受，不润渍其心，<u>重复更犯余罪</u>。（符秦·僧伽跋澄等译《尊婆须蜜菩萨所集论》卷8，T28，No. 1549，p0781b）

（101）以灶灰布着地，令厚五寸，以甄倒覆灰上，以溺人覆伏甄上，口中水当出也，觉水出，<u>复更别熬灰令暖</u>，置之溺人口中，水已出极多便去甄，即以暖灰壅溺人通身，但出口鼻耳，小时便苏醒则活也。（日·丹波康赖《医心方》卷十四）

（102）时净饭王念阿私陀仙人所说，故于宫内<u>复更别造一大好殿</u>。（隋·阇那崛多译《佛本行集经》卷14，T03，No. 190，p0715c）

"别"表示另、另外，如《史记·高祖本纪》："使沛公、项羽别攻城阳。""别"与"复""更"义近。

（103）今诸侯既盟，袁侨乃至，不可特为袁侨<u>更复重盟</u>。（唐·孔颖达疏《春秋左传正义·襄元年》卷二十九）

（104）修习之时，腋下汗流。菩萨既见汗如是流，<u>更复重发勇猛</u>精进，心无所着，不错不乱，住寂静心，一定不动。（隋·阇那崛多译《佛本行集经》卷24，T03，No. 190，p0766b）

"更复重"与前面"重复更"为同素异序关系。

（105）尝有采药者，沿山见通溪，寻上，于山顶树下，有十二方石，地甚光洁，<u>还复更寻</u>，遂迷前路。言诸仙之所憩讌，故以坛讌名山。（北魏·郦道元《水经注》卷四十）

（106）一切众生，无不悉有如此苦者。譬如以灰覆于火上，若遇干草，还复烧燃。如是诸苦，由我为本，若有众生，起微我想，<u>还复更受如此之苦</u>。（刘宋·求那跋陀罗译《过去现在因果经》卷3，T03，No. 189，p0644b）

（107）落魄当年老陆郎，知囊今已作诗囊。醉中<u>又复重来醉</u>，狂里如何更着狂！（明·蒋一葵《尧山堂外纪》卷九十《国朝》）

（108）又问：云何一切诸法而不等？……<u>又复重问</u>："何故名曰平等入寂然乎？"（西晋·竺法护译《等集众德三昧经》卷2，T12，No. 381，p0983a）

以上均修饰单音节动词，或者中心语是单音节动词的短语。例（108）从"又问"到"又复重问"可以明显看出说话者想强调"问"这一动作。

时间副词有一共同特点，就是都是表示"反复"义的，因为"反复"义主观性较浓，表达者往往用三音节形式加以强调。

语气副词如：

（109）方外不定，<u>必当须办者</u>，臣愿将部曲倍道奔赴，夫妻负襁，子弟怀粮，蹈锋履刃，以徇国难，何但习业小儿哉？（西晋·陈寿《三国志》卷十九《魏书十九》）

（110）要欲为我娶妇持立世者，<u>必当须觅如是颜色如阎浮檀金形状者</u>。（隋·阇那崛多译《佛本行集经》卷45，T03，No.190，p0862b）

（111）盖月建是行运所主，<u>要必当以日时参之</u>。（清·永瑢，纪昀《四库全书总目提要》卷一百九）

（112）如是刹利婆罗门等，若不驱摈彼恶比丘，虽复更修功德种种布施，欲免此罪终不能灭，<u>要必当堕阿鼻地狱</u>。（北凉·昙无谶译《大方等大集经》卷34，T13，No.397，p0238c）

（113）病者又不知是药发动，便谓他病。不知救解，遂致困剧。然但曾经服乳石药，人有病虽非石发，<u>要当须作带解石治也</u>。（日·丹波赖廉《医心方》卷十九）

（114）夫人学道不苦不成，<u>要当须苦然后乃成</u>。（姚秦·竺佛念译《出曜经》卷27，T04，No.212，p0757a）

以上均修饰单音节动词，或者中心语是单音节动词的短语。

三音节结构的语气副词的共同特点是均是表示肯定强调义的，这种形式如果用单音节形式似乎不能表达这种强调义，于是就用三个近义的副词组合在一起表达。

程度副词如：

（115）大臣奉诏，正可从容，屏后见衣，毋乃太遽！忠烈效之，<u>益复加厉</u>。（清·李慈铭《越缦堂读书记·史部·编年类》）

（116）时诸众会见此变化、闻佛所说，<u>益复加敬</u>。（西晋·竺法护译《阿差末菩萨经》卷7，T13，No.403，p0611a）

与前面几类副词相比，程度副词数量要少得多。

六、东汉三国佛教文献及中土文献均没出现而后代佛教文献出现者

东汉三国佛教文献及中土文献均没出现而后代佛教文献出现的同义副词三音节叠加主要有如下一些：

（一）时间副词

主要有"便即旋（2）、便遂乃（1）、别更复（3）、复更重（45）、更复别（7）、更复还（1）、即寻便（1）、亦复更（9）、又复更（105）、又复还（10）"等10个，略举如下：

（117）见佛尊仪欢喜敬重，见已亲爱欢喜离词，犹如暂行，<u>便</u>

即旋返，安慰亲知不令忧恼。（唐·菩提流志译《大宝积经》卷110，T11，No. 310，p0616a）

（118）王陵谓曰……便遂乃揭却一幕，捉得知更官健，横驼竖拽，到王陵面前。（《敦煌变文集·汉将王陵变》）

（119）此针非是竹筒所出，别更复有胜于此者，更出一针示彼铁师。（隋·阇那崛多译《佛本行集经》卷13，T03，No. 190，p0713b）

（120）时，净饭王复更重问："审实相好，其事云何？"（同上，卷8，p0689b）

（121）一切礼仪，种种所须悉令充备。复严五百诸释种童，前后左右，周匝围绕。更复别有无量无边童男童女，随从太子，将升学堂。（同上，卷11，p0703b）

（122）五十亿比丘行菩提行欲退菩提心，闻如意宝光耀菩萨说法，得坚固不可思议满足之愿，更复还发菩提之心，各自脱衣供养菩萨。（隋·宝贵合《合部金光明经》卷4，T16，No. 664，p0381b）

（123）诸臣受教，如命觅之，遍觅不得，便复出城，见树间众鸟飞翔其上，众人便念："城中已遍不得，此必有以，当共往彼。"即寻便往到乐无为庐前，搜索得尸。（后汉·康孟详译《佛说兴起行经》卷1，T04，No. 197，p0165a）

（124）马与庄严皆青色，亦复更有青色幢。（唐·菩提流志译《大宝积经》卷63，T11，No. 310，p0366a）

（125）王即令诸臣择采吉日，遣车万乘，而往迎之。既至官已，具足太子婚姻之礼，又复更增诸妓女众，昼夜娱乐。（刘宋·求那跋陀罗译《过去现在因果经》卷2，T03，No. 189，p0629b）

（126）是时日子王心生惊怖，身毛皆竖，而便倒地，又复还起。（宋·法天译《佛说大乘日子王所问经》卷1，T12，No. 333，p0072c）

以上均修饰单音节动词，或者中心语是单音节动词的短语。

这些时间副词主要是两类，一是表示时间的短暂，如"便即旋、便遂乃、即寻便"等；一是表示反复，如"别更复、复更重、更复别、更复还、亦复更、又复更、又复还"等。

（二）范围副词

由于这类范围副词数量太多，我们暂且将这些组合形式以头一个词为标志，分为以下若干组：

1."并"组：

主要有"并皆普（1）、并皆悉（3）、并悉总（1）"等3个。如：

（127）行者隐形日行千里，一切事业<u>并皆悉见</u>。（唐·不空译《北方毘沙门天王随军护法真言》卷1，T21，No. 1248，p0227a）

（128）子胥唤昭王曰："我父被杀，弃掷深江。"遂乃僵息停流，取得平王骸骨，并魏陵昭帝，<u>并悉总取心肝</u>，行至江边，以祭父兄灵曰……（《敦煌变文集·伍子胥变文》）

2. "皆"组：

主要有"皆并俱（2）、皆并悉（1）、皆共俱（2）、皆共普（2）、皆共同（12）、皆共咸（1）、皆共相（12）、皆尽悉（1）、皆同共（2）、皆悉共（19）、皆悉尽（20）、皆悉同（22）"等12个。如：

（129）呜呼我子，诸相具足，百福庄严，一一相中，<u>皆并悉备</u>。（隋·阇那崛多译《佛本行集经》卷19，T03，No. 190，p0743c）

（130）尔时众会复作是念："向者我等<u>皆共普见</u>寂寞世界，如今忽然悉无所有，将非幻化野马水影乎？复非梦镜恍惚耶？"（姚秦·竺佛念译《最胜问菩萨十住除垢断结经》卷8，T10，No. 309，p1028a）

（131）诸比丘，世间众生<u>皆悉共有</u>三种恶行。（隋·阇那崛多等译《起世经》卷7，T01，No. 24，p0346a）

（132）八大地狱一切业报，<u>皆悉尽知</u>。（元魏·瞿昙般若流支译《正法念处经》卷15，T17，No. 721，p0091a）

例（130）"普"与"皆""共"义近，《玉篇·日部》："普，徧也。""普"相当于"遍"，如唐韩愈《次邓州界》诗："早晚王师收海岳，普将雷雨发萌芽。"以上均修饰单音节动词，或者中心语是单音节动词的短语。

3. "尽"组：

主要有"尽皆备（4）、尽皆遍（1）、尽皆具（1）、尽皆普（1）、尽总皆（2）"等5个，如：

（133）第九，多足者，万法皆通，是无不会，世间之事，<u>尽总皆之（知）</u>。一切经书，问无不答，十二部尊经，记在心中。（《敦煌变文集·庐山远公话》）

4. "具"组：

主要有"具皆悉（19）、具悉皆（10）、具足悉（21）"等3个，如：

（134）作是念已，即办驴乘发遣，道路所须，<u>具皆悉备</u>。（唐·义净译《根本说一切有部毘奈耶皮革事》卷1，T23，No. 1447，p1049b）

5. "俱"组：

主要有"俱共相（7）、俱皆悉（2）、俱悉皆（2）"等3个。如：

（135）佛告诸比丘：欲知，尔时盎狐者，调达是；乌者，拘迦利是；仙人者，则菩萨是。尔时俱共相叹，以非为是、以是为非，于今亦然。（西晋·竺法护译《生经》卷3，T03，No.154，p0089b）

（136）故应定许一切识俱悉皆有触，诸所有触无不皆与受等俱生。（唐·玄奘译《阿毗达磨俱舍论》卷10，T29，No.1558p0053b）

6."普"组：

主要有"普遍皆（10）、普遍悉（1）、普共同（1）、普皆遍（10）、普皆同（2）、普皆周（5）"等6个。如：

（137）光焰净金色，普皆遍流出。（唐·善无畏、一行译《大毗卢遮那成佛神变加持经》卷7，T18，No.848，p0048a）

7."同"组：

主要有"同共俱（3）、同皆共（1）、同皆悉（3）"等3个，如：

（138）八地生无分别陀罗尼而为上首，八万四千陀罗尼同共俱生；九地生无边陀罗尼而为上首，六十二亿那由他陀罗尼同共俱生；十地生无尽陀罗尼而为上首，亿千恒河沙陀罗尼同共俱生。（姚秦·鸠摩罗什译《佛说庄严菩提心经》卷1，T10，No.307，p0962b）

（139）菩萨法眼了根欲性及一切法，若总若别，若麤若细，而无不穷尽。如来与菩萨同皆悉穷尽。（唐·澄观述《大方广佛华严经随疏演义钞》卷82，T36，No.1736，p0644c）

8."悉"组：

主要有"悉备具（3）、悉遍普（1）、悉各皆（1）、悉共集（3）、悉共俱（1）、悉共普（1）、悉共同（3）、悉共相（5）、悉皆备（21）、悉皆遍（56）、悉皆都（7）、悉皆各（4）、悉皆合（4）、悉皆尽（10）、悉皆普（10）、悉皆通（5）、悉皆同（19）"等17个，如：

（140）其名曰空无菩萨，持土菩萨，持人菩萨……普及一切贤劫菩萨，咸来集会悉共俱坐。（西晋·竺法护《顺权方便经》卷1，T14，No.565，p0921c）

（141）一时佛游拘留国转游，与大比丘众五百人俱，稍至城里聚落，有自然好音，佛顿其中。时彼聚落有梵志长者，与无央数众，悉共普闻。（西晋·竺法护译《生经》卷2，T03，No.154，p0079b）

（142）一切饮食悉皆都尽，更无有食。（西晋·安法钦译《阿育王传》卷7，T50，No.2042，p0129c）

9."咸"组：

主要有"咸共俱（1）、咸共齐（3）、咸共同（1）、咸共悉（1）、咸共相（3）、咸皆尽（1）、咸皆同（1）、咸悉备（1）咸悉都（1）"等9个，如：

（143）佛所讲法音，<u>咸共悉</u>听之。（西晋·竺法护译《度世品经》卷6，T10，No.292p0658a）

（144）五百良医无减少，<u>咸皆尽</u>来为我治。（高齐·那连提耶舍译《月灯三昧经》卷3，T15，No.639，p0567c）

（145）尔时太子，即如其言作大火坑。王及夫人，群臣婇女，闻是语已，不能自宁，<u>咸悉都</u>集，诣太子宫，谏喻太子。（元魏·慧觉等译《贤愚经》卷1，T04，No.202，p0350c）

"咸悉都"均修饰单音节动词；"咸共悉"修饰动词性短语，但中心语是单音节动词；"咸皆尽"修饰动词性短语。

10. 其他：

主要有"都皆集（1）、各共同（1）、各共相（12）、共俱悉（1）、合集共（4）、佥皆共（1）、周遍皆（12）、周遍悉（6）"等8个，如：

（146）时与诸天神，<u>佥皆共</u>来下。（姚秦·鸠摩罗什译《佛藏经》卷3，T15，No.653，p0804b）

这些范围副词不仅数量多，并且有一共同特点，均是表示总括的副词，我们没有发现表示仅只义的副词。

（三）程度副词

主要有"倍甚益（1）、倍益甚（1）、极大甚（5）、最大甚（1）、最极甚（29）"等6个，如：

（147）不如善男子、善女人书般若波罗蜜，持经卷与人使书之，若为人读，其福<u>倍甚益</u>多。（前秦·昙摩蜱共竺佛念译《摩诃般若钞经》卷2，T08，No.226，p0518c）

（148）不如善男子、善女人书般若波罗蜜，持经卷与人使书之，教令学，若为人读，其福<u>倍益甚</u>多。（同上，p0519a）

（149）比丘，若愚痴人从畜生出，还生为人，<u>极大甚</u>难。（东晋·瞿昙僧伽提婆译《中阿含经》卷53，T01，No.26，p0761b）

（150）我闻是微妙不可思议法诸佛功德，闻其大愿，我心欢喜，作是念：是清净、微妙、<u>最大甚</u>希有乃如是，为一一法故，应舍如恒河沙等身。（后秦·鸠摩罗什译《摩诃般若波罗蜜经》卷27，T08，No.223，p0420a）

（151）出过世间烦恼黑暗故名明灯，<u>最极甚</u>深难穷底故名大海，一切菩提分法宝具足故名宝所。（唐·地婆诃罗译《方广大庄严经》卷11，T03，No.187，p0608c）

这一类的同义副词三音节叠加与一般修饰单音节动词有别，它们多修饰单音节形容词，这也正符合程度副词一般修饰形容词的规律。这类副词还有一个共同特点，均是表示强度与比较度的，如"倍甚益、倍益甚"等表示比较度，"极大甚、最大甚、最极甚"表示强度，没有发现表示弱度的。

（四）语气副词

主要有"必当定（3）、必定须（10）、必定应（62）、必应当（18）、当必定（21）、定当必（1）、应当必（5）"等7个，如：

（152）若此小五衰相现未必定死，若大五衰相现<u>必当定死</u>。（唐·法崇述《佛顶尊胜陀罗尼经教迹义记》卷1，T39，No.1803，p1023a）

（153）是故求真实相者<u>必定须知三昧</u>。（高齐·那连提耶舍译《阿毗昙心论经》卷4，T28，No.1551，p0856a）

（154）圣后所怀妊，<u>必定应是天中天</u>。（唐·地婆诃罗译《方广大庄严经》卷3，T03，No.187，p0552b）

（155）如世尊教，<u>汝必应当作如是事</u>。（隋·阇那崛多译《佛本行集经》卷57，T03，No.190，p0918b）

（156）诸仁者！莫生怖畏，<u>我当必定救度汝等</u>。（高齐·那连提耶舍译《大悲经》卷4，T12，No.380，p0963b）

（157）释子！汝速起离此处，<u>定当必得转轮圣王</u>。（隋·阇那崛多译《佛本行集经》卷28，T03，No.190，p0784c）

（158）我父既为输头檀王而作国师，须多经营，备多种技，处王法中，代王断事。又复其儿悉达太子，决定与彼输头檀王，一种无异，<u>应当必作转轮圣王</u>。（同上，卷37，p0824b）

我们认为以上"应""当"与"必""定""须"义近，证据有三：

第一，以上这些同义副词三音节叠加形式都是由"应""当"与"必""定""须"组合而成，这些不少属于"同素异序"形式，如"必当定""定当必"与"当必定"，"必应当"与"应当必"，都是这种形式。能够组成同素异序形式的各个组成部分语义应当相近。

第二，《佛本行集经》中同时出现"必应当""定当必""应当必"等，不能只是看作一种偶然，可能反映了阇那崛多在译经时对这些近义词用法的选择性。

第三，《汉语大词典》"应"用作副词，相当于"须"，如宋·王安石《评定试卷》诗："疑有高鸿在寥廓，未应回首顾张罗。"宋·苏轼《水调歌头·丙辰中秋作》词："不应有恨，何事长向别时圆？""未应"就是"未须"，"不应"就是"不须"。

像前面一样，这些副词形式也都属于表示强调肯定的副词，没有发现表示其他语气的副词。

（五）情态副词

主要有"递共相（3）、迭共相（36）、更互共（5）、躬身自（4）、躬自亲（2）、互共相（22）"等7个，如：

（159）不复能信受，释师子之教。互起瞋恚心，<u>递共相</u>苦切。更相扬过失，恶名遍十方。（唐·菩提流志译《大宝积经》卷2，T11，No. 310，p0009a）

（160）一者<u>迭共相</u>杀众生，二者迭相劫夺众生，三者迭相侵妻众生。（元魏·菩提留支译《大萨遮尼乾子所说经》卷4，T09，No. 272，p0334a）

（161）如是彼二人<u>更互共</u>诤此论。（东晋·瞿昙僧伽提婆译《中阿含经》卷59，T01，No. 26，p0795b）

（162）若五不胜，三十三天助，帝释无事而住。彼若不胜，尔时帝释<u>躬身自</u>出，执金刚杵雨金刚雹。（北凉·浮陀跋摩共道泰等译《阿毗昙毗婆沙论》卷2，T28，No. 1546，p0013a）

（163）遂即召集一切医人，便将见王，王唤病人<u>躬自亲</u>看："汝等医人必须治差。"（唐·义净译《根本说一切有部毗奈耶破僧事》卷15，T24，No. 1450，p0178b）

（164）一持死尸入于庙中，一则空往。既入庙已，共诤死尸。一言，我得此尸。一人言，我得此尸。于是二罗刹<u>互共相</u>诤。（梁·僧伽婆罗译《阿育王经》卷9，T50，No. 2043，p0165b）

以上均修饰单音节动词，或者中心语是单音节动词的短语，均是表示"交互"与"躬亲"类的副词，没有发现其他类别。

第二节　同义副词三音节叠加的使用特点

在考察东汉三国佛教文献同义副词三音节叠加使用特点的时候，我们将视野置于整个汉语史的背景之下，因为不同历史时期的同义副词三音节叠加有其不同的使用特点，但是也有其共同的特征。

一、同义副词三音节叠加的共性

（一）使用频率低，但是数量多

在我们所搜集的同义副词三音节叠加中，出现频率最高的是"更互相"，中土文献10例，佛教文献412例，由于它在东汉三国佛教文献中没有出现，所以我们不作具体分析。不过很明显，它们相对于各组成成分来说，使用频率是相当低的。我们以"皆悉遍"为例，它总共出现88次，其中东汉三国佛教文献1次，后代佛教文献87次，中土文献不见用例。见下表：

表3-2　"皆悉遍"及其组成成分东汉三国佛教文献使用频率表

	皆悉遍	皆	悉	遍
东汉三国佛教文献	1	2289	1801	121

从上表可见，即使出现频率最高的"皆悉遍"，在东汉三国佛教文献中，出现频率远远低于其各组成成分"皆""悉""遍"。

东汉三国佛教文献同义副词三音节叠加虽然只有10个，但是中土文献和后代佛教文献共出现143个，汉语同义副词三音节叠加我们的统计总共153个，而汉语的副词一般认为就是1000来个，两者相比，同义副词三音节叠加出现的数量还是可观的，这里还没有包括梁晓虹（2005）所搜录的范围更广的同义副词三音节叠加。

（二）汉语的同义副词三音节叠加东汉开始产生，魏晋南北朝隋唐走向繁荣，宋代以后趋于衰落

从我们掌握的资料来看，汉语的同义副词三音节叠加是从东汉开始伴随着佛教文献而产生的，东汉以前主要是名词、动词、形容词的三音节词语，东汉开始出现同义副词三音节叠加，魏晋南北朝隋唐随着佛教文献翻译的繁荣而繁荣，宋代以后随着佛教文献翻译的衰落而趋于衰落。这与名、动、形这些实词相比，情况有所不同，名、动、形这些实词，自从产生以后，一直比较活跃，直至现代汉语。原因与佛教文献的翻译有关，具体请见下面的原因分析。

（三）汉语的同义副词三音节叠加主要修饰单音节动词或形容词

从汉语的同义副词三音节叠加的具体用法看，它们主要修饰单音节动词或形容词，如果修饰动（形容）词性短语也主要是中心语为单音节的短语。原因是佛教文献的语言以四音节为主，同义副词三音节叠加形式与其中心语正好形成四音节形式。

（四）三个单音节副词语义叠架

王海棻（1991）对六朝以后汉语中两个或几个意义相同或相类似的成分在句子中相连着出现的现象进行了考察，并称之为"汉语叠架现象"。汉语的同义副词三音节叠加就是一种语义叠架现象，这种现象的特点是并列使用三个意义相近的副词，如果去掉其中的任何一个，从语义表达的需要来说是完全可以的。当然，有些从韵律来说可能就不和谐了，但是有些与韵律无关，如：

（165）忏者，忏其前愆，从前所有恶业，愚迷憍诳嫉妒等罪，<u>悉皆尽忏</u>，永不复起，是名为忏。（元·宗宝编《六祖大师法宝坛经》卷1，T48，No. 2008，p0354a）

（166）如是阿寿，如是阿僧祇，如是不可计数，如是恒边沙，如是三千大千不可计数国<u>皆悉遍满中</u>，如是目连。（西晋·安法钦译《佛说道神足无极变化经》卷4，T17，No. 816，p0816a）

（167）如是用磨，磨已<u>复磨</u>，大磨作末。既作末已，<u>复更细磨</u>。彼等磨时，<u>更复重研</u>，研已复研，大研作尘。（隋·达摩笈多译《起世因本经》卷3，T01，No. 25，p0380c）

例（165）"悉皆尽忏"如果三个副词保留任何一个对语义没有产生太大改变，只是失去了"四字格"的句式，并似乎缺少了说话者要表达的强调意义；例（166）"皆悉遍"与"四字格"的句式没有关系，主要还是表达强调意义；例（167）既有"复磨"，又有"复更细磨"，还有"更复重研"，也是为了"四字格"的句式和表达强调的意义。

（五）汉语的同义副词三音节叠加多由使用频率较高的双音节副词与义近的单音节副词粘附而成；构词的随意性大，词形不稳定

我们以"皆悉"与"悉皆"为例，它们与义近的单音节副词黏附而成的同义副词三音节叠加如下：

"皆悉"组（13个）

遍皆悉、并皆悉、皆悉备、皆悉遍、皆悉共、皆悉尽、皆悉具、皆悉俱、皆悉普、皆悉同、具皆悉、俱皆悉、同皆悉

"悉皆"组（13个）

具悉皆、俱悉皆、悉皆备、悉皆遍、悉皆都、悉皆各、悉皆共、悉皆合、悉皆尽、悉皆普、悉皆通、悉皆同、悉皆总

以上两组各出现了13个，可见其粘附性还是相当强的。

至于同义副词三音节叠加构词的随意性大，词形不稳定的情况由上面的大量用例已经可以看出，这里我们随便例举几组：

时间副词：重复更——更复重——复更重；便即旋——旋即便——便旋即

语气副词：必应当——应当必；必当定——当必定——定当必——必定当

范围副词：皆悉具——具皆悉——具悉皆；皆悉俱——俱皆悉——俱悉皆；
同皆悉——皆悉同——悉皆同；孤独特——孤特独

程度副词：倍甚益——倍益甚

情态副词：更相互——更互相

（六）佛教文献主要集中于总括范围副词，中土文献分布广而数量少，二者呈现互补倾向

先看下表：

表 3-3　汉语同义副词三音节叠加分布情况简表

		佛教文献	中土文献	两者共有
范围副词	总括	皆悉备、皆悉遍、皆悉普、俱共同、遍皆悉、并皆普、并皆悉、并悉总、皆并俱、皆并悉、皆共俱、皆共普、皆共同、皆共咸、皆共相、皆尽悉、皆同共、皆悉共、皆悉尽、皆悉同、尽皆备、尽皆遍、尽皆具、尽皆普、尽总皆、具皆悉、具悉皆、具足悉、俱共相、俱皆悉、俱悉皆、普遍皆、普遍悉、普共同、普皆遍、普皆同、普皆周、同共俱、同皆共、同皆悉、悉备具、悉遍普、悉各皆、悉共集、悉共俱、悉共普、悉共同、悉共相、悉皆备、悉皆遍、悉皆都、悉皆各、悉皆合、悉皆尽、悉皆普、悉皆通、悉皆同、咸共俱、咸共齐、咸共同、咸共悉、咸共相、咸皆尽、咸皆同、咸悉备、咸悉都、都皆集、各共同、各共相、共俱悉、合集共、金皆共、周遍皆、周遍悉	并悉同、都俱各、各相共、俱共齐、普博尽、咸悉具、相共俱、究竟毕、究竟尽、壹都通	并悉共、并悉俱、都尽总、皆悉具、皆悉俱、略皆遍、悉皆共、悉皆总、咸皆共
	限定		孤独特、孤特独，但苟空、但空独	
时间副词		便旋即、便即旋、便遂乃、别更复、当行欲、复更重、更复别、更复还、即寻便、亦复更、又复更、又复还	旋即便、已尝经、重反复、犹且复	重复更、复更别、更复重、还复更、又复重
程度副词		倍甚益、倍益甚、极大甚、最大甚、最极甚	略颇稍、更益甚、弥更益	益复加
情态副词		递共相、迭共相、更互共、躬身自、躬自亲、互共相	更相互、交迭相、更直相	递互相、更迭相、更共相、更互相
语气副词		决定必、要会当、必当定、必定须、必定应、必应当、当必定、定当必、应当必	须当要	必定当、必当须、要必当、要当须
否定副词				

从上表可以看出以下几点：

第一，同义副词三音节叠加主要出现于佛教文献中，中土文献相对数量较少，可见，同义副词三音节叠加是佛教文献语言的一个重要特点，也是我们讨论它的主要原因。

第二，佛教文献同义副词三音节叠加主要集中于表示总括的范围副词，时间副词、情态副词及语气副词也有一些用例，但是数量少得多。中土文献相对分布较广（尽管数量较少），除否定副词外都有一些用例，特别是佛教文献中所没有出现的表限定的范围副词，在中土文献中都有一些用例，二者呈现互补倾向。两种文献都没有出现三音节的否定副词。

为什么佛教文献同义副词三音节叠加主要集中于表示总括的范围副词呢？

对于佛教文献同义副词三音节叠加主要集中于表示总括的范围副词梁晓虹（2001）认为："这个特色是与佛经内容、佛经文体有关系的。在佛经中，表概括、全部的副词非常多，除了我们提到的一些双音节的形式外，实际上还有很多同义的单音节词，如'皆''共''咸''悉'，使用频率很高。这是因为佛所面对的是各类有生命的芸芸众生，站在这样广大的立场上看问题，所以佛经中常出现极大的数目，概括的泛指的名词以及表总括的副词，如此，同义的成分相组合而成双音结构的机会就多。"同时她还认为，可以从范围副词的性质来探讨，"范围"一般有两个方面，即施事者和受事者，如"悉""皆"单用时职责并不完全等同，"悉"大多用以概括宾语所指代的对象，"皆"大多概括主语的整体。所以有时它们虽然"叠架"，但他们之间的细微差别仍能体现出来。因为它们并不是完全同义，而只是意义相类。要表示范围的全体，可从几方面进行，如果特别强调时，"复合"不失为一种有效的办法。三字"叠架"以及现代汉语常见的同义副词连用现象，正是反复强调的结果。

梁晓虹的这种看法，我们认为可取之处有三：

其一，三字"叠架"各成员之间的意义并不完全等同，只是意义相类。如果等同，完全是语言的浪费。

其二，三字"叠架"是反复强调范围的全体，用以引起人们的注意。

其三，从佛经的内容考虑问题，认为佛所面对的是各类有生命的芸芸众生，站在这样广大的立场上看问题，所以佛经中常出现极大的数目，概括的泛指的名词以及表总括的副词，这种提法比较有新意。

但是，从佛经的内容考虑，说服力不一定很强，有人也许会反驳，难道只有佛经需要表达全体的范围，其他就不需要了吗？因此，我们觉得，还是应该从表总括的范围副词本身来考虑。表总括的范围副词本身既可以表示范围的全体，也可以表示强调的语气。王力（1985）认为，语气副词有些是专用于语气的，另有些是借用普通副词的。可见，表示总括与表示强调并不矛盾，完全可以集于一身。因为副词在同一个义项中，既可以有客观意义，又可以具有主观性，在佛经中，为了宣讲佛理的需要，这种既可以表示总体普遍的意义又有强烈主观色彩的总括副词就特别受到青睐。而连用三个同义副词，更是为了强调这种主观性。

二、东汉三国佛教文献同义副词三音节叠加的个性

东汉三国佛教文献的同义副词三音节叠加只有范围副词"遍皆悉、皆悉备、皆悉遍、皆悉普、俱共同"，时间副词"便旋即、当行欲"，语气副词"必定当、决定必、要会当"等10个，而后世佛教文献与中土文献出现了144个，由此可见，东汉三国佛教文献的同义副词三音节叠加整体数量少。同时，只在范围副词、时间副词、语气副词中出现，分布范围较窄。从使用频率看，如下表：

表 3-4　东汉三国佛教文献与后世佛教文献及中土文献使用频率对照表

	东汉三国佛教文献	后世佛教文献	中土文献
皆悉备	3	47	0
皆悉遍	1	87	0
皆悉普	2	37	0
遍皆悉	1	0	0
俱共同	1	3	0
便旋即	2	6	0
当行欲	2	0	0
决定必	1	32	0
必定当	1	177	1
要会当	1（另外 1 例存疑）	0	0

从上表可以看出，除了"遍皆悉、当行欲、要会当"只在东汉三国佛教文献中使用以外，其他 7 个后世佛教文献的使用频率明显较高。

总之，东汉三国佛教文献的同义副词三音节叠加数量少，分布范围较窄，使用频率低等特点可以明显看出，东汉三国时期是同义副词三音节叠加的萌芽期，并且主要出现于佛教文献中。

第三节　同义副词三音节叠加产生及其衰落的原因

本节内容是在《佛教文献三音节副词特点及产生、衰落的原因》（唐贤清 2007）一文的基础上，通过扩大语料考察范围，对汉语同义副词三音节叠加现象产生与衰落的原因进行分析。

一、汉语同义副词三音节叠加产生的原因

杨爱姣（2000）认为汉语里的三音节词，中古开始产生，元以后有了巨大的发展，成为近代汉语口语化特别鲜明的标志之一。三音词大量涌现的原因可以归结为社会的发展、语音的简化、语体的转化、造词法的完善等四个方面。同义副词三音节叠加产生的原因，与一般三音节词产生的原因既有共性，也有不同，因为汉语的同义副词三音节叠加发展轨迹与一般三音节词不同，它从东汉产生，魏晋南北朝走向繁荣，唐宋以后趋于衰落，其兴盛的原因我们从以下两个方面讨论：

（一）内因是语言内部自身发展的结果

1. 语言三音化的趋势

汉语不仅有双音化的趋势，这已为学界所公认，汉语也有三音化的趋势，这也是不争的事实，周荐（2003）认为三字组合在现代汉语词汇系统中占有重要的位置。据他统计，《现代汉语词典》（修订本）收条目凡 58481 个，其中三字组合有 4910 个，约占该词典收条总数的 8.4%。在《现汉》中，被收入条目最多的单位是双字组合，有 39548 个，约占该词典收条总数的 67.6%；其次是单字，有 8795 个，约占该词典收条总数的 15%。许浩（1997）在大量统计数据的基础上更是明确了现代汉语词汇中音节走势的"三音化"倾向。

汉语方言也是如此，王咏梅（2004）在考察龙岩话常用三字组的动态声调时，例举了大量的三音节词，如：

雷公响　lui^{11}koŋ^{334}hiaŋ^{21}

做字纸（订契约、合同）　tso$^{21-35}$ tsi^{334} tsua^{21}

牛屎虫　gu^{11} sai$^{35-21}$t'aŋ^{11}

从类型学的角度来看，世界上不少语言都有三音节词。

古代突厥文献语言：

买提热依木·沙依提（2004）认为古代突厥文献语言音节结构的基本类

型有三种 :1. 单音节词的音节结构，共例举了 6 种类型；2. 双音节词的音节结构，共例举了 14 种类型；3. 三音节词的音节结构，共例举了 22 种类型。该文举例所用符号"V"表示元音，"C"表示辅音，"|"表示音节界限，如：

V＋CV＋CV:a|bï|rï（UW 96/10）"阿避热"（人名）[1]

V＋CVC＋CVC: ï|duq|qut（UW Em01/15，92/18）"亦都护"

V＋CVCC＋CV:a|dïrt|la-（AY 44/14）"区分"

VC＋CVC＋CVC:ev|mäk|lik（QR 108v10 3）"赞扬"

景颇语：

戴庆厦（1997）认为景颇语的语音构造，存在双音节化倾向，但是，同时也有大量三音节词出现，在各类词中，有的三音节词与双音节词并用，可以自由变读，意义不变。例如：

表 3-5　景颇语三音节、双音节对比表

三音节	双音节	汉义
kã^{31}kat^{31}khom^{33}	kat^{31}khom^{33}	跑步
lam^{33}lã^{33}mo^{33}	lam^{35}mo^{33}	大路
ʃã^{33}kau̯^{33}khje^{33}	kau̯^{33}khje^{33}	洋葱
sã^{55}li^{ʔ55}ai^{33}	li^{ʔ55}ai^{33}	句尾词（第一人称叙述式）
mã^{31}nit^{31}tai^{33}	mjit^{31}tai^{33}	句尾词（第三人称叙述式）

丁崇明（2002）在对汉语、藏缅语、侗台语、苗瑶语复合式合成词进行比较时认为黎语修饰式复合词不论是哪一类语素构成的都是正偏型的，这与其他多数语言不同。其中有不少三音节词，例如：

黎语：

hw:k^{55}hau^{53}niu^{53}　牛角蕉

芭蕉　牛　角

苗瑶语中的勉语也有大量三音节词，如：

勉语：

fei^{21}puɥ^{33}tau^{24}　四方竹

四　方　竹

dat^{12}dje^{33}tɕa^{24}　织布机

织　布　架

---

① 文中征引文献的缩写符号为：AY: Ceval KAyA，UYGURCA ALIUN YARUQ（《回鹘文〈金光明最胜王经〉》），Ankara，1994；KT:《阙特勒碑》；MS：斯拉菲尔·玉素夫、多鲁昆·阚白日、克由木·霍加：《弥勒会见记》，新疆人民出版社，1987 年；QR：《拉布古孜〈圣人传〉》；UW：买提热依木·沙依提、依斯拉菲尔·玉素甫：《回鹘文契约文书》，新疆人民出版社，2000 年。

no^{12}ȵɛ:ŋ^{21}djaŋ^{24}　啄木鸟

鸟　啄　　木

彝语：

戴庆厦主编的《彝语词汇学》（1998）统计彝语共 5945 个词，以双音词为最多，有 3732 个，占总数的 62.78%；其次是四音节词，853 个，占总数的 14.35%；然后是三音节词，共 670 个，占总数的 11.2%。特别值得注意的是，三音节词以副词（状态词）比例最大，为 134 个，占副词（状态词）总数的 47.69%。可见，彝语中的三音节词数量相当多，并且副词多为三音节形式。

佤语：

赵岩社等（1998）认为佤语中有不少三音节词，如文东的佤族自称"巴敖克"[pa raʊk]，住居在孟连、西盟的佤族自称"阿佤来"[aˀvaˀlɔɪ]。特别是 si ndaing（非常）和 lang deng（实在）的后面都可以 nyāo（极）表示程度的加深。如：

（168）loux　grāi　noh　<u>si ndaing nyāo</u>.　*他讲的话太好了。*

　　　　话　　讲　　他　　非常（好）极

（169）saex　noh　<u>lang deng nyāo</u>.　*他的病很严重。*

　　　　病　　他　　实在（严重）极

上述程度副词连用现象与汉语的同义副词三音节叠加相类似。

可见，语言中的三音节形式是语言中大量存在的现象。

2. 上古三音节实词用法的扩展

刘师培（1993）早就注意到："古人属词以达词为主，然句法贵齐。若所宣之蕴已罄而词气未休，则叠累其意。以复词足其语。"并举了大量用例加以说明，然后说："以上所举，均以句法修短，既垂定则，及词浮于意，其意不足以尽词，即以同义之字并举，齐列实词而外，又有重叠语词之例。"（《左庵集》卷四）他的话中有三层意思：第一，出现同义词语并列使用的现象，是为了使句法整齐；第二，是为了强调需要表达的意义；第三，实词、虚词都可以同义并举。

胡敕瑞（2002b）把三音词语分为四大类：二加一式、一加二式、三字连式、三字分式，三字分式的三音词语即三个意义相同或相近的字（实际上都是词）组合在一起，共同表达一个相同或相近的意思，他们之间的结合关系并不紧密，分开可以单独表义。"这种结构的三音词语，东汉以前就有，但尚不多见。"我们援引其《左传》中的用例如下：

（170）以弊邑之为盟主，<u>缮完葺</u>墙，以待宾客。（《左传·襄公

三十一年》）

（171）奉酒醴以告曰："嘉栗旨酒"。（《左传·桓公六年》）

"缮完葺"是三个近义动词的组合，"嘉栗旨"是三个近义形容词的组合。

胡敕瑞（2002b）进而把这种组合分为"实词结合"与"虚词结合"两种，认为东汉以前主要是"实词结合"，东汉开始有"虚词结合"，他举了《论衡》中"普博尽"的例子，但是他认为东汉佛教文献未见虚词结合的三音词语。我们认为东汉已经产生了虚词结合的三音词语，例子见前。

通过以上论述我们可以看出，上古已有实词结合的三音词语产生，俞樾（1939）卷二"语缓例十八"以及吴金华（1995）中《古文中的同义词连用》都涉及上古实词结合的三音词语，到东汉，由于用法的扩展，出现了虚词结合的三音词语。

3. 受到当时口语化的影响

我们知道，汉语的词汇倾向于双音节化，因为双音化更适合汉语句子的节律。但是佛教文献中这种三音节词同义并列的现象形成其语言的重要特色。竺家宁（2002）认为，这种特色的形成与佛教文献句子的节奏并无关系，因为佛教文献虽然有四字为一个停顿的节奏特性，这些三音词并不出现在这样的句式中，也没有使句子齐整化的作用，事实上，早期佛教文献尚无四字格的要求，因此三音节词与佛教文献句子的节奏无关，可能来自当时实际的口语，因为佛教文献为了传布宗教，大量使用了社会通用的词语，使得佛教文献的语言能反映当时人们最亲切熟悉的语言，这种三音节的构词现象，在佛教文献中出现的频率极高，词汇类别也多，显然已非临时松散的组合，而是一种普遍而固定的结构。魏晋的中土文献没有比佛教文献保存更多的如此丰富的口语词汇，因为一般非佛教文献多出自读书人之手，容易受到双音节的书面语体的影响，不像佛教文献多在域外僧人主导下完成，他们学的是社会大众的口语，受书面语的影响极小。因此，佛教文献的三音节构词，反映了当时社会的流行风向。

对此我们有三点基本认识：第一，佛教文献确实反映了社会大众的口语，其中的三音节词可能是当时口语的真实反映。不过，情况也并不令人非常乐观，许理和（1987）提出，这些佛经译文的语言，是否可以看作是东汉时期洛阳地区的口语呢？应当考虑到几种复杂的因素：一是佛经译文的语言必然受到传统文言的影响。二是佛经的印度原文对佛经译文的语言会有干扰。三是译经者往往喜欢用四字格式，这会使佛经译文的语言脱离口语。四是有些佛经的译文可能是很糟糕的中文，有时甚至是西域混杂语。

由于受到这些因素的干扰，我们认为佛教文献反映当时口语的水平会大打折扣。但是与中土文献相比，佛教文献的口语成分要多得多。

第二，竺家宁认为，佛教文献虽然有四字为一个停顿的节奏特性，三音词并不出现在这样的句式中，也没有使句子齐整化的作用，从同义副词三音节叠加的使用情况来看，并不完全符合事实，因为不少同义副词三音节叠加后修饰单音节的动词或者形容词，构成四字格的形式，上面大量的例证可以说明，此处不再赘述。

第三，竺家宁认为，这种三音节的构词现象，在佛经中出现的频率极高，词汇类别也多，显然已非临时松散的组合，而是一种普遍而固定的结构。佛教文献的三音节词确实出现频率极高，但是并不是一种固定的结构，而是一种松散的结构，特别是我们所关注的三个单音节词素并列组成的三音节词，他自己举了"皆悉遍"和"悉皆遍"的例子，其实就是结构松散的很好例证。就佛教文献的同义副词三音节叠加而言，不少属于三音节的同素异序现象，是谈不上结构固定的。

4. 同义互注，确定词义

后人给古书作注时，经常利用同义的词语训释，所以，古人在运用语言时，受这种因素的影响，经常将几个同义的词排列在一起。董志翘（1999）认为，"多音节同义复词从上古文献直至中古文献中均有出现，抑或当时为了文句音节上的需要而叠用；抑或为了同义互注，以便确定词义。总之，这种形式不免叠床架屋之嫌，经一时期使用之后，逐渐趋于淘汰。"他用《离骚》中的一个同义副词三音节叠加加以说明，如下：

（172）夏桀之常违兮，乃遂焉而逢殃。（《楚辞·离骚》）

袁梅《屈原赋译注》："遂焉：犹'终然'。二句意谓：夏桀违背正理而妄行，于是终究身遭祸殃。"如此作解，将"乃遂焉"割裂，未得其理。其实"乃遂焉"为三音节同义副词，其义均是"于是""就"。古文献中，"乃遂"常可连文，"焉乃"亦可连文，《楚辞》中就不乏其例，"乃""遂""焉"互注，可以了解其义。

5. 同义叠加，增强语义

（173）是人死已离三恶道生有佛刹，常与善人游止，共俱能行布施忍辱精进乐于禅定，修习五通乐涅槃道大慈悲心教化众生，能得诸佛璎珞庄严功德之身，过去所有烦恼及习悉皆尽灭。（北凉·昙无谶译《大方等大集经》卷38，T13，No.397，p255b）

（174）见虚空中，尘雾烟云悉皆遍满。（惰·阇那崛多《佛本行集经》卷26，T03，No.190，p775c）

（176）呵已放去，而语之言："莫复如是。"然是众生更重复作，亦且呵放，如是再三，犹不改悔。（隋·阇那崛多等译《起世经》卷10，T01，No.24，p362b）

同义副词的三音节叠加式可以使语义增强，表示强调，以上例句的"悉皆尽""皆悉遍""更复重"均可表示强调。这一形式也是复杂象似性动因和重叠象似性动因的体现。语言的象似性是指感知到的现实的形式与语言成分及结构之间的相似性，也就是说语言的形式和内容之间有着非任意的一面。人类语言的象似性动因有多种，它们在竞争中取得动态的平衡。认知语言学认为简单的概念结构对应简单的语言形式，复杂的概念结构对应复杂的语言形式，即所谓复杂性象似动因。语言表达形式的重叠或重复对应概念领域的重叠或重复，即所谓重叠象似性动因。同义副词的三音节叠加，通过音节的增多，使词义通过重叠而得到增强，就起到了强调的作用。

（二）外因是在佛教文献翻译中语言接触的结果

佛教文献语言是一种与当时的书面语和口语都有一定距离并令当时的读者有些陌生和不习惯的语言。但在佛教力量的支配和印度文化的吸引力的双重作用下，汉地人民不但通过佛教文献了解了印度佛教，同时也熟悉了佛教文献的语言，进而还有了用这种语言进行的言语创作。因此，王力（1980）说："汉语复音化有两个主要因素：第一是语音的简化；第二是外语的吸收。……由于有了这两个重要因素，汉语复音化的发展速度更快了。"对于语音的简化我们暂且不说，至于对外语的吸收，我们认为这种语言间的接触对汉语同义副词三音节叠加的影响主要表现在以下两方面：

1. 适应梵语特点的需要

梵语系统属于印欧复音语系，罗根泽认为，其"为语单复无恒，或以一字以摄众理，或数言而成一义"，"胡字一音，不能成语，必余言足句，然后义成。"对于汉语，梁晓虹（1994）认为："汉语属于单音语系，一字一音，又大多一字一义。这两种完全不同质素的语言对译，异常困难。而比较好的处理方法就是把汉语词的组织进行一些改造，使本单纯的语词变为复合词或者在单纯语词上，附加以表白的辞语。译经时，汉语这种特有的手段得到充分利用，所以构建了相当多的复音词，比较准确地表达了'一字以摄众理''数言而成一义'的另一种语言的概念。"可见，佛教文献翻译需要利用汉语的固有词，把一些单音节词改变成复音节词或者多音节词，其中也包括三音节词。

2. "同格的词语，铺排叙列"

梁启超（1989）认为，"吾辈读佛典，无论何人，初展卷必生一异感，觉其文体与它书迥然殊异。其最显著者……汉文佛典同格的词语，铺排叙列，动至数十"。梁启超很早就指出了佛教文献将"同格的词语，铺排叙列"的做法。陈秀兰（2008）也进一步证实，"汉文佛典作为翻译的文学作品，在文学方面的一个最大的特点就是充满极度、反复的夸张，这种夸张手法的运用，在语言上的一个突出表现就是使用表示程度很深的副词。因而魏晋南北朝佛典使用此类副词的总频率多于魏晋南北朝文。"可见，连用三个语义相近的副词（"同格"）"铺排叙列"，是佛教文献文体的体现。当然，东汉三国时期，中国文学的散文与韵文都有骈俪化的趋向，只是佛教文献从整体来说表现得比较突出。

（三）语用上出于凸显焦点信息的目的

为什么要将"同格的词语，铺排叙列"呢？同义副词三音节叠加，用三个构成成分句法上一起充当状语，语义上与其中一个单一的副词等价。从语义上说，它带来的只是语义上的冗余，并没有新的信息，因此，归根到底，还只能从语用的角度加以解释。我们认为这是出于凸显焦点信息的目的。目前学术界比较流行的看法是把焦点视为句子当中新信息的重点，是说话人强调的重点。张伯江、方梅（1996）就说："一个句子的焦点是句子语义的重心所在。"焦点与它所载信息在言语主体意识中的重要程度有关。刘丹青、徐烈炯（1998）认为，信息的新旧是客观存在的，而强度则是说话人主观赋予的。沈家煊（1999b）从认知特点分析注意和语法结构的关系，提出"语义重点"和"注意焦点"两个概念，认为"句子的语义重点往往成为注意的焦点"，"一个句子的语义重点一般也是放在句首或句尾"。在他看来，似乎表达重点就是注意焦点。张伯江、方梅（2001）也说："由于句子的信息编排是遵循从旧到新的原则，越靠近句末信息内容就越新。句末成分通常被称作句末焦点，我们把这种焦点成分称为常规焦点。"这就是说，副词所修饰的对象谓词性成分就是常规焦点，说话者为了强调这一焦点，办法很多，最为直观的办法（不一定是最有用的办法）可能在这个谓词性成分前的副词前后再加上两个同义副词，以凸显这一焦点。这一办法很直观，从感觉上似乎凸显了焦点成分，但是从理论上分析并不尽然，杨荣祥（2005）认为副词并用现象于东汉六朝大量涌现的原因之一是说话人出于加强语义的动机，他进一步解释说，"只需用一个副词却要并列使用两个甚至三个同义副词，也可能是说话人出于加强语义的动机。原则上讲，编码加长，要表达的意义就会更加突出。但客观上，副词毕竟属功能词（function word），表示的意义比较空灵抽象，两个同义副词并列出现比起一个副词单独出现，并不一定能增加表义强度。"请看例子：

（176）有弟九多足者，万法皆通，是无不会，世间之事，<u>尽总皆知</u>。一切经书，问无不答，十二部尊经，记在心中。（《敦煌变文集·庐山远公话》）

在"万法皆通"和"世间之事，尽总皆知"这两个小句中，焦点成分分别是"通"与"知"，加上副词"皆"以后，强调了语义焦点"通"，而另一小句加上"尽总皆"以后，还是强调了语义焦点"知"，只是从形式上看起来增加了"尽总"两个同义副词以后，语义表达显得更加突出了，如果把"世间之事，尽总皆知"变成"世间之事皆知"，只是从韵律上显得不和谐了，其他没有太多的改变。

如果小句"世间之事，尽总皆知"的谓项是焦点，其前使用了三个同义副词，而另外的小句"万法皆通"的谓项表达的不是语义焦点，因而只用了一个副词。这就能从理论上证明同义副词三音节叠加具有凸显焦点的功能，但是事实并不如此，所以同义副词三音节叠加的使用，我们只能视为表面上的强调焦点，用这种违背经济原则的手段强调说话者的主观愿望，至于真正能否达到效果，说话者也许并不在意，因为这些译经者毕竟没有多少是语言大师，也正因为如此，这种形式宋代以后趋于衰落。

二、同义副词三音节叠加从宋代开始趋于衰落的原因

同义副词三音节叠加从宋代开始趋于衰落，原因有两个。

（一）内因是汉语同义副词三音节叠加自身的局限性

杨荣祥（2005）从四个方面概括了同义副词三音节叠加自身的局限性，一是"副词并用"不是意义表达的需要，只是一种冗余；二是并用的副词往往是独立性都很强的常用副词，但并用时结合又是松散的，不能凝固为复合词，对语言的词汇语法系统来说，都是很难接受的；三是副词属于"功能词"，而语言中的功能词是不需要也不允许有多个同义词的，并用现象造成形式的繁复和分歧，违背了语言的经济原则；四是并用的单音节副词，其功能、意义都是比较单一的，无须通过复合词来区分、明确意义，所以绝大多数没有生命力。

尽管三音节词是语言中大量存在的现象，但是与双音节词相比，其普遍性受到了很大的挑战，双音节词具有更大的优势，在语言竞争过程中，处于劣势的退出历史舞台这是自然规律，因此同义副词三音节叠加与双音节副词竞争时，慢慢消失，这是很自然的。

以上几个方面，确实是汉语同义副词三音节叠加在发展过程中所暴露出来的"致命伤"。但是这些"致命伤"不一定非得在宋代开始发作，因

此，它们的衰落应当还有其他的原因。

（二）外因是宋代开始佛教文献翻译走向衰落

由于汉语的同义副词三音节叠加与佛教文献有很大关系，因此它的衰落也应与此相关。梁启超详细考察了东汉至隋唐 700 年间佛教文献翻译的过程，将其分为三个时期：东汉至西晋，这是译经的启蒙期，一些高僧据原经翻译，出现了中国最古老的佛教文献；两晋至南北朝，这是译经的拓展期，佛教文献的基本格局是在第二期中奠定的；唐贞观至贞元，这是佛教文献翻译的鼎盛期，由于玄奘等对译经的重大贡献，这期间佛教文献诸宗全被译为中文。宋以后，佛教文献翻译基本上停了下来。随着佛教文献翻译的停顿，汉语的同义副词三音节叠加失去了一块生长的土壤。

古汉语和现代汉语共同语及方言一脉相承，有些古汉语存在的语言现象虽然在共同语里已经衰落或消失，但往往能在汉语方言中找到蛛丝马迹。同义副词的三音节叠加使用就是一例，虽然同义副词的三音节叠加式在共同语里已经衰落，但在闽南方言中，仍有这种用例，如：

（177）反倒转：福建厦门：伊无细腻拚破物件，<u>反倒转</u>讲别人下无好势。他不小心把东西打破了，反而怪别人没把东西放好。（周长楫 1998: 240）

（178）又佫再：福建厦门：你<u>又佫再</u>是迄个款，互人看了真讨厌。你又是这个样子，让人看了真讨厌。（周长楫 1998: 129）

周长楫（1998）认为，"佫"也是"又"的意思，并且"佫"可以单独使用，比如"佫去"就是"又去"的意思。

"反倒转"也可以省略"倒"，说成"反转"。"又佫再"的叠加成分"又""佫""再"都可以单独使用，也可以两叠使用，可以说"又再去""又佫去""佫再去"，表达的意思都是"又去"。

第四章 东汉三国佛教文献 "副词 + 否定词"研究

学界对副词与否定词共现现象的关注较多，比如袁毓林（2002）、尹洪波（2008）、史金生（2011）、高宁（2013）等从多角度对多项副词共现的句法语义进行探讨。

关于"副词 + 否定词"的情况，学界关注则相对较少。郑剑平（1996）曾对现代汉语514个副词逐一进行分析，根据是否具有修饰否定性结构的功能，将现代汉语副词分三类：肯定性结构专用副词，此类副词不修饰否定性结构，共187个，约占所收副词的36%；肯定/否定性结构兼用副词，共314个，约占所收副词总数的61%；否定性结构专用副词，不修饰肯定性结构，共有13个，约占副词总数的3%。

从郑文来看，汉语副词大多数属于既可以修饰肯定性结构，也可以修饰否定性结构的兼用副词。

隋长虹、侯振岩（2000）所说的否定性副词是指只能出现于或经常出现于否定性结构的副词。现代汉语中存在着一定数量的否定性副词，它们经常与表示否定的词语如"不、没（有）、无"等在话语中共现，组成否定性结构。如"毫（毫不客气）、丝毫（丝毫不差）、绝（绝无二心）、万万（万万不能粗心大意）、并（并不知道）、根本、压根儿（根本/压根儿没这回事儿）、从来、从（从来/从不迟到）、始终（始终没去过）"等等。朱庆之（2005）从历史语法学角度对中古近代汉语中的"副词 + 否定词"组合进行了研究。

我们从隋长虹、侯振岩（2000）、朱庆之（2005）等文章中所分析的这些副词来看，许多种类的副词都能与否定词组合，从而达到强化否定的效果。

汉语强化否定的手段很多，如反问，还有就是我们上面讲的部分副词与否定词组合。对于利用反问形式强化否定，吕叔湘（1984）、于根元（1984）、张伯江（1996）都有深入讨论，如张伯江（1996）对北京口语里的八种否定形式进行了深入分析，并且对反问形式能起强化否定的作用从否定预设的角度做出了解释。不过我们这里只讨论部分副词与否定词组合，强化否定的情况。

东汉三国佛教文献中有一些副词能与否定词组合，能与副词组合的否定词主要有"不""无""非""未""莫""勿""弗"等七个，这种"副词＋否定词"结构的组合能力各不相同，语义特征也千差万别，下面我们具体加以分析。

第一节 "副词＋不"的组合能力及语义特征

一、与"不"组合的副词表示强调否定语气

不少副词与"不"组合后表示强调否定语气，从副词的类别来看，主要有以下情况。

（一）时间副词＋不（10个）

东汉三国佛教文献中，"时间副词＋不"的组合主要有：

本＋不（10次，下同）、初＋不（6）、复＋不（21）、恒＋不（1）、久＋不（4）、尚＋不（21）、素＋不（3）、亦＋不（41）、犹＋不（13）、又＋不（10）

这些副词原本是时间副词，但是与"不"等否定词组合后，语义发生了变化，都或多或少的有了表示强调否定语气，有人把这种用法的副词叫做语气副词（评注性副词），我们这里从来源来看，把它暂时放在时间副词里面，看作时间副词。

本 ＋ 不

（1）先人祖父，素不作善，本不为道，身愚神闇，心塞意闭，不见大道，殊无有能。（吴·支娄迦谶译《佛说阿弥陀三耶三佛萨楼佛檀过度人道经》卷2，T12，No. 362，p0312b）

（2）汝本不闻诸仙圣言：若少壮老皆归于死，犹如果熟自然落地。汝本不观一切生死，犹如梦中邪见事耶？（支谦译，《菩萨本缘经》卷2，T03，No. 153，p0060c）

《说文·木部》："本，木下曰本。"可见"本"本义是草木的根，后来语义抽象化，表示"原来的、固有的"，如《周礼·地官·大司徒》："以本俗

六，安万民。"郑玄注："本，犹旧也。"然后虚化为副词，表示"本来、原来"，这些意义都含有"初始"一类的意义，也含有主观化的成分，主观上认定原本如此，如《韩非子·解老第二十》："而祸本生于有福。故曰：'福兮祸之所伏。'"

"本"表面上看起来像是时间副词，表示情况或状态始终如此，但是由于它本身具有强烈的主观性，因此，"本"与否定词"不"等组合后明显带有强调否定的语气，相当于"根本"，主观化程度比纯粹表时间的"本"更高。

"本"与否定词组合见于先秦，如《韩非子·忠孝》："孔子本未知孝悌忠顺之道也。"但是"本"的强调语气并不很强。

不过，从东汉三国佛教文献的用例看，如例（1），"本不"与"素不"同时出现，形成对照，强调意味较浓。

现代汉语也有这种用法，姜汇川等（1989）认为"本"是表必然性与偶然性判断的判断副词，表示本来就应该这样。我们认为，这种判断副词，主要是表示语气。如：

（3）像《孤儿不孤》这样的事，在解放以后，<u>本不</u>是太稀奇的。（冰心《咱们的五个孩子》）

例（3）"本"是对后面否定的强调。

客观来说，与后面的"初不"等相比，"本不"的语气并不很强烈。

初 ＋ 不

（4）目连答言："汝为人时，饭饲众生，<u>初不</u>令足。今受花报，果入地狱。"（后汉·安世高译《佛说鬼问目连经》卷1，T14，No. 511，p0613）

（5）尔时值虎害此小儿，小儿命终，魂神即转，生长者家，第一夫人作子，夫人怀妊，口便能说般若波罗蜜，从朝至暮<u>初不</u>懈息。（吴·康僧会译《六度集经》卷6，T03，No. 152，p0035）

《说文》："初，始也。"《尔雅·释诂上》亦云："初，始也。"由此虚化为副词，表示时间、频率，相当于"才""刚刚"，如《书·召诰》："若生子，罔不在厥初生，自贻哲命。"

从句法位置看，"初"一般用在动词前，表示动作行为或事情的开始。也可以用在句子或短语之前，表示对往事或过去一段时间的追述。

但是，最值得注意的是，"初"与否定词"无""不"等连用，可以表示强调语气，相当于"根本、完全"等。

例（5）"初不"就是"根本不得""完全不得"。

中土文献如《诗·豳风·东山》"勿士行枚"，汉郑玄笺："初无行陈衔枚之事。"孔颖达疏："初无犹本无。"南朝宋刘义庆《世说新语·言语》："桓玄诣殷荆州，殷在妾房昼眠，左右辞，不之通。桓后言及此事，殷云，初不眠，纵有此，岂不以'贤贤易色'也。"

杨树达《词诠》卷五"初"字："副词，《诗·豳风·东山疏》云：初无犹本无。按此则初训本也。刘淇云：初犹言'自来''从来'也。按此恒与否定词无字或不字连用。"

《汉语大字典》注意到了"初"与否定词组合表示强调的用法，专列一条。《汉语大词典》虽然没有明确指出，但是列出两个义项，"本、本来"与"全、始终"，所引例证均是"初"与否定词"不、无"等组合的例子。

蒋绍愚（1980b）认为文言文中的"初不"比较常见，义同"曾不"。其中的"初"是加强语气的语气副词。唐诗中语气副词"初"也可以单用，大致上义同"乃"。

葛佳才（2005）认为，"初"与否定词连用，汉代始见，汉代以后更是习见于各种文献，我们通过验证，并不虚言。

董志翘、蔡镜浩（1994）指出了"初"与否定词连用的三种情况：一是表示原来的情况与意图，即表示时间，又表示语气，常与否定词连用，可译为"本来"；二是表示时间的全过程，常与"不""无""未"等否定词连用，可译为"从来""始终"；三是用在否定句中，表示彻底的否定。对"初"表示强调的来历作了深入的探讨，认为"初"表语气的"本，本来"义和表时间的"始终"义，都是由本义"初始"引申而来，由"初始"义引申为"始终"义，是由原来的一个起始时间点，变成了从起始一直到目前的一个时间段。用在否定句中，是对整个时间段的否定。再引申至不指整个时间段，仅针对目前情况而言，则可表示对情况的彻底否定。他们不仅指出了"初"的复杂的用法，而且分析了它的来历，有开创性。但是似乎把简单问题复杂化了，不论哪种情况，"初"用在否定词前，均表强调的否定语气。

另外，王锳（1986、2001）、朱庆之（2005）对"初"与否定词组合表示强调否定语气也有论述，可以参看。

复 + 不

（6）或时一者比丘，善语言善说，余比丘不如，便从善语言善说自誉欺余。是非贤者法，贤者复不尔。贤者学计是我不必从善美语，亦不从知善美说，能断欲贪，能断瞋恚，能断愚痴。（后汉·安世高译《佛说是法非法经》卷1，T01，No. 48，p0838a）

（7）何谓住无所住，于三界不以三界作习。不习者是为内，亦不求习者是为外。虽外不堕弟子无所习，<u>复不堕辟支佛地</u>。（后汉·支娄迦谶译《佛说阿阇世王经》卷1，T15，No. 626，p0391a）

《尔雅·释言》："复，返也。"《说文·彳部》："复，往来也。"段玉裁注："返，还也。还，复也。皆训往而仍来。"《小尔雅·广言》："复，还也。"本义为"还、返回"，虚化为副词，表示时间频率，有反复、继续等意味，相当于"又、更、再"等，如《论语·述而》："久矣吾不复梦见周公。"

"复"和否定词"不"连用，表示对行为实现的否定。"复"与否定词、否定短语组合以后，在语言表述中主观性加强，其本身原有的语法意义和语用意义发生变化，不是单纯的表示对现实情况的否定，而具有了强调否定的作用。

《汉语大字典》就已经指出"复"作为副词可以表示反问或加强语气的作用。中国社会科学院语言研究所的《古代汉语虚词词典》也指出了"复"用在疑问句谓语前，表示强化语气，相当于"又、还、到底"等。如：

（8）长跪问故夫：新人<u>复</u>何如？（梁·徐陵编《玉台新咏·上山采蘼芜》）

（9）文王之囿，与众共之，池鱼<u>复</u>何足惜。（南朝宋·刘义庆《世说新语·政事》）

（10）儿已薄禄相，幸<u>复</u>得此妇。（《古诗为焦仲卿妻作》）

（11）古来登高人，今<u>复</u>几人在？（唐·李白《李太白集·九日登山》）

以上各例既有疑问句，也有陈述句，但是都有一个共同的特点，就是"复"具有强调的语气。

东汉三国佛教文献中的"复＋不"也可以表示对否定的强调。

例（6）"贤者复不尔"意犹贤者决不如此。例（7）"复不堕辟支佛地"意犹又不堕辟支佛地。

和后世出现的"再不VP"相比，"复不VP"表强调否定的语气似乎并不强烈，这也可能造成"复不VP"在后世文献中为"再不VP"所取代。此处还有一种值得注意的现象，就是不少学者认为"复"在中古时期用作词缀，那么，会不会是"复"与前一成分组合成复音结构，然后与"不"等否定形式结合呢？我们认为也有这种可能。如：

（12）无义无礼，自用职当，不可谏晓。亦<u>复不</u>忧念父母妻子有无，又**复**不念卒报父母之德，亦**复**不念师父之恩。心常念恶，口常言恶，日不成就。（吴·支谦① 译《佛说无量清净平等觉经卷》卷4，T12，No.361，p0297a）

例（12）"亦复""又复""亦复"并列出现，不难看出"复"当为词尾。比较难以把握的是以下两例。

（13）闿士大士思惟中慧得功德，出应仪、缘一觉上，会当**复**不退转，不中道堕落。（吴·支谦译《大明度经》卷5，T08，No.225，p0503a）

（14）一佛国、十佛国，百佛国千佛国，万佛国亿佛国，亿万亿佛国中有佛，各自有名字，多多**复**不同，无如我名字者。（吴·支谦译《佛说阿弥陀三耶三佛萨楼佛檀过度人道经》卷1，T12，No.362，p0309b）

例（13）"复"，据正仓院圣语藏本（天平写经），宫内省图书寮本（旧宋本），南宋思溪藏宋本，元大普宁寺藏元本，明方册藏明本，都写作"得"，《大正藏》改为"复"。从版本来看，此"复"当不是词缀，但是光从《大正藏》的上下文来看，似乎既可以把"复"看作词缀，也可以把"复"看作表强调语气的副词。不过结合版本与上下文语义看，应视作表示强调的副词为宜。

例（14）"各自有名字"，据南宋思溪藏宋本，元大普宁寺藏元本，明方册藏明本，"各"都写作"各各"，《大正藏》改为"各"。而"多多复不同"，三本"多"均为"甚"。此两句如为"各各自有名字，多多复不同"，此"复"当与"自"一样为词缀；如为"各各自有名字，甚复不同"，"复"也为词缀；只有"各自有名字，多多复不同"，"复"才可以看作副词，并有强调的语气，从"多"为"甚"也可以看出这种程度、强调的意味。

"复"与否定词组合用于强调否定，在现代汉语普通话中已不多见，但在现代闽方言中仍有用例，如，

（15）汝**复**怀是无敁厝？你不是不在家吗？（黄涛 2016）

（16）汝**复**𣍐爱去咯了，固讲许侈做讬！你又不想去了，还说那么多干什么！（黄涛 2016）

恒 + 不

（17）更相因缘**恒**不和，为多疵哉。以行善恶之行，因缘之所在，

---

① 此经译者《大藏经》为后汉的支娄迦谶，据 Jan Nattier <A Guide to the Earliest Chinese Buddhist Translations——Texts from the Eastern Han（东汉）and Three Kingdoms（三国）Periods>，我们改为吴支谦译。

恒为人所嫌疑，非人有哉。（后汉·安玄译《法镜经》卷1，T12，No. 322，p0017c）

《说文》："恒，常也"。段注："常当作长。"本义为"长久、固定"，虚化为副词，表示动作行为的经久性与经常性，相当于"总是、常常"。先秦已有用例，如《书·伊训》："敢有恒舞于宫，酣歌于室，时谓巫风。"孔传："常舞则荒淫。"可见"恒"与"不"组合后，表示对某一范围的全部否定，随着语言表达主观性的增强，进而可以表强调否定的语气，例（17）"恒不和"就是"总不和""根本不和"。

尽管东汉三国佛经文献"恒不"只出现了1次，但是不论中土文献还是佛教文献，"恒不"的使用频率相当高。我们检索了《国学宝典》，剔除佛教文献，中土文献有200多例，历代都有大量用例，如：

（18）或言生乎汉末，自陕居大阳，无父母兄弟妻子。见汉室衰，乃自绝不言。及魏受禅，常结草为庐于河之湄，独止其中。冬夏恒不着衣，卧不设席，又无草蓐，以身亲土，其体垢污皆如泥漆，五形尽露，不行人间。（西晋·陈寿《三国志》卷十一《魏书》十一）

（19）若骏马则起落不测，瞬息百里，虽欲细察之，恒不能矣。故凡骏马之驰，仅以蹄尖寸许至地，若不沾尘然，画者往往不能酷肖。（清·屈大均《广东新语》卷十三）

但是现代汉语中，"恒不"我们没有发现一例，常见的是"永恒不……。"

佛教文献中，据CBETA《电子佛典集成》（2018），"恒不"有上千例。如：

（20）尔时长老梵志，调达是也；儒童者，释迦文佛是；以本誓故，恒不相离，是其本末也。（西晋·竺法护译《生经》卷5，T03，No. 154，p0108a）

"恒"在否定词前表示强调语气，但并不限于这一种现象，包含"恒"的一些双音节副词，也可以表示强调的语气，如"恒慨""恒是""恒属""恒数"等。

杨雄《方言》卷二："恒慨，蓡（索含反。）绥，羞绎，（音奕。）纷母，言既广又大也。荆扬之间凡言广大者谓之恒慨，东瓯之间谓之蓡绥，（东瓯亦越地，今临海永宁是也。）或谓之羞绎，纷母。"

"恒慨"，言既广又大也，荆扬之间凡言广大者谓之恒慨。现湖南洞口方言有"恒慨是"的说法，如：[①]

---

① 下列两例洞口方言例句来自笔者自省。

（21）你恒慨是咯之嘎，莫听话。你总是这样，不听话。

（22）他恒慨是咯之嘎，莫去算哩。他反正是这样，不去算了。

此处"恒慨"均有强调的语气。

与"恒慨"类似的还有"恒是""恒属""恒数"等。

"恒是"作为语气副词，表确定、强调。《汉语大词典》没有这一词条，检索文献，主要出现于《金瓶梅》，共4例，据魏红（2007），副词"恒是""浑是"是明清山东方言特有的词，都可以用来加强确定语气。"恒是"只出现在《金瓶梅》中，有4例，表示强调，只修饰VP：

（23）月娘道："孩儿，你起来，不消哭。你汉子恒是问不的他死罪，打死了人还有销缴的日子儿。贼强人他吃了迷魂汤了，俺每说话不中听，老婆当军，充数儿罢了！"（明·兰陵笑笑生《金瓶梅》二十六回）

（24）恒是看我面不要你利钱。你且得手使了。（明·兰陵笑笑生《金瓶梅》三十一回）

（25）你老爹他恒是不稀罕你钱，你老院里老实大大摆一席酒，请俺每耍一日就是了。（明·兰陵笑笑生《金瓶梅》六十七回）

（26）他好胆子，恒是杀不了人，难道世间没王法管他也怎的！（《金瓶梅》八十九回）

例中"恒是"多用在否定句中，相当于"无论如何、横竖"。

"恒数"也是语气副词，表确定、强调，相当于"横竖，反正。"如：

（27）你恒数不是爹的小老婆就罢了，就是爹的小老婆，我也不怕你！（明·兰陵笑笑生《金瓶梅》二十四回）

（28）孩儿，你起来，不消哭。你汉子恒数问不的他死罪。（明·兰陵笑笑生《金瓶梅》二十六回）

"恒属"作为语气副词，表确定、强调，相当于"横竖，反正。"如：

（29）乐三道："如今老爹上边既发此言，一些半些，恒属打不动两位官府。"（明·兰陵笑笑生《金瓶梅》四十七回）

（30）你们千差万差，来人不差。恒属大家只要图了事。（明·兰陵笑笑生《金瓶梅》六十九回）

久 + 不

（31）以为有欲想，相随久不断，在意念是为欲念种。（后汉·安世高译《阴持入经卷》卷1，T15，No. 0603，p0175c）

"久"是"灸"的本字，后分立，"久"指时间长，《广韵·有韵》："久，长久也。"如《诗·邶风·旄丘》："何其久也，必有以也。"后虚化为副词，表示动作行为持续时间长，相当于"长久地""久久地"，如《孟子·尽心上》："五霸，假之也。久假而不归，恶知其非有也。""久"与否定词"不"等组合后，表示对某一范围的全部否定，有强调否定的作用。"久"作为副词，本身也可以表示语气，相当于"终于，终究。"如：

（32）"时暗而久章者，君子之真也。"（南朝梁·萧统《文选》卷四十五，班固《答宾戏》）

李善注引项岱曰："言君子怀德，虽初时未见显用，后亦终自明达。"可见，李善是把"久"理解为"终"的。

尚 ＋ 不

（33）是五百比丘<u>尚不</u>欲闻佛所说，何肯随小罗汉语乎？（后汉·支娄迦谶译《佛说遗日摩尼宝经》卷 1，T12，No. 350，p0193b）

（34）若不得是比，不得是相，菩萨用是比，用是相行具足，如是<u>尚不</u>得佛。（同上，《道行般若经》卷 6，T08，No. 224，p0456a）

《说文·八部》："尚，曾也。"徐灏注笺："曾犹重也，亦加也。"《广雅·释诂二》："尚，加也。"虚化为副词，表示动作行为的继续、相承，相当于"还""仍然"。《字汇·小部》："尚，犹也。"《书·多方》："今尔尚宅尔宅，畋尔田。"孙星衍疏："言今尔犹居尔居，治尔田。"

"尚"也可以用作语气副词，《说文·八部》"尚，庶几也。"表示命令或祈使。如《书·汤誓》："尔尚辅予一人，致天之罚：予其大赉汝。"孔颖达疏："汝庶几辅成我一人，致行天之威罚，我其大赏赐汝。"

"尚"作为语气副词，既可以表示不定语气，也可以表示肯定语气，相当于"必然"，如《墨子·兼爱中》："大事既获，仁人尚作。"《孔子家语·三恕》："尚有说也。"王肃注："尚，犹必也，言必有说。"

"尚"与否定词连用，应该可以表示强调否定语气，例（33）"尚不欲闻"就是"仍不想听"，例（34）"尚不得佛"就是"必不得佛"。其他如：

（35）草木有所托，岁寒<u>尚不</u>移。（唐·李白《古风五十九首》之四十四）

例（35）"尚不移"就是"仍不移"。

素 ＋ 不

（36）先人祖父，<u>素不</u>作善。（吴·支谦译《佛说阿弥陀三耶三佛萨楼佛檀过度人道经》卷 2，T12，No. 362，p0312b）

（37）夫人怀妊，口便能说般若波罗蜜，从朝至暮初不懈息。其长者家，<u>素不</u>知法，怪此夫人口为妄语，谓呼鬼病，下问遣祟，无所不至，无能知者。（吴·康僧会译《六度集经》卷 6，T03，No. 152，p0035c）

《说文》："素，白致缯也。"本义是白色生绢，因为"素"是尚未染色的丝织物，引申为时间词，表示从当前出发追溯到过去某一时间点，相当于"平素""旧时"，再表示由过去的某一时间点到当前的一个时间段，故引申为"本来、素来"，如《左传·僖公二十八年》："其众素饱，不可谓老。"杨伯峻注："素，向来。"

葛佳才（2005）认为"素"与否定词连用后，直接否定过去到现在的一段时间，同时也传达了一种强调否定语气。《古代汉语虚词词典》（1999）指出副词"素"的第二个义项，与副词"不""未""无"等连用，表示对否定的强调，我们认为这一义项是由时间副词虚化而来的，例中的"素不"就是"根本不"。

亦 + 不

（38）时王闻已，甚怀欢喜，即答鹜言："随汝所求，终不吝惜。"鹜白王言："我<u>亦不</u>须金银珍宝及诸财物，唯须王眼以为美膳，愿王今者，见赐双眼。"（吴·支谦译《撰集百缘经》卷 4，T04，No. 200，p0218b）

《说文·亦部》："亦，人之臂亦也。"假借为副词，相当于也、也是，如《书·康诰》："怨不在大，亦不在小。"也相当于又，如《左传·文公七年》："先君何罪？其嗣亦何罪？"又相当于尚、犹，如《庄子·田子方》："夫哀莫大于心死，而人死亦次之。"又相当于已、已经，如《诗·邶风·泉水》："毖彼泉水，亦流于淇。"孔颖达疏："亦，已也。"又相当于仅仅、只是，如《孟子·滕文公上》："尧舜之治天下，岂无所用其心哉？亦不用于耕耳。"又相当于皆，如《左传·昭公二十四年》："《大誓》曰：'纣有亿兆夷人，亦有离德。'"可见"亦"是一个多功能词。

王锳（1986）认为副词"亦"有很多用法，其中"亦、深、绝，用以加强肯定或否定语气的副词。""亦不"犹言"绝不"。在 2001 年的修订本中，他又将这种"亦"分为两类：一类"犹言'并''绝'，副词，多与否定词连用，以加强否定或转折语气"；另一类"有'颇''甚''深''极'等义，程度副词"。

张万起（1993）考察了《世说新语》中的副词"亦"，认为"亦"有时用在"不""无"等否定词前边，其作用是加强否定语气，相当于"并"。援引一例如下：

（39）客问乐令"旨不至"者，乐亦不复剖析文句，直以麈尾柄确几曰："至不？"（南朝宋·刘义庆《世说新语·文学》）

朱庆之（2005）也认为"亦"用在否定词前可以表示强调否定语气。

值得注意的是，并不是所有的否定词前面的"亦"都表示强调否定语气，东汉三国佛教文献否定词前的"亦"还有一部分不表示强调否定语气。

犹 ＋ 不

（40）男名槃达，龙王死，男袭位为王，欲舍世荣之秽，学高行之志。其妻有万数，皆寻从之，逃避幽隐犹<u>不</u>免焉。（吴·康僧会译《六度集经》卷5，T03，No. 152，p0029a）

（41）满财长者曰："汝今责几许财宝？"阿那邠邸长者曰："我今须六万两金。"是时满财长者即与六万两金。时阿那邠邸长者复作是念："我以方便前却，<u>犹不</u>能使止。"语彼长者曰："设我嫁女，当往问佛，若世尊有所教勅，当奉行之。"（吴·支谦译《须摩提女经》卷1，T02，N0. 128b，p0838a）

《说文》："犹，玃属。"假借为"如同、好比"，《广韵·尤韵》："犹，似也。"虚化为副词，表示某种情况持续不变，相当于"仍""仍然"，如《诗·卫风·氓》："士之耽兮，犹可说也。"由这一义项进而虚化，用在否定词之前，表示强调语气，"犹不从"就是"仍不从""还是不从"。其他如《楚辞·离骚》："亦余心之所善兮，虽九死其犹未悔。"

又 ＋ 不

（42）迦叶自事三火，明旦然之，<u>又不</u>可灭。五百弟子，及诸事者，助而灭之，了不可灭。疑佛所作……（后汉·昙果共康孟详译《中本起经》卷1，T04，No. 196，p0151a）

（43）迦叶身自事三火，明旦燃之，<u>又不</u>可燃。心念："复是大沙门所为也。"（吴·支谦译《佛说太子瑞应本起经》卷2，T03，No. 185，p0481b）

《说文·又部》："又，手也，象形。"段玉裁注："此即今之右字。"高鸿缙《中国字例》："字原象右手形，手本五指，只作三者，古人皆以三表多。后借为又再之又，乃通假右助之右以代之。久而成习，乃加人旁作佑，以还右助之原。"假借为副词，表示动作的重复或继续，可译作"仍""又"等，如《诗·小雅·巧言》："乱之初生，僭始既涵。乱之又生，君子信谗。"《汉语大字典》与《汉语大词典》都注意到了"又"作为副词，用在否定或反问句里，加强语气，《汉语大词典》的例子为《左传·庄公十年》："其乡人曰：'肉食者谋之，又何间焉？'"又《西游记》第二三回："他又不是我的生身父母，干与不干，都在于我。"《汉语大词典》"又"出现于否定词前表示强调语气的用例为明代。这种用法是东汉三国佛教文献"又不"的发展。

例（42）的"又不可灭"与"了不可灭"对应，"了不"可以理解为借对事物极小量的否定来表示强化否定，"又不"与"了不"对出，也可以表示对否定的强调。

东汉三国佛教文献"又不"是"仍不"的意思，具有一定的强调否定的语气，到了明代，这种语气变得明显起来。现代汉语中"又"加否定词，是从古代汉语中这一用法发展而来的。

马真（2001）认为语气副词"又"只能用在直接否定前提条件的句子里起加强否定语气的作用。如：

（44）小张：小王，明天我们去叶老师家，带一瓶茅台酒吧。

小王：叶老师又不喝白酒。

小张提出给叶老师带一瓶茅台酒，小王不同意，但小王不直接说"不要给叶老师带茅台酒"，而是采取否定"叶老师喝白酒"这一事实来达到否定小张意见的目的。这里小王就用了"又"来加强否定语气。

"又"在现代汉语方言西南官话、吴语、湘语、客家话、赣语、粤语中，用来加强否定语气也是比较常见的现象，如：

（45）云南昆明：个个菜都放着辣子，他们又不吃辣子，咋个整? 怎么办？（丁崇明 2005）

（46）浙江绍兴：今朝又弗比上外冷。今天又不比昨天冷。（盛益民 2014）

（47）湖南衡阳：你又不去，你问么个？[①] 你又不去，你问什么？

（48）福建宁化客：牛又不映，柴又不斫，你想做什么？又不放牛，又不砍柴，你想做什么？（张桃 2004）

（49）江西修水：哇又不哇清，唔得我跑来跑去。说又不说清楚，害得我跑来跑去。（罗芬芳 2011）

（50）广东广州：佢嚟嚟下又唔嚟喇。他来了一段时间又不来了。（甘于恩 2002）

我们发现，能与否定词共现且表强调的时间副词主要具有表持续不变的语义特征。这些时间副词与"不"等否定词组合时，表示的强调否定语气并不一致，并且内部也不平衡，"本 ＋ 不""初 ＋ 不""恒 ＋ 不""久 ＋

---

① 本条语料为田野调查所得。发音人：王元社，1955 年生，男，汉族，湖南衡南县人，小学文化。

不""素＋不"等强调否定语气要强一些,而"复＋不""尚＋不""亦＋不""犹＋不""又＋不"等强调否定语气要弱一些。

这些表示持续不变义的时间副词用在否定词前之所以可以起强化否定的作用,其原因在于这些"副词＋否定词"均属于借否定极大量进而否定全称量,在语句中,这样的语义特征会促使这些结构的主观性不断加强,从而带有强化否定的意味。

这一点沈家煊(1999a)就已指出,他认为汉语中有一些表示极大量的副词,如"从来、老、总、始终",用在否定句中,很自由,用在肯定句反而受限制。例如:

(51)我从来没听说过。　　　*我从来听说过。

(52)我跟他老没见了。　　　*我跟他老见了。

(53)他始终不屈服。　　　　*他始终屈服。

这些句子中的否定词都位于表极大量的副词之后,可以视为一种有标记否定,是用否定一个极大量来否定全称量。

史金生(2002)认为"频频、屡屡、一再、连连"等表示动作发生的频率,这种频率只能是肯定的实际发生的动作的频率,而不能是否定的未实现的动作的频率,所以它们不能与否定词共现。"常常、经常、往往、总(是)、老(是)、一直、一向、长期、久久、彻夜、整天"等不仅可以表示动作的量,也可以表示事件状况的重复量或延续量。依前文所述,否定形式也可以表示一种状况,所以包含否定形式的动词性结构可以受"常常"类副词的修饰。

史金生(2002)还认为,能用于否定句中的极大量副词大都是表延续的,其原因在于,"没/不＋VP"表示的是一种状态的持续,其中VP的核心如"听说、见、屈服"等均为表变化义的动词,其肯定形式不能表示延续的状态,但否定形式表示的是某种变化尚未实现,这可以理解为一种状态,所以一般不说一件事情在一个时间段内处于"听说"的状态,但可以说处于"没听说"的状态。如果"老、总"是表频度的,"我跟他老见面"这样的句子就是很正常的了。这从另一个方面说明表延续义的动量副词对否定词的选择限制要宽一些。

(二)范围副词＋不(10个)

东汉三国佛教文献中,能与"不"组合的范围副词主要有:

都＋不(26)、都卢＋不(2)、独＋不(10)、皆＋不(45)、尽＋不(1)、惧＋不适＋不(2)、惟＋不(1)、悉＋不(16)、一一＋不(1)

略举如下:

都 + 不

（54）如是世人，不信作善得善，不信为道得道，不信死后世复生，不信施与得其福德，<u>都</u>不信之尔。（吴·支谦译《佛说阿弥陀三耶三佛萨楼佛檀过度人道经》卷2，T12，No. 362，p0312b）

（55）世尊！今者何故，于其长夜宣说法要无有休息，然佛身心<u>都</u>不疲厌，云何如是？（吴·支谦译《撰集百缘经》卷4，T04，No. 200，p0219a）

《说文》："都，有先君之旧宗庙曰都。"本义为古代指有先君宗庙的城邑。抽象化动词，表示"汇聚、聚集"，《广雅·释诂三》："都，聚也。"再虚化为副词，表示"全、全部"，如《列子·周穆王》："莫知其所施为也，而积年之疾一朝都除。""都"与否定词组合表示强调语气的现象，多有学者论述。

江蓝生（1988）考察了魏晋南北朝小说中副词"都"的种种用法，论之甚详，特别指出"都"用于否定句，既不表总括，也不表程度，只是起加强语气的作用。

据殷艳娟（1998）的统计，《世说新语》中的副词"都"，共出现37次，其中否定句中30次，肯定句中7次。否定句中"都 + 无"16例，"都 + 不"13例，"都 + 未"1例。同时，杨荣祥（1998）认为，《世说新语》中副词"都"共出现37次，除1例为统计副词外，其余36例都表示对语气的强调。

对于"都"与否定词连用的历史演变，葛佳才（2005）作了很好的概括。他认为"都"在否定句中加强否定语气的用法，在东汉只见于汉译佛经，同期世俗文献、道教文献都不见用例。到魏晋六朝，"都"与否定词连用表彻底否定语气的用法，已由译经扩散到中土文献。

现代汉语的"都"也可以表示强调语气，据《现代汉语虚词例释》（1999），副词"都"作为范围副词，总括前边提到的事物，表示后边的动作没有例外。也可以表示强调的语气，用在不同的场合中。如用在表示推论的复合句的从句中，表示强调的语气，有"甚至"的意思，强调程度之甚，同时仍起概括范围的作用。另外"都……了"有"已经……了"的意思，强调时间迫近或情况早已存在，此不赘述。

汉语方言中原官话、吴语、湘语中，"都"用于否定词前，表示强调语气的用例也比较常见。如：

（56）山西：天这么热你<u>都</u>不歇晌午。这么热的天，中午你都不休息。（吴云霞2002）

（57）浙江：因<u>都</u>弗来管，何况新妇来管哉。女儿都不来管，何况让媳妇来

管了。（盛益民 2014）

（58）湖南衡阳：你自家<u>都不</u>话，我不好话得。^①你自己都不说，我不好说。

另外，董志翘、蔡镜浩（1994）、魏达纯（1996）、朱庆之（2005）对副词"都"加否定词都有详细论述，可以参看。

都卢 ＋ 不

（59）四意止有四辈，一者念非常意止，二者念苦身意止，三者念空有意止，四者念不净乐意止，是为四意止。一切天下事皆堕身痛痒，堕法，<u>都卢不</u>过是四事也。（后汉·安世高译《佛说大安般守意经》卷 2，T15，No. 602，p0171a）

（60）须菩提谓释提桓因："是事<u>都卢不</u>可计，正使计倍复倍人无底，波罗蜜无底。"（后汉·支娄迦谶译《道行般若经》卷 1，T08，No. 224，p0430c）

张相（1985）、郭在贻（1985）、王云路、方一新（1992）对"都卢"均有所论列，董志翘、蔡镜浩（1994）主要就唐宋时期中土文献的"都卢"进行了分析，认为"都卢"当为"都来"的音变，"卢""来"音近，均表示对事物的总括，表示"全都、统统"。李维琦（1999）对佛教文献的"都卢"做了深入讨论，认为"都卢"表示"全、全部"义，与《汉语大词典》释义"统统"基本相同。但是考虑到"都卢"可与否定词组合的是朱庆之（2005），他将其视为副词与否定词组合所构成三音节结构。我们认为，"都卢"与"不"组合，与"都 ＋ 不"组合一样，"都卢"也是表示强调否定的语气。

独 ＋ 不

（61）今日之乐，宜请右夫人。王便普召，被命皆会。该容持斋，<u>独不</u>应命。反复三召，执节不移。王怒隆盛，遣人拽出，缚置殿前，将欲射杀。该容不怖，一心归佛。（后汉·昙果共康孟详译《中本起经》卷 2，T04，No. 196，p0157c）

（62）诸菩萨、阿罗汉中有但欲闻经者、中有但欲闻音乐声者、中有但欲闻华香者、中有不欲闻经者、中有不欲闻五音者、中有不欲闻华香者，其所欲闻者辄则独闻之，其所不欲闻者了<u>独不</u>闻也，则皆自然随意，在所欲喜乐，不违其心中所欲愿也。（后汉·支娄迦谶译《佛

---

① 本条语料为田野调查所得。发音人：王元社，1955 年生，男，汉族，湖南衡南县人，小学文化。

说无量清净平等觉经》卷 2, T12, No. 0361, p0285c)

（63）菩萨言："我曹各说一事，当复为汝说一事：因言独不生无有苦耳，有身无有不苦者。"（吴·支谦译《惟日杂难经》卷 1, T17, No. 0760, p0608b)

《字汇·犬部》："独，单也。"本义为"单独、独自"，如《易·小畜》："'有孚挛如'，不独富也。"虚化为副词，表示范围小，相当于"仅仅、唯独"。如《墨子·尚贤中》："且以尚贤为政之本者，亦岂独子墨子之言哉？"

江蓝生（1988）、董志翘、蔡镜浩（1994）对副词"独"表示程度与反诘的用法进行了深入探讨，蒋绍愚（1980a）在《杜诗语词札记》中也详细考证了唐代诗歌中副词"独"既可以表示"还、仍"之义，也可以表示程度，相当于"最、特别"，还可以表示转折，相当于"却"。从以上诸位先生的论述中，我们明显感到副词"独"具有主观性，因此我们认为"独 + 不"，是借否定极小量来否定全程量，"独"在此基础上再虚化出表强调的语气。东汉三国佛教文献中的"独"已不是一个一般的范围副词，它是具有强烈主观感情色彩的，带有很强的强调语气，相当于"根本"。

皆 + 不

（64）心当何缘求，心当云何入？守空三昧，守无相三昧，守无愿三昧，向泥洹门，皆不中道取证。（后汉·支娄迦谶译《道行般若经》卷 7, T08, No. 224, p0459a)

（65）尔时世尊，秋果熟时，将诸比丘，游行聚落，噉食果蓏，皆不消化，多有疟疾，种种病生，不能坐禅读诵行道。（吴·支谦译《撰集百缘经》卷 4, T04, No. 200, p0217a)

《说文·白部》："皆，俱词也。""皆"的本义为"都、俱"，表示统括。如《易·解》："雷雨作而百果草木皆甲坼。"张玉金（2001）认为，甲骨文中副词"皆"就已经成熟了。葛佳才（2005）认为，由于从甲骨文时代到宋代以前，"皆"在汉语总括副词中占统治地位，也许正是受了这一主导地位的限制，相对于其他总括副词与否定词连用时语义、功能普遍转变而言，否定词前的"皆"却表现出了相当的稳定性，强调否定语气的作用不太强。但是我们认为，其中的"皆"仍有强调否定语气的作用。我们从"皆"的使用可以看出，副词与否定词组合表示强调语气，并非铁板一块，一个强度，其中各有不同，"皆"就属于强度较弱者。

尽 + 不

（66）佛告船师："汝今为我渡诸众僧。"船师答曰："与我价直，然后当渡。"佛告船匠："……我亦皆度出生死海，<u>尽不</u>索直。汝今何故，特从我索，然后渡人？"（吴·支谦译《撰集百缘经》卷3，T04，No. 200，p0215a）

《说文·皿部》："尽，器中空也。"本义为器物中空，引申为"竭、完"，《广韵·轸韵》："尽，竭也。"虚化为副词表示"全部、都"，《集韵·准韵》："尽，悉也。"杨树达《词诠》卷六："尽，表数副词，悉也，皆也。"如《左传·昭公二年》："周礼尽在鲁矣。"上例"尽"与"都"一样，在否定词前强调否定语气。

在部分官话方言中，也有"尽"在否定词前加强否定语气的用例，如

（67）西南官话（成都）：在那些年辰，有稀饭吃就<u>尽不</u>错了。那些年，有稀饭吃就很不错了。（许宝华、宫田一郎1999：2286）

（68）西南官话（武汉）：你<u>尽不</u>吃，都冷了。你老不吃，都冷了。（许宝华、宫田一郎1999：2286）

（69）中原官话（徐州）：<u>尽不</u>走总不走（许宝华、宫田一郎1999：2286）

俱 ＋ 不

（70）太子曰："吾后亦当老乎？"对曰："自古有老，无圣免兹。"太子曰："吾谓尊荣与凡有异，而<u>俱不</u>免，荣何益己？"（吴·康僧会译《六度集经》卷7，T03，No. 152，p0041a）

（71）日月大地及四天王悉皆证知，初婚之日，君自发言誓不相舍，如何今日便欲独往？当知日月及以猛火，明与质<u>俱不</u>相舍离，君今云何而欲见舍？（吴·支谦译《菩萨本缘经》卷2，T03，No. 153，p0059b）

《说文》："俱，偕也。"王筠句读："偕，俱互训，而皆亦训俱，所以见偕、俱，即皆、具之分别文。"《玉篇·人部》："俱，皆也。""俱"副词，表示范围，相当于"共同""一起""全""都"等，如《孟子·告子上》："虽与之俱学，弗若之矣。"又《孟子·尽心上》："父母俱存。""俱不"与"都不"相比，强调的语气要弱，可能是"俱"口语色彩不强的缘故。如《论语·宪问》："羿善射，奡荡舟，俱不得其死然。"其中"俱不得其死然"只是客观表示羿和奡不得善终，"俱"在其中并没有起加强否定语气的作用。

适 ＋ 不

（72）不爱身亦不爱命，不乐于五道，悉晓了人于法，于佛法中是故为戒，<u>适不</u>在中边止也。（后汉·支娄迦谶译《佛说遗日摩尼宝经》

卷 1，T12，No. 350，p0193b）

（73）心一反念佛悉在前立，一切适不复愿，适无所生处，十方不可计佛刹悉见。（同上，《般舟三昧经》卷 1，T13，No. 418，p0904a）

在古代汉语中，"适"与"適"是两个不同的字。今以"适"为"適"的简体字。《说文》"適，之也。"从这个核心义漫延，就有"适会""偶合"。清刘淇《助字辨略》卷五："适，正也。"杨树达《词诠》卷五："适，适然也。于一事实与别一事实巧相会合时用之。今言'恰好''恰巧'。"；进一步引申，就有"偶尔""刚刚"等更抽象的意义。《增韵·昔韵》："适，适然，犹偶然也。"杨树达《词诠》卷五："适，今言刚纔。"

"适"又通"啻"，只，仅仅。清王引之《经传释词》卷九："啻，字亦作适。家大人曰：《说文》：'適，啻声。'适、啻声相近，故古字或以适为啻。""适"不仅有限止义，而且由于词义的沾染，有了总括义。

对于"适"的来源，葛佳才（2005）作了很好的考证，由于"适""啻"音近义通，"适"也有"仅只"义，在范围副词兼表总括与限止的发展趋势的影响下，"适"沾染上了"都"义。

"适"在肯定句中表示总括十分罕见，但是与否定词连用以加强否定语气，却成了它的基本用法。

何亚南（1998）认为"适"常用在否定词之前，表示一种完全的否定，在这种场合中，其用法略等于"了"，是当时的新生义。由于"适"与"齐""均"义同，因此也就逐渐沾濡上了这两词的副词之义"都"。同时，汉语中这类副词原来就很发达，而且"适无"在表义方面也不如"了无"来得简截明了，这种先天的不足，使得这一词义最终没有被人们广泛接受。也因为这个缘故，"适"的"都"义一直没有受到人们的注意，通行辞书均不收立此义。

对于"适"表示强调否定语气的用法，还可以参见葛佳才（2002）、朱庆之（2005），此不赘述。

惟 + 不

（74）身、心、意而适等，其名流于三世莫不闻者，一切所问皆能报答，惟不以烦而肯说者。（后汉·支娄迦谶译《佛说伅真陀罗所问如来三昧经》卷 1，T15，No. 624，p0349c）

《说文》："惟，凡思也。"本义为"思考、思念"。副词"惟"是假借字，假借为副词，相当于"只有""只是"，也作"唯""维"。如《论语·述而》："子谓颜渊曰：'用之则行，舍之则藏，惟我与尔有是夫！'""惟"与

"独"一样，在否定句中表强调语气，起强化否定的作用，但是这种强调语气不如"都"一类表示范围广的副词来得强烈。

悉 + 不

（75）离于哀心常在魔事。离信佛戒者，所作悉不随其法教。（后汉·支娄迦谶译《文殊师利问菩萨署经》卷1，T14，No. 458，p0437a）

（76）愿问贤神俞曰，远可靖大喜足。从何见学得灭，悉不受世所有？（吴·支谦译《佛说义足经》卷2，T04，No. 198，p0184b）

《说文·采部》："悉，详尽也。"《玉篇·采部》："悉，详也。"本义为详尽，形容词，虚化为副词，表示范围，相当于"全""都"，如《书·汤誓》："王曰：'格尔众庶，悉听朕言。'"同"都"等范围副词一样，"悉"用于否定词前，强调否定语气。

一一 + 不

（77）王阿阇世便以衣着其上，应时而不见但闻其音。言其有现者以衣与之，便复以衣次第与诸比丘，一一不见。尽索五百人，悉亦不现但闻其音。（后汉·支娄迦谶译《佛说阿阇世王经》卷2，T15，No. 626，p0402b）

"一一"本是情态副词，表示"逐一、一个一个地"，如《韩非子·内储说上》："齐宣王使人吹竽，必三百人。南郭处士请为王吹竽，宣王说之，廪食以数百人。宣王死，愍王立，好一一听之，处士逃。"由于语义发展过程中的对立统一，"一一"逐渐用作表示总括的范围副词，相当于"全、都"，如《西游记》第五七回："向后再不敢行凶，一一受师父教诲。"又鲁迅《野草·好的故事》："青天上面有无数美的人和美的事，我一一看见，一一知道。"由于"一一"有"全、都"等意义，"一一"在否定词前也就可以表示强调否定语气了，《大藏经》中此类用例甚多，我们再增广几例：

（78）王阿阇世以衣掷之，则亦不现，空中声曰："其有现身以衣与之。"王阿阇世以次第以衣施，诸菩萨一一不现。（西晋·竺法护译《文殊支利普超三昧经》卷3，T15，No. 627，p0423a）

（79）过去诸法界，一一不思议。（姚秦·竺佛念译《菩萨璎珞经》卷6，T16，No. 656，p0049a）

总体上看，范围副词中，表示强调否定语气的强弱也不一致，和表延续的时间副词一样，表示总括的范围副词用在否定句中，也是借否定极大量进而否定全称量，其表强调的语气要强于表示限止的范围副词。

（三）程度副词 + 不（5）

东汉三国佛教文献中，能与"不"组合的程度副词主要有：
大 + 不（3）、更 + 不（6）、极 + 不（1）、甚 + 不（4）、益 + 不（2）
略举如下：

大 + 不

（80）若设美饭以毒着中，色大甚好而香，无不喜者。不知饭中有毒，愚闇之人食之欢喜饱满，食欲消时，久久大不便身。（后汉·支娄迦谶译《道行般若经》卷3，T08，No. 224，p0439a）

（81）诸释闻太子惟楼勒在新殿中宿，便大不乐，瞋恚不解，便出声骂："今奈何令婢子先入是殿。"（吴·支谦译《佛说义足经》卷2，T04，No. 198，p0188a）

《说文》："大，天大、地大、人亦大，故大象人形。"《广韵·泰韵》："大，小大也。"可见"大"本义为大小之大，虚化为副词，表示程度之甚，如《史记·陈丞相世家》："汉王大怒而骂，陈平蹑汉王。"由于程度副词带有强烈的主观性，因此，"大"与否定词"不"等组合后，就表现出强调否定的语气，相当于"一点也不""根本不"。"大不"在现代汉语中也可表现出加强否定语气的作用，如，"嘴里没说什么，心里可大不高兴"。

更 + 不

（82）臣等敢奏不咎责，王子若能从今已往，更不以财惠施于人，则可听住。若不止者，便当摈之远着深山。（吴·支谦译《菩萨本缘经》卷1，T03，No. 153，p0058b）

（83）仙人唱言："和上大师！云何一旦今见孤背舍弃我去？更不闻法。"悲感哽噎，嘷天而哭，闷绝躃地，悲不能言。（吴·支谦译《撰集百缘经》卷4，T04，No. 200，p0221c）

副词"更"的用法，张相（1985）、郭在贻（1985）、王锳（1986）、均有论述。王锳（2001）认为："更，绝，语气副词，多与否定词连用，以加强否定语气。"他举了《太平广记》"更无"的四个例子，并对张相的"甚辞"说进行了矫正，"按《诗词曲语词汇释》（1979）卷一'更'字条第二义云：'甚辞，犹云不论怎样也；虽也；纵也；亦犹云绝也。''甚辞'之说似未尽妥，因为这种用法的'更'不在强调程度而在强调语气，故多与否定词连用。"

董志翘、蔡镜浩（1994）对副词"更"进行了更加详尽的探讨，他们把与否定词连用的"更"分为两种情况：一是用在否定动词前面，强调情况此后永不存在。这是由"更改"义而引申指第二次,再由此义而用于否定句中,即可强调动作的永不重复性。二是表示程度到了极点,相当于"绝""绝对""极",可与否定词"无""不"连用,也可以单用,这一用法是由"更"在否定句中强调情况永不存在的用法演变而来。我们认为,值得注意的是"更"在第二种用法中不是强调程度,而是强调语气。

高育花(2001)认为中古汉语特别是佛教文献中,"更"字常位于否定词"不""莫""无"等前,强调某种情况此后永不出现或从范围方面完全否定,相当于"再也没有""再也不""绝对没有"等。此后朱庆之(2005)、葛佳才(2005)都有论述,可以参看。

张谊生(2004a)对表示强调否定的"更"的演变过程进行了概括,认为"更"本来是一个表示程度、递进的副词,当它用在一些否定句中时,随着说话人主观色彩的日益增强,其原有的程度、递进义就会逐渐淡化而变虚,最终成了一个表语气情态的评注性副词了。

极 + 不

(84)是三昧难得值,正使求是三昧至百亿劫,但欲得闻其名声不能得闻,何况得学者、转复行教人?正使如恒边沙佛刹,满其中珍宝持用布施,其福宁多不?不如书是三昧持经卷者,其福<u>极不</u>可计。(后汉·支娄迦谶译《般舟三昧经》卷3,T13,No. 418,p0919a)

《说文》:"极,栋也。""极"本指屋脊的栋梁,抽象化为"顶点、最高地位",如《易·系辞上》:"六爻之动,三极之道也。"高亨注:"屋上最高之梁称极,引申为至高之义……天地人乃宇宙万类之至高者。"虚化为程度副词,犹甚、最、很。如《史记·李将军列传》:"李广军极简易,然虏卒犯之,无以禁也。"由于程度副词本身的主观化程度高,与否定词"不"等组合后,对否定的对象加以强调,如《史记·高祖本纪》:"高祖曰:'丰吾所生长,极不忘耳!'"

甚 + 不

(85)于是菩萨,便行入城,勤求供具,须臾周匝,了不可得。国人言:"王禁花香,七日独供。"菩萨闻之,心<u>甚不</u>乐。(后汉·竺大力共康孟详译《修行本起经》卷1,T03,No. 184,p0462a)

(86)大婆罗门!若我所言悦可汝心<u>甚不</u>爱也。所以者何?我久已离悭吝之结。往昔发心,便当涅盘,但为众生故,久住生死。(吴·支谦译《菩萨本缘经》卷3,T03,No. 153,p0065c)

《说文·甘部》:"甚,尤安桨也。"段玉裁注:"入情所尤安乐者,必在所溺爱也。"本义为异常安乐。引申为表示"过分",形容词,清段玉裁《说文解字注·甘部》:"甚,尤甘也,引申凡殊尤皆曰甚。"如《诗·大雅·云汉》:"旱既大甚,蕴隆虫虫。"虚化为副词,表示程度,相当于"很"。《玉篇·甘部》:"甚,孔也。"清刘淇《助字辨略》卷三:"甚,犹极也。"如《易·系辞下》:"其道甚大,百物不废。"进一步虚化表示语气,相当于"真是、的确",如《战国策·秦策四》:"王曰:'……今以无能之如耳、魏齐,帅弱韩魏以攻秦,其无奈寡人何,亦明矣!'左右皆曰:'甚然。'"高诱注:"甚,谓诚也。"可见,"甚"既可以表示程度,又兼表语气,"甚"与否定词组合,以表示程度为主,也兼表加强否定的语气,只是这种语气的作用不太强烈。

中原官话和兰银官话的"甚不"可表不太强的否定语气,意为"不怎么,不很",如:

(87)新疆吐鲁番:街上**甚不**去,一天在房子蹲底念书底呢。街上不怎么去,整天在房里蹲着看书。(许宝华、宫田一郎 1999:3922)

(88)新疆乌鲁木齐:天气**甚不**冷,毡筒不穿也不要紧。天气不怎么冷,毡靴不穿也不要紧。(许宝华、宫田一郎 1999:3922)

益 + 不

(89)回车而还愍念天下有此三苦,忧不能食。王**益不**乐,曰:"国是汝有,当理人物,何为远虑,以渡苦"(吴·支谦《佛说太子瑞应本起经》卷 1,T03,No. 185,p0475a)

(90)商人曰:"卿吾良友,今相忘乎?"妇人怅然,意**益不**悦,怪商人言。(吴·康僧会译《六度集经》卷 6,T03,No. 152,p0037c)

《说文》:"益,饶也。"本义为水漫出器皿,引申为水涨。虚化为副词,表示程度,相当于"更加",清刘淇《助字辨略》卷五:"益,加甚之辞也。"如《孟子·梁惠王下》:"如水益深,如火益热。""益"与否定词组合,与"甚"等副词一样,有强调语气的作用。

(四)语气副词 + 不(19)

东汉三国佛教文献中,能与"不"组合的语气副词主要有:
必 + 不(9)、必定 + 不(1)、诚 + 不(2)、定 + 不(3)、反 + 不(3)、会 + 不(9)、竟 + 不(10)、俱 + 不(4)、绝 + 不(5)、了 + 不(57)、略 + 不(1)、慎 + 不(1)、实 + 不(9)、殊 + 不(10)、曾 + 不(1)、真 + 不(1)、终 + 不(301)、终始 + 不(4)、卒 + 不(2)

略举如下：

必 + 不

（91）王即答言："汝本发意欲造彼王，是汝薄相正值不在，汝今若往<u>必不</u>得见，故令我愁。"……时，婆罗门闻是语已，寻复闷绝。一切施王复以冷水洒之令悟，即慰喻言："汝今可坐，且莫愁苦。"婆罗门言："我于今日命<u>必不</u>全。"（吴·支谦《菩萨本缘经》卷 1，T03，No. 153，p0056b）

（92）我等所知，皆大师恩。师所尊信，<u>必不</u>虚妄，愿皆随从得为沙门。（同上，《佛说太子瑞应本起经》卷 2，T03，No. 185，p0482c）

《说文·八部》："必，分极也。"段玉裁注："极，犹准也。凡高处谓之极，立表为分判之准，故云分极。"可见"必"的本义为"标杆、标准"。由此语义抽象化为动词，表示"肯定、确定"，如《韩非子·显学》："无参验而必之者，愚也。"再虚化为副词，表示肯定，相当于"一定、必然"，《字汇·心部》："必，定辞。"如《诗·齐风·南山》："取妻如之何？必告父母。"可见"必"《诗经》已见用例，战国时期已经成为常用词。"必"与"不"组合，有一明显特点，就是带有主观上的肯定，具有强烈的强调语气，"必"用在否定句中可以强化否定，用在肯定句中可以强化肯定。试比较：

（93）我虽舍子，子<u>必</u>安乐，是故不应生大苦恼。（吴·支谦《菩萨本缘经》，卷 2，T03，No.153，p0061a）

例（91）"必"修饰"不得见"，是强调肯定"不得见"。

必定 + 不

（94）时，菩萨妻在空林中，左目瞬动心惊不乐，所采杂华寻即萎枯，器中二果进出堕地，二乳惊动汁自流出，有鸟在前连声鸣叫，即作是念："今此瑞应<u>必定</u>不祥。"（吴·支谦《菩萨本缘经》卷 2，T03，No. 153，p0060b）

高育花（1999）认为"必定"是由副词"必"与"定"复合而成的联合式副词，表示主观上认为坚定不移。中古时期出现了"必"与"定"连用表示肯定判断的用法。《汉语大词典》的最早用例宋代周邦彦《倒犯·新月》词："料异日宵征，必定还相照，奈何人自衰老！"应可以提前。

"必定"用于肯定句，是加强肯定语气；用于否定句，是加强否定语气。以《菩萨本缘经》为例，共出现 7 例，5 例用于肯定句，2 例用于否定句，试比较：

（95）先所开募，可赏是人，我今<u>必定</u>舍命不悔。以是因缘，愿诸

众生能一切施及得舍名。（同上，卷1，T03，No. 153，p0057b）

例（94）"必定"修饰"不祥"，使否定的语气更重，例（95）"必定"修饰"舍命"，使肯定的语气更强烈。

诚 + 不

（96）是为示人之大明，己所因罪受其身甚大丑恶，极勤苦臭处，<u>诚不</u>可说，其苦痛甚大如久剧。（后汉·支娄迦谶译《道行般若经》卷3，T08，No. 224，p0441c）

（97）汝莫妄说云佛神足飞行变化，先古以来，人之品类无有此也，<u>诚不</u>实言。（后汉·支曜译《佛说成具光明定意经》卷1，T15，No. 630，p0456a）

《说文·言部》："诚，信也。"本义为"真心诚意"，由此虚化为语气副词，相当于"真正""确实"。《广韵·清韵》："诚，审也。"杨树达《词诠》卷五："诚，表态副词。《广韵》云：'诚，审也，信也。'按：与今语'真'同。"《史记·春申君列传》："相国诚楚太子乎？"《孟子·梁惠王上》："挟太山以超北海，语人曰：'我不能'，是诚不能也。""诚"与否定词组合后，是对其后否定成分的一种强调。试比较：

（98）是时释提桓因到萨陀波伦菩萨所，嗟叹言善哉善哉贤者精进诚难及。（后汉·支娄迦谶译《道行般若经》卷10，T08，No. 224，p0474c）

例（96）"诚"修饰"不可说"，强调否定语气；例（98）"诚"修饰"难及"，是强调肯定语气。

"诚"用在"不"前表强调否定语气，现代汉语中仍有用例，如：

（99）说电视艺术"君"临文坛，具有其它任何艺术门类都难以企及的众多观众，<u>诚不</u>为过。（《人民日报·1994年》）

（100）周老<u>诚不</u>愧为爱因斯坦身边的研究人员。（《人民日报·1993年》）

定 + 不

（101）清净无秽，不可见、无处，<u>定不</u>动摇。无念平等，不动法不移。（吴·支谦译《大明度经》卷3，T08，No. 225，p0489b）

（102）如是众生先行恶法，今受苦报，自作自受，实非我苦。我今定知是诸无量受苦众生，皆由先世身、口、意业多作不善，故令今日堕是罪中，<u>定不</u>缘施而受苦也。（同上，《菩萨本缘经》卷2，T03，

No. 153，p0062b）

《说文》："定，安也。""定"的本义是"安定"，抽象化表示固定、不变。如《荀子·王制》："夫是之谓定论，是王者之论也。"杨倞注："定论，不易之论。"再虚化为副词，表示"的确、必定"，清刘淇《助字辨略》卷四："定，的辞也。"如《史记·高祖本纪》："闻陈王定死，因立楚后怀王孙心为楚王。""定"与否定词组合，可以加强否定的语气。试比较：

（103）如是之言多所亏损，此言颠倒定是魔语。（同上，《菩萨本缘经》卷2，T03，No. 153，p0062c）

例（102）"定"修饰"不缘施"，强调的是"不缘施"这一否定形式；例（103）"定"修饰"是魔语"，强调的是"是魔语"这一肯定形式。

反 ＋ 不

（104）如是，须菩提！甫当来有菩萨得闻深般若波罗蜜，反不可意便弃去，入声闻法中欲求萨芸若。（后汉·支娄迦谶译《道行般若经》卷4，T08，No. 224，p0447b）

（105）是三昧经者，是佛所嘱，佛所称誉。闻是深三昧经者，不书不学不诵，不守不持如法者，反复愚痴。自用以为高耶？不受是经，意欲高才反不肯学是三昧……有人与满手栴檀香，不肯受之，反谓与之不净栴檀香。（后汉·支娄迦谶译《般舟三昧经》卷1，T13，No. 418，p0907a）

《说文·又部》："反，覆也。"朱骏声通训定声："反，谓覆其掌。""反"的本义为"覆、翻转"，如《诗·周南·关雎》："悠哉悠哉，辗转反侧。"虚化为副词，表示"反而"，如《诗·邶风·谷风》："不我能慉，反以我为雠。"可见"反"表示动作行为与事理或预期的情况相反，其本身就带有主观色彩，与否定词"不"组合后，这种主观色彩更加强烈。如例（105）"反"修饰"不肯学是三昧"，表示的是强调否定语气；"反"修饰"谓与之不净栴檀香"，表示的是强调肯定语气。

会 ＋ 不

（106）佛语须菩提："正使弊魔欲断是经者，会不能得胜菩萨摩诃萨。"（后汉·支娄迦谶译《道行般若经》卷4，T08，No. 224，p0446a）

（107）佛言："邪欲断经，会不能胜。"（吴·支谦译《大明度经》卷3，T08，No. 225，p0490a）

《说文》："会，合也。"《尔雅·释诂上》："会，合也。"《广雅·释诂三》："会，聚也。"可见"会"的本义是"会合、聚合"。虚化为副词，表示"恰巧、适逢",如《诗·大雅·生民》："诞寘之平林,会伐平林。"也可以表示"应当、总会",如《玉台新咏·古诗〈为焦仲卿妻作〉》："吾已失恩义,会不相从许。"朱庆之(2005)认为这里的"会不"是"决不"的意思。他举了大量的例证加以说明,此不赘述。

竟 + 不

(108)我时作国王刹利种,于梦中闻是三昧。觉已便行,求是比丘,即依作沙门,欲得闻是三昧,承事其师三万六千岁,魔事数数起竟不得闻。(后汉·支娄迦谶译《般舟三昧经》卷1,T13,No. 417,p0902b)

(109)时彼城中有一商主,将五百贾客,共入大海,船破还回,昼夜勤加跪拜诸神,以求福佑。第二第三,重复入海,船坏如前。时彼商主,福德力故,竟不溺水。(吴·支谦译《撰集百缘经》卷1,T04,No. 200,p0204b)

《说文·音部》:"竟,乐曲尽为竟。"段玉裁注:"曲之所止也。""竟"本义为乐曲终止,引申为一切事物的终了、完毕,《玉篇·音部》:"竟,终也。"《诗·大雅·瞻卬》:"鞫人忮忒,谮始竟背。"郑玄笺:"竟,犹终也。"虚化为副词,表示"终于、终究、到底",如《史记·陈涉世家》:"陈胜虽已死,其所置遣侯王将相竟亡秦,由涉首事也。"进一步虚化,表示出于意料之外,相当于"居然""竟然",裴学海《古书虚字集释》卷五:"竟,犹却也,异之之词也。"如《史记·陈丞相世家》:"及吕后时,事多故矣,然平竟自脱,定宗庙,以荣名终,称贤相。"

东汉三国佛教文献的"竟不"的"竟"均是表示出于意料之外,是一种对预设的否定,相当于"居然""竟然",正是"竟"的主观化程度更高的缘故,这种"竟 + 不"所表达的强调语气更加显而易见。

绝 + 不

(110)尔时尊者大目揵连……见一饿鬼,身体极臭,绝不可近。于时目连,即便问言:"汝造何业,受此身形,臭不可近?"(吴·支谦译《撰集百缘经》卷5,T04,No. 200,p0223c)

(111)如是殷勤数数劝请,不勉其意。求生天者,即便饮食,以破斋故,不果所愿。其后命终,生于龙中。第二人者,绝不饮食。以持斋戒故,果其所愿得作国王。(同上,卷6,T04,p0233a)

"绝"本义为"断",引申为"竭""尽",如《吴子·治兵》:"凡行军之道,无犯进止之节,无失饮食之适,无绝人马之力。"虚化为程度副词,相当于"极""最"，如《诗·小雅·正月》："终逾绝险，曾是不意。"进一步虚化为语气副词，相当于"全然""绝对"，《汉语大词典》注意到了"绝"的语气副词的用法，举的三个例证都是"绝＋否定词"，不过其所举的最早用例是宋代陆游《老学庵笔记》，其实"绝＋否定词"三国时期已见，例见上。葛佳才（2005）对"绝＋否定词"的演变过程做了详细的探讨，此处不再赘述。

了＋不

（112）视何所是般若波罗蜜？在何处般若波罗蜜中法？了不能得，了不能知处。（后汉·支娄迦谶译《道行般若经》卷1，T08，No. 224，p0426b）

（113）须得赤鱼肉血食者，病乃可差。我今诸医，各各募索，了不能得。以是之故，病者遂多，死亡者众。（吴·支谦译《撰集百缘经》卷4，T04，No. 200，p0217b）

"了"本义为"完结""终了"，由此虚化为副词，与否定词连用，表示强调语气，相当于"完全""毫（不、无）"等。王锳（1986）认为"了"是一个常与否定词连用的范围副词。江蓝生（1988）专列"了无""了不"两条，认为"了"与否定词结合后，表示一种彻底的否定。董志翘、蔡镜浩（1994）也认为表示范围的"了"，可以用在否定词前，表示彻底否定。康振栋（2003）认为中古汉语否定词前的"了"是加强否定语气。葛佳才（2005）对这种"了"的演变过程进行了梳理，认为其与否定词连用表示彻底否定是其基本用法，偶尔也可以用在肯定句中起加强语气的作用。朱庆之（2005）更是对否定词前"了"的用法进行了全面总结，可以参看。

略＋不

（114）吾睹瞿昙跰步发足，辄先举右足步，长短迟疾合仪；行时踝膝不相切摩，平身而进肩不动摇；若欲还顾略不以力。（吴·支谦译《梵摩渝经》卷1，T01，No. 76，p0884a）

《说文》："略，经略土地也。"本义为"疆界"。引申为"简略""要略"，由此虚化为副词。既可以表示谓语所述是粗略的或者简约的，相当于"大约""大致"，如《荀子·君道》："远者天下，近者境内，不可不略知也"。也可以表示对事态的大致估计，相当于"几乎""差不多"，如《汉书·外戚恩泽侯表》："志乎孝武，元功宿将略尽。"还可以表示动作的轻微，相当于"稍微"。如北周庾信《周骠骑大将军李夫人墓志铭》："（夫人）本有风气之疾，频年增动，略多枕卧。"

王锳（1986）认为"略"与否定词连用是更为习见的情况，"略不""略无"犹云"全不""全无"。江蓝生（1988）认为"略"后接否定词"不"或"无"，义为"毫不""毫无"或"全不""全无"，此用法与"了不""了无"大致相同。"略"不与否定词结合，义为"全部、完全"，此义从"略不""略无"转用而来，"略不、略无"是完全否定之词，除去其否定义，"略"就有了"完全"义。董志翘、蔡镜浩（1994）也注意到了"略"与否定词组合的情况。孙德被（1995）认为《辞源》"略"字条第八义项为"稍微"，引《世说新语·任诞》"略无慊吝"为例，义项有误，"略"在例中当作"全、皆"义。"略"与"不"组合，"略"也作"全、皆"之义讲。另外，葛佳才（2005）、朱庆之（2005）也都有论列，可以参看。

慎 + 不

（115）除须发，为沙门，受道法，去世资财，乞求取足，日中一食，树下一宿，慎不再矣！（后汉·迦叶摩腾共法兰译《四十二章经》卷1，T17，No. 784，p0722b）

《大藏经》中后代亦有用例，如：

（116）虽复住彼处，慎不毁于他。（隋·阇那崛多译《佛说一向出生菩萨经》卷1，T19，No. 1017，p0700c）

（117）如来神鉴举念即知，外道愚人慎不可信。（宋·绍德慧询等译《菩萨本生鬘论》卷2，T03，No. 160，p0337a）

《说文·心部》："慎，谨也。"《广雅·释诂四》："慎，敕也。"王念孙疏证："谨与敕同义。""慎"本义为"谨慎、慎重"。虚化为副词，表示语气，有两种用法。一是用在动词或形容词前，对真实性加以强调，相当于"确实"。《尔雅·释诂上》："慎，诚也。"如《诗·小雅·巧言》："昊天已威，予慎无罪。"《毛传》："慎，诚也。"郑玄笺："我诚无罪而罪我。"二是与"不""无""勿""毋""莫"等否定词连用，组成复合词，以强化禁戒之义，相当于"务必""千万"等，"慎不"最早见于《荀子·荣辱篇》："循法则、度量、刑辟、图籍、不知其义，谨守其数，慎不敢损益也……"。

实 + 不

（118）佛告王曰："儿在胎中，若有盲聋，母豫知不耶？"王答佛言："实不豫知。"（后汉·昙果共康孟详译《中本起经》卷1，T04，No. 196，p0153a）

（119）我今所布施，普为诸众生。如是之布施，<u>实不</u>望其报。（吴·支谦译《菩萨本缘经》卷1，T03，No.153，p0054b）

《说文》："实，富也。"本义为"充足、富裕"。虚化为副词，表示确认所述事实的真实性，相当于"确实、的确"，如《左传·庄公八年》："我实不德，齐师何罪？"值得注意的是，《汉语大词典》在此义项下的例证有四，其中有三例是"实"与否定词组合，这可能不是一种巧合。如果说《左传》中"实不"表示强调否定的情况还不明显，那么，东汉三国佛教文献用在否定词前的"实"表示强调否定语气的作用已经很明显了。

在粤语广府片中，也有"实"置于否定词前表示强调的用例，如：

（120）广东广州：嗷<u>实</u>有错这样准没错（许宝华、宫田一郎1999：3689）

（121）广东广州：<u>实</u>唔系肯定不是（许宝华、宫田一郎1999：3689）

殊 + 不

（122）法师健行乞丐，多有方略，<u>殊不</u>肯与弟子经，反欲懈堕舍去……（后汉·支娄迦谶译《道行般若经》卷4，T08，No.224，p0448b）

（123）譬如贾客持摩尼珠示田家痴子，其人问贾客："评此几钱？"贾客答言："夜半时于冥处持是摩尼珠着冥中，其明所照至直满其中宝。"佛言："其人<u>殊不</u>晓其价，反形是摩尼珠言：'其价能与一头牛等不？'宁可贸一头牛。"（同上，《般舟三昧经》卷1，T13，No.418，p0907b）

《说文》："殊，死也。"《管子·入国》："不耐自生者，上收而养之疾，官而衣食之，殊身而后止。"王念孙《读书杂志·管子九》："《说文》：'殊，死也。'犹言殁身而后止也。"引申为"断绝、离绝"，虚化为副词，表示动作行为或性状的程度之甚，相当于"甚、极"。《汉语大词典》引用《战国策·赵策四》的例子如"老臣今者殊不欲食，乃自强步，日三四里，少益耆食，和于身也。"《汉语大词典》又专列"竟、竟然"一项，引用的三个例证均是"殊 + 否定词"，如徐干《情思》诗："君行殊不返，我饰为谁荣。"

张相（1985）认为"殊"与否定词连用，相当于"犹"，如《文选》谢灵运《南楼中望所迟客》："园景早已满，佳人殊未适。"他说："殊字五臣本作犹，殊即犹也。适者归也，言犹未归也。"如果用《汉语大词典》的"竟、竟然"去理解，似乎也说得通，我们认为，"犹"也罢，"竟、竟然"也罢，都是随语境释义，"殊"的根本作用还是加强否定的语气。

王锳（2001）认为"殊"除了表示"很""甚"义和"犹""尚"义之外，还可以用作语气副词，有"却""并""绝""竟"等义，往往与否定词连用，他曾用大量唐宋笔记中的例子加以说明。

董志翘、蔡镜浩（1994）列出了副词"殊"的三个用法，其中有表程度；有用在否定副词"不""无""未"等前，表示全面否定，可译为"全""毫""绝""根本"；还可以用于否定词"未"前，表示某种动作行为未成状态的持续，可译作"还""还是""仍"。他们认为，表示全面否定的"殊"，是从表示程度义引申出来的。因为全面否定往往含有事理出乎意料之外的意思，所以"殊"有时用于否定词前，略相当于文言中的语气副词"曾"，可译为"竟""竟然"，这对《汉语大词典》"殊"的"竟""竟然"义做了很好的解释。

另外，葛佳才（2005）、朱庆之（2005）对"殊"与否定词连用表示强调语气都有很好的论述，可以参看。

曾 + 不

（124）我今衰老气力空竭，从远方来乞求所须？汝从本来凡见乞者，<u>曾不</u>发言我无所有，今日何故发如是言？（吴·支谦《菩萨本缘经》卷 2，T03，No. 153，p 0059c）

《说文》："曾，词之舒也。"清段玉裁《说文解字注·八部》："曾之言乃也。""曾"，副词，表示出乎意料，相当于"乃""竟"，如《诗·卫风·河广》："谁谓河广？曾不容刀；谁谓宋远？曾不崇朝。"

葛佳才（2005）认为"曾"在否定句中加强否定语气，始见于《诗经》，先秦两汉较为多见，魏晋六朝不乏其例，直到宋明仍在使用。他对"曾"的发展过程做了很好的概括。朱庆之（2005）从《汉语大词典》的释义入手，认为"乃、竟"义与"一直、从来"义可以合并，其例证都是"曾"与否定词连用，它们都是表示强调语气。

真 + 不

（125）笑必有感应，启化于未成。或当受拜决，故笑发金颜。佛语阿难："佛<u>真不</u>妄笑也！"（后汉·支曜译《佛说成具光明定意经》卷1，T15，No. 630，p0455b）

《说文》："真，仙人变形而登天也。"段注："此真之本义也。……引申为真诚。"《玉篇》："真，不虚假也。"由此虚化为副词，表示对动作行为的强调、肯定，表明情况确实，相当于"真正""果真""确实""实在"，如《荀子·非十二子》："此真先君子之言也。""真"与否定词组合，是对否定的强调。

终 + 不

（126）是辈人适学未发故，使少信不乐得深般若波罗蜜，便厌不欲学弃舍去，如是终不成就，堕罗汉、辟支佛道中。（后汉·支娄迦谶译《道行般若经》卷5，T08，No. 224，p0451c）

（127）学不逮此深法，终不能逮一切智，便中道厌却堕二道中。（吴·支谦译《大明度经》卷4，T08，No. 225，p0493a）

《说文·糸部》："终，缘丝也。"本义为把丝缠紧。引申为"极、穷尽"，《广雅·释诂一》："终，极也。"《广雅·释诂四》："终，穷也。"虚化为副词，相当于"终究""始终""到底""总"。如《书·旅獒》："不矜细行，终累大德。"

《汉语大词典》"到底、终究"这一义项共有四个例句，除了现代汉语的一例用在肯定句外，其他三例"终"均用在否定词前，这不能视为巧合。其例如下：

《墨子·天志中》："欲以此求赏誉，终不可得。"唐韩愈《独钓》诗之四："所期终莫至，日暮与谁回。"宋王安石《陆忠州》诗："低回得坎坷，勋业终不遂。"柳青《铜墙铁壁》第十二章："金书记，你迟早终要走，我看你不如吃了饭就起身。"

对于"终"与否定词连用，表示强调否定语气，还可以参见葛佳才（2005），此不赘述。

终始 + 不

（128）是故新学阇士心疑恐，非明度无极，终始不学，邪事一起时。（吴·支谦译《大明度经》卷3，T08，No. 225，p0491a）

（129）宿命智德，善权方便，训化以渐，解内外法，终始不摇。（同上，《佛说菩萨本业经》卷1，T10，No. 281，p0446c）

"终始"用在否定词前，与"终"同，均表示强调否定语气。

卒 + 不

（130）竟是，多闻者能解，不多闻者卒不解；是为慧人能解，不慧卒不解；是衔者能解，不随行不解。（后汉·安世高译《阴持入经卷》卷1，T15，No. 603，p0176a）

"卒"本义为"尽、完毕"，如《诗·邶风·日月》："父兮母兮，畜我不卒。"郑玄笺："卒，终也。"虚化为副词，相当于"尽、都"，如《诗·大雅·桑柔》："降此蟊贼，稼穑卒痒。"郑玄笺："卒，尽。"再虚化为语气副词，相当于"终于、终究"。如《孟子·尽心下》："晋人有冯妇者，善搏虎，卒为善士。"《汉语大词典》这一义项下共有四例，其中两例用于否定词前，如下：宋陆游《老学庵笔记》卷六："予是日迫赴太守宇文衮臣约饭，不能尽记，后卒不暇再到，至今以为恨。"沈钧儒《洪深〈申屠氏〉序言》："主要或次要之点，数幕后忽然失去，如《人心》片婴儿被妹抱归后，卒不复见，亦其一例。"

"卒"与否定词连用，亦强调否定语气，

另外，还有"岂""宁"与否定词的组合，比较特殊，东汉三国佛教文献的情况是：岂 + 不（10）、宁 + 不（3），我们先看"岂 + 不"。

（131）卿等作恶，<u>岂不</u>自识？（吴·支谦译《佛说孛经抄》卷1，T17，No. 790，p0735b）

（132）贤者舍利弗，承佛威神，心念是语："以意净故得佛国净，我世尊本为菩萨时，<u>意岂不</u>净，而是佛国不净若此？"（同上，《佛说维摩诘经》卷1，T14，No. 474，p0520b）

例（131）"岂不自识"即"哪里能不自识"，也就是"绝对能自识"。例（132）"岂不净"就是"绝对净"。

《诗经·召南·行露》："厌浥行露，岂不夙夜，谓行多露。"《毛传》："岂不，言有是也。"陆宗达（1980）认为，"岂"这个虚词，自从清代段玉裁在《说文解字注》里解释为："岂，若今语之难道"之后，大家都以"难道"解释"岂"，没有认真讨论毛亨的说法。其实，"岂"和"难道"并不是一回事。在现代汉语里，"岂非""岂不是"和"难道"都用在反诘句中，仔细体会，它们所反映的口气和情感是有所不同的，"难道"是出乎意料的，表示有怀疑，有"不好这么说"的意思。"岂"则是在意料中的，用于表示坚决的否定，有"不可能"或"哪里能"的意思。如"岂有此理"就是用坚决的口气表示根本不会有这样的道理。"岂"与"不"等否定词连接起来就转化为坚决肯定。《毛传》用"有是"解"岂不"，这是最确切的解释。如果我们用这个意思来理解，那么这三句诗的意思就是"路上那潮湿的露水使人厌恶，只有那些早夜而行的人，才会满身沾上这种可厌的露水。"用以比喻"没有失礼就不畏强暴"。

为什么"岂"可以用于表示坚决的否定，有"不可能"或"哪里能"的意思？我们认为原因有三：

第一，"岂"本身具有主观性。蒋绍愚（1980b）为我们提供了一个很好的佐证，唐诗中，"岂"有时相当于"岂必""何必"。他举了大量的例子说明，如：

（133）志合岂兄弟，道行无贫贱。（唐·张九龄《叙怀》）

他解释为"志合即是知己，何必一定要是兄弟。"董志翘、蔡镜浩（1994）也有类似论述，可以参看。这里"岂"明显带有个人的主观感情色彩。

沈家煊（2002b）在讨论把字句时，论证把字句的语法意义是表示"主观处置"，即说话人主观认定主语甲对宾语乙作了某种处置。把字句的这种主观性跟语言一般具有的主观性一样，主要表现在互有联系的三个方面：1）说话人的情感；2）说话人的视角；3）说话人的认识。这三个方面互相联系，经常交织在一起。（Finegan 1995）"岂"的使用也体现了这三个方面，因此"岂"明显带有主观性极强的强调语气。

第二，"岂"多与否定词组合，而很多副词与否定词的组合都带有强调否定的语气。曹广顺（1984）认为中古时期双音节副词已经正式产生。朱庆之（2005）认为，中古时期人们正是用"副词＋否定词"这样的方式，在形式上自觉和不自觉地满足否定词双音化甚至多音化的需要，并提升"副词＋否定词"组合的否定强度。我们认为"岂＋否定词"既可以满足双音化的需求，也可以表示坚决的否定。

当然，强化否定的手段很多，除"副词＋否定词"外，还有反问等，对于利用反问形式强化否定，吕叔湘（1984）、于根元（1984）、张伯江（1996）都有深入讨论，此不赘述。我们认为"岂＋否定词"，可能除了有"副词＋否定词"表示强调否定的语气外，还有利用反问形式强化否定的意味。

第三，"岂"本身包含"岂非""岂不"的意思。蒋绍愚（1980b）指出，唐诗中"岂"可以表示"岂非"或"岂不"的意思，他举了大量的例子说明，如：

（134）未尝冒湍险，岂顾垂堂言。（唐·孟浩然《入峡寄弟》）

他认为"岂顾"就是"岂不顾"，"岂"如果解释为"难道"，则意义完全相反，与上下文不相承接了。董志翘、蔡镜浩（1994）也有类似论述，可以参看。

这是"粘连生义"，由于"岂"经常与否定词"不""非""无"等一起组合使用，这些词在古代汉语里又属于高频词，Bybee（1985、1995）指出，使用率越高的词，语法语义灵活性就越高，其特性就越容易发生变化，产生语法变化的可能性就越大。因此，"岂"经常与否定词"不""非""无"组合时本身也就有了"岂非""岂不"等意义。

陆宗达（1980）《训诂简论》认为"岂"用于表示坚决的否定，"岂"与

"不"连接起来就转化为坚决肯定。我们以《十三经》出现的 45 例、东汉三国佛教文献出现的 10 例"岂不"相印，无一不合，《十三经》的例子如：

（135）孔子曰："吾闻诸老聃曰：'昔者史佚有子而死，下殇也。墓远，召公谓之曰："何以不棺敛于宫中？"史佚曰："吾敢乎哉？"召公言于周公，周公曰："岂不可。"史佚行之。下殇用棺衣棺，自史佚始也。'"（《礼记·曾子问第七》）

（136）陈仲子岂不诚廉士哉！居于陵，三日不食，耳无闻，目无见也。井上有李，螬食实者过半矣，匍匐往将食之，三咽，然后耳有闻，目有见。（《孟子·卷六·滕文公下》）

例（135）"岂不可"即"决不可"。例（136）"岂不诚廉士哉"就是"不可能不是真正的廉士啊"，也就是"绝对是真正的廉士啊"，这里"岂"有强调否定的意味。

《汉语大字典》《汉语大词典》都没有注意到"岂"的这种表示坚决否定的用法，我们以《汉语大字典》《汉语大词典》中表示反诘的例证来验证，均与我们相合，如：

（137）岂不尔思，畏子不奔。（《诗·王风·大车》）

（138）臣自三省：先臣虽有扶辇微劳，不应受爵，岂逮臣三叶。（曹魏·曹操《上书让费亭侯》）

（139）自传考之，称国者未必无道，称臣者岂皆有道？参差不齐，自相为戾者多矣。（金·王若虚《五经辨惑》）

例（137）"岂不"犹"决不"；例（138）"岂逮臣三叶"即"哪里能逮臣三叶"；例（139）"岂皆有道"即"不可能皆有道"。

胡竹安（1983）有如下文字：

南戏《小孙屠》第十三出《夜行船》："百岁夫妻重会面，由天付岂非人与。"钱南杨氏校云："非，疑当作'是'。与，犹云'给'。详《语词汇释》'与三'。"按，"非"，擅改作"是"，无据。张相云："可与岂为互文"，"可，犹却也"，"却，犹岂也"，可见，"岂"为表转折之词，"岂非人与"即"却非人与"。

我们认为，"岂"不是表转折之词，而是表强调之词，"岂非人与"即"绝非人与"。

再来看"宁不"。

（140）王问其仆："太子出游，宁不乐乎？"对曰："逢见病人，以此不悦。"（吴·支谦译《佛说太子瑞应本起经》卷 1，T03，No. 185，p0474c）

（141）宁守口不欺，断嫉无粗声。守正不谏人，无念斗乱彼。守口心不欺，不嫉粗声断。守行何谏人？悉空彼何乱？宁不染爱欲，意宁净无秽。（同上，《佛说义足经》卷2，T04，No. 198，p0183c）

例（140）"宁"相当于"岂"。清王引之《经传释词》卷六："宁，犹岂也。"如《左传·成公二年》："夫齐，甥舅之国也，而大师之后也，宁不亦淫从其欲以怒叔父，抑岂不可谏诲？"又《史记·陈涉世家》："王侯将相宁有种乎！"

可见，"宁"与"岂"同，用于表示坚决的否定，有"不可能"或"哪里能"的意思。"宁"既可以用于肯定句，也可以用于否定句。"宁不"与"岂不"同，连接起来就转化为坚决肯定。

例（141）"宁守口不欺"，"宁"表示语气，相当于"必定"。如《三国志·太史慈传》南朝宋裴松之注："卿则州人，昔又从事，宁能往视其儿子，并宣孤意于其部曲。"清刘淇《助字辨略》卷二："此宁字，犹云定也。言决定能如此也。"

例（141）"宁不染爱欲""宁"表示强调语气，相当于"乃""曾"。如《诗·小雅·四月》："先祖匪人，胡宁忍予？"郑玄笺："宁，犹曾也。"清王引之《经传释词》卷六："宁，犹乃也。……乃、宁、曾，其义一也。《日月》之'宁不我顾'，《小弁》之'宁莫之知'，《四月》之'胡宁忍予'，笺并曰：'宁，犹曾也'……曾，亦乃也。""宁不"犹"曾不"。

可见，"岂"与"宁"有一共同的特点，就是表示坚决的否定，本身含有"不可能"或"哪里能"的意思，与"不"等否定词连接起来后，就转化为坚决肯定。

语气副词中，能与否定词组合表示强调否定语气的副词主要是表示肯定、强调语气的副词，表示推测语气的副词没有这种用法，表示疑问语气的副词只有"岂""宁"可以表示强调否定语气。

通过上面的论述我们发现，时间副词、范围副词、程度副词在与否定词组合表示强调否定语气时，它们的语义发生了变化，由表示时间、范围、程度的语义变为表示强调语气，而能与否定词组合的语气副词由于本身已经表示强调语气，所以语义上没有发生变化，这是语气副词与其他副词表示强调否定语气的差别。

二、与"不"组合的副词语义不变，不表示强调否定语气

（一）时间副词＋不（15）

东汉三国佛教文献中有些时间副词与"不"组合后，语义没有变化，

不表示强调否定语气，主要有：

便＋不（81）、长＋不（1）、常＋不（22）、忽＋不（3）、忽然＋不（18）、既＋不（7）、将＋不（3）、遂＋不（3）、未尝＋不（1）、未曾＋不（1）、已＋不（63）、亦＋不（1165）、亦复＋不（18）、应时＋不（5）、又复＋不（2）

各举一例如下：

（142）令不复受世间已，不复受致世间<u>便不</u>复忧，已不复忧，便无为度世，便自知为已尽。（后汉·安世高译《人本欲生经》卷1，T01，No. 14，p0244a）

（143）远离三恶，心念善，口言善，身行善，抑上三恶，永兴三善。<u>长不</u>令更太山、地狱、饿鬼、畜生穷苦险处。（吴·康僧会译《六度集经》卷7，T03，No. 152，p0040b）

（144）佛言："云何我<u>常不</u>言诸法空？"须菩提言："如怛萨阿竭所说法悉空。"（后汉·支娄迦谶译《道行般若经》卷6，T08，No. 224，p0456c）

（145）迦叶反顾，<u>忽不</u>见佛。佛已到北方郁单曰，取自然粳米。（后汉·昙果共康孟详译《中本起经》卷1，T04，No. 196，p0150c）

（146）时有一女，端正非凡，于会中舞，众咸喜悦，意甚无量。女舞未竟，<u>忽然不</u>见，众失所欢，惆怅屏营。（同上，p0149b）

（147）汝今何故，舍家来此山林之中。<u>既不</u>修善则无利益，唐自疲苦？（吴·支谦译《撰集百缘经》卷10，T04，No. 200，p0250a）

（148）吾情迷荒，命<u>将不</u>全。（后汉·昙果共康孟详译《中本起经》卷2，T04，No. 196，p0160b）

（149）坐禅数息，即时定意，是为今福；遂安隐不乱，是为未来福；益久续复安定，是为过去福也。坐禅数息不得定意，是为今罪；<u>遂不</u>安隐乱意起，是为当来罪；坐禅益久<u>遂不</u>安定，是为过去罪也。（后汉·康僧会译《佛说大安般守意经》卷2，T15，No. 602，p0169c）

（150）譬如遮迦越王从一观复游一观，从生至终足不蹈地。是优婆夷从一佛刹复到一佛刹，<u>未尝不</u>见佛。（后汉·支娄迦谶译《道行般若经》卷6，T08，No. 224，p0458a）

（151）譬如我今于佛前面见佛菩萨，如是未曾离佛，<u>未曾不</u>闻经。（后汉·支娄迦谶译《般舟三昧经》卷1，T13，No. 418，p0904b）

（152）己身守己口守己念守，便身不腐便声不腐便念不腐。<u>已不</u>

腐身行，已不腐声行，已不腐念行，死时得善死得善受得善处。（后汉·安世高译《佛说七处三观经》卷1，T02，No. 150A，p0876a）

（153）设恚是亦盖，设恚相是亦盖，具足从是不致慧，<u>亦不致</u>解，<u>亦不致</u>无为度世。（同上，《长阿含十报法经》卷2，T01，No. 13，p0241a）

（154）阿閦佛刹诸弟子不可得东方涯，<u>亦复不</u>可得南西北方之涯。（后汉·支娄迦谶译《阿閦佛国经》卷2，T11，No. 313，p0759c）

（155）王阿阇世便持衣着其上，<u>应时不现</u>，但闻其音言："其有现者，以衣与之。"（后汉·支娄迦谶译《佛说阿阇世王经》卷2，T15，No. 626，p0402a）

（156）亦复不忧念父母妻子有无，<u>又复不</u>念卒报父母之德，亦复不念师之恩好。心常念恶，口常言恶，身常行恶。（吴·支谦译《佛说阿弥陀三耶三佛萨楼佛檀过度人道经》卷2，T12，No. 362，p0315a）

这些时间副词与否定词"不"组合后，语义上没有发生变化，仍旧是原来时间副词的语义，不表示强调否定语气。

（二）范围副词+不

东汉三国佛教文献中，范围副词和"不"组合不表强调语气的主要有"各+不"。

各+不（2）

（157）以知经有明不明，智有深浅大小，德有优劣厚薄，自然之道别知。才能智慧健猛，众相观照，礼义和顺，皆自欢喜踊跃，智慧有勇猛，<u>各不</u>相属逮。（吴·支谦译《佛说阿弥陀三耶三佛萨楼佛檀过度人道经》卷2，T12，No. 362，p0311b）

范围副词"各"和"不"组合后，前指的对象基本明确，语义上没有变化，不表示强调否定语气。

（三）否定副词+不（4）[①]

"不"与否定副词组合性特别强，在东汉三国佛教文献中，主要有：

非不（45）、靡+不（120）、莫不（189）、无不（164）

各举一例如下：

---

① 值得注意的是，东汉三国佛教文献中还有其他"否定词"连用的情况，如"此两者非无生耶"，"不是福，不非福，亦不无知，觉如此者，是不二人"之类，我们认为，这些例中的第二个否定词是动词，从句子的深层结构上看与我们讨论的"副词+否定词"不相符，故在下文的讨论中，不列出这种形式。

（158）如彼族姓子行明度无极者，为<u>非不</u>想。（吴·支谦译《大明度经》卷1，T08，No. 225，p0480a）

（159）斯利危脆，若云过庭，老病死来，<u>靡不</u>分散。譬如人梦，寤则无见。（后汉·昙果共康孟详译《中本起经》卷1，T04，No. 196，p0148b）

（160）众佑法轮声三转，诸天世间在法地者<u>莫不</u>遍闻。（后汉·安世高译《佛说转法轮经》卷1，T02，No. 109，p0503c）

（161）譬若人能勇悍却敌，为人极端正猛健，无所不能，能晓兵法，六十四变皆知习之，为众人所敬。若有所至处，<u>无不</u>得其力者。（后汉·支娄迦谶译《道行般若经》卷7，T08，No. 224，p0458c）

这些否定副词与否定词"不"组合后，语义上没有发生变化，仍旧是原来否定副词的语义，不表示强调否定语气，只是两个否定词组合，构成双重否定，表示肯定，不过，这种肯定语气比较重。

（四）语气副词 + 不（1）

东汉三国佛教文献中只有语气副词"庶"与"不"组合，语义没有表示强调否定语气，只表示推测语气，"庶不"出现1例：

（162）迦叶白佛："唯愿屈德，临晡蔬食。"佛答迦叶："古佛道法过中不饭，且明至心。欲托一事，<u>庶不</u>有吝。"迦叶答曰："恨无备豫，敬德虚心。"（后汉·昙果共康孟详译《中本起经》卷1，T04，No. 196，p0150a）

语气副词本身就带有语气，"庶"表示一种不确定的委婉语气，不表强调。

第二节 "副词 + 无"的组合能力及语义特征

一、与"无"组合的副词表示强调否定语气

"副词 + 无"与"副词 + 不"结构中的副词相比，可以分为两种类型：一是，两种结构中的副词相同；二是，两种结构中的副词不同。

（一）"副词"相同者

"副词 + 无"与"副词 + 不"的结构中"副词"相同，只有否定词不同，主要有以下几种，我们仍旧以"副词"的类别来分。

1. 时间副词 + 无（5个）

主要有：本＋无（245）、复＋无（3）、亦＋无（35）、犹＋无（1）

（163）佛本无形亦无所着，因缘所生，世世习行空，生死因缘佛悉晓之，本无生死亦无灭度，作是示现，作是说。（吴·支谦译《大明度经》卷6，T08，No. 225，p0507b）

"本无"用法与"本不"同，只是"本无"东汉三国佛教文献用例较多。

（164）适无有见善恶之道，复无语者，为用作善恶福德？殃咎祸罚，各自竞作，为之用，殊无有怪也。（吴·支谦译《佛说阿弥陀三耶三佛萨楼佛檀过度人道经》卷2，T12，No. 362，p0312b）

例（164）"适无""复无""殊无"同时使用，均有表示强调的语义。

（165）菩萨在母腹中时都无有臭处，亦无恶露，亦无不可意。（后汉·支娄迦谶译《阿閦佛国经》卷1，T11，No. 313，p0754c）

例（165）"都无"与"亦无"相对使用，均有表示强调的语义。

（166）天雨七宝，欲犹无厌？乐少苦多，觉者为贤。（吴·竺律炎、维祇难共支谦译《法句经》卷2，T04，No. 210，p0571c）

例（165）、例（166）中"亦""犹"的强调否定语气不是很强烈。

2. 范围副词＋无（6个）

主要有：都卢＋无（1）、都＋无（29）、各＋无（1）、皆＋无（29）、适＋无（24）、悉＋无（17）

（167）善男子善女人书般若波罗蜜，于四部弟子中说时，其心都卢无所难，若有形者，欲若试者，终不畏。（后汉·支娄迦谶译《道行般若经》卷2，T08，No. 224，p0434c）

"都卢无"与"都卢不"同，都是表示总括的范围副词起强调否定语气的作用。

（168）故行道之始，先于十戒，既能自为，又化他人，勤而不懈，行而不休，都无懈惓之想，故曰广戒也。（后汉·支曜译《佛说成具光明定意经》卷1，T15，No. 630，p0453a）

"都无"与"都不"同，都是表示总括的范围副词起强调否定语气的作用。

（169）佛说深般若波罗蜜，其人亦弃舍去不欲闻之。何以故？是人前世时闻说深般若波罗蜜用弃舍去故，亦不以身心，是皆无知罪之所致。（后汉·支娄迦谶译《道行般若经》卷3，T08，No. 224，p0441b）

（170）五阴皆无边，以是故当知。（吴·支谦译《大明度经》卷2，T08，No. 225，p0483b）

例（170）为例（169）的异译本。"皆无"亦"全无""根本无"。

（171）若有菩萨行般若波罗蜜时，当作是随，当作是念，当作是入，当作是视。去离诶谄，去离贡高，去离强梁，去离非法，去离自用，去离财富，去离侥幸，去离世事，弃身不惜寿命，<u>适无</u>所慕，但念佛所行事安隐。（后汉·支娄迦谶译《道行般若经》卷9，T08，No. 224，p0470c）

（172）是时佛刹中无有禽兽盗贼，无有断水浆，若谷贵、病疫者，其余恶事<u>悉无</u>有。（同上，卷6，T08，p0458a）

（173）刹中无禽兽贼盗断水谷处病瘦，及余恶事<u>悉无</u>有。（吴·支谦译《大明度经》卷4，T08，No. 225，p0497b）

"悉无"与"悉不"同。

3. 程度副词＋无（3个）

主要有：更＋无（13）、极＋无（3）、甚＋无（5）

（174）唯愿大王宽意莫愁，勿谓国中<u>更无</u>有任为辅相者。（吴·支谦译《菩萨本缘经》卷1，T03，No. 153，p0052c）

"更"相当于"绝"，表示强调。

（175）是时梵志自共争经，生结不解，转相谤怨："我知是法，汝知何法：我所知合于道，汝所知不合道。我道法可施行，汝道法难可亲。当前说说着后，当后说反前说。多法说非，与重担不能举，为汝说义不能解，汝空知，汝<u>极无</u>所有。汝迫复何？"（吴·康僧会译《六度集经》卷8，T03，No. 152，p0050c）

（176）今世为善，后世生阿弥陀佛国，快乐<u>甚无</u>极，长与道合明。（吴·支谦译《佛说阿弥陀三耶三佛萨楼佛檀过度人道经》卷2，T12，No. 362，p0313b）

（177）今世为善，后世生无量清净佛国，快乐<u>甚无</u>极，长与道合明（《佛说无量清净平等觉经》卷3，T12，No. 361，p0295a）

例（177）为例（176）异译本，《大藏经》认为后汉·支娄迦谶译，任继愈考证为竺法护译，我们从任说。"甚"起强调否定语气。

4. 语气副词＋无（14个）

主要有：必＋无（2）、诚＋无（1）、定＋无（3）、会＋无（3）、竟＋无（8）、绝＋无（4）、了＋无（44）、略＋无（1）、慎＋无（25）、实＋无（9）、殊＋无（2）、曾＋无（2）、终始＋无（6）、终＋无（34）

（178）以斯赦子，<u>必无</u>后患也。（吴·康僧会译《六度集经》卷5，T03，No. 152，p0030b）

"必无"义同"必不"，东汉三国佛教文献用例较"必不"少。

（179）王曰："圣人之言，<u>诚无</u>不快。"（吴·支谦译《佛说孛经抄》卷1，T17，No.790，p0732a）

"诚无"与"诚不"一样，都是对否定成分的强调。

（180）佛说法念若干种意，<u>定无</u>有苦，无有疲。（后汉·安世高译《道地经》卷1，T15，No.607，p0231b）

（181）是无有沤和拘舍罗菩萨，正使于百千由旬空泽中，在其中行，禽兽所不至处，贼所不至处，罗刹所不至处，在彼间止，若百岁、若百千岁，若百千万岁，正使复过是，不知是远离法，<u>会无</u>所益。（后汉·支娄迦谶译《道行般若经》卷7，T08，No.224，p0461b）

（182）其无变谋明慧闿士，正使在空泽中禽兽罗刹所不至处，百千万岁复过是，不知远离法，<u>会无</u>所益。邪便飞在虚空中立言，善哉善哉！（吴·支谦译《大明度经》卷5，T08，No.225，p0499a）

例（183）为例（182）异译本，"会无"亦"决无"。

（183）第一一法，行者<u>竟无</u>为但守行。（后汉·安世高译《长阿含十报法经》卷1，T01，No.13，p0233c）

"竟无"义同"竟不"。

（184）我乐使作是行，不使远行<u>绝无</u>人处于中也。（后汉·支娄迦谶译《道行般若经》卷7，T08，No.224，p0461a）

（185）我乐使作是行，不使远行到<u>绝无</u>人处于中止。（吴·支谦译《大明度经》卷5，T08，No.225，p0499a）

"绝无"义同"绝不"，"绝"起强调否定语气。例（184）、例（185）互为异译本。

（186）菩萨识<u>了不</u>知处处，亦不可见。一切菩萨<u>了无</u>有处，<u>了不</u>可见。何所为菩萨般若波罗蜜？如是说菩萨，<u>都不</u>可得见，亦不可知处处，<u>了无</u>所有，当从何所法中说般若波罗蜜？尔故字为菩萨。（后汉·支娄迦谶译《道行般若经》卷1，T08，No.224，p0428a）

例（186）"了无"与"了不""都不"同时出现，说明"了无"与"了不""都不"同。

（187）世间帝王、长吏、人民，父子、兄弟、家室、夫妇<u>略无</u>义理，不从正令奢淫骄慢，各欲快意恣心自在，更相欺调殊不惧死。（吴·支谦译《佛说阿弥陀三耶三佛萨楼佛檀过度人道经》卷2，T12，No.362，p0314a）

（188）世间帝王、长吏、人民，父子、兄弟、室家、夫妇<u>略无</u>义理，不从政令。转淫奢骄慢，各欲快意，恣心自在，更相欺调，殊不

惧死。(《佛说无量清净平等觉经》卷4，T12，No. 361，p0296a)

例（188）为例（187）的异译本，《大藏经》为后汉支娄迦谶译，任继愈考证为竺法护译，我们从任说。两例"略无"均为"全无"，"略"表强调。

（189）广分布为人说，**慎无**得贪供养。(后汉·支娄迦谶译《般舟三昧经》卷1，T13，No. 417，p0899c)

"慎无"东汉三国佛教文献用例较"慎不"多，"慎"表示强调语气，相当于"千万"。中土文献"慎无"也出现很早，见于《墨子》。

（190）汝之所说实入我心，是处清净**实无**过患。(吴·支谦译《菩萨本缘经》卷3，T03，No. 153，p0066a)

"实无"与"实不"同，"实"表示强调否定语气。

（191）先人祖父，**素不**作善，**本不**为道，身愚神闇，心塞意闭，不见大道，**殊无**有能见人死生有所趣向，亦莫能知者；**适无**有见善恶之道，复无语者，为用作善恶福德？殃咎祸罚，各自竞作为之用，**殊无**有怪也。(吴·支谦译《佛说阿弥陀三耶三佛萨楼佛檀过度人道经》卷2，T12，No. 362，p0312b)

此例"殊无"与"素不""本不""适无"等一道均表示强调否定语气，前后语气贯通。

（192）我从生来小心畏慎，**曾无**毫厘犯王宪制。(吴·支谦译《菩萨本缘经》卷1，T03，No. 153，p0056a)

（193）十五者以善劝上，悉施于民，**终始无**懈。(后汉·支曜译《佛说成具光明定意经》卷1，T15，No. 630，p0457a)

（194）我当精进得阿惟三佛，使我刹中**终无**谷贵。(后汉·支娄迦谶译《道行般若经》卷6，T08，No. 224，p0458a)

（二）"副词"不同者（4个）

"副词＋无"的结构中，与"副词＋不"的结构中的"副词"和"否定词"均不相同者，主要有以下一些：

乃＋无（7）、一＋无（2）、永＋无（6）、最＋无（4）

乃 ＋ 无

（195）阿耆达闻佛垂化，**乃无**供养，悲怖交至。(后汉·昙果共康孟详译《中本起经》卷2，T04，No. 196，p0163a)

（196）怪哉众生！咄哉世间！**乃无**一人修行善法为己利者。我虽种种劝谏是人，而其本心犹乐行恶。(吴·支谦译《菩萨本缘经》卷2，T03，No. 153，p0064c)

《说文》："乃，曳词之难也。象气之出难。"意谓"乃"在句中起加重语气的作用，首先是判断语气，犹"就是"。清王引之《经传释词》卷六："乃，犹是也。"如《左传·宣公四年》："是乃狼也，其可畜乎？"又可以表示转折语气，相当于"却"。清王引之《经传释词》卷六："乃，异之之词也。"如《书·盘庚中》："汝不忧朕心之攸困，乃咸大不宣乃心。"又可以表示反问、反诘语气，相当于"岂""难道"。清王引之《经传释词》卷六："乃，犹宁也。"如《书·西伯戡黎》："乃罪多参在上，乃能责命于天？"还可以表示意料不到的语气，相当于"竟然""居然"。裴学海《古书虚字集释》卷六："乃，犹竟也。"《战国策·齐策四》："先生不羞，乃有意欲为收责于薛乎？"晋陶潜《桃花源记》："问今是何世，乃不知有汉，无论魏晋。"

"乃"与否定词连用，表示强调否定语气，相当于"竟然""居然"。

一 ＋ 无

（197）一切诸法一切人意从思有垢，以净观垢，无倒与净亦我垢等，秽浊与净性，净性与起分，<u>一无</u>所住。（吴·支谦译《佛说维摩诘经》卷1，T14，No. 474，p0523a）

（198）从者闻说，驰以上闻。王心悲喜，重更哀恸曰："吾赦尔罪，分国为王。"道士以药传身，太子忽然兴曰："吾何缘在斯乎？"从者具陈所以。太子还宫，巨细喜舞。分国惠之，<u>一无</u>所受。（吴·康僧会译《六度集经》卷5，T03，No. 152，p0028c）

《玉篇·一部》："一，王弼曰：一者，数之始也。"本义为数词，引申为"全、满"。如《左传·宣公十四年》："谋人，人亦谋己；一国谋之，何以不亡？"虚化为副词，表示总括，相当于"都、一概"，清王引之《经传释词》卷三："一，犹皆也。"《诗·邶风·北门》："政事一埤益我。"朱熹集传："一，犹皆也。"还可以表示程度，相当于"很、甚"。如《庄子·大宗师》："颜回问仲尼曰：孟孙才其母死，哭泣无涕，中心不戚，居丧不哀。无是三者，以善处丧盖鲁国。固有无其实而得其名者乎？回一怪之。"孙经世《经传释词补》："回一怪之，言甚怪之也。"还可以表示动作不间断，情况不改变，相当于"一直、始终"。如《淮南子·说林训》："尾生之信，不如随牛之诞，而况一不信者乎！"高诱注："一，犹常也。"还可以表示出于意料的语气，相当于"乃、竟然"。清王引之《经传释词》卷三："一，犹乃也。"如《吕氏春秋·知士》："宣王太息动于颜色曰：静郭君之于寡人，一至此乎！"高诱注："一，犹乃也。"

可见"一"用作副词，既可以表示范围、程度，也可以表示时间、语气，其与否定词连用，表示强调否定语气，是从表示总括的范围副词发展而来的。

永 + 无

（199）我前事火，昼夜不懈，勤苦积年，好术弟子，凡有五百人，精锐燃火，不避寒暑，年耆根熟，<u>永无</u>彷佛。（后汉·昙果共康孟详译《中本起经》卷1，T04，No.196，p0152b）

（200）汝之先父爱护于吾犹如赤子，是故我今感其恩重，忧愁迷闷；吾今轻弱顽罴无智，如汝所说吾<u>永无</u>分。（吴·支谦译《菩萨本缘经》卷1，T03，No.153，p0053a）

《说文·永部》："永，长也。"徐锴系传作"水长也。"清段玉裁《说文解字注·永部》："永，引申之，凡长皆曰永。"虚化为副词，表时间，相当于"永久""永远"，如《诗·卫风·木瓜》："匪报也，永以为好也。"

江蓝生（1988）认为，"永"今义为"永远"，所指时间是无终点的，六朝时期，"永"字作时间副词，有时只表示时间长，时间久，相当于"长久、一直"。有时"永"和否定词"不"或"无"连用，表示一种完全的否定，相当于"根本、全"。如"永不信许"，即根本不相信，"永"不表示时间，只起强调否定的作用。

最 + 无

（201）是舍利曰比丘，<u>最无</u>有过，从邪能还。（后汉·安世高译《佛说四谛经》卷1，T01，No.32，p0814b）

（202）汝当作王转金轮，七宝自至典四方，所受五欲<u>最无</u>比，斯处无道起入宫。（后汉·竺大力共康孟详译《修行本起经》卷2，T03，No.184，p0471a）

《说文》："最，犯而取也。"虚词"最"与此义无关，虚词为假借义，用作副词，可以表示程度，相当于"极""尤"。《广韵·泰韵》："最，极也。"《字汇·曰部》："最，尤也。"如《商君书·外内》："故农之用力最苦，而赢利少，不如商贾、技巧之人。"也可以表示时间，相当于"正""正在"。如《世说新语·赏誉》："王大将军（敦）与元皇表云：（王）舒风既木简正，作雅人，自多于（王）邃，最是臣少所知拔。"还可以表示推测、估计的语气，相当于"凡""总"。《集韵·泰韵》："最，凡也。"《史记·卫将军骠骑列传》："最大将军（卫）青凡七出击匈奴，斩捕首虏五万余级。"司马贞索隐："最，谓凡计也。"

"最"用在否定词前强调否定语气来源于表示程度，"最＋否定词"中，"最"相当于"根本"。

从"副词＋无"中的"副词"的类别来看，有时间副词，如"永"；有范围副词，如"一"；有程度副词，如"最"，有语气副词如"绝殊""乃"。

二、与"无"组合的副词语义不变，不表示强调（8个）

"副词＋无"组合中副词的语义不变，即不表强调者，数量较少，仅见8例。

便＋无（22）、将＋无（5）、莫＋无（1）、已＋无（40）、亦复＋无（9）、亦＋无（612）、应时＋无（1）、各＋无（1）

各举一例如下：

（203）亦身已不净见不净，便无所畏，得乐见世，得无为。（后汉·安世高译《佛说七处三观经》卷1，T02，No. 150A，p0877a）

（204）方有神马翔兹济众，可附旋居全尔身命。若恋蛊妻，死入斯城，众毒普加，悔将无救。（吴·康僧会译《六度集经》卷4，T03，No. 152，p0019c）

（205）其中众宝伎乐甘食女色踊前，处中久长年数如上，又伺诸女卧出亡去，遥睹铁城，莫无迎者。（同上，p0021b）

（206）阿难！为家因缘守，若家因缘无有，已无有受，当何因缘有家？（后汉·安世高译《人本欲生经》卷1，T01，No. 14，p0242c）

（207）无欲无色界，亦无过去、当来、今现在；亦无所有，所作施亦复无所有。（后汉·支娄迦谶译《道行般若经》卷3，T08，No. 224，p0439b）

（208）本无有亦无所守，亦无有守，一切；阿难！无有守。（后汉·安世高译《人本欲生经》卷1，T01，No. 14，p0242b）

（209）若力士持兵有所击，应时无有全命者。（后汉·支娄迦谶译《佛说伅真陀罗所问如来三昧经》卷1，T15，No. 624，p0354a）

（210）王与夫人虽得相见，不说勤苦，各无怨心。如是言语须臾之顷，恍惚如梦，王及夫人自然还在本国中宫正殿上坐，如前不异。（吴·康僧会译《六度集经》卷2，T03，No. 152，p0007c）

可见，不表示强调的"副词＋无"除"否定副词＋无"出现1个以外，其他的7个均是"时间副词＋无"。

第三节 "副词 + 非(莫、未、勿、弗)"的 组合能力及语义特征

东汉三国佛教文献中"非、莫、未、勿、弗"等否定词不论出现频率还是组合能力都远远低于"不"与"无",并且和"非、莫、未、勿、弗"相组合的"副词"种类也一般不超出和"不""无"组合的副词的范围,所以我们把这一组否定词和副词的组合放在一起加以讨论。

一、副词 + 非

(一)表示强调否定语气

东汉三国佛教文献中,副词能与否定词"非"组合表示强调否定语气,这类组合主要有以下一些:

本 + 非(4)、必 + 非(1)、必定 + 非(1)、诚 + 非(1)、复 + 非(4)、皆 + 非(8)、岂 + 非(4)、甚 + 非(1)、实 + 非(4)、悉 + 非(3)、终始 + 非(2)、自然 + 非(2)

略举如下:

(211)爱欲心本即知,瞋恚心本即知,愚痴心本即知。何等爱欲、瞋恚、愚痴心本即知?爱欲心<u>本非</u>爱欲心,瞋恚心<u>本非</u>瞋恚心,愚痴心<u>本非</u>愚痴心。(吴·支谦译《大明度经》卷3,T08,No. 225,p0491b)

(212)我昔曾闻沙门所说讲论,诸天眴极迟,世人速疾,今者伎女眴皆速疾,<u>必非</u>是天。(吴·支谦译《撰集百缘经》卷8,T04,No. 200,p0244a)

(213)宣说如是蓴刺之言,身体被服犹如仙圣,口所发言剧旃陀罗,身行口言不相副称,当知<u>必定非</u>婆罗门,乃是罗刹弊恶鬼神。(吴·支谦译《菩萨本缘经》卷2,T03,No. 153,p0063c)

(214)不行六行,不为六度,<u>诚非</u>大明度无极,一切知之明矣。(吴·支谦译《大明度经》卷2,T08,No. 225,p0484c)

(215)欲言痛痒是身,痛无有数;欲言意是身,<u>复非</u>身有过去意;未来意,欲言法是身,<u>复非</u>身有过去未来法。(后汉·康僧会译《佛说大安般守意经》卷2,T15,No. 602,p0171a)

(216)三者自念身非我所,万物<u>皆非</u>我所,便不复向。(后汉·康僧会译《佛说大安般守意经》卷2,T15,No. 602,p0171a)

（217）令诸众生；悉为受者生于天上。一身受苦，令多受乐，<u>岂非</u>菩萨本誓愿耶。（吴·支谦译《菩萨本缘经》卷2，T03，No.153，p0062c）

（218）大仙当观身服如是刍草之衣，令心愁恼非所宜也，如婆罗门入淫女舍，<u>甚非</u>家法也。（吴·支谦译《菩萨本缘经》卷3，T03，No.153，p0066a）

（219）兄如须弥，难陀如芥子，<u>实非</u>其类。拜谢而退。（后汉·竺大力共康孟详译《修行本起经》卷1，T03，No.184，p0465c）

（220）万物无常，有身皆苦，身为非身，空无所有，亲戚家属，<u>悉非</u>人所。（吴·支谦译《佛说太子瑞应本起经》卷2，T03，No.185，p0480c）

（221）假令死复生，罪福不败亡。<u>终始非</u>一世，从痴爱久长。（后汉·竺大力共康孟详译《修行本起经》卷2，T03，No.184，p0467a）

（222）吾为上圣之所化怀，普明之<u>自然非</u>彼众妖，慎无疑矣。（吴·康僧会译《六度集经》卷1，T03，No.152，p0004a）

例（222）"自然"表示肯定语气，犹当然。如《三国志·魏志·吕布传》："将军躬杀董卓，威震蛮夷，端坐顾盼，远近自然畏服。"《汉语大词典》所举"副词＋否定词"的例子，如《北史·裴叔业传》："唯应送家还都以安慰之，自然无患。"在"自然＋否定词"的结构中，"自然"有强调否定的语气。

以上除"自然＋否定词"以外，其余"副词＋否定词"在前面均已出现，均是表示强调语气。

（二）语义不变，不表示强调否定语气

东汉三国佛教文献中副词能与否定词"非"组合，不表示强调否定语气，主要有以下一些：

即＋非（2）、无非（3）、亦＋非（156）、亦复＋非（2）

略举如下：

（223）委曲深奥有所不知者，<u>即非</u>佛也。（吴·支谦译《梵摩渝经》卷1，T01，No.76，p0885b）

（224）亦有自然万种伎乐，又其乐声<u>无非</u>法音，清畅哀亮，微妙和雅，十方世界音声之中最为第一。（曹魏·康僧铠译《佛说无量寿经》卷1，T12，No.360，p0271a）

（225）谓有黑行，从黑受殃；有清白行，从清白受清白福；有黑白行，令致黑白殃福；有<u>亦非</u>黑<u>亦非</u>清白行，令从是受福。（后汉·安世高译《佛说漏分布经》卷1，T01，No.57，p0853b）

（226）虽有眼耳鼻舌身意，<u>亦复非</u>身。何以故？设耳是人，当能听一切。从形得名字，譬金字。譬如以金作物，因从是得字。地水火

风空，是五事作身，亦复非身。（后汉·安世高译《阿含口解十二因缘经》卷1，T25，No. 1508，p0053c）

以上"副词 + 非"中的"副词"均不表示强调。

"无非"在现代汉语共同语和部分方言中已经词汇化为一个表否定语气的副词，意思是"不外乎"，用于把事情往小里说。如：

（227）我无非是想给他提个醒罢了。（《现代汉语词典（第7版）》：1382）

（228）湘语邵阳话：其无非就是想要那滴钱唧。[①] 他无非就是想要那点儿钱。

二、副词 + 莫

（一）表示强调否定语气

东汉三国佛教文献中副词能与否定词"莫"组合，表示强调否定语气的形式，主要有以下一些：

更 + 莫（2）、皆 + 莫（5）、慎 + 莫（16）、悉 + 莫（4）

略举如下：

（229）令我二国从今以去更莫相犯，乃至子孙。（吴·支谦译《撰集百缘经》卷8，T04，No. 200，p0241c）

（230）至于梵摩众圣，皆莫能论佛之智故，独步不惧，一无畏也。（后汉·竺大力共康孟详译《修行本起经》卷2，T03，No. 184，p0472a）

（231）汝往至师所时，若见若闻，莫得说其短亦莫念其短，汝设见，慎莫疑慎莫息。（后汉·支娄迦谶译《道行般若经》卷9，T08，No. 224，p0472a）

（232）世亦有悉莫受，邪乱本舍莫依。（吴·支谦译《佛说义足经》卷2，T04，No. 198，p0189b）

以上"副词"也均是表示强调否定语气。

湘方言的副词"连"也可以和否定副词"莫"组合，表示强调语气，例如：

（233）湘语邵阳话：连莫齿其，看其何嘎搞的。[②] 别理他，看他怎么搞的。

（234）湘语衡阳话：你连莫信其咯多，做你咯就是咯哒。[③] 你根本不用去信他的，你做你的就好了。

（二）语义不变，不表示强调否定语气

东汉三国佛教文献中副词能与否定词"莫"组合，不表示强调否定语气的形式，主要有以下一些：

各＋莫（1）、常＋莫（1）、且＋莫（2）、亦＋莫（10）

略举如下：

（235）我等不堪，今起求食，奈何能办？但为施坐，各莫跪起言语问讯也。得此不乐，必自去矣。（后汉·昙果共康孟详译《中本起经》卷1，T04，No.196，p0148a）

（236）是故行者欲除一切苦，当常莫离、莫犯、莫穿立止观。（后汉·安世高译《道地经》卷1，T15，No.607，p0231b）

（237）汝今可坐，且莫愁苦。（吴·支谦译《菩萨本缘经》卷1，T03，No.153，p0056b）

（238）比丘！以故当慈心，莫学伤害心，至见烧杌，亦莫生害意。（吴·支谦译《佛说义足经》卷2，T04，No.198，p0189b）

以上与"莫"组合的副词，只是临时组合，并没有在语义上发生变化，不表示强调否定语气。

副词和否定词"莫"组合不表示强调语气的情况在部分汉语方言中也存在，例如：

（239）西南官话（成都话）：去早了嚜，等得恼火；去晏了嚜，又莫得位子。

（240）湘语（邵阳话）：你亦莫去惹其啦，其有滴子打人呢。[1]你别去惹她，她有点打人呢。

（241）湘语（衡阳话）：咯只狗咬人，切记莫去惹。[2]这条狗咬人，千万别去惹。

三、副词＋未

（一）表示强调否定语气

东汉三国佛教文献中副词能与否定词"未"组合，表示强调否定语气的形式，主要有以下一些：

都＋未（1）、尚＋未（40）、适＋未（1）、悉＋未（1）、犹＋未

---

[1]　本条语料为田野调查所得。发音人：刘平英，1956年生，女，汉族，湖南邵东县人，高中文化。

[2]　本条语料为田野调查所得。发音人：王元社，1955年生，男，汉族，湖南衡南县人，小学文化。

（5）、又＋未（1）、自＋未（1）、但＋未（2）

略举如下：

（242）尔时世尊，初始成佛，时十六大国，<u>都未</u>闻知。（吴·支谦译《撰集百缘经》卷10，T04，No. 200，p0255b）

（243）人居间一劫中生死，取其骨藏之不腐、不消、不灭，积之与须弥山等；人或有百劫生死者，或有千劫生死者，<u>尚未</u>能得阿罗汉道泥洹。（后汉·安世高译《佛说七处三观经》卷1，T02，No. 150A，p0880b）

（244）有王名曰伅真陀罗，从名香山与诸伅真陀罗无央数千、与犍陀罗无央数千、与诸天无央数千，而俱来说是瑞应，<u>言适未</u>竟，便见伅真陀罗与八万四千伎人俱来，及无央数人。（后汉·支娄迦谶译《佛说伅真陀罗所问如来三昧经》卷1，T15，No. 624，p0351c）

（245）我于过去怛萨阿竭、阿罗诃、三耶三佛所受决以，其余人<u>悉未</u>受决。（后汉·支娄迦谶译《道行般若经》卷7，T08，No. 224，p0460a）

（246）世有婆罗门，修治水火，精勤苦体，不去昼夜。九十六术，靡不经涉。年高德远，不兰迦叶等六子辈，名称盖世，<u>犹未</u>得佛。（后汉·昙果共康孟详译《中本起经》卷2，T04，No. 196，p0159c）

（247）此舍利弗！我佛国净，汝<u>又未</u>见。（吴·支谦译《佛说维摩诘经》卷1，T14，No. 474，p0520c）

（248）七者比丘尼<u>自未</u>得道，若犯戒律，当半月诣众中首过自悔，以弃骄慢之态。（后汉·昙果共康孟详译《中本起经》卷2，T04，No. 196，p0158c）

另外，还有"但未"前所未见：

（249）道行地名为止观。何用是止观？<u>但未</u>得四德故，欲致是四德。何用欲致是四德？从是欲致无为故。（后汉·安世高译《道地经》卷1，T15，No. 607，p0231b）

（250）妻复言曰："我今耳中实闻安隐，<u>但未</u>见之犹怀忧戚。"菩萨答言："汝但小坐，自当见之。"（吴·支谦译《菩萨本缘经》卷2，T03，No. 153，p0060b）

《说文·人部》："但，裼也。"徐锴系传："古此为袒字。"假借为副词，表示范围，相当于"只""仅"。《正字通·人部》："但，语辞。犹言特也，第也。"如《史记·刘敬叔孙通列传》："匈奴匿其壮士肥牛马，但见老弱及羸畜。""但＋未"，"但"只有轻微的强调否定语气。

汉语方言中也有副词与"未"组合表示强调否定语气的用例，如，

（251）粤语（广州）：<u>佢还未</u>讲完么？他还没说完吗？（甘于恩 2002：92）

（252）闽语（罗源）：侬家<u>固未</u>做好，汝许快拈走咯？我还没做好，你那么早拿走了？（黄涛 2016：59）

（253）闽语（罗源）：我蜀题都<u>未</u>漏。我一题都没漏。（黄涛 2016：239）

（二）语义不变，不表示强调否定语气

东汉三国佛教文献中副词能与否定词"未"组合，不表示强调否定语气的形式，主要有以下一些：

已＋未（3）、亦＋未（6）

略举如下：

（254）安为未，般为起。<u>已未</u>起，便为守意；若已意起，便为守意；若已起，意便走，为不守，当为还，故佛说安般守意也。（后汉·康僧会译《佛说大安般守意经》卷1，T15，No. 602，p0164a）

（255）一切不用从慧得度，过无有思想<u>亦未</u>离思想为受行止。（后汉·安世高译《人本欲生经》卷1，T01，No. 14，p0245c）

以上副词"已""亦"与否定副词"未"组合语义没有发生变化，不表示强调否定语气。

四、副词＋勿

（一）表示强调否定语气

东汉三国佛教文献中副词能与否定词"勿"组合，表示强调否定语气的形式，只有：慎＋勿（6），略举如下：

（256）佛者至尊，用一切故，来化吾国。饭佛及僧，吾等应先，男尊女卑，卿当在后，<u>慎勿</u>供办，故来相语。（后汉·昙果共康孟详译《中本起经》卷2，T04，No. 196，p0161c）

"慎勿"相当于"千万别"等。

（二）语义不变，不表示强调否定语气

东汉三国佛教文献中副词能与否定词"勿"组合，不表示强调否定语气的形式，主要有以下一些：

且＋勿（2）、亦＋勿（2）

略举如下：

（257）佛于是乃敕诸沙门："<u>且勿</u>入城。七日之后，事情当露。"（吴·支谦译《佛说孛经抄》卷1，T17，No. 790，p0729b）

（258）魔莫复啼哭，<u>亦勿</u>致愁，今若伴者亦甚众多。其有不闻是法者悉是其伴，信乐者少少耳。（后汉·支娄迦谶译《佛说伅真陀罗所问如来三昧经》卷3，T15，No. 624，p0367a）

以上副词"且""亦"与否定副词"勿"组合语义没有发生变化，不表示强调否定语气。

五、副词 + 弗

东汉三国佛教文献中副词能与否定词"弗"组合，表示强调否定语气的形式，只有：终始 + 弗（1），略举如下：

（259）人道难遇，厥命惟重，大夫投危济吾重命，恩逾二仪，<u>终始弗</u>忘，愿为奴使供给所乏。（吴·康僧会译《六度集经》卷6，T03，No. 152，p0033a）

"终始弗忘"就是"自始至终不忘"，也就是"决不忘"。

至于语义不变，不表示强调的形式在东汉三国佛教文献中没有发现。

"弗"在现代吴方言里是个常用的否定词，其意思大致相当于普通话的"不"，可以与多类副词搭配，大多语义不变，下文列举一些吴方言绍兴柯桥话的例子。

（一）语气副词：

（260）我饭真当弗吃。我真的没吃饭。（盛益民 2014: 58）

（261）我实在弗想去。我的确不想去。（盛益民 2014: 58）

（262）明明弗是我弄嘅，渠一定要话是我弄嘅。明明不是我弄的，他硬要说是我弄的。（盛益民 2014: 59）

（263）未先未弗可忘记爹娘。千万不要忘记父母。（盛益民 2014: 59）

（264）阿兴拉奈个还弗放学唻？阿兴他们一帮怎么还不放学？（盛益民 2014: 83）

（265）渠上外绍兴刚作弗去。他昨天好像没去绍兴。（盛益民 2014: 417）

（266）是话（道）渠去么，我堪板弗去。如果他去，我肯定不去。（盛益民 2014: 318）

（二）范围副词：

（267）两个人诺看看我，我看看诺，都弗晓得奈个弄哉。那几个人你看看我，我看看你，都不知道怎么弄。（盛益民 2014: 85）

（三）时间副词：

（268）搭搭理得伲哉，搭搭弗来理伲哉。一会儿理我们，一会儿又不理我们了。（盛益民 2014: 400）

（269）看得有个三礼拜咚哉啦，可毛病<u>仍番弗</u>好咭。看了足有三个礼拜了，可病仍然没好。（盛益民 2014：330）

（270）益卯伽<u>已经弗</u>用哉。现在已经不用了。（盛益民 2014：269）

（四）频率副词：

（271）<u>再弗</u>吃，碗汤要冷还哉。再不喝，那碗汤要冷了。（盛益民 2014：191）

（五）程度副词：

（272）渠个人么，我<u>顶拣弗</u>欢喜双眼睛咭。他这个人啊，我最不喜欢他那双眼睛。（盛益民 2014：140）

（273）人手<u>着至弗</u>够带唻，诺多去讴两个来么。人手远远不够呢，你去多叫几个人来呀。（盛益民 2014：421）

（274）阿兴拉儿子<u>蛮蛮弗</u>懷。阿兴的儿子非常不乖。（盛益民 2014：269）

（275）好 ta⁰ 来有些<u>弗</u>大敢相信。好得让人有点不敢相信。（盛益民 2014：193）

我们发现，例（260）—例（275）中，"真当＋弗、实在＋弗，未先未＋弗、堪板＋弗、都＋弗、仍番＋弗、再＋弗、顶拣＋弗、着至＋弗、蛮蛮＋弗"均表强调否定语气。

第四节　"副词＋否定词"的使用特点及其成因

一、东汉三国佛教文献"副词＋否定词"的使用特点

通过前面三节的描述可以看出以下几点：

（一）东汉三国佛教文献中能与副词组合的否定词主要有"不""无""非""未""莫""勿""弗"等七个，这七个否定词的组合能力也不相同，具体见下表：

表 4-1　"副词＋否定词"组合能力简况表

	副＋不	副＋无	副＋非	副＋未	副＋莫	副＋勿	副＋弗
表强调	45	28	12	8	4	1	1
不表强调	20	8	4	2	4	2	0

从简表可以看出，在与副词的组合中，"不"的组合能力最强，其次是"无"，此后依次为"非""未""莫""勿""弗"等。

（二）东汉三国佛教文献中，与否定词组合的副词并不都能表示强调否定语气，有相当一部分不能表示强调否定语气，但是它们的内部分布并不相同，具体见下表：

255

表 4-2 "副词＋否定词"表达语气简况表

		副＋不	副＋无	副＋非	副＋未	副＋莫	副＋勿	副＋弗
强调	时间	10	5	2	4	0	0	0
	程度	5	3	1	0	1	0	0
	范围	11	6	2	3	2	0	0
	语气	19	14	7	1	1	1	1
不强调	时间	15	7	3	2	3	2	0
	否定	4	1	1	0	0	0	0
	语气	1	0	0	0	0	0	0

可见，与否定词组合表示强调否定语气的主要是时间副词、程度副词、范围副词和语气副词，而不表示强调否定语气的主要是时间副词、否定副词，语气副词只出现 1 例。有趣的是，不论强调与否，均没有方式副词参与。

（三）在表示强调否定语气的副词中，表示强调否定语气的强弱千差万别，并不完全一律，一般而言，表示强调否定的语气副词语气最强，程度副词与范围副词次之，时间副词最弱。即使在同一类副词内部，语气的强弱也不尽相同。如时间副词与"不"组合时，内部的语气并不平衡，"本＋不""初＋不""恒＋不""久＋不""素＋不"等强调否定语气要强烈一些，而"复＋不""尚＋不""亦＋不""犹＋不""又＋不"等强调语气要弱一些。再如范围副词中，表示总括的范围副词语气要强，表示限止的范围副词强调语气要弱。语气副词中，能与否定词组合表示强调否定语气的副词主要是表示肯定、强调语气的副词，表示推测语气的副词没有这种用法，表示疑问语气的副词只有"岂""宁"可以表示强调否定语气。

（四）时间副词、范围副词、程度副词在与否定词组合表示强调否定语气时，它们的语义发生了变化，由表示时间、范围、程度的语义变为表示强调语气，而语气副词由于本身已经表示强调语气，所以语义上没有发生变化，这是语气副词与其他副词表示强调否定语气的差别。

汉语的部分副词与否定词组合后表示强调，并非限于以上情况，在汉语方言中，也有不少这样的例子。据王淑霞（1995）的考察，山东荣成方言中的"再 tsai[44]"除表示"又一次"意义外，还有表示担心某种情况发生以引起重视的意义。援引其例如：

（276）他再走了呢？（1. 他要是走了呢？ 2. 他再一次走了呢？）

（277）他再别走了！（1. 他可别走了！ 2. 他别再一次走了！）

这里，我们明显感到，"再"用在否定词前面，表示强调。

这里我们主要想解决三个问题：否定副词为什么能同其他副词组合？为什么"不"的组合能力最强？部分副词与否定词组合后语义为什么均表示强调否定的语气？

二、否定词为什么能同副词组合

古代汉语以单音词为主，但自先秦就开始了词汇的复音化。这是汉语词汇发展史上的一个重要变化。曹广顺（1984）认为汉语复音词的构词法远在先秦两汉就已经基本具备了，复音词在当时的词汇中，也已占了相当大的比例，但其中还没有发现证据确凿的复音副词。在魏晋南北朝的著作中，一些先秦两汉作词组使用的复音组合，意义开始虚化，功能开始转变，出现频率也有了较大的增加，这些变化，标志着汉语双音节副词的正式产生。但它作为一个系统还很不完备，显然还处在副词复音化过程的最初阶段。可见，曹广顺先生是认为中古时期双音节副词已经正式产生了。

那么这种双音节副词是否在副词的内部并行发展呢？经过考察我们发现否定副词例外，那否定副词究竟以什么方式适应这种双音化的趋势呢？

朱庆之（2005）认为，魏晋以降，凡新出现的词，大都采用双音节的形式，旧有的单音节词，大都有了双音节的可替代形式，但是，至少在中古时期的文献语言中，没有发现双音节或者多音节的否定词。尽管从类型学的角度看，否定词的单音节现象比较普遍，但就汉语当时的情形看，这种现象很难解释。就"副词＋否定词"的组合来看，"首先，是不是可以说，这种组合的大量出现与双音化的趋势有关……双音化不仅给了汉语一个双音节词为主的词汇面貌，更重要的是它造成了汉语词汇表义方式的一系列变化，其中之一，就是促使原先集合在同一个语音形式中的某些'隐性'成分分离出来，变为'显性'成分。""其次，反过来说，这是否就是否定词对双音化的一种反应呢？当中古时期几乎所有的单音节词都有双音节形式的时候，不管这个双音节形式是言语的还是语言的，否定词完全置身其外似乎是不合情理的。可否认为，当时的人们正是用这样的方式，自觉和不自觉地来满足否定词双音化甚至多音化的需要？如果答案是肯定的，那么副词＋否定词组合中副词特殊语义的产生或特殊用法的形成的原因，就有了一个还算合理的解释。"

从朱庆之的解释中我们可以看出，否定词不会游离于双音化的趋势之外，否定词与部分副词组合，完全是适应双音化或者多音化的需要，正是这种需要，促成了"副词＋否定词"这种组合的产生。

三、"不"的组合能力为什么最强

Bybee（1985、1995）指出，假定人们在认知上有一个词典，这个词典的功能是汇集并组织个人的词汇方面的知识。从功能语言学的角度来看，词典中的词条实际上是动态的，就是说，并不是每个词条在我们的心目中都享有平等地位：使用率越高的词，语法语义灵活性就越高，其特性就越容易发生变化，产生语法变化的可能性就越大。Bybee用雕琢（etching）作比方：一个对象没有经常被雕琢把玩，这个对象的形状就会相对稳定，相反，一个对象被雕琢的次数越多，留下的痕迹就越深，这个对象变形的可能性就越大，而离它原来的模样就会相去越远。

"不"不论是古代还是现代，都是一个高频词，因此它的语法语义灵活性就越高，与副词组合的可能性也越大，东汉三国佛教文献中，否定词"不"比其他否定词使用频率要高得多，因此，与副词组合的能力也最强。

四、与否定词组合的部分副词为什么能够表示强调否定语气

主要是因为否定词前的这些副词的特殊性。

（一）否定词前的这些副词具有主观性

与否定词组合表示强调否定语气的主要是时间副词（表示原本与持续不变）、程度副词、范围副词和语气副词，这些副词有一共同的特点，就是都具有说话者的主观性（subjectivity），只是这种主观性有的强烈，有的不强烈，一般而言，语气副词的主观性最强，程度副词次之，范围副词再次之，时间副词最小。前面所说的为满足否定词双音化甚至多音化的需要，导致"副词 + 否定词"组合中副词特殊语义的产生或特殊用法的形成，只是外因，内因是什么呢？这些副词虽然各自原语法意义和语用含义各不相同，用于表示强化否定的时间也有先后，但它们的虚化机制是一致的，都是由于语言表达过程中主观性的加强，是副词主观化的结果（subjectivisation）。张谊生（2004a）指出："其虚化过程应该是：主观情态功能的强化，客观表时功能的弱化，虽然各词再虚化的动因和时间可能并不完全一致。"也可以说，这些副词本身具有主观性，为了充分展示这种主观性，说话者采用了"副词 + 否定词"这一结构形式，这就是常说的主观化。

沈家煊（2001a）认为"主观性"是指语言的这样一种特性，即在话语中多多少少总是含有说话人"自我"的表现成分。也就是说，说话人在说

出一段话的同时表明自己对这段话的立场、态度和感情，从而在话语中留下自我的印记（Lyons 1977: 739）。"主观化"则是指语言为表现这种主观性而采用相应的结构形式或经历相应的演变过程。

E. C. Traugott 是研究"语法化"的专家，她从历时的角度来看待主观化，认为主观化是一种语义—语用的演变，即"意义变得越来越依赖于说话人对命题内容的主观信念和态度"（Traugott1995）。Traugott 认为主观化和语法化一样是一个渐变的过程，强调局部的上下文在引发这种变化中所起的作用，强调说话人的语用推理（pragmatic inference）过程。语用推理的反复运用和最终的凝固化，结果就形成主观性表达成分。而语用推理的产生是由于说话人在会话时总想用有限的词语传递尽量多的信息，当然也包括说话人的态度和感情。

沈家煊（2001b）在讨论跟副词"还"有关的两个句式时，认为其中的"还"具有"主观"和"元语"的性质，说话人用它表明自己对一个已知命题的态度，即认为这个命题提供的信息量不足，同时增补一个信息量充足的命题。元语和非元语用法、主观和客观表达的区别在语言中具有普遍性。就副词而言，他认为否定副词"不"和程度副词"好"有元语和非元语两种用法，可参看沈家煊（1993、1994a）。

可见，沈家煊认为时间副词、否定副词、程度副词都有"主观"和"元语"的性质，同样，范围副词与语气副词也具有这种性质。

张谊生（2004a）在讨论为什么表示否定、时间、程度、范围的副词会殊途同归，最终都走上情态化的道路，并且这种虚化都是在否定词或否定结构前发生时，认为这是因为它们都是客观表述过程中"移情"（empathy）的结果。也就是说，说话人在表述一个客观现象时，总会带有一定的主观评价和情感。一般情况下，这种主观性是隐含在客观表述里面的，但是，当说话人为了突出或强调某种情感时，或者为了满足某种语用需要时，其隐含的主观性因素就会凸现出来，于是副词的再虚化就发生了。而副词的再虚化往往发生在否定词之前，是因为同样是陈述句或疑问句、祈使句，否定形式比肯定形式更能体现说话人的主观性情感；而且，在一句话、一个表述中，否定通常都是其中的信息焦点（focus）所在，也是表述的重点所在，所以，情态化的发生都出现在否定形式的前面。

在这些副词的演变过程中，由于它们用在否定句中，随着说话人主观性的逐渐增强，其原有的意义逐渐淡化，因为就主观性而言，否定句明显要比肯定句强，因此，"副词＋否定词"能够使其中的副词具有强调否定语气的作用，显然不是一种巧合，而是有着更深层次的语言表达机制制约的。

我们考察了汉藏语系的多种语言，发现副词与否定词组合表强调否定语气的用例大量存在，下面略举几例，如：

1. 藏缅语族：

（278）哈尼语：

nv⁵⁵　tsɿ⁵⁵tɕhɿ³¹　x̲a̲³³m̲ɔ̲³¹ji³³　mu¹¹　pu³³lo³¹?
你　自己　　也不去　想　（语）
你自己也不想去吧？

（经典 2015：163）

（279）载瓦语：

i⁵¹　phə³¹lǎ³¹　tau⁵⁵　tsɔ³¹　tsǎ³¹　ȝ̲ɿ̲³¹a̲³¹vam⁵⁵　pji³¹?
酒　一　瓶　小　只　也　不舍得　给
一小瓶酒你都不舍得给啊？

（朱艳华、勒排早扎 2013：264）

（280）浪速语：

ŋɔ³¹　t̲a̲u̲³⁵m̲ɕ̲³¹　n̲a̲k　jɔ³¹.
我　倒　不　生　气　　（戴庆厦 2005：72）
我倒不生气。

（281）仙岛语：

fu³¹　ŋ̍en³⁵　njɔʔ³¹　pu⁵⁵　xɔʔ⁵⁵　sɔʔ⁵⁵　lum³⁵/³¹　n³¹ʂa⁵⁵　ka³⁵.
今　天　太　热　得　气　都　　不喘　过来
今天热得人喘不过气来。

（戴庆厦、丛铁华、蒋颖、李洁 2005：119）

（282）波拉语：

ɣei⁵⁵　tǎ³¹　ȝɛ³¹　a³¹　ya³⁵.
水　连　也　不　有
（戴庆厦、蒋颖、孔志恩 2007：147）
连水也没有。

（283）勒期语：

xjɛ³³u⁵⁵li⁵³, kou³³　juʔ³¹　nək⁵⁵ji⁵³　tʃhɕ̌³³　ɣɛʔ⁵⁵　a³³　tat³¹　tɕi⁵³.
这到时，九　个　兄弟　什么　也　不　会　说
这时，九个兄弟无话可说。

（戴庆厦、李洁 2007：339）

（284）彝语：

dzu^{33} xɯ^{33}ȵi^{33} dzo^{21}, vei^{13} xɯ^{33}ȵi^{33} dzo^{21},

吃 （描写） 也 有穿 （描写） 也

mɤ^{33}lɤ^{33} ʔao^{55} ma^{21} ne^{33}.

有什么 都 （否定）少

吃的也有，穿的也有，什么都不缺。 （翟会锋 2011：50）

（285）白语：

pɔ^{33} mi^{33} ȵi^{55} pɯ^{33} mi^{33} sɯ^{44} ta^{35}zi^{44} lɔ^{42}.

他 想 也 不 想 就 答应 了

他想都不想就答应了。

（赵燕珍 2012：136）

（286）傈僳语：

dza^{31} a^{33}ma^{33} a^{33}miɛ^{33} li^{55} ma^{31} lɔ^{42}.

吃 （名化）多少 也 不 够 （李教昌 2018：75）

吃的再多也不够。

（287）拉祜语：

ŋa^{31} qha^{31}qhe^{33} ka^{31} ma^{53} dɔ^{53}mɔ^{31}.

我 怎么 也 不 明白 （李春风 2012：77）

我怎么也不明白啊。

2. 壮侗语族：

（288）壮语：

we^{33} pai^{24} we^{33} ma^{24} ʔan^{24} ɗaŋ^{24}te^{24} ʔjup^{55} hau^{55} pai^{24}

比画 来 比画 去 个 鼻子 他 缩 进

li:u^{42} li:u^{42} ɕa:i^{35} we^{33} ɕam^{33} ɓau^{55} ʔøːk^{35} tau^{55}lɔ^{33}.

去 全部，再 比画 也 不 出 来（语气）

比画来比画去，那鼻子全都缩进去了，再怎么比画也不凸出来了。

（蓝利国 2016：41）

（289）仫佬语：

ȵa^{2} naːŋ^{1} ŋ^{5} paːi^{1}?

你 还 不 去 （银莎格 2014：138）

你还不去？

（290）仡佬语：

məɯ^{31} tsɿ^{33} qa^{33}sɯ^{31} wo^{33}, da^{31}tɕi^{33} i^{55}? luŋ^{31} sɯ^{31}.

你 都 （否定词） 知道（否定助词）怎么 我 会 知道

你自己都不知道，我怎么知道？ （康忠德 2011：88）

（291）水语：

sa:u¹¹ me³¹ʔn̪e³³ ha¹¹, pha³⁵loŋ³¹ pu³³ me³¹ʔnaŋ¹¹

你们 （否定） 哭啦 伤心 也 （否定）

joŋ²⁴ha¹¹ lieu³¹.

用 了

你们别哭了，伤心也没有用了。 （韦学纯 2016：128）

3. 苗瑶语族：

（292）苗语：

məŋ³¹ çaŋ³¹məŋ³¹ lja³¹ məŋ³¹, a⁴⁴⁄²¹ do³⁵ tu³⁵ sa³⁵

你 实在 像 你 一 句 话 都

tɕu⁵³ ʂei⁵³ phu²².

不 会 说

你真是的，一句话都不会说。 （余金枝 2010：162）

（293）勉语：

mei⁵³ sei³³ xa⁷⁵⁵ tau⁵⁵le⁵³ je³³ tsuŋ⁵⁵ mai⁵⁵ xiu⁵⁵

他 是 谁 （语助） 我 都 不 晓

tu⁷⁵⁵ ŋa³³.

得 （语助）

他是谁我都不知道。 （刘玉兰 2012：82）

汉藏语的这些用例，也从一个侧面说明副词与否定词组合表强调否定语气具有一定的普遍性。当然，正如张谊生（2004a）所说，这些由其他各类副词转化为表示强调否定语气的副词，还是要靠人们的主观认知功能——重新分析（reanalysis）来完成。因为一些已经变化了的客观语言现象，总会或多或少的带有原来的痕迹，只有通过有意识的主观努力对这些现象进行重新分析，才能在句法、语义、语用各个层面作出符合实际的分析。

（二）否定词前的副词多表示极量

葛佳才（2005）将否定词前加强语气的副词称为极量副词，归为语气副词中的一个小类，认为这些语气副词，从虚化起点的语义来看，无一例外的表示极大量或者极小量。显而易见，极量词是在否定词前加强否定的语气副词的主要来源之一。他认为，肯定、否定是相对立的两种语气，一定意义上也带有极量性质，极量词可以加强肯定、否定语气，也许是因为他们在量上有相同的极性。沈家煊（1999a）认为，在语用和认知规律的决定下，"肯定和极大量有自然的联系，构成一个无标记的配对，否定和极小量也有自然的联系，构成另一个无标记的配对。""要否定一个概念，一般就否定这个概念的极小量，要肯定一个概念，一般就肯定这个概念的极大量。"极量词具有独到而突出的强调功能，在加强肯定或否定语气方面效果明显。我们认为，用在否定词前的这些副词，确实有一共同的特点，就是表示"极量"，毫无疑问，极大量与肯定之间有着自然联系，在肯定句中，极大量的词表示一种全量肯定，在有标记的否定句中，它位于否定词前，不在否定范围内，有可能同样起着全量肯定的作用，只是由于所肯定的内容是否定性的，它也就转而起加强否定的语气了。[①]

---

①　对汉藏语系各语言的分类，我们参考孙宏开、胡增益、黄行等主编的《中国的语言》，北京：商务印书馆，2007。

第五章 程度副词作补语的个案研究及理据分析

　　程度副词作补语在东汉三国佛教文献中尚处于萌芽阶段，我们先对"杀（煞）、死、极"等几个常见的程度补语进行个案研究，然后对程度副词作补语现象进行跨语言考察。

　　首先，对"杀（煞）、极、死"三个程度副词做补语进行历时考察；其次，立足于程度补语"杀（煞）、极、死"的历时演变过程，考察程度义获得的机制及程度补语的产生过程，同时结合汉语方言及民族语言中的类似用法，探讨程度副词"杀（煞）、极、死"作补语的理据；进而，通过对程度副词作补语这类现象在汉语方言和民族语言中的分布情况的比较与归纳，尝试从优势语序原则、和谐原则以及历时发展等方面对程度副词作补语的成因进行探讨。

　　本章部分内容已分别在《理论月刊》《古汉语研究》《语言研究》《民族语文》等刊物上发表，本书在此基础上扩大了语料考察范围，增补了佛教文献、汉语方言和民族语言等语料。

第一节 程度补语"杀（煞）"的历时演变及跨方言考察

一、引言

　　"煞"是"杀"字的俗体①，本义为"杀死、弄死"。东汉三国佛教文献"煞"只出现了一例，如下：

　　　　（1）勿妄娆神象，以招苦痛患，恶意为自<u>煞</u>，终不至善方。（吴·竺

---

① 为行文方便，字形上本文以"煞"字为代表，但例句按照原字录用。

律炎、维祇难共支谦译《法句经》卷 2，T04，No.0210，0574b）

其他均写作"杀"，出现了 248 次。

在汉语史上曾出现过作程度补语的句法功能。现代汉语普通话已经很少使用，某些方言中还有残留。

"杀"做程度补语在东汉三国佛教文献中还处于萌芽阶段。

关于"杀（煞）"，前贤已经做过一定的研究。袁宾（2003）和徐繁荣（2004）均从历时角度对"煞"的发展演变作了较为系统的考察。吴福祥（2000）、梅祖麟（2000）等均将"杀"由他动词变为自动词看成判断动补结构形成的一个形式标准。关于述补结构的判断标准问题，目前争议很大，本文不就此问题展开讨论。以上研究都涉及"杀"的历时演变问题，但还未有专门对程度补语"煞"的历时来源，"煞"程度义获得的机制和动因，程度补语"煞"的词性及程度副词作补语的认知理据等问题展开论述的文章。

关于"煞"字程度补语句，周晓林（2005）曾做过专门的研究，他探讨了关于程度补语句"V/A 煞"式及程度副词"煞"的来源及演变，认为程度副词"煞"的产生主要有两个因素："一是词汇意义的抽象化。初见于汉魏六朝的程度副词'煞'是由他动词'杀'虚化演变而形成的。'杀'由表示实在意义的"杀戮"义虚化为表示较为抽象的"极、甚"义。二是句法功能的定型化。始于汉魏六朝，程度副词"煞"首先在补语位置上形成。"我们认为这两点是可信的，另外，周文还对唐宋、元明、清代至现代的代表文献中的程度补语句"V/A 煞"式分别作了统计，考察了程度补语句"V/A 煞"式的演变情况。本文在其基础上进一步对"煞"的语义、句法演变作相关探讨，同时结合汉语方言的使用情况，揭示程度副词"煞"作补语的合理性和认知动因。

二、"煞"的句法语义演变

（一）"煞"的语义演变

《广韵》："煞"，俗"杀"字。"杀"的本义是"杀死、弄死"，本身是个动作，含有"使死亡"的目的，初始意义暗含动作致使某种结果。沈家煊（2005）在《分析和综合》一文中提到"古汉语的'污'现在要说成'弄脏'，'杀'要说成'杀死/弄死'"，说明"杀"这个词是一种综合形式，也就是说源动词"杀"一个词承担两个义素——［＋动作］［＋结果］。一般来说，动作性强的动词很难发生虚化，如果这个假设成立，那么源词"杀"语法化的第一步必然是［＋动作］义素的弱化或消失。源词"杀"的原型意义是发出动作，造成"死"的结果。[＋动作]义素弱化或消失的条件必然是有其他动词承担了这一动作义，使得"杀"的词义由综合走向分析。我们用下面的示意图来表示"杀"的语义发展：

源动词"杀" ——→ "致死"义动词＋"杀"

[＋动作][＋结果] [＋动作][＋结果]

这里关涉"杀"所在句法结构的发展过程。句法结构发生变化是"杀"虚化的关键因素。当"杀"单独充当谓语中心的时候，自然要承载[＋动作][＋结果]这样两个义素。如：

（2）传二年·春，宋督攻孔氏，<u>杀</u>孔父而取其妻。（《左传·桓公二年》）

例（2）中的"杀"一方面承载了宋督发出的动作，另一方面也承载了"致使孔父死"这一结果。

东汉三国佛教文献中，也有不少这样的用例，如：

（3）太子后来，问其仆曰："谁扛<u>杀</u>象？"答言："调达<u>杀</u>之！"（后汉·康孟详译《修行本起经》卷上，T03，No.0184，0465c）

当"致死"义动词与"杀"同时充当谓语中心，构成"V₁＋死"连动结构时，由于"V₁"与源词"杀"的义素₁（[＋动作]）重叠，"杀"只承载[＋结果]义，词义便虚化了。如：

（4）秋，七月戊辰，夫人姜氏薨于夷，齐人以归。夷者何？齐地也。齐地则其言齐人以归何？夫人薨于夷，则齐人以归。夫人薨于夷，则齐人曷为以归？桓公召而<u>缢杀</u>之。（《春秋公羊传·僖公元年》）

例（4）中的"杀"出现于连动结构的"V₂"位置，由于"缢"是杀人的一种方式，这里的"杀"便可认为是仅仅承载[＋结果]这一义素，语义上完成了由综合走向分析的过程。东汉三国佛教文献中也有类似的用法，如：

（5）王怒隆盛，遣人拽出，缚置殿前，将欲射<u>杀</u>。（后汉·康孟详译《中本起经》卷2，T04，No.0196，0157c）

（二）"杀"的句法演变

适宜的句法位置是动词语法化的必要条件，"杀"出现在双动词结构中是其虚化的第一步。

1.早期的"V₁而杀O"结构

先秦时期广泛存在"V₁而杀O"结构。我们统计了《左传》中这一结构的使用情况，共发现31例，其中"V₁"是"杀"的原因的有2例，"V₁"为"杀"的方式的有18例，还有11例中的"V₁"与"杀"是先后发生的两个动作。如：

　　（6）郑驷秦富而侈，嬖大夫也，而常陈卿之车服于其庭。郑人恶
而杀之。(《左传·哀公五年》)

　　（7）逾隐而待之，督戎逾入，豹自后击而杀之。(《左传·襄公
二十三年》)

　　（8）齐人取而杀之于夷，以其尸归，僖公请而葬之。(《左传·闵
公二年》)

以上三例，"V_1"与"杀"之间均由"而"连接，显示初期连动结构中
的两个动词的句法地位是同一的，"V_1"可以是"杀"的原因（"恶"）、方
式（"击"），也可以是与"杀"先后发生的两个动作（"取"与"杀"）。
从《左传》的用例数量可以看出，表方式的动词进入"V_1"位置的结构
占优势，虽然在语义上这类结构与同形的动补结构十分相近，但"V_1"与
"杀"之间距离较远，还是两个独立的动词，没有重新分析的可能，但相对
于表先后发生的两个动作（如例（7））的"V_1而杀 O"结构而言，V_1 表
"杀"的方式（如例（4））所在结构中两个动词的意义关联度更紧密。

　　2. "V_1 杀 O"结构

　　同期文献中"V_1 杀 O"结构业已出现，如：

　　（9）诚得劫秦王，使悉反诸侯之侵地，若曹沫之与齐桓公，则大
善矣；则不可，因而刺杀之。(西汉·刘向《战国策·燕策三》)

比较：

　　（10）市人从者四百人，与之诛淖齿，刺而杀之。(西汉·刘向
《战国策·齐策六》)

　　例（9）中的"刺杀之"与例（10）"刺而杀之"应该是同类结构，可
见，早期连动结构中的"杀"与 V_1 是平行的，并未虚化，但"而"的消失
使得"V_1"与"杀"之间的距离更近。同时，平行关系标记的消失，使得
重新分析在句法形式上有了可能性。

　　再看东汉三国佛教文献中的例子，如：

　　（11）王去之后，女与父谋，烧杀该容及其侍女，诈言失火，谓可
掩塞。(后汉·康孟详译《中本起经》卷 2，T04，No. 0196，0157c)

　　上例"烧杀该容及其侍女"就是"V_1 杀 O"结构。

　　最终的重新分析究竟何时发生，条件是什么？我们还需从源词"杀"
的语义特点来分析：动作"杀"发生后，理想化情况下会造成"死亡"这
一结果，但在一般情况下会出现两种情况：一种是动作实施后，受事死了；
一种是动作实施后，受事没死。究竟是哪种结果？我们可以通过上下文语

境指认，或者句法信息变化等途径找出。如：

（12）广不听，臧荼攻<u>杀</u>之无终。封成安君陈馀河间三县，居南皮。（西汉·司马迁《史记·高祖本纪》）

（13）卫玠从豫章至下都，人久闻其名，观者如堵墙。玠先有羸疾，体不堪劳，遂成病而死，时人谓"看<u>杀</u>卫玠。"（南朝宋·刘义庆《世说新语·容止第十九》）

例（12）中的"杀"尚未成为"死"的同义词，这可以通过下文中的"无终"进行指认。例（13）中的"遂成病而死"确认了卫玠死亡的事实。可见，并非所有"V₁杀O"结构中的"杀"都完成了由自主动词向非自主动词转化的过程。"杀"的非自主化还依赖于与其他句法信息的变化。

东汉三国佛教文献中的例子如：

（14）其儿与质家儿俱卧，天夜往<u>杀</u>质家儿矣。死家取儿付狱，母子俱系，饥馑毁形，呼嗟无救，吟泣终日，罪成弃市。（吴·康僧会译《六度集经》卷1，T03，No. 0152，0003a14）

（15）妻淫无避与罪人通，谋<u>杀</u>其婿……天神佑之，两俱无损。（同上，卷2，0006c20）

例（14）"杀"的结果为"死"，例（15）"杀"的结果并未"死"。

A. 施事论元的变化

"杀"是个概念综合的及物动词，关涉动作的发出者（施事）和接受者（受事）。如果我们将"S杀O"结构作为"杀"所在构式的原型，那么，就整个原型构式的语义特征而言，由于"杀"是个自主动词，施事论元"S"是具有一定制约条件的，即"S"必须具有自愿性，而受事"O"则是被动的接受者，二者一般均由有生命事物充当。如果施事论元"S"和受事"O"发生变化，"杀"所出现的环境也就发生变化，导致"杀"语义在一定程度上的虚化。我们考察发现，"S"和"O"一般会出现如下变化。

1）由指人名词变为自然名词

比较：

（16）项王见纪信，问："汉王安在？"信曰："汉王已出矣。"项王烧<u>杀</u>纪信。（西汉·司马迁《史记·项羽本纪》）

（17）又改葬定陶共王丁后，火从藏中出，烧<u>杀</u>吏士数百人。（东汉·王充《论衡·死伪》）

比较以上两例，例（16）中的施事论元是"项王"，在"项王烧杀纪信"这一构式中，项王是动作的主动发出者，是自愿的。句义我们可以理解为：项王用烧的方式杀纪信。至于纪信有没有死，还需从上下文中去寻求答案。

例（17）中的主语是自然名词"火"，是非生命事物，不具有自愿性，违反了"杀"作为自主动词所在构式中施事论元的语义制约条件，"杀"赖以生存的环境发生了变化，意义自然要发生变化，演变为"死"的同义词。

东汉三国佛经文献中亦有施事论元由指人名词变为自然名词者，如：

（18）即日夜，天雨大雹，皆杀田中禾。（吴·支谦译《佛说义足经》卷1，T04，No. 0198，p0174b）

（19）有一大树，其果如二升瓶，其果垂熟，有乌飞来住树枝上方住，果落乌头杀。（后汉·支娄迦谶译《杂譬喻经》卷1，T04，No. 0204，p0500c20）

以上两例的施事论元一者为"大雹"，一者为"果"皆为自然名词。

2）施事论元变为被动角色

在原型"S杀O"构式中，"S"与"O"是动作的发出者与接受者的关系，也是主动与被动的关系，二者是两个不同的生命事物。"S"具有自愿性，当"S"变为动作的被迫发出者，"杀"的语义也会发生相应的变化。如：

（20）杀苏角，虏王离。涉间不降楚，自烧杀。当是时，楚兵冠诸侯。诸侯军救钜鹿下者十余壁，莫敢纵兵。（西汉·司马迁《史记·项羽本纪》）

例（20），"自烧杀"中的"杀"由"他杀"变为"自杀"，施事论元变为被动角色，不是自愿的，也违反了源词"杀"所在结构的语义制约原则，这里的"杀"已经不及物化。例中"烧杀"的语义重心在"烧"上，"杀"已经变为"烧"的结果，成为"死"的同义词。

东汉三国佛经文献中亦见施事论元变为被动角色之用例，如：

（21）阿难！教人杀人，重于自杀也。（后汉·安世高译《阿难问事佛吉凶经》T14，No. 0492b，p0755a）

（22）特言："汝不度我，我自杀……"（吴·康僧会译《旧杂譬喻经》卷1，T04，No. 0206，p0514c）

和东汉三国佛教文献中其他的"S杀O"格式的例子相比，以上两例中的施事论元均为被动角色，不是自愿的。这样的例子在此类文献还有很多，此处不再赘述。

B. 受事的变化

原型构式"S杀O"中的三个组成部分是缺一不可的，当三者中任意一个部分发生变化，整个构式的语义特征便会随之变化。受事的变化主要表现为"O"的隐现或位置发生变化。受事"O"的变化也是"杀"不及物化的一个因素。

（23）魏武常云："我眠中不可妄近，近便斫人，亦不自觉。左右

宜深慎此！"后阳眠，所幸一人窃以被覆之，因便斫杀。自尔每眠，
左右莫敢近者。（南朝宋·刘义庆《世说新语·假谲第二十七》）

例（23）中，"斫杀"的宾语未出现，但从语段中可以看出是为魏武覆
被之人。语境信息显示覆被之人死了，因此，句中"杀"与"死"的意义
也已经十分相近。

（24）如人俱死，宁受绞死不乐烧杀。（北魏·慧觉等《贤愚经》
卷3，T04，No. 202，p372c）

例（24）中"O"已经提前，所在句"不乐烧杀"的意思是"不愿意被
烧死"，"杀"处于被动语义结构中，句中未出现的施事是泛义的、不确定
的，而受事处于原型结构"S杀O"中施事"S"的位置，并且，"绞死"与
"烧杀"对举，可见"杀"已经成为"死"的同义词。

东汉三国佛经文献中常见受事论元发生变化的"S杀O"句式，兹举例
于下：

（25）时摩羯国人民种作苗稼适生，龙即雹杀。（后汉·失译《分
别功德论》卷5，T25，No. 1507，p0051c）

（26）汝今何故不自咒身杀以祠祀求升天耶？（吴·竺律炎、支谦
译《摩登伽经》卷1，T21，No. 1300，p0402b）

第一例雹杀的对象是"种作苗稼"的成果，出现在上一分句之中。第
二例中"身杀"的对象是"汝"，是句子的主语，"身杀"的受事论元并未
出现，同时"身杀"的结果"死"蕴含于"杀"之中，"杀"与"死"的意
义十分接近。

另外，上古时期的"V_1而杀O""V_1杀O"结构与"V_1而死""V_1
死"结构并不相同。"V_1而杀""V_1杀"结构后面一般带宾语，而"V_1而
死""V_1死"结构后则不能带宾语，这也是因源动词自身语义特点的不同引
起的。源词"杀"是及物动词，带宾语，而"死"是不及物动词，不带宾
语。根据上文的考察，在魏晋前，"杀"已经完成不及物化（非自主化），
成为"死"的同义词。依吴福祥（2000）的说法，"六朝时期，由于他动词
'杀'的自动词化，'$S_{施}+V_1+杀+O$'已由连动式变成动补结构，'杀'
用作'死'义的结果补语。因为'$S_{施}+V_1+杀+O$'中'杀'的语法属
性（不及物）、词汇意义（'（生物）失去生命'）跟自动词'死'相同，于
是'死'开始进入'$S_{施}+V_1+杀+O$'中'杀'的位置，便形成了'"S
$_{施}+V_1+死+O$"格式'"。我们认为这一说法是可信的，一般来说，语
义结构可以促动句法结构的调整。当"杀"变为"死"的同义词后，句法
上"死"可能会受到"杀"的影响。相当长一段时间内，"$V_1+杀+O$"和

"V₁+ 死 +O"并存。由于"杀"的自主动词用法一直占据很重要的位置，非自主动词用法所承载的功能便逐渐被同义的"死"取代，这大约就是今天"V₁+ 死 +O"结构广泛使用，而"V₁+ 杀 +O"结构在汉语史发展过程中逐渐销声匿迹的原因。现在，"V₁+ 杀 +O"结构只在某些汉语方言中还有残留（详见下文）。

"杀"由自主动词变为非自主动词，语义上变为"死"的同义词，〔＋动作〕义素脱落，动作义弱化，仅剩下〔＋结果〕义素，表示"失去生命"，这只是"杀"虚化的第一步。

C."V₁"的次类变换

"杀"由自主动词变为非自主动词后，语义上便成为非持续义动词，失去动作义，使得"杀"有了进一步虚化的语义基础。"杀"虚化的第二步是"非自主动词——程度副词"。由非自主动词变为程度副词的致变因素是"V₁"的次类变换。魏晋时期，心理动词和感受义动词出现在"V₁"位置。如：

（27）秋风萧萧愁杀人，出亦愁，入亦愁。（《古诗十九首·古歌》）

（28）童男娶寡妇，壮女笑杀人。（《乐府诗集》卷二十五《紫骝马歌辞》）

一般来讲，"愁、笑"等心理动词不会造成"失去生命"的结果，此时，"杀"的词义进一步虚化，仅仅表达主观上的程度义。

据徐繁荣（2004）考察，"汉魏六朝时期'V 杀 O'这种表某些状态的程度的用法主要出现在民歌中，很少出现在文人作品里，到了唐代，这种用法大量进入文学语言"。我们在《全唐诗》《全唐词》里发现不少用例①。如：

（29）长生客待仙桃饵，月里婵娟笑煞人。（唐·李咸用《喻道》）

（30）夕阳千里连芳草，萋萋愁煞王孙。（唐·冯延巳《临江仙》）

（31）莫辞辛苦供欢宴，老后思量悔煞君。（唐·白居易《谕妓》）

3."煞 V₂"结构

"煞 V₂"结构至迟在唐代产生，这也是"煞"作为程度副词趋向成熟的表现之一，但彼时用例还比较少见。如：

（32）不念怀胎煞苦辛，岂知乳哺多疲倦。（《敦煌变文集新书》卷二，《父奸恩重讲经文》）

（33）桂老犹全在，蟾深未煞忙。（唐·卢延让《八月十六夜月》）

宋代开始广泛使用。《朱子语类》中用例甚多。据唐贤清（2003b）研究，"副词'煞'在《语类》中共出现了 221 次，修饰形容词的有 68 例

---

① 字形上，六朝以前主要用"杀"，唐宋以后，"煞"的运用便更广泛了。

（包括 4 例否定用法），其中不少可以看作程度副词，相当于'很'、'非常'等"。

（34）若必用从初说起，则煞费思量矣。（宋·朱熹《朱子语类·卷第三十三·论语》）

（35）少间看得道理通时，自然晓得。上蔡所说，已是煞分晓了。（宋·朱熹《朱子语类·卷第三·鬼神》）

（36）如此，则夫子只说"至德"一句便了，何必更下此六个字？公更仔细去看这一句，煞有意思。（宋·朱熹《朱子语类·卷第三十五·论语》）

从"杀"在汉语史上的历时演变可以看出，"杀"字程度义的获得是经历了两个步骤完成的，首先由自主动词变为非自主动词，语义上"杀"首先由综合走向分析，只承载源动词的［＋结果］义素，为"杀"的虚化奠定了语义基础；继而非自主动词"杀"因所在的"V₁杀O"结构中"V₁"的次类变换而获得程度义，当 V₁ 由心理动词或感受义动词充当时，"杀"的动词性语义特征消失，产生主观性较强的程度义，这一变化首先出现在魏晋南北朝时期的诗歌中。变化过程如下：

源动词"杀"——　"致死"义动词＋"杀"——感受/心理动词＋"杀"
［＋动作］［＋结果］［＋动作］　［＋结果］　　　［＋程度量］

在历时演变过程中，程度副词"煞"的功能进一步扩展，至迟在唐代，出现"煞 V₂"结构，但这一结构始终没有扩展开。

三、程度副词"煞"作补语的语用目的及认知阐释

Osgood（1980）区分出自然语言中有两种语序：自然语序和特异语序。副词作补语可以说是一种特异语序。[①]语言结构来源于语言运用，这种特异语序一定是有着他特定的语用目的的。通过对"煞"的历时演变分析，我们发现，表程度的"煞"在汉语史上首先出现于心理动词或感受动词后作补语，后来也可以位于动词或形容词前作状语。从意义上讲，这两种用法均表达了程度的加强，意义非常相近，但同一语义用不同的句法表达，显然是违反语言经济性原则的。Osgood（1980）认为："自然语序立足于概念，特异语序则负载着说话人的兴趣、心绪、焦点等"，[②]这正是"煞"能够位于动词后作补语的动因。"煞"作补语的主观化程度明显高于作状语时。表达

---

① 转引自戴浩一的《时间顺序与汉语的语序》。
② 同上。

效果上，作补语的"煞"所表达的程度义比作状语时更强烈。这种现象在汉语史上不乏例证，"甚、很、极、死"等程度副词都兼有作状语和作补语两种功能。对于这两种功能，吕叔湘（1982）在《中国文法要略》中提到："同一限制词，前后都可附加的，加在后头比加在前头更加重些，比较'很好''极好'和'好得很''好极了'"。可见，程度副词作状语和作补语主要差别在语用中的表达效果上。不同的表达形式具有不同的语用价值，"句法形式的不同总是意味着意义的不同"，程度副词作补语和作状语的句法形式是不同的，他们意义的差别就在于语用意义的强弱上。

程度副词的典型语义特征是[＋量]，确切地说是[＋主观量]，主观化程度高是程度副词"煞"能够作补语的重要因素。关于[＋量]，我们采用蔺璜、郭姝慧（2003）的研究，根据"量"的标准将程度副词分为极量、高量、中量、低量。如图1：

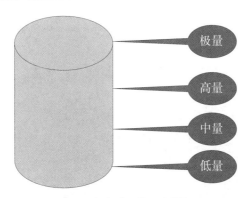

图1　程度副词的语义量级

汉语史上，表极量的"极"和高量的"甚、很、死、非常"等都可以作补语。为什么只有部分极量和高量程度副词才能作补语？具体到"煞"能够作补语的原因又是怎样呢？

语义上，"杀"必然会造成某种程度的损害，损害的最高程度便是死亡，因此就损害程度而言，"杀"在语义上有一个层级。如图2：

图2　"杀"的语义层级

就动作"杀"发生后产生的损害程度而言，我们可以将其看作一个连续体，将"杀"造成的损害程度看成由"正常"到"死亡"这样一个过程，如图2。在这一变化过程中，"杀"便产生了[＋量]这一语义特征。理想化情况下，"杀"产生的后果应该处于"死亡"这一节点，"死亡"在人的认知概念中，是最不愿接受的极限结果，但"杀"的结果并不必然是死亡，特别是当某些非致死义动词作为"杀"的方式时，但"杀"的结果必然造成某种损害，当"杀"位于心理动词"愁、气、悔"之后时，表达说话人的一种极端的主观感受，整个语句的主观化程度高，"杀"自然承载了"接近死亡"这一程度义。

四、"煞"表程度的跨方言考察

表程度义的"煞"在现代汉语普通话中已经很少使用，这可能是受程度副词"死"发展的排挤。但在部分汉语方言中还存在作状语和作补语的程度副词"煞"，这可能是对汉语史上某个阶段使用的保留。

据《现代汉语方言大词典》和《汉语方言大词典》等，在丹阳、徐州、苏州、杭州、绍兴、上海、温州、福建、淄博、桓台、赣州、萍乡、太原、绩溪等方言点①，表程度的"煞"还有使用。主要出现在以下五种结构中：

（一）V/A 煞 O

（37）苏州：吃煞观前街，饿煞仓街，走煞护龙街，晒煞北街。（叶祥苓 1993：250）

（38）杭州：气煞人（鲍士杰 1998：280）

（39）赣州：表妹拿来搽一下，又红又白爱煞人。（《情歌三百首·送妹歌》）

（40）福州：新来按院不通情，放走仇家气煞人。（舒谦整理《福建传统喜剧》）

（二）V/A 煞

（41）太原：吓煞｜渴煞｜累煞｜热煞｜气煞｜恨煞（沈明 1994：256）

（42）淄博、桓台：气煞｜急煞（许宝华、官田一郎 1999：6650）

（43）上海：《嘉定县志》快活煞｜闹忙煞（许宝华、官田一郎 1999：6650）

（44）宁波：痛煞｜气煞｜烦煞｜做煞｜奔煞（汤珍珠、陈忠敏 1997：313）

（45）温州：㑩人笑耻笑煞｜细儿㑩渠啊伯打煞｜阿妈想念你想念煞（游汝杰、杨乾明 1998：114）

（46）青州：丑煞｜俊煞｜贵煞（郝静芳 2014）

（47）沂水：好煞｜难受煞｜喜煞（王展蕾 2016）

---

① 如果按照方言区的划分，这些方言点归属于吴语、闽语、官话、赣语、晋语、徽语等方言区。

（三）V/A 煞 O 了

（48）晋语：挤<u>煞</u>我了 / 想<u>煞</u>兀家了 / 冷<u>煞</u>你了 / 臭<u>煞</u>人了。（侯精一 1999：409）

（49）泰兴：格个伢儿烦<u>煞</u>我了　　（席晶 2009：12）

（四）V/A 煞了（咧｜唡）

（50）丹阳：好<u>煞</u>咧｜高兴<u>煞</u>则咧｜气<u>煞</u>咧｜有用头<u>煞</u>咧｜

（51）绩溪：饿<u>煞</u>了｜我都气<u>煞</u>了｜冻<u>煞</u>了

（52）萍乡：怕<u>煞</u>唡

（53）上海：我痛苦<u>煞</u>了。（杜丽蓉等《青春的迷惑》）

（五）煞 A

（54）徐州：<u>煞</u>白

（55）杭州：<u>煞</u>青｜<u>煞</u>白｜<u>煞煞</u>白｜<u>煞</u>清爽

　　这五类结构曾先后在汉语史上出现过，方言中的使用可能是对某个时期的用法的一种保留。思维的共性映射到语言层面，可能导致语义、形式等方面的共性。"死亡"义动词由生命过程的终结点通过隐喻获得程度量，也是认知的共性。汉语史上的"死、杀、要死、要命"等均发展出程度义，这是一种基于认知共性的变化"模式"在语言中的反应。

　　我们同样考察了衡阳、零陵、娄底、信阳、柳州、厦门、武汉、海口、南昌、于都、黎川、太原、忻州、乌鲁木齐、苏州、南京、梅县、哈尔滨等 18 个方言点中表程度的"死"，发现除忻州、苏州未见记载外，其他方言中的"死"均有放在动词或形容词后作补语的用例，而能够跟在动词或形容词前作状语的除了海口方言未见记载外，其他方言中也均有用例。可见程度副词"死"在汉语方言中使用的范围和频率远远大于"煞"。另外，程度副词"煞"在南方方言中的使用似乎比北方方言中的使用频率高，徐繁荣（2004）认为："'煞'经历了一个由北往南扩散直至转移的过程"，这一结论应该是可信的。

五、小结

　　"煞"是"杀"字的俗体，本义是"杀死"。源词"杀"是个语义综合的动词，包含［＋动作］［＋结果］两个义素。在动词"杀"向程度副词"杀"虚化的过程中，主要经历了两步：第一步，自主动词——非自主动词；第二步，非自主动词——程度副词。"杀"首先进入连动结构，连动结构中的"V₁"与源词"杀"的［＋动作］义素重叠，使得［＋动作］义素削弱乃至脱落。"杀"完成不及物化以后，变成"死"的同义词，这样便有了进一步虚化的语义基础。当连动结构中的 V_1 由心理动词、感受类动词充当时，"杀"的损害程度便到达不了"死亡"的节点，词义进一步主观化，获得［＋量］的语义特征，变成表高量程度义的副词。"杀"能够位于心理动词、感受类动词后作补语的动因是语用表达的需要，作补语的程度副词表达的主观化程度高于作状语。汉语史上，高量程度副词作补语的现象广泛存在。现代汉语部分方言中还保留"煞"作补语的用例。

第二节　程度补语"极"的历时演变及跨语言考察

一、引言

在东汉三国佛经文献中，"极"的词义已经泛化，且带有一定的程度义，如：

（56）受盗为何等？为五阴念尊、大、最、无有极，从是所欲所意，所可所用，是名为盗结。（后汉·安世高译《阿毘昙五法行经》，T28，No. 1557，0999c15）

（57）或时行者，身有病苦极，便念："我有病苦极，有时从是病死，念我须臾间求方便行。"（后汉·安世高译《长阿含十报法经》卷下，T01，No. 0013，0238a11）

（58）一佛刹虚空，持一斛半斛一斗半斗一升半升，可量知几所；此劝助福，不可极。（吴·支谦译《大明度经》卷5，T08，No. 0225，0501b02）

我们认为，东汉三国时期是"极"作补语的萌芽时期。

关于表程度义的"极"能否作补语和作补语时的词性问题，一直存在较大的争议。大致说来有两种看法：一种以杨荣祥（2004a、2005）、刘丹青（2005）为代表，认为古代汉语中不存在程度副词作补语的情况。一种以吕叔湘（1980、1982）、张谊生（2000b）为代表，认为近现代汉语中的程度副词"极"可以作补语。

杨荣祥（2004a）通过对"VP＋甚／极"格式的分析，认为这一结构中的"甚／极"是形容词，而非副词，"VP＋极"应该分析为主谓结构，"极"是对 VP 的状态加以陈述、说明，程度副词不能作补语。对于宋代部分带"得"字补语标记的述补结构，杨荣祥认为其中的"极"不是程度副词，而是形容词。刘丹青（2005）也认为古代汉语不存在程度副词直接在形容词后表程度修饰的结构。古汉语里经常会出现"甚"在形容词后的用例，但这是"甚"字用在谓语位置表程度的用法，"甚"是形容词。关于"好极了"这类用法，刘丹青认为"古代汉语中'极'没见到此类用法"。两位所说的都是古代汉语的情况，并且杨荣祥（2004a）也没有否定现代汉语副词"极"可以作补语的情况，他在脚注里提到："至于现代汉语语法研究中，很多人把'好极了'中的'极'看作程度副词作补语，从共时平面看，将其看作副词中的例外现象当然是可以的，但从历时发展来看，把这种'极'与作状语的副词'极'看作同一个词的两个不同义项也无不可"。

吕叔湘（1980）将"形｜动＋极＋了（精神好极了｜菠菜新鲜极了）"结构中的"极"视为副词。他在《中国文法要略》一书中同样将放在形容词或动词后面的"很"和"极"视为副词，如"好得很，就是这么说"，"梦湘先生论得透辟极了"（吕叔湘1982）。可见，他是不否认副词可以做补语的。张谊生（2000c）从现代汉语层面对程度副词作补语作过详细的考察，将现代汉语中能够充当补语的程度副词分为兼职充当补语的可补副词和专职充当补语的唯补副词。统计出现代汉语中的可补副词一共有16个，唯补副词也有16个，"极"属于可补副词。

对于副词"极"能否作补语的问题，以上两种观点的前提是不同的，因此不能说谁对谁错。但是如果说"极"在古代汉语中不可以作程度补语，或者说位于形容词或动词后表程度的"极"不是补语而是谓语，而在现代汉语中可以，那么，程度副词"极"作补语的用法究竟起于何时？判定标准是什么？本文立足于"极"的历时演变过程，探讨程度补语"极"的产生，功能发展，同时结合汉语方言及少数民族语言中的同类现象，探讨程度补语"极"的来源及程度副词作补语的理据。

二、"极"的历时演变及主观化过程

《说文·木部》："极，栋也。"[①]徐锴《说文解字系传》："极，屋脊之栋也。""极"的本义是房屋的中栋、正梁，正梁是古代房子的核心，是房子最高的部分之一。"极"本是个空间处所概念名词。在历时发展过程中，"极"的词义发生变化。我们结合各个时代"极"的发展情况，看看"极"的历时演变过程。

（一）语义的演变

1. 词义的泛化

词义是认知概念化的结果，是人类基于客观现实的体验抽象化出来的，

[①]《说文解字》中有极和極两个不同的字，义为"栋也"的是"極"，我们这里的"极"即为"極"的简体。

人类的认知隐喻能力使其可以通过跨域表达的方式描述变化，一般都是从具体域向抽象域映射。"极"是一个具有指称意义的空间处所概念名词，最初表达房屋这一空间中"最高的部分"（"极"从木，与古代建造房屋的材料有关），如果仅仅用于这么一个空间域，那么"极"使用的范围非常狭窄，不符合汉语一词多义的趋势，也无法满足表达的需要。在语言发展过程中，人们的视角逐渐发生转移，不再注意初始词义概念化的环境——房屋这一空间，注意的焦点仅保留原来词义的一部分——极点。这样，"极点"义使用的范围便开始扩大，词义随之泛化。名词"极"在文献中用例很多。如：

（59）孔子之楚，舍于蚁丘之浆。其邻有夫妻臣妾登极者。（《庄子·则阳》）

（60）刚柔者，昼夜之象也。六爻之动，三极之道也。（《周易·系辞上》）

（61）君不忘臣，臣尽其力。上天苍苍，不可掩塞。觞酒二升，万福无极！（东汉·赵晔《吴越春秋·勾践伐吴外传》）

以上三例，只有例（59）中的"极"用的是本义，"极"由最初表示"房屋的极点"扩大到可以表示"宇宙万物的至高点""幸福的极点"等，使用的事件域扩大，名词的指称性质逐渐弱化，词义便泛化了。

东汉三国佛教文献中也多有这种用法，如：

（62）受盗为何等？为五阴念尊、大、最、无有极，从是所欲所意，所可所用，是名为盗结。（后汉·安世高译《阿毘昙五法行经》，T28，No. 1557，0999c15）

（63）又复理家！已见来求物者，不久为成六度无极之行。又成彼者云何？若有来人从人索物，能不爱惜者，是为布施度无极；若意在道而布施者，是为以戒度无极；若不恚怒之，是为忍度无极；假令犹自思念，何用为食？自强其意，不释其行，是为精进度无极；若欲施、若已施，而不欝毒、无有悔者，是为思惟度无极；若已施不望其福德者，是为以慧度无极。理家！开士以布施为成六度无极行若此。（后汉·安玄译《法镜经》，T12，No. 322，0017b）

这里的"有极"与"无极"的"极"名词的词义都比较泛化了。

2."极"获得［＋极性量］的认知动因

［＋量］是程度表达必不可少的语义特征之一。名词"极"本为空间处所词，汉语中，"表示程度的词语，常常是某些处所词，例如：'极点''……地步'、'哪里'，这更说明，程度义跟处所义有着千丝万缕的联系，确实是从处所义虚化而来的"（王宜广、邵敬敏2010），隐喻是"极"

获得［＋极性量］的认知动因。名词"极"是个静止的点，本身没有［＋量］这一语义特征，［＋量］必须在运动变化过程中方可体现。在表达事件达到"极点"的过程中，获得了［＋极性量］。如图：

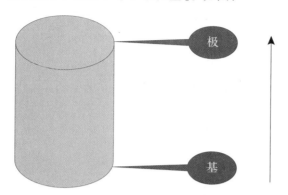

图5-3　"极"获得［＋极性量］的认知动因

语义泛化后，"极"的指称意义弱化，所代表的"极点"随之模糊化，继而在"基点——极点"的变化过程中，整个话语表达获得［＋极性量］。如：

（64）高山仰之可极，深渊度之可测。（《鬼谷子·符言》）

（65）夫物盛而衰，乐极则悲，日中而移，月盈而亏。（西汉·刘安《淮南子·道应训》）

例（64）中的"极"应该理解为动词"到达顶点"义，因"高山"为具体名词，因此，［＋量］特征还不是很明显；而例（65）中的到达的是"乐"这一感受动词的极点。"乐的极点"是什么？没有一个具体的节点，主观化程度强，指称意义弱，这里的"乐极"便具有了［＋极性量］信息。

东汉三国佛教文献中也多有这种用法，如：

（66）或时行者，身有病苦极，便念："我有病苦极，有时从是病死，念我须臾间求方便行。"（后汉·安世高译《长阿含十报法经》卷2，T01，No.0013，0238a11）

这里的"极"也是"到达顶点"的意思，主观化程度很强。

语义上，"极"经历的演变路径及机制，如图2：

具有指称意义的具体名词 —→ 一般意义的极点 —→ 达到极点［+量］
（隐喻、泛化）　　　　　　　　　（主观化）

图5-4　"极"的演变路径及机制

在这一过程中，"极"的指称意义消失殆尽，词义泛化后，没有具体的指称或比较对象，词义虚化。

（二）"极"所在句法结构的发展

在实词虚化的过程中，语义是基础，句法结构的发展往往才是具有决定作用的因素。词义泛化后的"极"句法位置也非常灵活，在汉语史上曾出现在不同的句法位置，充当不同的语法功能。意义的泛化是虚化的第一步，"极"由实词变为虚词，必须在连动结构中方可实现。

1."极 + V"结构

这类结构的广泛使用大约在汉代，是程度副词滋生的温床。据我们对文献资料的考察，在春秋战国时期，副词"极"还比较少，我们统计了《左传》中"极"的使用情况：共 13 例，皆为名词，表示"极点或标准"义。如：

（67）张趯曰："善哉！吾得闻此数也。然自今子其无事矣。譬如火焉，火中，寒暑乃退。此其<u>极</u>也，能无退乎？晋将失诸侯，诸侯求烦不获。"（《左传·昭公三年》）

战国晚期的《战国策》中出现了 2 例作状语的程度副词。如下：

（68）齐因孤国之乱，而袭破燕。孤<u>极</u>知燕小力少，不足以报。然得贤士与共国，以雪先王之耻，孤之愿也。（西汉·刘向《战国策·燕策一》）

（69）太子闻之，驰往，伏尸而哭，<u>极</u>哀。既已，无可奈何，乃遂收盛樊於期之首，函封之。（西汉·刘向《战国策·燕策三》）

据赵军（2006）统计，"《史记》中用作程度副词的'极'共出现了 23 次之多"。可见，"极"虚化为程度副词作状语的用法比较早，至迟在汉代已经比较普遍了。

东汉三国佛教文献中也有不少用例，如：

（70）无量清净佛光明<u>极</u>善，善中明好甚快无比，绝殊无<u>极</u>也。无量清净佛光明殊好，胜于日月之明百亿万倍也。无量清净佛光明，诸佛光明中之<u>极</u>明也；无量清净佛光明，诸佛光明中之<u>极</u>好也；无量清净佛光明，诸佛光明中之<u>极</u>雄杰也；无量清净佛光明，诸佛光明中之快善也；无量清净佛光明，诸佛光明中之王也；无量清净佛光明，诸佛光明中之最<u>极</u>尊也；无量清净佛光明，诸佛光明中之寿明无极。（后汉·支娄迦谶译《佛说无量清净平等觉经》卷 1，T12，No. 361，0282b12）

（71）尔时，舍卫城中有<u>极</u>贫者名曰须赖，得坚固志不可转移。（曹魏·白延译《佛说须赖经》T12，No. 328，0052b06）

但彼时作程度补语的"极"尚未出现。

2.早期的"V + 之 / 至极"结构

程度补语的产生必然伴随着"极"句法位置的变化，只有位于"V"后面的"极"才有可能获得补语功能。我们在先秦文献中首先发现位于"V"后面的"极"中间有动词"之 / 至"连接。

（72）十一月，越围吴，赵孟降于丧食。楚隆曰："三年之丧，亲昵之<u>极</u>也。主又降之，无乃有故乎？"（《左传·哀公二十年》）

（73）熏灼四方，赏赐无量，空虚内臧，女宠至<u>极</u>，不可上矣。（东汉·班固《汉书》卷八五《谷永列传》）

以上两例中的"极"虽仍是"极点"义名词，但整个"V＋之 / 至极"结构表达的是一种程度义，"之 / 至极"是对"V"程度的加强。我们认为，这类结构是"极"向程度补语发展的初始源头，空间处所义名词首先进入"A/V 之 / 至极"结构，获得程度义，早期的"之 / 至极"结构与现代汉语中的"（这对恋人）亲昵极了"具有语义上的传承关系。

东汉三国佛教文献中"V＋之 / 至极"没有出现，但是以后的佛教文献用例较多，如：

（74）而彼淫女见于我等欢乐之<u>极</u>自恣眠睡，彼淫女选我等好物，即将逃走。（隋·阇那崛多译《佛本行集经》卷 39，T03，No. 0190，0837a21）

3."V/A＋极"结构

早期的"V/A＋极"结构中的"极"一般是"达到……极点"义的动词。如：

（75）敖不可长，欲不可从，志不可满，乐不可<u>极</u>。（《礼记·曲礼上》）

（76）穴深寻，则人之臂必不能<u>极</u>矣，是何也？（春秋·吕不韦《吕氏春秋·悔过》）

以上两例，"极"与能愿动词"可、能"等结合，主语与"极"之间由于没有"达到"义动词出现，句法结构简单化，"极"便承担了整个的动词语义，变为"到达……极点"义的动词。动词"极"是程度补语"极"的直接源头。

东汉三国佛教文献中，"可极"出现了 5 例，如：

（77）一佛刹虚空，持一斛半斛一斗半斗一升半升，可量知几所；此劝助福，不可<u>极</u>。（吴·支谦译《大明度经》卷 5，T08，No. 0225，0501b02）

直接位于心理动词或形容词后的动词"极"与程度补语的关系更近。如上文中例（65）的"乐极"，"乐极"与"物盛"应该同属于主谓结构，"极"的动词性质没有改变，但语义上，"极"已经有了程度义，是对"乐"的程度的一种陈述。

先秦文献中"V/A＋极"结构中的"极"一般应视为动词，是程度补语的源头。魏晋时期，程度补语"极"便开始萌芽了。我们考察了《世说新语》中"极"的用法，其中有1例"主语（话题）＋形容词＋极"的用例：

（78）（许侍中、顾司空）尝夜至丞相许戏，二人欢<u>极</u>，丞相便命使入己帐眠。（南朝宋·刘义庆《世说新语·雅量》）

杨荣祥（2004）认为此例中的"极"是形容词，对"欢"加以陈述描写。"欢极"应该分析为主谓关系。李艳、任彦智（2006）认为此例中的"极"是程度副词作补语。我们认为这里"极"的词性及句法功能均值得商榷。首先，我们将这里的"二人欢极"与上文例（65）中的"乐极则悲"进行对比，如果单纯看"欢极"与"乐极"，二者应该在结构上是完全相同的，但放在整个句子中则不同，"乐极"只有一种分析可能：① 乐‖极。"乐"是主语，"极"是对"乐"陈述描写的谓语动词。"二人欢极"则有两种分析的可能：

二人欢‖极

二人‖欢〈极〉

前一种分析，"二人"是话题，"欢"主语，"极"是谓语动词

第二种分析，"二人"是主语，"欢"是谓语动词，"极"是补语。

句法结构的复杂化造成了重新分析的可能，我们认为，这是一个"极"由动词向程度补语演变的临界点的例子，魏晋时期是程度副词"极"作补语产生的萌芽阶段。

4."V/A＋极＋了"结构

语气词"了"的出现，是推动"极"向补语发展的至关重要的因素。文旭、黄蓓（2008）提出"主观化（subjectification）是'极'的语法化的动因"。我们同意这一观点，事实上，语法化过程往往就伴随着主观化的过程，在"极"的词义发展中，词义的泛化的过程、由空间处所到程度终点的映射都是"极"主观化的过程。语气词"了"的出现是"极"主观化程度加深的表现。

我们发现的"AP＋极＋了"结构最早出现在宋代的《朱子语类》中，但仅发现1例，如下：

（79）邵康节，看这人须<u>极</u>会处置事，被他神闲气定，不动声气，须处置得精明。他气质本来清明，又养得来纯厚，又不曾枉用了心。他用那心时，都在紧要上用。被他静<u>极</u>了，看得天下之事理精明。

---

① "乐极"与"二人欢极"相比，缺少了话题，但从语境中，我们很难找出"乐极"是针对哪个话题叙述的，而"二人欢极"中的"二人"是客观的人物（许侍中、顾司空）。

（宋·朱熹《朱子语类》卷第一百《邵子之书》）

在元代文献中未找到用例，明代用例开始增多。如：

（80）尚书夫人及姑姨姊妹、合衙人等，看见了德容小姐，恰似梦中相逢一般。欢喜<u>极</u>了，反有堕下泪来的。（明·凌蒙初《初刻拍案惊奇》卷五）

（81）尔耕气<u>极</u>了，长在人前酒后，攻伐他家阴私之事。（明·佚名《梼杌闲评》第十二回）

（82）李万忍着肚饥守到晚，并无消息。看看日没黄昏，李万腹中饿<u>极</u>了，看见间壁有个点心店儿，不免脱下布衫，抵当几文钱的火烧来吃。（明·冯梦龙《喻世明言》第四十卷）

以上三例，"极"分别位于形容词、心理动词、感受动词之后，构成"V/A＋极＋了"结构。我们认为这里的"极"是成熟的程度补语，因此，明代应该是程度副词"极"作补语的成熟时期，清代开始大量使用，并在形式上逐渐定型，沿用至现代汉语中。我们对近现代汉语中"极"作状语和作补语的使用情况作了初步统计，如下表：

表 5-1　文献中"极"作状语与补语出现频率比较

文献时代	文献名称	"极"作状语	"极"作补语	补语所占比例
宋	《朱子语类》（前20卷）	114	3	2.56%
明	《金瓶梅词话》	62	2	3.13%
清	《红楼梦》（前80回）	118	20	14.5%
当代	王朔自选集	57	10	15.07%

从上表的统计数据来看，自宋代起，"极"既可位于状语位置，也可位于补语位置，但一直以来，状语所占的比例明显大于补语。从补语所占的比例来看，自宋至当代，是递增的。

三、程度副词"极"作补语的语用目的及认知阐释

程度副词的典型功能是位于谓词前作状语，放在谓词后作补语是部分程度副词的特殊功能。语义上，程度副词无论是作状语还是作补语，均表达对谓词性成分所表达程度的加强，语义上基本没有差别。但语序的改变往往带有某种语用目的，以便凸显其意在表达的焦点信息。句末焦点与汉语中惯常的话语信息编排顺序是一致的——话语的焦点信息通常放在句末。语法现象的解释通常要结合语义和语用的因素。句子是在语言使用过程中形成的，句法结构也不是一成不变的，往往会根据语言表达的需要调整句法位置，与词性没有直接的关系。认知语言学的观点认为句法结构不是自

足的，意义对句法结构的形成起决定作用。语法结构在本质上就是为建构语义内容服务的（Langacker 1987）。具体到程度副词作补语和作状语的情况，刘月华（1982）指出"很"作补语比作状语表示的程度要高。吕叔湘（1982）也指出"同一限制词，前后都可附加的，加在后头比加在前头更加重些，比较'很好''极好'和'好得很'、'好极了'"。

我们来看一组现代汉语的例子，比较"好极了"与"极好"的异同：

　　　　a. 这道菜味道<u>极</u>好。

　　　　b. 这道菜味道好<u>极</u>了。

比较上面一组例句，a 例，程度副词作状语；b 例，程度副词作补语。不难发现，语义上二者基本是相同的，区别主要在语用上的表达效果，作状语，语义指向是后指的，作补语时，语义指向是前指的，就句法序列而言，作补语的"极"的焦点性更加凸显。就主观性程度来说，程度副词作补语的主观化程度也更强些。

如果说"很、死"等高量程度副词能够作补语主要是因为其处于极量之下，中低量之上，为了所表达的程度义向极量靠近，就有了放在谓词性成分之后表达更强的程度义的可能。那么"极"本身就处于顶点，没有拓展的可能，它作补语的认知动因又是什么呢？我们认为主观化程度高是程度副词"极"能够作补语的认知理据。语言具有主观性（subjectivity），语言为表现这种主观性就要采用相应的结构形式或经历相应的演变过程，即主观化（subjectivisation）。随着"极"词义的虚化，主观化程度逐渐增强，"极"的指称意义逐渐消失，"极点"变得越来越模糊。

我们以典型的极量程度副词"最"与"极"比较，二者语义上基本相同，但"极"既可以位于形容词或心理动词前作状语，又可以位于形容词或心理动词后作程度补语，表示对事物性状或动作所表达程度的补充、加强，而"最"却只能作状语。二者句法功能的不同主要是因为主观化程度的差异。"最"表达的是比较量，是通过比较而认定的，意义比较具体，而"极"表达的是主观量，是主观评议性质的，意义泛化。其实，王力早在《中国现代语法》（1985）里，就提出"凡有所比较者，叫做相对程度副词；无所比较，但泛言程度者，叫做绝对程度副词"。"最"属于相对程度副词，有具体的比较对象，意义相对于"极"来说，要客观得多；"极"没有具体的比较对象，我们说"好极了"，"好"的程度究竟多高，没有确定的参照标准，意义泛化，是主观的一种评价，主观化程度明显高于"最"。前面提到同一个程度副词构成的状中结构与述补结构相比，作补语时表达的程度往往更高，这就是为什么只有主观化程度高的极量程度副词才能够作补语。"极量"已经是最高量，客观上没有向上的可能，想要表达更高的程度义时，这个"极量"程度副词意义就必须不确定，才有夸张的可能。

四、方言中程度副词"极"的比较

程度表达是人类认识和描述客观世界的一种重要认知方式，是个具有普遍性的认知语义范畴，普遍存在于世界语言中。极量程度副词"极"在汉语方言及少数民族语言中也有使用，这是思维的共性在语言层面的表现。方言材料反映的是口语的使用情况，或许是汉语史在某个阶段的遗留。我们考察了30多种方言材料，发现"极"在方言中的使用并不多见，可能是口语性不强的缘故。在上海方言、成都方言和福建永安话中发现作补语的用例，在广州话中发现作状语的"极之"。

上海方言：我真是伤心极。

我痛恨至极。　　　　　　　　　（游汝杰等 1991：314）

成都方言：好得极。　　　　　　　　（袁家骅等 1960：55）

福建永安话：慢得极 | 寒得极 | 热得极

好极 | 累极 | 惜极 | 哀极　　　　　（林宝卿 1989）

广州话：呢出戏极之好睇 这出戏非常好看 | 大家极之高兴。

（许宝华、宫田一郎 1999：2413）

从上海方言、成都方言和福建永安话可以看出，方言中的程度副词"极"作补语与现代汉语普通话的情况有所不同，并没有形成像普通话中"V/A＋极＋了"式的规约化格式，存在"V/A＋极"和"V/A＋得＋极"等格式，这类格式在汉语史上都曾出现过，这些方言中的用法会不会是某时期的一种遗留？我们先看看汉语史上出现的情况。

在汉语史上曾出现过以下四种结构：

a."V/A＋极"

b."V/A＋极＋了"

c."V/A＋得＋极"

d."V/A＋得（的）＋极＋了"

其中，前两种在上文中已有讨论，这里不再赘述。我们讨论一下 c、d 两种类型在汉语史上的使用情况。

c 类结构在汉语史上出现得较少。我们发现的最早用例在宋代的《朱子语类》中。如下：

（83）又曰："丰卦象许多言语，其实只在'日中则昃，月盈则食，天地盈虚，与时消息'数语上。这盛得极，常须谨谨保守得日中时候方得；

不然，便是僵仆倾坏了。"（宋·朱熹《朱子语类》卷第七十三《易九》）

清代小说中也有一些用例，但不普遍。

（84）二人坐下，那庄丁便进去通报。少刻陆松年出来，向着张永说道："老哥哥，两年不见，正是渴想得极。今日难得到此，是因何事来南呢？"（清·唐芸洲《七剑十三侠》第七十一回）

（85）人多得极，晓得那个是你官人？（清·方成培《雷峰塔·水斗》）

d类结构曾经在汉语史上大量使用过，早在宋代的《朱子语类》中就出现2例。如下：

（86）只是被李先生静得极了，便自见得是有个觉处，不似别人。（宋·朱熹《朱子语类》卷一百三《罗氏门人》）

（87）事弄得极了，反为虏人所持。（宋·朱熹《朱子语类》卷一二七《本朝一》）

明、清小说中更是大量使用：

（88）你心里终日想其妻子，想得极了，故精神恍惚，开眼见他，是个眼花。（明·凌蒙初《初刻拍案惊奇》卷三十二）

（89）若是喜得极了，必定就有愁来；若是乐得极了，定然就有悲到。（清·西周生《醒世姻缘传》第九十四回）

是什么原因造成了位于谓词后的"极"形式的多样化呢？我们统计了同期的《红楼梦》（前80回）《醒世姻缘传》和《老残游记》中的用例，如下：

表5-2　谓词后"极"的形式的多样性统计

	a式	b式	c式	d式
《红楼梦》（前80回）	17	3	0	0
《醒世姻缘传》	4	6	0	22
《老残游记》	2	1	5	0

《醒世姻缘传》和《老残游记》均是口语性较强的，并带有强烈方言色彩的小说，同期的小说使用上的差异，可能是受不同方言的影响。另外，我们发现c结构式的使用非常少，这可能是受到"V/A 得很"结构的发展排挤，方言的用法保留在部分方言点，造成了今天方言的用法与普通话形式不一的现状。现代汉语中的"V/A 得很""V/A 极了"结构很可能是继承了当时某种方言的结构而逐渐固定下来，成为今天的固定格式。

五、少数民族语言中程度副词"极"的比较

部分少数民族语言中也有类似用法，表极量的程度副词也可以作补语，并且句末也要带语气词。

仙仁土家语：

（90）ko³³　xuã⁵⁴çi³³　tẽ⁵⁴　lu³³.

　　　他　欢喜　　极　了　　　　（戴庆厦、田静 2005: 242）

浪速语：

（91）jauŋ⁵⁵　tək³¹　va⁵⁵.

　　　漂亮　　极　（助）　　（漂亮极了。）（戴庆厦 2005: 73）

（92）jɔ³⁵　jap³¹　nuk³¹　tək³¹　va⁵⁵.

　　　他　睡　　想　　极　（助）（他想睡极了。）

（戴庆厦 2005: 110）

在仙仁土家语和浪速语中，程度副词 tẽ⁵⁴、tək³¹ "极" 均放在心理动词 xuã⁵⁴çi³³ "欢喜"、nuk³¹ "想" 或形容词 jauŋ⁵⁵ "漂亮" 后，且句末带语气词 lu³³、va⁵⁵ "了"，程度副词 tẽ⁵⁴、tək³¹ "极" 与动词或形容词之间不需要结构助词，句法序列上与普通话 "极" 的用法一致。虽然我们并不能确定这里的程度副词 "tẽ⁵⁴"、"tək³¹" 是否就是汉语的 "极"，但其性质应与 "极" 是一致的。

其他少数民族语言中，也有表示极量的程度副词作补语的情况，例如：

黎语：

（93）na¹　ŋai³　pai³ja³

　　　他　哭　极（他哭得很厉害）（欧阳觉亚、郑贻青 1980: 33）

（94）phe:k⁷　ʔdat⁷

　　　高　　极　（很高）　　　　　　（苑中树 1994: 127）

京语：

（95）ha:i³　thət⁸

　　　怕　　极　（怕极了）（欧阳觉亚、程方、喻翠容 1984: 85）

（96）daŋ⁵　lam⁵

　　　苦　　极　（非常苦）（欧阳觉亚、程方、喻翠容 1984: 105）

景颇语：

（97）kǎ³¹tʃa³³　laʔ⁵⁵

　　　好　　　极　（极好）　　　　　　　（刘璐 1984: 58）

（98）tsan³³　tik³¹

　　　远　　极　（极远）　　　　　　　　（刘璐 1984: 81）

佤语：

（99）laŋ　ɳau

　　　长　极　（长极了）　　　　　（周植志、颜其香 1984: 77）

（100）saɯ? tuat
疼　　极　　（我疼极了）　　（周植志、颜其香 1984: 77）

壮语：

（101）nding raeuh
红　　极　　（红极啦）

（102）naek raeuh
重　　极　　（重极啦）　　　　　（韦庆稳 1985: 61）

黔东苗语：

（103）hnab lins niongx（或 lins）
动　　极　　（动得厉害）

（104）xok lins niongx（或 lins）
红　　极　　（红极了）　　　　　（王春德 1986: 78）

纳西语：

（105）bɯ³¹ ʐuɑ³³
多　　极　　（多极了）

（106）ʂua³¹ ʐuɑ³³
高　　极　　（高极了）　　　（和即仁、姜竹仪 1985: 89）

德昂语：

（107）mai lut
热　　极　　（热极了）

（108）man tɤːk
好　　极　　（好极了）　　　　（陈相木等 1986: 78）

拉祜语：

（109）da⁵ dza³ tɛ²u²
好　　极　　了　　（好极了）

（110）mɔ³¹ xɔ⁵³ kɯ³¹ tshɔ³³ ma⁵³ tɛ³¹ jo³¹
市　场　上　人　多　极　了（市场上人多极了。）
（李春风 2014: 287）

基诺语：

（111）çe³³ kɔ⁴⁴ ço⁴² mɹə⁴² se⁴⁴ jɯ⁴⁴ fɑ⁴⁴
这　一　个　美　极（助词）（语助）（这一个美极了）

（112）mɤ⁴⁴ se⁴⁴ fɑ⁴⁴
好　　极（语助）（好极了）　　　（盖兴之 1986: 65）

畲语：

（113）hin¹ tshet⁸
高　　极　　（高得很）　　　（毛宗武、蒙朝吉 1986: 67）

侗语：

（114）poŋ¹loŋ¹　lai¹　ɬe¹　ɕi⁵　a⁴。

獼猴桃　　好　吃　极　了　（獼猴桃好吃极了。）

（石林 1997: 35）

汉语方言中的程度副词"极"作补语的用法和特征及民族语中类似的用法，充分说明了主观化程度较高的极量程度副词作补语是一种普遍语法现象，这与其认知语义基础密切相关。至于程度副词作补语时是否借助结构助词"得"以及句末语气词的使用，方言中没有严格限定。现代汉语普通话中的规约化用法，可能是对当时某种方言继承和发展的结果。

六、小结

"极"本为处所义名词（房屋的正梁），由空间概念（房屋）的极点经隐喻机制的作用，意义泛化，发展出一切事物或状态、行为的极点。意义泛化后的"极"首先进入"V + 之 / 至极"结构，使得整个句子表达获得极性程度义。在演变过程中"之 / 至"消失，"极"独立承担"到达极点（终点）"这一动词语义，从而获得［ + 极性量］这一语义特征，为其向程度副词发展提供了语义基础。程度补语"极"来源于"主语（话题）+ V/A + 极"结构中的"极"，句法结构的复杂化使得重新分析有了可能（由谓词退居于补词）。"极"的语法化过程伴随着主观化过程，语气词"了"的出现是"极"主观化程度进一步增强的标记，也是"极"副词性质确定的关键因素。极量程度副词能够作补语的关键因素是主观化程度，较之于意义比较具体的"最"，"极"在语用上的主观评议性体现了较强的主观性。汉语史上"极"曾出现在"V/A + 极""V/A + 得 + 极""V/A + 得 + 极 + 了""V/A + 极 + 了"等结构中，现代汉语部分方言中还保留"V/A + 极""V/A + 得 + 极"结构，这可能是某个时期的用法在方言中的遗留。

第三节　程度补语"死"的历时演变及跨语言考察

一、引言

东汉三国时期佛教文献中的"死"已经开始出现程度补语的用法，主要表现在可以出现在"V 死"这样的结构中，如：

（115）苦法为万物，以败便得忧，已得忧便老，已老便得病瘦死。

（后汉·安世高译《阿毘昙五法行经》，T28，No. 1557，p0998b）

（116）亦有余戒以犯便入县官，或强死、或得杖死、或得字亦饿便从是死；或以得脱外，从怨家得手死，或惊怖念罪忧死，是为不持戒。（后汉·安世高译《佛说七处三观经》卷1，T2，No. 150A，p0880c）

（117）以犯便入县官，或弦死，或捶杖、利刃所斫刺，或辜饥渴而终；或以得脱，从怨家得手死，或惊怖念罪忧死。（后汉·安世高译《佛说九横经》卷1，T2，No. 150B，p0883b）

"死"用于心理动词或形容词后表程度义，在现代汉语中广泛应用。对于这类用法，"死"作程度补语是学术界的一致看法，但"死"的词性问题却是个争论颇为激烈的焦点，主要有以吕叔湘（1980）为代表的"形容词说"，以朱德熙（1982b）为代表的"动词说"，以张谊生（2000c）为代表的"副词说"。通过对文献资料的考察，我们发现表达程度义的"死"位于心理动词或形容词后构成"V1/A＋死＋（O）"结构，在语义上与普通动结式结果补语中的"死"意义是不完全相同的，表现在三个方面：一是程度补语"死"在语义上比动词和形容词虚得多，既不能表达"死"这一结果，也不能表达"死"的状态，仅仅表达一种句子语用上的极性义；二是就主观性而言，程度补语比结果补语的主观性强，我们认为程度补语"死"的产生展现了"结果补语——状态补语——程度补语"的语法化路径，根据语法化的"斜坡（cline）"原理，语法化一般沿着从实到虚的方向，因此由主观性弱向主观性强的方向发展是符合逻辑的；三是近代的文献资料中出现一些表程度义的"死"作状语的用法，并在现代汉语口语里广泛应用，"死"作状语从侧面也说明了"死"有作程度副词的可能。因此，我们同意这类"死"是程度副词的说法。

我们着眼于"死"的历时演变过程，同时结合汉语方言及其他语言中"死亡"义动词的语用共性，探讨程度副词"死"的来源及程度副词作补语的理据。

二、程度副词"死"的历时发展

李宗江（2007）认为"在汉语的发展历史中，有一些表示'失去生命'意义的动词性词语，它们的虚化经历了相同的轨迹，即：由表示失去生命的动词虚化为表示情状的副词，由表示情状的副词再虚化为表示某种量特征的副词。"他的论述展现了"死"的语法化路径：

动词"死 ⟶ 情状副词"死" ⟶ 程度副词"死"

［＋失去生命］　［＋情状"拼命/拼死"］　［＋极性量］

"死"的本义是"失去生命"。源词的语义特征往往是决定其能否虚化及虚化方向的重要因素。只有"死"本身或虚化后与程度在抽象语义上具有共性特征，才有可能表示程度，但动词"死"本身似乎没有程度义，那么只能是"死"在虚化过程中获得程度义。

（一）程度义获得的认知理据

在语法化过程中，一般动作性弱的动词容易发生虚化。"死"是个非持续动词，语义特征是［＋完成］，［－持续］①，因此动词性特征本身比较弱，源词的这一语义特征也是"死"向副词发展的一个前提条件。另外，程度本身暗含"量"信息，程度副词的典型语义特征也是［＋量］，因此程度副词"死"的产生过程必然伴随着"量"的获得过程，这是决定性条件。我们还是从源词的语义特征出发，来看动词"死"如何与［＋量］产生关系。如下图：

生命的过程

图 5-5　"死"语义图式

生命从起点（出生）到终点（死亡）是个时间过程，在这一过程中，"死亡"是终极，也是一种"极点、顶点"的概念。王世凯（2010）认为"人类对程度深浅和幅度大小的衡量，体现的是一种变化，即程度和幅度具有［＋变化］属性"。如果将"死亡／生命的结束"放入"生命过程"这个大环境中看，就可以发现这种变化，［＋量］便是在这一变化过程中获得的，主要是通过隐喻机制完成的。人类的隐喻认知通常是通过跨域的形式表达，一般总是从具体域出发，继而向抽象域映射。"死亡"作为生命过程的终极，体现的是时间概念的极点。"终极、极点"概念本身暗含了程度义。

"死"词义的虚化在秦汉已经出现，但"死"的词性尚未改变。如：

（118）故有血气之属者，莫知于人，故人于其亲也，至死不穷。（《礼记·三年问》）

（119）擐甲执兵，固即死也；病未及死，吾子勉之！（《左传·成公二年》）

（120）侏儒饱欲死，臣朔饥欲死。（东汉·班固《汉书·东方朔传》）

---

① 马庆株在《汉语动词和动词性结构》中将"死"归入非持续动词。

以上 3 例中的"死"本身或所处语境中均有程度义。我们在判断"死"的词义的时候，可以源词"死"的特征为依据。"死"是瞬间义动词，在使用过程中只能用于过去时和将来时，没有现在时，这是由"死"本身的非持续性特征决定的。以上 3 例中的"死"均表将来可能发生的事件，将来事件的虚拟性特征导致了"死"词义的虚化。例（118）中的"至死"表达"一直到死"的意思，是主观设定的时段；例（119）中的"病未及死"表达的不是"死"的事实或结果，而是"伤 / 病尚未达到死的地步或程度"；例（120）中的"饱欲死"与"饥欲死"形成对比，"死"的程度义更加凸显，何乐士（2001）也认为此例当属连动结构，动₁（饱 / 饥）表动作，动₂（死）表程度。

程度义的获得是"死"向副词发展的语义基础，程度副词"死"的出现还依赖于句法因素。我们先看看"死"在汉语史上的发展。

（二）句法结构的发展

1. 早期的"V_1 而死"结构

句法的发展是动词语法化的必要条件。动词"死"出现在连动结构中是其虚化的第一步。先秦广泛存在"V_1 而死"结构，我们统计了《左传》的使用情况，共发现 28 例，这可能是早期连动结构的一种类型[①]。如：

（121）冬十月，以宫甲围成王。王请食熊蹯而死，弗听。（《左传·文公元年》）

（122）麑退，叹而言曰："不忘恭敬，民之主也。贼民之主，不忠；弃君之命，不信。有一于此，不如死也。"触槐而死。（《左传·宣公二年》）

以上两例，结构中前后两个动词均由"而"连接，V_1 可以是"死"的原因（"食熊蹯"），也可以是"死"的方式（"触槐"）。由连词连接的"V_1 而死"连动结构中的"死"因为与前一个动词间隔较远，句法上，动词"死"与 V_1 是平行的，这种结构中的"死"一般不会发生虚化，但这类结构是动补结构形成的前奏。同期，"V_1 死"结构也大量出现了。

东汉三国佛教文献中也有一些用例，共 8 次，如

（123）象适人去远，其痛难忍，躃地大呼，奄忽而死，即生天上。（吴·康僧会译《六度集经》卷 4，T03，No.152，0017b）

（124）释摩男即没池中，以发绕树根而死。（吴·支谦译《佛说义足经》卷 2，T04，No.198，0189a06）

[①] 梁银峰（2006：43、107）认为先秦有一类连动结构的两个动词之间经常有"而"连接。

2.“V₁死”结构

秦汉时期，“V₁死”结构也大量出现，但还不是动补结构，正如吴福祥（2000）所说，“连词‘而’的有无，并不足以影响‘V’‘死’之间的并列关系”。看下面两例：

（125）桓公忧天下诸侯。鲁有夫人、庆父之乱，二君弒死，国绝无嗣。桓公闻之，使高子存之。(《国语·齐语》)

（126）胥谓太子霸曰：“上遇我厚，今负之甚。我死，骸骨当暴。幸而得葬，薄之，无厚也。”即以绶自绞死。及八子郭昭君等二人皆自杀。(东汉·班固《汉书·武五子传》)

例（125）、例（126）中的“弒死”“自绞死”实为“被弒而死”“自绞而死”与上小节例（121）中的“食熊蹯而死”应该属于同类结构，不同的是两个动作之间不再由“而”连接，“弒死”“自绞死”仍然是连动结构，但这类连动结构与动补结构具有语义上的联系，述结式动补结构就是从这类连动结构发展而来的。V₁（弒｜自绞）与 V₂（死）之间存在“原因｜方式”与“结果”的关系，这种关系与述结式动补结构关系相当紧密，并且因为“而”的脱落，两个动词之间的距离更近，“V₂（死）”更容易发生虚化。

（127）苦法为万物，以败便得忧，已得忧便老，已老便得病瘦死。(后汉·安世高译《阿毘昙五法行经》卷 1，T28，No. 1557，p0998b)

（128）吾誓求佛，唯为斯类耳。今不出此人，其必穷死。吾当寻岸下谷，负出之也。(吴·康僧会译《六度集经》卷 5，T03，No. 0152，p0027b)

“V₁死”结构中的“死”进一步虚化。如：

（129）亦有余戒以犯便入县官，或强死、或得杖死、或得字亦饿便从是死；或以得脱外，从怨家得手死，或惊怖念罪忧死，是为不持戒。(后汉·安世高译《佛说七处三观经》，T2，No. 150A，p0880c)

（130）以犯便入县官，或弦死，或捶杖、利刃所斫刺，或辜饥渴而终；或以得脱，从怨家得手死，或惊怖念罪忧死。(后汉·安世高译《佛说九横经》，T2，No. 150B，p0883b)

魏晋时期，中土文献“V₁死”结构中的“死”也进一步虚化。如：

（131）若病结积在内，针药所不能及，当须刳割者，便饮其麻沸散，须臾便如醉死无所知，因破取。(西晋·陈寿《三国志·华佗传》)

（132）军人溃散，逃走山泽，皆多饥死，遗独以焦饭得活。(南朝宋·刘义庆《世说新语·德行》)

关于动补结构的产生年代及标准问题，目前争议很大，本文不就此问题展开详细讨论。但我们认为例（131）、例（132）中的"V₁死"结构当是述结式动补结构，"死"是"V₁"的结果。当"V₁死"动补结构中的"V₁"由具体动作动词充当时，"死"不具备程度义，是动词充当结果补语。当"V₁死"结构演变为述结式动补结构之后，"死"是"V₁"的结果。动词"死"表达的是"生命结束"这一客观现实，语义特征是［＋已然］［＋客观］。语法化往往伴随着源词部分词义特征的失落，凸显某一方面的特征。"死"的程度义产生的致变因素是V₁的变化，这一变化至迟在唐代已经产生。如：

（133）经春初败秋风起，红兰绿蕙愁死。一片风流伤心地，魂销目断西子。（唐·孙光宪《思越人》）

（134）明妃一朝西入胡，胡中美女多羞死。（唐·李白《于阗采花人》）

一般来讲，"愁、羞"等心理动词不会造成"失去生命"的结果，因此，"死"的［＋已然］［＋客观］语义特征便脱落了，词义虚化，仅仅表达主观上的程度义。但例（133）（134）中的"死"还不是真正的程度补语，句子分别运用了拟人、夸张的修辞格，"死"的实义性还比较强，但这一变化反映了"结果补语——程度补语"的过渡阶段。

我们在清代文献中发现成熟的"V₁死"表程度的用法。如：

（135）贾母说："可是呢，好个孩子，要是有些原故，可不叫人疼死。"（清·曹雪芹《红楼梦》第十一回）

（136）你江标今日糊涂死了，明明是个救命星到此，你还不快去求他！（清·坑余生《续济公传》第一百四十九回）

有人认为这里的程度补语"死"是形容词，这个问题还有待进一步的深入研究，但位于心理动词后表达程度义的"死"的其他语义特征模糊，仅表达主观上的程度义，词义甚虚，并不含形容词"死"的基本语义特征［＋状态］，因此我们倾向于这类"死"归入副词。

3."V₁死O"结构

"死"后也可带宾语，构成"V₁死O"结构。吴福祥（2000）认为："这一结构'六朝始见，入唐以后逐渐增多'"。我们这里仅讨论表程度的"死"进入"V₁死O"结构的情况，他认为明代开始见到少数"V₁死O"表程度的用法。我们认为"V₁死O"表程度至迟在宋代已经出现，明清时期开始大量使用。如：

（137）老却西山薇蕨，闲损南窗松菊，羞死汉公卿。（宋·石孝友《水调歌头·送张左司》）

（138）这添添小哥，今年十三岁，天生的甚是聪明，父亲欢喜<u>死</u>他。（元·高茂卿《儿女团圆》第三折）

（139）周瑞家的听了笑道："阿弥陀佛，真坑<u>死</u>人的事儿！等十年未必都这样巧的呢。"（清·曹雪芹《红楼梦》第七回）

"V₁死"带宾语侧面也说明"死"在虚化过程中还保留源词的部分语义特征。"死"作程度补语表达主观感受达到极点，语用上含有夸张的修辞特色。相对于结果补语来说，程度补语"死"所表达的主观义极强。

4."死 V₂"结构

"死 V₂"结构至迟在南北朝时期已经产生，但当时的使用范围还很窄，我们仅见到"死战""死守"这种形式。另外，我们在宋代的禅宗语录里见到"死急"这种形式（其中《朱子语类》中 1 例，《禅林僧宝传》中 2 例，《五灯会元》中共 8 例），明清小说中"死 V₂"结构才广泛应用。

（140）镇军将军张永征薛安都于彭城，山图领二千人迎运至武原，为虏骑所追，合战，多所伤杀。虏围转急，山图据城自固，然后更结阵<u>死</u>战。突围出，虏披靡不能禁。（《南齐书》卷二九《周山图列传》）

（141）君莫嫌丑妇，丑妇<u>死</u>守贞。（唐·刘义《相和歌辞·怨诗》）

（142）诸笑曰："老汉有什么<u>死</u>急。"诸不出霜华二十年。学者刻意，师慕至堂中。（《禅林僧宝传》卷五《潭州石霜诸禅师》）

（143）张笑曰："公便理会不得，只是后生<u>死</u>急要官做后如此。"（宋·朱熹《朱子语类》卷第一百三十《本朝四》）

最初的"死 VP（死战｜死守）"结构中的"死"可能还不是副词，可能是"以死战｜守"结构的省略，情状副词正是来源于这一结构。宋代禅宗语录中的"死急"似乎可以看成程度副词，但因 V₂ 的范围尚未扩大到其他动词，至少可以肯定这时的"死"还不是成熟的程度副词。

明清时期，情状副词"死"大量出现。如：

（144）把白胜押到厅前，便将索子捆了。问他主情造意，白胜抵赖，<u>死</u>不肯招晁保正等七人。（明·施耐庵《水浒传》第十八回）

（145）薛蟠宝玉众人那里肯依，死拉着不放。（清·曹雪芹《红楼梦》第二十六回）

例（144）、例（145）中的"死"修饰动词，但还不是程度副词，真正表程度的"死"在清代还十分少见。我们统计了《红楼梦》前八十回中的"死 V₂"结构，共 16 例，均是情状副词。在《儒林外史》中发现了表程度的用法：

（146）王太太说："呸！你这死不见识面的货！他一个抚院衙门里住着的人，他没有见过板鸭和肉……"（清·吴敬梓《儒林外史》第二十七回）

程度副词"死"修饰动词在现代汉语方言中大量使用。"死"位于动词前面作状语表程度，进一步确认了"死"的程度副词词性。

从"死"在汉语史上的历时发展可以看出，"死"表程度义出现得比较早，为"死"的虚化奠定了语义基础。程度副词是在"V_1死"结构中萌芽的，后来扩展到"V_1死 O"中，当 V_1 由心理动词充当时，源词"死"的动词性语义特征消失，产生主观性较强的程度义。在历史演变过程中，程度副词"死"的功能进一步扩展。明清时期，"死 V_2"结构大量出现，但大多是作情状副词，程度副词作状语的用例比较少见，这点与李宗江（2007）的结论是一致的。

三、程度副词"死"作补语的语用目的及认知阐释

传统语法认为副词的唯一功能是修饰谓词，句法上位于形容词或动词之前作状语，不能作补语，这才造成程度补语"死"的词性存在争论。通过上文的论述，我们发现，表程度的"死"不仅可以位于形容词或心理动词之后作补语，而且也可以位于动词前作状语，因此单纯从句法位置确定词性有一定的局限性。认知语言学的观点是"意义决定句法"，"语言结构来源于语言运用"[①]Tomasello（2003）。语言结构的定型往往与所要表达的语用目的密切相关。从程度补语的语用效果来看，与程度副词作状语语义上并无太大的差别，但"不同的句法位置，一定会有不同的句法意义和句法功能。"（潘国英、齐沪扬2009）语序的改变往往带有某种语用目的，以便凸显其意在表达的焦点信息。句末焦点与汉语中惯常的话语信息编排顺序是一致的——话语的焦点信息通常放在句末。汉语史上出现的程度补语"甚、至、很、极、透"等无一例外表达极性量，主观化程度均比同类的程度副词作状语强。

并非所有的程度副词都能作补语。纵观古今汉语中能作补语的程度副词意义基本上是相同的——只有表示"很、非常"义的程度副词才能充当补语。这与程度副词内部成员所表达程度的级差和作补语的语用目的密切相关。我们采用蔺璜、郭姝慧（2003）的研究，根据"量"的标准将程度副词分为极量、高量、中量、低量。只有部分极量和高量程度副词才能作补语。

---

① 原文：Tomasello (2003: 5): Language structure merges from language use.

（无极点）　　　　　　　　　　　　　（有极点）

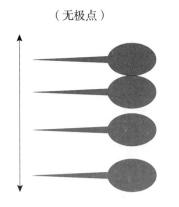
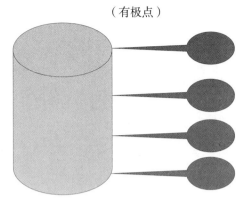

图 5-6　程度副词量级图（无极点）　　　图 5-7　程度副词量级图（有极点）

　　从量的角度讲，极量程度副词处于顶层，而高量程度副词也处于相对较高的位置上。量的定级是一个连续的过程，各个副词所处的位置也是相对的，没有固定的节点（如图2）。极量程度副词中那些主观性程度较高的、但尚未到达客观的极点的成员（如"极"）和高量程度副词可以作补语，这正与程度副词作补语的语用目的（表达更高的程度义）相一致。汉语中的"最"就不能充当补语，"最"是一个表达确定概念的极量程度副词，在量上已经达到顶点，并且是客观或主观认定的（如图3），就没有必要放在谓词后表更强的程度义了，而高量程度副词，如"甚、很、非常"等处于极量之下，中低量之上，本身表达的程度义较高，为了所表达的程度义向极量靠近，就有了放在谓词性成分之后表达更强的程度义的可能。

　　"死"作程度补语也是同样的道理，虽然在生命过程这一时段里，动词"死"是客观的终点，但虚化后表程度义的副词"死"在语用上已经丢失了"死亡"这一结果义，主观义增强，所表达的是向"终点（死亡）"接近的程度。

四、"死"表程度的跨语言考察

　　思维的共性映射到语言层面，导致语义、形式等方面的共性。动词"死"由生命过程的终结点通过隐喻获得程度量，这是认知的共性。沈家煊（2009）"世界上的语言看上去千变万化，无一定宗，其实不然，语言之间的变异要受一定的限制，有一定的变化'模式'"。表生命结束的动词"死"发展为表程度的副词"死"，是一条基于认知共性的变化"模式"。表程度的"死"不仅在现代汉语普通话中广泛应用，也广泛存在于汉语方言及其他语言中，我们考察了湖南、湖北、江西、河南、广西、广东、福建、黑龙江、新疆等19个方言点的情况，发现程度副词"死"作补语和作状语的用法广泛存在。同时，"死"义动词在英语、德语、法语、意大利语、荷兰语等外民族语言中也均有表程度的用法，这体现了类型学的共性，也证明了由生命的终点到程度的发展是语言发展过程中的一条具有普遍性的路径。

（一）"死"在汉语方言中的使用

根据目前的观察，"死"在方言中的使用情况与我们所考察的汉语史中程度副词"死"的用法基本一致。大部分方言中，"死"既可放在动词或形容词后作补语，又可放在动词或形容词前面作状语。

1."死"作补语

作补语的"死"与所修饰的动词或形容词之间大部分无需标记，也有一部分方言需要标记。我们考察的19个方言点中，"死"直接跟在动词或形容词后作补语，不需补语标记的有衡阳方言、厦门方言、哈尔滨方言等10种方言。如下：

（147）衡阳方言：紧死哒（担心极了）| 痛死哒（痛极了）（伍云姬2007：10）

（148）娄底方言：热死哩 | 冷死哩 | 躁死哩 | 爱高兴死哩（颜清徽、刘丽华1994：5）

（149）柳州方言：热死 | 重死 | 咸死 | 恶死 | 慌死 | 难过死 | 冷死人 | 累死人 | 气死人（刘村汉1995：9–10）

（150）厦门方言：笑死（人）| 咸死（人）| 热死（人）| 寒死（人）| 饱死（人）（周长楫1993：6）

（151）武汉方言：笑死人 | 恨死人（朱建颂1995：7）

（152）于都方言：笑死哩 | 气死人（谢留文1998：13）

（153）黎川方言：快活死了 | 难过死了 | 累死了 | 笑死人（颜森1995：35）

（154）太原方言：高兴死咧 | 气死了 | 笑死人咧（沈明1994：4）

（155）梅县方言：笑死人 | 吓死人 | 冤枉死了 | 痛死了（黄雪贞1995：14–15）

（156）哈尔滨方言：热死了 | 气死了 | 冻死了（尹世超1997：4）

"死"作补语时，用补语标记和不用补语标记共存的有零陵方言、信阳方言两种。

（157）零陵方言（伍云姬2007：326–327）：

A（V）死：蠢死 | 㾕死

A（V）得死：蠢得死 | 㾕得死 | 重得死 | 冷得死

（158）信阳方言^①：

A（V）死（人）：懒<u>死</u>（非常懒）| 累<u>死</u>了 | 气<u>死</u>人 | 累<u>死</u>人 |

A（V）哩死：累哩臭<u>死</u> | 笑哩要<u>死</u>

可见，汉语方言中程度副词"死"作补语的情况与普通话用法基本一致，即直接用于形容词或心理动词之后，表程度的加强。

2. "死"作状语

一般成熟的程度副词，大都可以作修饰谓词的状语。"死"作状语产生于近代汉语，现代汉语普通话书面语中很少使用，但汉语方言中却大量存在。就我们所统计的 19 个方言点中，"死"用作前加成分的有 18 个方言点（海口方言未见记载），占总数的 94.74%。如：

（159）娄底方言：<u>死</u>不要脸 | <u>死</u>爱面子（颜清徽、刘丽华 1994：5）

（160）厦门方言：<u>死</u>（人）灵非常机灵 | <u>死</u>（人）多 | <u>死</u>（人）孽调皮（周长楫 1998：6）

（161）武汉方言：<u>死</u>慢 | <u>死</u>磨 | <u>死</u>笨 | <u>死</u>重 | <u>死</u>难 | <u>死</u>不要脸 | <u>死</u>不愿意（朱建颂 1995：7）

（162）乌鲁木齐方言：这块石头<u>死</u>沉 | <u>死</u>慢 | <u>死</u>磨 | <u>死</u>笨 | <u>死</u>犟 | <u>死</u>难（周磊 1995：6）

表程度义"死"由作补语扩展到作状语，使得词性发展前进了一大步。只是历史文献及现代汉语普通话中这种用法还比较少见，这可能与源词"死"的语用特点有关。"死亡"是生命的终结，是人类心理上不愿接受的事情，虚化后表程度的"死"一般带有贬义特征，属"不雅之辞"，因此主要在口语中使用，方言恰恰是口语的一种表现形式，表程度的"死"在方言中作状语才会如此普遍。

另外，还有以下几个问题需要进一步说明：

A. "V₁死"带宾语的问题

信阳、柳州、厦门、武汉、于都、黎川、太原、梅县等方言中均存在"V₁死"后带宾语的问题。"V₁死O"结构在近代汉语中已经出现，是源词"死"带宾语的遗留在方言中的体现。

B. 感情色彩问题

"死"在使用过程中多带贬义，这一语用特点跟源词"死"的特点密切相关，源词"死"表生命的终结，是人类最不愿接受的事，因此，在语法化过程中，虚化以后的"死"仍然保留这一语用特点。黄伯荣（1996）指

---

① 姜道安，1957 年生，男，汉族，河南信阳人，中专文化。

出"死沉 | 死懒 | 死热 | 死冷"等都有贬义。南昌方言中表"非常；特别"义的"死"含厌恶的感情，如："脾气死臭特别坏""死不要脸"等。

C. 对"V₁死去"的解释

海口方言（陈鸿迈 1996）中"死""死死""死脏"等都可作程度副词，用在形容词或动词后，表示程度高，达到极点，句末多带"去"。

"死"：红死去 | 天热死去 | 伊爽快高兴死去 | 要我笑死去使我笑坏了

"死死"：伊无好，汝总好死死去难道你好得很

"死脏"：天乌死脏去天黑得很利害 | 要侬骂死脏去被人骂得很利害

"死""死死""死脏"等程度副词后面带"去"是具有一定认知理据的。"去"是个趋向动词，虚化后仅有方向义，"去"跟在程度副词"死"等之后，与程度副词"死"具有语义接口，如图 1，在源词"死"所在的生命过程中，如果说"死"是生命的终结点，那么程度副词"死"表示的是向终结点接近的程度，"去"恰恰能够表达出生点向终结点运动的生命过程的方向，语义上能够相容。

总之，在我们考察的 19 个汉语方言点中，"死"无一例外具有程度副词用法。在句法位置上，既可以作为前加成分，又可以作为后加成分。前加成分是最普遍的用法，有 18 个方言点，占总数的 94.74%；既可以作前加成分，又可作后加成分的有 12 个方言点，占总数的 63.16%。可见，汉语方言里副词"死"的用法与普通话不同的是前加成分高于后加成分。表程度义"死"由作补语发展到作状语，也展现了汉语史上的一条语法化路径。方言中程度副词"死"作状语补充了历史文献及现代汉语普通话中这种用法的缺失，也明确了"死"的副词性质。

（二）"死"在其他语言中的使用

"死"表程度的用法也广泛存在于外民族语言中。句法位置上有放在动词或形容词前的，也有放在动词或形容词后的。部分语言中的"死"作为构词语素构成程度副词。英语、荷兰语、意大利语等语言中表程度的"死"往往是前置的；日语、泰语等语言中表程度的"死"则往往是后置的。

英语里"dead"由形容词"死的、无生命的"义发展为程度副词。放在形容词前面，表程度的加强。

The answer is dead easy.（这答案容易极了。）

I bet you were dead tired when you got back to your hotel.（我敢断定你回到宾馆都累死了。）

由"dead"作为词根构成的副词"deadly"，表"非常，极度地，强烈地"。

It was deadly cold.（天冷极了）

These cups are pretty, but they are deadly dear.（这些茶杯真美，可是实在贵得要命。）

荷兰语（孔泉 2003）的"dood"是"死亡"义。在荷兰语词汇中，我们发现大量以"dood"为构词单位组成的词语。如：

dood' eenvoudig　　　　（极为简单的，十分简单的）
很　　简单

dood' eerlijk　　　　（非常诚实的，极为老实的）
很　　公平

意大利语（北京外国语学院《意汉词典》组 1985）中的表"死"义的词汇有"morire（死）""Mòrto（死）"，它们均同时具有表程度的用法。

Morire di noia　　　　（烦闷得要死）
死　　无聊

Essere mòrto di fame　（饿得要死）
　　　死　　饿

印欧语系的语言形态变化丰富，一般不依赖语序的变化表达不同的语义，但我们可以从中看到"死"与程度的联系。比如法语（《法汉词典》编写组编 1979）中，以"mort"（死，死亡）为词根的程度副词"mortellement（致命地；极度，非常）"。由词根"Mortal（死亡）"和"ménte（头脑）"组成的词"Mortalménte（致命）"，可用作副词，表"致命地，严重地；非常"，如：Annoiarsi mortalménte（烦恼得要死）。

在汉语、日语、泰语①等亚洲语言中，"死"表程度的用法相似度较高，均可后置于被修饰词之后。

（163）日语：

（天気が）暑くて死にそうです。　（天气热死了。）
　　　　　热　　死

（164）泰语：

เขา สอบ เข้า มหาวิทยาลัย ได้ ดีใจ จะ ตาย.
他 考 进 大学　　能 高兴 将 死
（他考上了大学，简直高兴死了。）

อากาศ ร้อน จะ ตาย อยู่แล้ว（天气热死了。）
天气　热　将　死　了。

（165）京语：

---

① 文中所引日语和泰语的例句来自清华大学留学生班，在此致谢。

tsuə¹　tset⁷

酸　　死　（酸死了）（欧阳觉亚、程方、喻翠容 1984：106）

（166）傈僳语：

mi⁴⁴　ʃɿ³³

熟　死　（熟透）　　（徐琳、木玉璋、盖兴之 1986：79）

sɿ³⁵ ve³³　sɿ³¹　ʃɿ³³　uɑ⁴⁴

花　　　红　死　了　（花红透了）

（徐琳、木玉璋、盖兴之 1986：93）

（167）湘西苗语：

rɑs　dɑs

聪明　死　（聪明得很）

rut　dɑs

好　死　（好得很）　　　　　（罗安源 1990：152）

（168）侗语：

o²　ai⁶　wa⁵　təi¹　e³。

里　这　脏　死　了　（这里脏死了。）（石林 1997：35）

五、小结

　　"死"原为动词，表达生命的终结。由生命的终极点经隐喻发展出极性义，一般暗含贬义色彩。句法上，"死"进入"A（V）死"结构之后，词义开始虚化，当"死"前面的谓词结构由形容词或心理动词（形容词和心理动词可以用量级来定量）充当时，"死"便丧失了动词义，获得［＋量］的语义特征，变成表程度义的词。"死"作补语表达的主观化程度高于作状语，这是程度补语"死"产生的语用基础。另外，从语言类型学的视野看，表生命结束的动词"死"发展出程度义是语言演变的一条普遍路径。近代汉语的部分传世文献、现代汉语方言、民族语言以及境外语言材料充分证明了这一结论。

第四节　程度副词作补语的跨语言考察

一、引言

　　一般认为，副词的功能在于修饰、限定动词或形容词，在句中只能充当状语。随着研究的深入，学界发现副词组合功能在扩大（如副词可修饰体词）、副词句法功能在扩展（如程度副词可作补语），并对相关问题进行了讨论。关于程度副词能否作补语的问题，主要存在三种看法：

朱德熙（1982）提出"副词只能作状语，不能作定语、谓语和补语"，代表了目前很多学者的看法。这是从共性角度来谈作为功能词的副词的句法功能，这样的提法是在就"汉语词类与句法成分之间的对应关系"与印欧语作比较提炼出来的。程度副词作为副词的一大次类，自然也不能作补语。但我们注意到，他在同一本书里谈到程度补语时，说"形容词之后加上'极、多、透'组成的述补结构表示程度"，并提出"这一类述补结构之后都带后缀'了'"，此外还提到了"死、很、慌"可作程度补语，显然，他没有把这些词看作是程度副词。沈家煊（1999a）也认为"只有副词是专作状语"，因而副词不存在不对称现象。

吕叔湘（1982）认为个别程度副词如"很、极"等可作补语，并且"很"组成的述补结构中间要加"得"。邢福义（2000）提出"个别副词，包括'很'和'极'，以及强调极度的'万分'，可以作补语"，认为"个别程度副词对副词的纯状语性稍微有所突破"。代表了一些学者认为的存在个别副词可例外作补语的看法。因为这些程度副词处于补语的位置上，可以把它们看成是补语。

张谊生（2000b）对处于补语位置上的副词作了深入调查，认为"现代汉语中有相当一些程度副词可以充当补语"，专门列出一章"副词的特殊句法功能——充当补语"，对以往人们尚未充分认识而又带有普遍性的程度副词的功能进行了多维考察。叶南（2007）赞同他的观点，并认为程度副词作状语和补语存在不对称性，用标记理论对此进行了描写和解释。

三种说法都谈到程度副词可以作状语，但在能不能作补语，以及能作补语的程度副词的数量问题上存在分歧，说到底这是个程度副词的语序问题。与这些问题联系在一起的是谓词后的程度副词该如何称呼的问题，一般通行的说法是把它们称为补语，吕叔湘（1979）、金立鑫（2009）等认为可以把它们称为"后置状语"。上述三种说法到底哪一种更符合语言事实，程度副词作补语在组合方式上是否受到限制，这是不是汉语共同语特有的现象，这种现象是怎么形成的，在类型学上有没有表现特征，以及可不可以称它们为"后置状语"，这些正是我们要考虑的问题。

要回答这些问题，必须进行跨语言考察，考察汉语方言和国内民族语言程度副词的语序情况。我们考察的重点是程度副词居谓词后的情况，所依据的材料主要是前人已用的可靠的调查资料。

二、程度副词作补语的民族语言考察

程度副词居前作状语在现代汉语里是不争的事实，承认有少数例外可以作补语的，一般也只提到"很""极"等几个。对于"很""极"等这几个词的词性，杨荣祥（2005）等认为它们不是程度副词，并提出至少在近代汉语里程度副词不能作补语。而张谊生（2000b）提出现代汉语中作补语的程度副词数量不少，可补副词和唯补副词分别为16个，当然部分词是否为程度副词还存在争议，张谊生主要从共时角度考察它们的句法功能、结构方式和表义特征，涉及了历时和方言现象，但没有展开讨论。唐贤清、陈丽（2010、2011a、2011b）分别对"极""死""煞"等词作程度补语进行了历时和跨语言的考察，用跨语言的材料为这三个副词作程度补语进行了佐证，但未考察其他程度副词的情况。

专门对程度副词作补语进行方言和民族语言考察的论文不多，要想深入地了解某一现象的语法特征，必须细致地观察该语言现象。

（一）分布与表现

我们根据一些民族语的简志和一些学者的调查资料，考察了程度副词在小句中的语序。发现大部分语言的副词包括程度副词只能居谓词前作状语，但有部分语言里存在程度副词作补语的现象，下面是我们的粗略统计：

侗语（石林1997）：副词特别是修饰形容词的程度副词只能放在形容词后作补语，表现在句型上，侗语没有状心形容词谓语句。

侗语车江方言（顾骁晨2017）：本义为"多"的 $kuŋ^2$ 可以用作程度副词，相当于"很"，在句中作补语，如：hoi^5 $kuŋ^2$ 快很，毛南语的" $coŋ^2$ "用法与之类似，如：ko^3 $ci:t^7$ $coŋ^2$ 头痛很。

布兴语（高永奇2004:102-103）：副词修饰谓词性词语时，一般处于补语的位置。如：

| suŋ năk 很高 | tsui năk 最好 | niŋ klai 太大 | ʧi kun năk 很漂亮 |
| 高 很 | 好 最 | 大 太 | 漂亮 很 |

有些语言中个别程度副词只能作补语。如：

壮语（韦庆稳、覃国生1980:48）：只能用作补语的程度副词有：$ɣa:i^{42}ça:i^{42}$ "极，十分"、$ɣau^{33}$ "很，多么"、$ta:ŋ^{35}ma^{31}$ "极"，如：$sa:ŋ^{24}ɣa:i^{42}ça:i^{42}$ 高极了

黎语（欧阳觉亚、郑贻青1980:33）：dat^{55} "真、很"、$dat^{55}dat^{55}$ "十分、很"、$pɑi^{11}ja^{11}$ "极、非常"既能修饰形容词也能修饰动词，但必须处

于补语的位置，如：

　　　　hwou¹¹ nei⁵⁵ phe:k⁵⁵ pɑi¹¹ja¹¹　这座山高极了。

　　　　山　　　这　　高　　极

　　京语（欧阳觉亚、程方等 1984: 85）：lam⁴⁵"很"只能用作补语，如：daŋ⁴⁵ lam⁴⁵苦极，jɛŋ⁴⁵ lam⁴⁵冷很。

　　基诺语（盖兴之 1986: 86）：tse⁴⁴"太"在句中一般用作补语，如：jɔ⁴⁴kho⁴⁴xə⁴⁴tse⁴⁴a 路太远。

　　纳西语（和即仁、姜竹仪 1982: 77）：副词 zuɑ³³"极"只能居后作补语，如：kɑ³³ zuɑ³³ se³¹累极了。

　　浪速语（戴庆厦 2005: 73）：用作补语的程度副词，常用的只有 tək³¹"极"，如：jauŋ⁵⁵ tək³¹ va⁵⁵漂亮极了。

　　阿昌语（时建 2009）：程度副词分为作状语和作补语两种，作补语的程度副词的典型成员包括 kɑŋ³¹"很"、kɯ³³"很"、kɯ⁵⁵"太"、kɑŋ⁵¹"太"，其中 kɯ⁵⁵"太"和 kɑŋ⁵¹"太"是由 kɑŋ³¹"很"和 kɯ³³"很"分别经过声调屈折变化而来的。如：

　　kuɑi³³kɑŋ³¹　很热　n̻a³¹kɑŋ³¹　很多　tɕui³¹kɯ⁵⁵　太滑　na³¹kɯ⁵⁵　太黑

　　勉语（毛宗武 2004）：n̥ən³⁵"很"和 khəu³⁵"很"作补语。而且 khəu³⁵一般都在结构助词 tu⁵³"得"之后充当补语。如：

　　njɛn³⁵ n̥ən³⁵　很多　　　　　nai⁴²　n̥ən³⁵　很久

　　khɔ³⁵tu⁵³ khəu³⁵　瘦得很　　pjau³⁵tu⁵³khəu³⁵　饱得很

　　苗语（王辅世 1985）：只能作补语的有 poŋ⁴⁴va⁴⁴"很"、ljen¹³n̻oŋ⁵⁵"极"，如：ken⁵⁵poŋ⁴⁴va⁴⁴哭得厉害，nɛ⁴⁴ljen¹³n̻oŋ⁵⁵极多。

　　此外，程度副词只能作补语的还有傣语（喻翠容、罗美珍 1980）的 tɛ¹¹"很"，布依语（喻翠容 1980）的 la:i³⁵"太"，毛难语（梁敏 1980a/b）的 hən⁵¹"很"，拉珈语（毛宗武等 1982）的 a:k²⁴"很"，苏龙语（李大勤 2004）的 bua⁵⁵"最"、du⁵⁵"很"，基诺语（盖兴之 1986）的 se⁴⁴"极"，景颇语（刘璐 1984）的 la²⁵⁵"极"、tik²¹"顶、很"，载佤语（徐悉艰、徐桂珍 1984）的 tik³¹"极"，布努语（毛宗武等 1982）的 ɕi³³nɣ²³¹"很"，布朗语（李道勇等 1986）的 ka²²¹ʑɣ²²¹"最、非常"，排湾语（陈康、马荣生 1986）的 arava"很"等。

　　有些语言个别程度副词修饰动词或形容词时，既可以在前面也可在后面，但在意义表达方面，分两种情况，一是用作状语和补语意思一致的，如：

　　仡佬语（贺嘉善 1983）的 hen³³"很"：hen³³ ŋ³³~ ŋ³³hen³³很好

仫佬语（王均、郑国乔 1980）的 kon^{53} "很"：i^{42} kon^{51}~kon^{51} i^{42} 很好

京语（欧阳觉亚等 1984）的 thət^{22} "很"，如：thət^{22} ŋan^{45} ~ŋan^{45}thət^{22} 很短。

一是用作状语和补语意思不一致的，如：

壮语（韦庆稳、覃国生 1980）：能用作状语和补语的副词有 la:i^{24} "稍、最"，但意义不同，用作状语时是 "稍"，用作补语时是 "最"。如 la:i^{24} diŋ^{24} 稍红，diŋ^{24}la:i^{24} 最红。另外韦景云、覃小航（2006）也指出，壮语有些程度副词在修饰、限制动词和形容词时，有两种结构，即副词可作状语和补语，但其意义不同。如：

lai hoengz　多一点红　　　hoengz lai　太红

vaiq bae　快去　　　　　　bae vaiq　去得早

义都语（江荻 2005）：修饰形容词的词语一般都是表示程度的副词，可以作状语也可以作补语，但意思不一样，作补语的程度副词表示程度过度的意思。如：

ka^{33}tio^{33}　ja^{55}bra^{55}　太短　ka^{33}loŋ^{33}bra^{55}　太长　ka^{33}mbra^{55}　非常苦

短　　　太　　　　长　　太　　　　苦　　很

（二）比较与归纳

民族语言中副词也同样分为程度副词、范围副词、否定副词、语气副词等，在我们所调查的范围内，不论是 OV 型语言还是 VO 型语言，程度副词大部分都作状语，但都不同程度上存在作补语的现象；比较起来，程度副词可作补语的语言在各语系里表现很不均匀，阿尔泰语系很少有这类现象，南亚语系和南岛语系也相对比较少，汉藏语系相对较多，其中壮侗语族里程度副词作补语的现象比较突出，因为在这些语言里，状语在 VP 之后是固有的自然语序，有些语言出现了前置状语，那很可能是汉语影响的结果；在数量上，往往也只有个别程度副词，如 "很、极" 等，个别语言里还有 "最、太" 等，壮语和侗语相对多一点，侗语程度副词修饰形容词时只能作补语；在组合方式上，作补语的 "很" 类程度副词前不用加 "得"，"极" 类程度副词后面一般不带后缀 "了"；在表达上，有些民族语言程度副词作状语和作补语语义不同。

三、程度副词作补语的方言考察

邢福义（2000）重视 "普—方—古" 结合，认为共同语即现代汉语共同语里的一个语法事实，往往可以在方言、古代或近代汉语里找到印证的材料。汉语方言里居后的程度副词表现情况如何呢？为此我们进行了调查。

（一）分布与表现

在汉语方言里，"很""极"可直接加在形容词后，以"形 + 程度副词"形式出现。《汉语方言地图集》（语法卷）以"很热、热很、热得很"为例调查方言点里的"程度副词 + 形""形 + 程度副词""形 + 得 + 程度副词"的情况。其中程度副词作补语的"热很""热极"类在方言点的分布如下：

热很：山西（平定、万荣、平陆），陕西（宝鸡），浙江（龙泉），安徽（当涂、绩溪、歙县），江苏（南通），湖南（保靖），广西（三江、龙胜、河池）

热极：陕西（富县、黄龙），广西（贺州、桂平、兴业），海南（昌江、屯昌、定安）

此外，该地图集还列出了方言程度副词"杀、险、紧、太、恶、消"等组合成"形 + 程度副词"的分布，例如：

热杀：浙江（开化、昌化旧、于潜旧、临安、桐庐、富阳、诸暨、上虞、萧山、杭州、余杭、孝丰旧、武康旧、崇德旧、德清、海宁、桐乡、嘉兴、嘉善）

热险：浙江（常山、遂昌、松阳、丽水、云和、景宁吴、青田、永嘉、乐清台、乐清瓯、温州、瑞安、平阳）

热恶：广西（融水）

热紧：广西（资源），浙江（景宁畲）

热太：陕西（富县、黄龙）

在共同语里，"很"作程度补语时前要加"得"，如"热得很"，但在方言里却可以直接组合，即用"热很"来表达，有些地方"很热""热很"两种说法并存，在语义上没有什么大的区别。在地域上，"热很"主要集中在浙江、海南、广西等地。

"极"在共同语里作程度补语时直接加在谓词后面，且述补结构后要带后缀"了"，如"热极了"，但在海南、浙江一些地方可以用于组合式，并且后面不用带"了"：

热得极：海南（万宁、琼海）、浙江（长兴）

《汉语方言语法类编》对程度副词"很、极"以及部分方言程度副词作补语进行了描写和分析，与共同语表现不同的是，有些方言里作补语的"很"前不用加"得"。例如：

安徽阜阳话：做菜少□〔 ꜀tʂã ꜅ 〕些盐，多很了，苦。

四川话：不要太呕很了，这都是命中注定的，该她要遭这个灾。

宁夏固原话："很"作补语有前加"得"与不加"得"两种格式，而以不加"得"为常见形式。例如：美（得）很、快（得）很、大（得）很、碎（得）很、热闹（得）很、老实（得）很。

有些方言里作补语的"极"也与共同语不同，如：

福建永安话：与共同语里"形／动＋极"相比，永安话通常只有"形＋极"这一格式，并且"极"后不能加"了"。如：好极、累极、惜极、歹极。同时，永安话"极"作为形容词的补语，表示形容词的最高程度时，有时"形"和"极"之间可以加"得"构成组合式，如：悬得极、寒得极、慢得极、轻得极。

另外，一些方言里有些程度副词只能后置，如宁夏固原话的程度副词"很、咋（唎）、灵干（唎）、差大、完（唎）"，这些词只能单独加在动词或形容词谓语后作补语，而不能加在谓语前作状语。类似的还有：

甘肃兰州话的"很"：汤咸得很。

贵州贵阳话的"很"：这个娃娃兜人想得很。（这孩子很惹人爱。）

甘肃临夏话的"呱、凶"，只能居形容词后，表示程度加深。如：这朵花香的呱！（这朵花香得很！）

浙江磐安县尚湖镇袁村：程度副词修饰形容词，以作补语占优势。如：好显（很好）、苦死（很苦）、臭倒（很臭）、香尽（十分香），这些程度副词一律不能前置。并且形容词和程度副词之间一律不能插入任何其他类似于共同语"得"的成分。

在秦晋地区的一些方言里，存在程度副词"太""很""扎"等单独作补语或叠用作补语的情况，谓词与程度副词中间多要插入"得"，例如：

（169）山西万荣：天气好得太｜天气好得太太｜过事把我忙扎啦（吴建生 1999）

（170）陕西西安话：糊涂的太｜美的太太｜乱的很｜好的很很｜日子苦扎咧（兰宾汉 2004）

（171）陕西渭南话：他个子低太｜我的包轻（得）太太（李颖 2013）

（172）山西临猗话：今个集上人多得太｜你今个穿得洋气得太（郭晓瑞 2014）

（173）山西河津话：你要是能这么想就好得太哩｜伢（兀个）人好得太太哩｜你出去这么多天，可把你奶奶想扎啦（王梅弘 2017）

在《现代汉语方言大词典》和《汉语方言大词典》中，也有不少程度副词"很"作补语的用例：

（174）江苏徐州：天冷很了｜电影有意思很了（苏晓青、吕永卫

1996：325）

（175）江苏南京：这小娃儿厌得<u>很</u>｜他嘴巴子会讲得<u>很</u>（刘丹青1995：271）

（176）四川成都：累<u>很</u>了要得病｜哭<u>很</u>了眼睛遭不住（许宝华、宫田一郎1999：4286）

（177）宁夏银川：好得<u>很</u>｜快得<u>很</u>｜舒坦得<u>很</u>（李树俨、张安生1996：301）

（178）江西南昌：两个人好得<u>很</u>｜你尝一口，好呷得<u>很</u>（熊正辉1994：173）

（179）贵州沿河：熬夜熬<u>很</u>了，伤身体｜这甜米酒发<u>很</u>了点儿（许宝华、宫田一郎1999：4286）

程度副词"很"作补语的还有：

（180）安徽叶集话：人胖瘦<u>很</u>了没得样｜这双鞋小<u>很</u>了（张丽2008）

（181）云南方言：这件衣裳好看<u>很</u>｜妹妹睡得香<u>很</u>（王兆燕2017）

（182）河南卫辉话：他长哩可高哩<u>很</u>｜作孩的可叠疯哩<u>很</u>（孙庆波2009：9）

（183）河南周口话：那小伙跑哩快哩<u>很</u>｜那天吃哩饱哩<u>很</u>！（赵黎明2009）

在一些方言中，还可以见到程度副词"尽、绝、死绝、难、伤、杀、倒、昏、完"等做补语的用例：

（184）湖南新宁话：他屋里条件好<u>尽</u>咧｜能干<u>尽</u>咧（刘湘涛、罗智丰2007）

（185）闽南话：味苦<u>绝</u> _{味道苦极了}｜咸甲<u>死绝</u> _{咸死了}

（186）江西高安话：饿嘚<u>难</u>｜饿<u>伤</u>嘚｜饿<u>绝</u>嘚｜饿<u>杀</u>嘚｜饿<u>倒</u>嘚（童芳华2013）

（187）四川西昌话：累<u>昏</u>了｜忙<u>昏</u>了｜你一个人精灵<u>完</u>了｜明明就做不来，还一副行势<u>完</u>了的样子（陈燕2014）

（二）特征与分析

通过以上枚举式的调查材料，我们可以看出，汉语方言里同样存在程度副词作补语的现象，并且有些方言里一些程度副词只能作补语。从类别上看，一般表现为跟共同语"很、极"相当的程度副词；从地域上看，南北方言中均有分布；从组合方式来看，在方言里存在"谓词＋很""谓语＋得＋极"这样的格式。对于"很"在共同语和方言里组合方式的不同，我们将在下文中进行推测。对于"极"在方言中的表现，张谊生（2000b），唐贤清、陈丽（2010）等认为是古汉语的遗留，历史上曾经出现过这样的组合式，例如：

（188）两人用远镜一看，都道："哎呀，哎呀！实在危险的<u>极</u>！"（清·刘鹗《老残游记》第一回）

（189）慧生道："老残所说极是，我们就赶紧照样去办。不然，这一船人实在可危的<u>极</u>。"（清·刘鹗《老残游记》第一回）

（190）又曰："丰卦象许多言语，其实只在'日中则昃，月盈则食，天地盈虚，与时消息'数语上。这盛得<u>极</u>，常须谨谨保守得日中时候方得；不然，便是偃仆倾坏了。"（宋·朱熹《朱子语类》卷第七十三《易九》）

（191）人多得<u>极</u>，晓得那个是你官人？（清·方成培《雷峰塔·水斗》）

语言是一种动态的机制，在一个较长的时期内，它必定会不断地发展和变化，"极"作补语组合方式的变化及其在方言中的表现反映了这一点。从历时的角度来考察，我们现在的一些语法现象能够得到解释，而结合方言来考察，我们更能印证汉语共同语的语法事实。方言材料反映的是口语的使用情况，或许就是汉语史在某个阶段的遗留，所以邢福义（2000）主张在语法研究中要重视"普—方—古"这个"大三角"研究，唐贤清等（2018）更进一步指出在语法研究中除要重视"普—方—古"外，还应加强对民族语言和境外语言的考察。程度副词作补语在"普、方、古、民、外"都有表现，我们认为程度副词是可以作补语的。同时我们还应注意新出现的语言现象，据刘尚荣（2008）调查，现代汉语里还存在名词带由程度副词充当的程度补语的现象。如：

（192）晚上被带去吃久负盛名的街边鱼蛋，美味得<u>很</u>。（《螺蛳也不是白送的》，新浪 2006.11.08）

（193）这四个来自英国利物浦的穷小子抵达美国时，清一色西装笔挺，绅士得<u>很</u>，当时的音乐风格也没有离经叛道之处，谁说他们反主流？他们只是要重新定义主流。（《时代人物周报：大学者的"呆气"》，新浪 2005.08.23）

（194）酸奶都是小瓶包装的，浸泡在冰桶里，每天尝一两样，真的美味<u>极</u>了。（《我站在了赤道的厄瓜多尔见闻》，新浪 2006.12.06）

（195）到大业百货的品牌特卖区，偶然看见一条格子百褶裙，便试穿起来，裙子裁剪得体，配上身上那件针织短袖，玲珑曲线尽收眼帘，淑女<u>极</u>了。（《制服进行曲》，新浪 2004.09.16）

我们认为这种程度副词居名词后起修饰作用的现象更是后起的现象，

是在语言类推的影响下形成的。程度副词"很""极"修饰谓词时位置可前可后，既然程度副词可以修饰名词，受语言类推的作用，程度副词也可居名词后起修饰作用。如下所示：

	程度副词居谓词前	程度副词居谓词后
程度副词修饰谓词	程度副词 + 谓词	谓词 + 程度副词
程度副词修饰名词	程度副词 + 名词	——

剩下的空格可在语言的类推作用下产生"名词 + 程度副词"这一语序排列。

（三）共性与个性

一种语言的语法是一个有机的整体，结构之间存在着和谐关系，同性质的结构采用一致的语序。类型学的研究结果表明，一种语言总是用同一语序表示所有具有修饰语和中心语的关系（石毓智 2006: 207）。刘丹青（2003）、石毓智（2006）考察得出汉语定语一定在中心语前，在"同性质的结构采用一致的语序"原则下，起修饰作用的程度副词应该在中心语之前。

但世界上绝大部分语言的语序都不是绝对地和谐，汉语在语序上不和谐之处也颇多，汉语中起修饰作用的程度副词、介词短语和数量短语就是如此。因为从现代类型学的角度来看，现代汉语是 SVO 型语言，根据"核心—从属语"原则，VO 型语言偏正结构倾向于核心前置，附加成分后置，汉语里不应该出现这样一些可前可后的附加成分。很显然，介词短语、程度副词和数量短语与中心语的语序，无论是在"同性质的结构采用一致的语序"还是在"核心—从属语"原则上都形成了矛盾：从前者出发，介词短语、程度副词和数量短语作修饰成分要么都居中心语前，要么都居中心语后，事实上居前的情况为多数；而从后者来看，介词短语、程度副词和数量短语应该居后，而居后的占少数。关于介词短语与谓词的语序问题，刘丹青（2003）用类型学的理论进行了解释，认为是联系项居中原则、语序和谐性原则、时间顺序象似性原则和信息结构原则（特别是联系项居中原则）共同作用下决定了汉语介词短语在小句中的语序。对于名词和动词数量格式语序的对立，石毓智（2006）做了跨语言的研究，认为是数量词在组合中的作用不同所致。对于程度副词与修饰语的语序，很少有人专门对此做出解释。

四、程度副词作补语的成因探讨

我们从汉语共同语、汉语方言和国内民族语言看到，不论是 VO 型语言还是 OV 型语言，程度副词作状语普遍存在，程度副词在部分语言里也可作补语。但即使如英语、壮语等被认为是典型的 VO 型（核心 - 从属）语言，能作补语的程度副词也不是很多。假如在类型学上过分强调绝对和谐性，把语言简单地归为核心居首和核心居末两类，那很难解释 VO 型语言里程度副词为何大多作状语。我们认为，程度副词与动词、形容词的相对位置在类型学上并不能做一个重要的参项，一般居前作状语，可以说程度副词居谓词前是一种优势语序。Greenberg（1966: 97）说一种优势语序总是能存在，而其反面，即劣势语序，却只能在与该语序和谐的结构也存在的情况下存在。"程度副词 + 谓词"是一种优势语序，这种优势语序也可以分布在许多 VO 型语言中，同时"程度副词 + 谓词"这种组合跟汉语定名组合相和谐。反过来，非优势语序的"谓词 + 程度副词"一般不会大量出现在 OV 语言中，但可以分布在 VO 语言里，因为跟 VO 语序和谐。这样，汉语里程度副词居前居后的问题，我们可不必说是汉语作为 SVO 语言遗留了 SOV 语言的部分特点。

但作补语的副词为什么只集中体现为一部分程度副词，以及程度副词作补语为什么只在部分地域体现突出呢？刘丹青（2003）认为"从类推性和灵活性看，状语后置像是一种化石化现象"，我们通过考察发现，程度副词作补语，有以下几方面的原因：

第一，和谐原则。

相对于优势语序"程度副词 + 谓词"而言，"谓词 + 程度副词"是一种劣势语序，在 OV 型语言里一般较少出现。但它与 VO 型语言相和谐，所以能在 VO 型语言里存在。之所以程度副词作补语现象在壮侗语族里面比较突出，正是因为在这些语言里，状语在 VP 之后是固有的自然语序。比如石林（1997）指出壮侗语族的侗语副词特别是修饰形容词的程度副词只能放在形容词后作补语。韦庆稳、覃国生（1980）也指出壮语大部分程度副词也只能居后，此外，黎语、仡佬语、毛难语等也有一部分程度副词只能居后作补语。泰语和越南语是和它们有发生学关系极近的境外语言，泰语的程度副词一般只能放在动词或形容词后，越南语的大部分程度副词也是如此。而在壮侗语族中有些语言出现了前置状语，那很可能是汉语影响的结果。

汉语共同语及其方言里的程度副词不是绝对地位于谓词后，除了汉语共同语及其方言不是典型的 SVO 型语言外，还因为汉语共同语及其方言的修饰性结构一般修饰词位于中心词之前，据心理学研究表明，类似的结构用同样的语序规则可减少大脑记忆和处理的负担，人们在选择程度副词与谓词的组合时，更偏向于"程度副词 + 谓词"这一语序，结构趋于统一符合省力原则。汉语共同语及其方言名词的各类修饰语、谓词的部分修饰语位于中心词前，这可能是一个很重要的原因。

但是程度副词作补语现象在汉语共同语及其方言中的表现仍存在差异。在浙江等南方方言中程度副词作补语时，一般可以直接加上谓词性成分后作补语，很少见加补语标记的情况。而在汉语共同语、中原官话汾河片、关中片以及晋语邯新片等北方方言中，一般要在前面加上补语标记"得"才可以使用。沈家煊（1999a）指出无标记的语序是最自然的语序，也是比较常见的基本语序。可见，南方方言中的程度副词作补语现象比汉语共同语、中原官话汾河片、关中片以及晋语邯新片等北方方言中的该类现象更为常见、更为自然。

那么产生这种现象的原因是什么？而且为什么北方方言中程度副词作补语现象会较集中分布在中原官话汾河片、关中片以及晋语邯新片这一块区域中？比较有意思的现象是，分布在湖南湘语武冈方言和广西龙胜（伟江）苗族"人话"中的量词屈折形态变化，我们在与广西龙胜（伟江）苗族"人话"同属一种方言的湖南绥宁关峡苗话，城步兰蓉、五团苗话，广西资源车田、两水苗话中，并未发现有类似屈折形态变化。但是中原官话秦陇片如岐山、扶风方言中却存在类似的韵母重叠现象。上述语法现象在地理位置上的分布情况是纯粹的偶然巧合，还是共同原始祖语的分化所致，抑或是语言接触导致的借用或扩散现象，还需要我们扩大调查范围进一步深入研究。

第二，历时发展。

语法化理论表明，程度副词的语法化往往是在状语的位置完成的，所以大部分程度副词位于谓词前。但张谊生（2000b）提出现代汉语部分副词的虚化是在补语的位置上实现的，尤其是一些唯补程度副词，如"透、慌、绝伦"等。宗守云（2010）认为"透、死"之类的程度补语是从结果补语进一步虚化而来。其他的一些程度副词因为难以处于补语的位置上，所以在共同语里处于补语位置的程度副词数量不是很多。

对于处于补语位置的"很、极"等，学者们对其词性有过争论，否认处于补语位置的"很、极"是程度副词的往往通过对"AP/VP + 很 / 极"格式的分析，认为这一结构中的"很 / 极"是形容词或动词，"AP/VP + 很 / 极"应该分析为主谓结构，"很 / 极"是对 AP/VP 的程度或状态加以陈述、说明。对于"很"，我们不否认作状语的"很"和作补语的"很"不同源，后者是由形容词"狠"虚化而来。对于"极"，唐贤清、陈丽（2010）认为自宋代起,"极"既可位于状语位置,也可位于补语位置,但一直以来,状语所占的比例明显大于补语。从补语所占的比例来看,自宋至当代呈递增趋势。我们认为,既然在汉语中存在"AP/VP+很/极"这一语序,在长期的使用过程中,"很/极"会进一步虚化成程度副词,跟它们前置时的词义和功能已无较大的区别,汉语方言和民族语言的事例也说明了这一点。叶南(2007)也认为作状语的程度副词是虚化彻底的副词,而作补语的程度副词是处于虚化过程中的语法化副词。方言和民族语里后置的大多数是"很、极"类程度副词,说明他们比汉语共同语里有更多的古代语言现象的遗留。

五、小结

(一)程度副词表示性质、状态的程度,具有[+量]的语义成分,形容词和心理动词也有一个共同语义特征:其性质状态有[+量]的特征,因而程度副词能修饰形容词和部分心理动词,这种程度表达的方式普遍存在于世界语言中,这是思维的共性在语言层面的表现。我们通过跨语言的考察,发现一般语言里程度副词大都作状语,在类型学上这是一种优势语序。程度副词作补语不是汉语共同语的特有现象,在汉语方言和国内民族语言里也存在,而且在能作补语的语言里也不只是表现在个别的程度副词中,只是在汉语共同语、中原官话汾河片、关中片以及晋语邯新片等北方方言里程度副词作补语时一般会有标记形式。汉语共同语、汉语方言以及主要是壮侗语族里存在的程度副词作补语的现象可以从类型学上得到解释,作状语是优势语序的结果,而作补语是和谐原则和历时发展共同作用的结果。

(二)传统语法一方面认为副词具有"唯状性",而另一方面又把谓词后除宾语外的一切句法成分看成是补语,那么在对待语言事实中客观存在的后置程度副词这一问题上,就存在争议,或是承认可以作补语,但只有个别例外;或是认为后置的这些词不是程度副词;或是认为它可以作补语。我们通过跨语言考察,说程度副词作补语是个别例外行不通,而认为在补语位置上表程度的不是程度副词更行不通,因为有些是典型的程度副词。而且从历时上来看,现代汉语的部分副词的虚化是在补语的位置上实现的。语法学界就处于补语位置的程度副词是称之为补语还是后置状语进行过讨论,我们认为从跨语言考虑,称之为补语是比较合适的。

(三)认知语言学认为,一种语言形式对应于一种语言意义,不同的语言形式表示不同的语言意义。程度副词无论是作状语还是作补语,都是对谓词性成分所表达程度的加强,语序改变虽然没影响到句法,但在语义和语用上会表现出一定的差别。马庆株（1992）说："程度补语表示程度和幅度，只表示程度高，不表示同样的程度和较低的程度；而程度状语可以表示各种程度。"表示程度高到极点以至无以复加，这正是"形容词 + 得 + 程度补语"这种结构的语法意义。吕叔湘（1982）在《中国文法要略》中也指出"同一限制词，前后都可附加的，加在后头比加在前头更加重些，比较'很好''极好'和'好得很''好极了'"。有的学者用焦点信息的凸显来解释，认为两种不同的语序显示两种不同的表达效果。这在一定程度上是很有说服力的，但要注意到这只能适用于"同一限制词，前后都可附加的"这一情况，对于只能作状语或只能作补语的程度副词，就缺乏解释力。我们也可以做跨语言比较，很难说共同语中的"很热"，跟安徽阜阳话的"热很"、京语中的"bɯk³³laŋ⁴⁵（热很）"有什么不同的表达效果。而且就汉语来说，有些副词虚化原本就是在不同的位置上，有的在状语的位置上，有的在补语的位置上，所以不能简单地放在一起讨论。当然程度副词与谓词的语序既然分化为两类，肯定会有一定的认知理据，和介词短语在小句的语序一样，是很多因素综合而成的，会有不同的表达效果，我们在此不做详细讨论。

结　　论

通过以上讨论，我们可以得出以下结论：

第一，每一种语言（方言）对重叠式副词形式的选择是不完全一致的，有其各自的特点。历史上汉语副词的重叠形式主要有 AA 式、AAB 式、ABB 式、ABA 式、AABB 式，共 5 种形式。

东汉三国佛教文献重叠式副词的形式比后代佛教文献以及中土文献要少，都能在中土文献使用，与中土文献相比变化少，显得比较保守。

东汉三国佛教文献重叠式副词与原式相比，语义特点表现为义项的减少，义项的增加和语义的分化。

从语法功能看，重叠式副词一般修饰双音节的形式，或者有其他的成分黏附在一起的单音节形式，原式一般修饰单音节动词或者形容词。

从语用看，重叠式副词与原式相比，语义的轻与重、语气的强与弱、语境的文与白各不相同。

像汉语这些以分析性特点为主的语言，便于使用重叠手段来增强语言的表达功能。讲究韵律，重视音节之间的语音搭配，也是重叠式得以发展的因素之一。重叠式副词产生发展的内在动力是由话语的需要激发的，从临摹性原则来看，形式越多，内容也越多。

第二，东汉三国佛教文献中出现的异序副词大多在后代佛教文献和中土文献中都有运用；这两种形式一般没有意义上的差别，但是也有一些在演变过程中意义发生了变化；一般有一种形式明显地用得比较多，也有同时使用，势均力敌的，但是最后都统一为一种形式；就出现时间来看，有的中土文献的异序副词明显早于东汉三国佛教文献，也有的同时产生，还有晚于东汉三国佛教文献的；同素异序副词的这种灵活性表明，在公元三世纪，复合词的构成仍处在产生和逐渐定型的阶段，这时期的许多复合词还没有凝固成以后那种固定形式。

同素异序副词的出现是一种语用现象，是语言表达的灵活性所致，是为了加强语义，也是为了适应佛教文献"四字格"的语体风格。

我们认为元音和谐、声调原则、语义因素以及语言接触等是同素异序副词词序确定的重要条件。

第三，汉语的同义副词三音节叠加使用频率低，但是数量多；同义副词三音节叠加主要修饰单音节动词或形容词，原因是适应佛教文献"四字格"的语言特点；三个单音节副词语义叠加，主要还是表达强调意义；汉语的同义副词三音节叠加多由使用频率较高的双音节副词与义近的单音节副词黏附而成，构词的随意性大，词形不稳定；佛教文献主要集中于总括范围副词，中土文献遍布广而数量少，二者呈现互补倾向。

东汉三国佛教文献的同义副词三音节叠加数量少，分布范围较窄，使用频率低，东汉三国时期是同义副词三音节叠加的萌芽期，并且主要出现于佛教文献中。

汉语的同义副词三音节叠加东汉开始产生，魏晋南北朝隋唐走向繁荣，宋代以后趋于衰落，产生的原因既有语言三音化的趋势，也是上古三音节实词用法的扩展，特别是受佛教文献"四字格"的形式与"同格的词语，铺排叙列"的影响，并用违背经济原则的手段强调说话者的主观愿望。宋代以后趋于衰落既有同义副词三音节叠加自身的原因，也与佛教文献的翻译衰落有关。

第四，东汉三国佛教文献中在否定词"不""无""莫""未""勿""弗"等前面可以出现副词，在与副词的组合中，"不"的组合能力最强，其次是"无"，此后依次为"非""未""莫""勿""弗"等。

与否定词组合表示强调否定语气的主要是时间副词、程度副词、范围副词和语气副词，而不表示强调否定语气的主要是时间副词、否定副词，语气副词只出现1例。不论强调与否，均没有方式副词参与。

在表示强调否定语气的副词中，表示强调否定语气的强弱千差万别，并不完全一律，一般而言，语气副词表示强调否定的语气最强，程度副词与范围副词次之，时间副词最弱。即使在同一类副词内部，语气的强弱也不尽相同。

时间副词、范围副词、程度副词在与否定词组合表示强调否定语气时，它们的语义发生了变化，由表示时间、范围、程度的语义变为表示强调语气，而语气副词由于本身已经表示强调语气，所以语义上没有发生变化。

否定词与部分副词组合，完全是适应双音化或者多音化的需要，"不"作为一个高频词，与副词组合的能力也最强。就主观性而言，否定句明显要比肯定句强，因此，"副词＋否定词"能够使其中的副词具有强调否定语气的作用。

　　第五，程度副词作补语在东汉三国佛教文献中尚处于萌芽阶段。现代汉语（方言）、民族语言以及境处语言中都普遍存在程度副词后置于谓语作补语的现象。跨语言考察发现，汉语程度副词用作补语，有其特定的机制，并具有类型学特征。

附论 1　副词"互相""相互"的
演变及其原因分析 [①]

一、"互""相"的语义演变及"互相"与"相互"的构词理据

"互相""相互"是由副词"互"与"相"并列而成的,在考察它们的演变之前,应当先了解副词"互"与"相"的语义演变。

《说文·竹部》:"互,可以收绳也。"就是一种绞绳的器具,这是本义,由于绞绳是相互交错的,"互"语义抽象化后,有了"交错"的意思,《汉书·谷永传》:"百官盘互,亲疏相错。"这里"互"与"错"相对出现,可见"互"有"交错"义。"互"由"交错"义进一步演变,变成副词,表示"互相"之义。战国时期的《韩非子》已有 1 例,如下:

（1）昭襄王曰:"吾秦法,使民有功而受赏,有罪而受诛。今发五苑之蔬果者,使民有功与无功俱赏也。夫使民有功与无功俱赏者,此乱之道也。夫发五苑而乱,不如弃枣蔬而治。"一曰:"令发五苑之蓏、蔬、枣、栗,足以活民,是使民有功与无功互争取也。夫生而乱,不如死而治,大夫其释之。"(《韩非子·外储说右下第三十五》)

"互争取"就是互相争取,"互"用作动词"争取"的状语。"互"所修饰的动词"争取"具有彼此互为施受的特点,即"互"的所指对象"民",既"争取有功",又"争取无功"。

西汉司马相如的赋中"互"也有用例,《史记》援引了 2 例,如下:

（2）长啸哀鸣,翩幡互经,夭蟜枝格,偃蹇杪颠。(西汉·司马迁《史记》卷一百一十七《司马相如列传》)

（3）绝少阳而登太阴兮,与真人乎相求。互折窈窕以右转兮,横

---

① 本节内容是在《副词"互相""相互"的演变及其原因分析》(《古汉语研究》2006 年第 4 期)一文的基础上,通过增补语料,修订而成。

厉飞泉以正东。(同上)

例(2)郭璞注:"互经,互相经过。"可见"互"有"互相"意,用在动词"经"之前作状语。例(3)"互折"与"相求"互现。

根据语法化的单向性原则,语法化的演变过程是以"词汇成分 > 语法成分"或"较少语法化 > 较多语法化"这种特定方向进行的,这一过程通常包括"语义-语用"子过程(Lehmann 1995, Heine and Reh 1984, Traugott & Heine 1991, Hopper & Traugott 1993, Fisher & Rosenbach 2000)。

这一"语义-语用"子过程可以用如下公式表示:

语义-语用:抽象性逐渐增加:具体义 > 较少抽象义 > 更多抽象义

主观性逐渐增加:客观性 > 较少主观性 > 更多主观性

按照以上公式,我们可以归纳出一条副词"互"得以产生的语法化链:

绞绳的器具 > 交错 > 互相

在这一语法化链中,"绞绳的器具"是具体义,具有客观性;演变为"交错"义以后,具体义减少了,抽象义增加了,同时主观性也加强了;演变为"互相"义以后,具体义更少了,抽象义更多了,主观性也更强了。

《说文·目部》:"相,省视也。"《尚书·盘庚上》:"相时憸民,犹胥顾于箴言。"陆德明《经典释文》引马融曰:"相,视。"因此,"相"的本义是"省视、察看"。说文段注:"目接物曰相,故凡彼此交接皆曰相。"可见,"相"含有"彼此交接"的意思,由此引申出"相"的副词义,这种副词义修饰的动作行为总要涉及两个主体,但是涉及的方式却有不同,并因此而产生不同的意义。如果两个(或多个)主体是彼此互为施受,"相"就表示"互相"义;如果两个主体一个为施事,一个为受事,也就是说两个主体是单独施事,"相"就兼有指代接受动作一方的作用,也就是王力所说的"表示动作偏指一方";如果两个(或多个)主体是彼此共同施事,"相"就表示"共同"义。

从历史文献看,"相"的这三种意义不是同时产生的,据中国社会科学院语言研究所的《古代汉语虚词词典》(1999),"相"的表示彼此互为施受和彼此单方施事的用法在《诗经》中已有用例,而彼此共同施事是春秋战国时期产生的,《孟子》与《韩非子》中已出现"共同施事"的用例。不过这种"共同施事"的意义并不是从前两种意义引申而来,也是从本义来的。关于以上三种意义的较早用例,见《古代汉语虚词词典》(1999)一书,这里不再摘录。

我们想重点讨论的是《王力古汉语字典》(2000)中的两个著名例子以及我们自己收集的一些例子,用这三组例子说明"互相"与"相互"的构词理据。

第一组

（4）甘其食，美其服，安其居，乐其俗，邻国相望，鸡犬之声相闻，民至老死，不相往来。（《老子》第八十章）[1]

例（4）最大的特点是 "相" 所在的句子具有 "交互性"，可以从两方面来看：第一，"相" 所修饰的动词 "往来" 具有 "交互性"，也就是从甲可以到乙，从乙可以到甲，形成一个循环。第二，从篇章所体现的信息看，"相" 的所指对象 "民" 也具有 "交互性"，"民" 是两个或者两个以上的个体，这些个体既是施事者，也是受事者。如下图：

为了说明 "相" 这种彼此互为施受的 "交互性"，我们找到了 "互往来" "互相往来" "相互往来" 等一组例子，加以证明，如下：

（5）诸趣各差别，彼此互往来。（唐·地婆诃罗译《大乘密严经》卷 2，T16，No. 681，p0736a）

（6）阿难，当于尔时多有比丘，不持禁戒多作非法，不乐闲林舍离禅乐，破戒违道共相言讼，贪惜积聚独占一房。与诸俗人互相往来舍离佛法。于诸梵行不生敬重形似沙门。（高齐·那连提耶舍译《大悲经》卷 2，T12，No. 380，p0955b）

（7）在担负重大历史使命的各国高层政治家之间，加深相互往来与沟通，架起理解和信任的桥梁……显得更为迫切与重要。（1995年 12 月 31 日《人民日报》第 2 版，李淑铮《知交尽四海，万里有亲朋——1995 年党的对外工作回顾》）

例（5）"互" 的所指对象为 "彼此"，例（6）"互相" 的所指对象为 "比丘" "与诸俗人"，例（7）的所指对象为 "各国高层政治家之间"，这些所指对象都有彼此互为施受的特点，与动词 "往来" 一样，具有 "交互性"。"互相" 与 "相互" 就是在这些特点下滋生的。

第二组

（8）北山愚公者，年且九十，面山而居。惩山北之塞，出入之迂也，聚室而谋，曰："吾与汝毕力平险，指通豫南，达于汉阴，可乎？" 杂然相许。……遂率子孙荷担者三夫，叩石垦壤，箕畚运于渤海之尾。

---

[1] 其实 "邻国相望，鸡狗之声相闻" 中的两个 "相" 也具有 "交互性"。

（《列子·汤问第五》）

例（8）最大的特点是"相"所在的句子具有"单向性"，表现在两方面：第一，从篇章所传递的信息看，"相"所修饰的动词"许"不具有"交互性"，而是具有"单向性"，只能从甲到乙，不能从乙到甲。也就是说，只能"子孙许愚公"，不能理解为"愚公许子孙"。第二，"相"的所指对象"子孙"与"愚公"具有"单向性"，"子孙"是施事者，"愚公"是受事者，不是两个互为施受。同时，"相"既作"许"的状语，也暗指"许"的对象"愚公"。如下图：

子孙　——　许　——→　愚公

彼此互为施受的"互"与彼此单方施事的"相"，是两个并不粘连的个体，难以并列成词。为了证实"相"的这种彼此单方施事的特点，我们试图寻找"互许""互相许""相互许"等用例，结果没有找到一例，这从事实上证明，具有彼此单方施事的"相"无法与"互"组合，构成"互相"与"相互"。

第三组

（9）尔时，难陀作如是念："世尊于先已许报我于未来世，当得共彼五百婇女，以相娱乐。"（隋·阇那崛多译《佛本行集经》卷57，T03，No. 190，p0915c）[①]

例（9）最大的特点是"相"所在的句子具有"共同性"：第一，从篇章所传递的信息看，"相"修饰的动词"娱乐"所隐含的语义既不强调"交互性"，也不强调"单向性"，而是强调"共同性"，所谓"与民同乐"是也。第二，"相"的所指对象"我"与"五百婇女"都是施事者，没有受事者，施事的结果是共同娱乐。如下图：

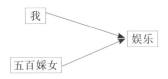

为了说明"相"的这种"共同性"，我们找到了"共娱乐""共相娱乐""相共娱乐"等一组例子，加以证明，如下：

（10）诸天共娱乐，经历甚久长。触彼五境界，发动五情根。一切悉奇特，皆是快乐因。（东晋·佛陀跋陀罗译《达摩多罗禅经》卷1，

[①] 本来《史记》中有著名的"以相娱乐"的例子，但是为了使后面的例子更有说服力，我们还是选用了《佛本行集经》中的用例。现将该例摘录如下：赵王窃闻秦王善为秦声，请奏盆缻秦王，以相娱乐。（《史记》卷八十一《廉颇蔺相如列传》）

T15，No. 618，p0312a）

（11）世尊，今者已许报我，我今实欲当未来世生于此处，共此五百诸婇女等，<u>共相娱乐</u>。（隋·阇那崛多译《佛本行集经》卷57，T03，No. 190，p0915c）

（12）太子至宫，诸婇女等，遥见太子，皆悉欢喜，从坐而起。或手合掌，或面娇姿，或舞或歌，或身承奉。见太子坐，各以欲心，妓态炽盛。围绕太子，<u>相共娱乐</u>。（同上，卷15，T03，No. 190，p0725a）

"共"的"共同"义是大家认可的，所以不作讨论。我们想说的是，这种表示"共同"义的"共"与同样表示"共同"义的"相"可以结合使用，形成"共相"与"相共"，并且在《佛本行集经》中同时出现，这就很能说明问题。

表示"共同性"的"相"能否与表示"交互性"的"互"结合呢？我们的意见是不能。不过，也有一些例外，如佛教文献中有"共相娱乐"，出现了近300例，而"互相娱乐"在佛教文献中也出现了24例，其中元魏瞿昙般若流支译《正法念处经》23例，唐道世撰的《法苑珠林》1例，并且这一例是《正法念处经》的沿用。兹举一例加以说明：

（13）五种伎乐歌舞，<u>互相娱乐</u>，种种游戏。或以水戏，花池游戏，或以花戏，或以果戏，或以香戏，或以鸟戏，或游戏林中。蜂音游戏，<u>互相瞻视</u>。天女围绕，游戏喜笑，<u>共相爱乐</u>。（元魏·瞿昙般若流支译《正法念处经》卷22，T17，No. 721，p0127b）

这里"互相娱乐"用我们的观点来看，显然用得不妥，这里先是"五种伎乐歌舞"，后有"种种游戏"，显然"娱乐"在此不具备"交互性"，只有"共同性"。这作何解释呢？我们认为这是译经者的临时误用，理由有三：

第一，即使鲁迅、老舍、沈从文等著名作家也不能保证其作品绝对规范化，更何况来自域外的汉语水平本身就不高的传教者呢？对于佛教文献中一些不规范的临时性用法，学界存在共识。

第二，佛教文献数量很多，"共相娱乐"的用法也很多，中土文献也很多，为什么只有《正法念处经》存在"互相娱乐"的用法，不能不让人想到这是一个特例。

第三，在篇章中，译经者同时使用了"互相"与"共相"，为了避免重复，后面用了"共相爱乐"，所以前面就用"互相娱乐"。

总之，"互相"与"相互"的构词理据决定于"相"的特点，主要有二：第一，从"相"所修饰的动词看，这一动词具有"交互性"。第二，从篇章所体现的信息看，"相"的所指对象也具有"交互性"，所指对象既是施事者，也是受事者。具备了这两个特点的"相"与同样具有"交互性"的"互"一结合，就出现了"互相"与"相互"。这里我们要特别强调篇章所提供的信息，在动词的"交互性"模糊的情况下，往往要借助于篇章所提供的信息。

以上所讨论的问题可以用下表简要勾略：

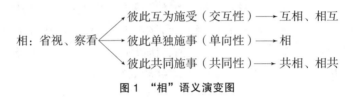

相：省视、察看 ——— 彼此互为施受（交互性）——— 互相、相互
彼此单独施事（单向性）——— 相
彼此共同施事（共同性）——— 共相、相共

图1 "相"语义演变图

二、"互相"的演变

这里我们想讨论三个问题：一是"互相"的形成时代；二是"互相"的发展；三是"互相"在现代汉语中语法功能的新变化。

（一）"互相"的形成时代

上面已经对"互相"的产生理据作了说明，它是由同义副词"互"与"相"联合而成，语义上表示彼此对待的关系，所修饰的动作行为是交互进行的。"互相"究竟是什么时候产生的？根据我们对大量语料的考察，认为"互相"在东汉魏晋已经产生，这是有充分的事实依据与理论依据的。

事实依据。

先看汉代的例子。《汉书》《全后汉文》中"互相"各出现了3例，《文选》西汉时期和东汉末用例各1，如：

（14）良时不再至，离别在须臾。屏营衢路侧，执手野踟蹰。仰视浮云驰，奄忽<u>互相</u>逾。（南朝梁·萧统编《文选》卷二十九《诗己》，李陵《与苏武三首》其一）

（15）于是武举公孙禄可大司马，而禄亦举武。太后竟自用莽为大司马。莽风有司劾奏武、公孙禄<u>互相</u>称举，皆免。（东汉·班固《汉书》卷八十六《何武王嘉师丹传》）

（16）至于钩党之衅，事起无端，虐贤伤善，哀及无辜。今兴改善政，易于覆手，而群臣杜口，鉴畏前害，<u>互相</u>瞻顾，莫肯正言。（《全后汉文》，卷六十一，皇甫规《永康元年举贤良方正对诏问日食》）

（17）假气游魂，迄于四纪。二邦合从，东西唱和，<u>互相</u>扇动，距捍中国。（南朝梁·萧统编《文选》卷四十三《书下》，孙楚《为石仲容与孙皓书》）

以上"互相"都修饰动词及其短语，作状语。例（14）的"互相"修饰单音节动词"逾"，后代少见，例（14）用于诗歌中，是特殊的章法所致。我们具体来分析一下例（15），在"武、公孙禄互相称举"之前，有"武举公孙禄可大司马，而禄亦举武"这样的话，这就清楚表明动词"称举"具有"交互性"，而"互相"所指对象"武、公孙禄"在篇章中也明显具有"交互性"，这两个人互为施受关系。其余皆可作此推论。

从时间上说，例（14）为李陵诗，李陵生活于西汉，与司马迁同时代。不过，由于我们只发现了这一例，李陵的这首诗也不能完全确定，因此我们还不敢把"互相"出现的最早时间定为西汉。

书名见于秦汉之际的《关尹子》比较特殊，尽管"互相"也出现了 2 例，但是我们不把它作为主要根据，暂且罗列如下：

（18）若以言行学识求道，互相辗转，无有得时。（《关尹子·一宇》）

（19）蝍蛆食蛇，蛇食蛙，蛙食蝍蛆，互相食也。（同上）

据《四库全书总目提要》，此书秦代可能已经出现，西汉经刘向校定，后失传，宋代又复出，可能已经有所加工。因此，我们不能把其中的用例定为秦汉之际的用例。

如果说东汉的用例太少不能说明问题，那么我们再看魏晋南北朝的例子。由于东汉与三国、西晋在时间上的特殊性，所以我们把魏、西晋拉入并顺带将东晋·南北朝也放在一起讨论。

我们有意选取几类有代表性的文献作为考察对象，结果如下：总集类文献《先秦汉魏晋南北朝诗》出现了 13 例（魏代开始才见用例），《文选》（只选取晋南北朝的用例）3 例，《全晋文》16 例，《全宋文》6 例，《全齐文》2 例，《全梁文》8 例，《全陈文》1 例；史书类文献《三国志》8 例，裴松之注文 5 例，《后汉书》15 例，《宋书》11 例；笔记类文献《古今注》《抱朴子》《还冤记》各出现 1 例。现举数例以说明：

（20）隋珠岂不曜，雕莹启光荣。与子犹兰石，坚芳互相成。庶几弘古道，伐檀俟河清。（《先秦汉魏晋南北朝诗·魏诗》卷八，陆侃《答嵇康诗二首》）

（21）州牧刺史当互相检察，不得顾私亏公。（《全晋文》卷八，元帝《诏二千石》）

（22）令仆治务所寄，不共求体当，而互相推委，纠之是也。（《全宋文》卷四，文帝二十八年《答袁淑诏》）

（23）丧乱以来，兵革未戢，天下之人，互相残杀。今海内初定，敢有私复雠者皆族之。（西晋·陈寿《三国志》卷二《魏书二》）

（24）每风起，珠玉之树，枝条花叶，<u>互相</u>扣击，自成五音，清哀动心。（晋·葛洪《抱朴子》卷二十《袪惑》）

（25）帝召见之，婴与蚡<u>互相</u>言短长，帝问朝臣，两人谁是？（北齐·颜之推《还冤记》）

以上所有副词"互相"的用法非常简单，都用在双音节动词或者动词性短语之前作状语，只有例（20）因为诗歌的章法而出现修饰单音节动词的情况。这里"互相"所修饰的动词及"互相"的所指对象都具有"交互性"。

我们还将中土文献与东汉三国的佛教文献进行了比较，东汉三国佛教文献中"互相"共出现 5 例，如下（东汉三国佛教文献语料的认定是根据任继愈《中国佛教史》的附表）：

（26）尔时菩萨见诸婆罗门贪心诤物<u>互相</u>瞋恚，即作是言。（吴·支谦译《菩萨本缘经》卷 1，T03，p0054c）

（27）各各相于起杀害想，<u>互相</u>怖畏犹如怨贼，常为猎师屠脍所杀。（同上，卷 3，T03，p0065b）

（28）其河多有木石之属，<u>互相</u>榓触身痛无赖。是时鹿王担负溺人至死不放，劣乃得出至于彼岸。（同上，卷 3，T03，p0067b）

（29）佛告船匠，我亦船师，于三界中，<u>互相</u>济度，出生死海，不亦快乎？（吴·支谦译《撰集百缘经卷》卷 3，T04，p0215a）

（30）家如蜜滴，须臾味故；家如刺网，贪着色声香味触故；家如针口虫，不善觉食故；家如毒蛇，<u>互相</u>侵故；家多希望，心踯躅故。（《大宝积经》卷 82，T11，p0474b，曹魏·康僧铠译《郁伽长者会》第十九）

以上"互相"所修饰的动词及"互相"的所指对象都具有"交互性"。例（26）由于"诸婆罗门贪心诤物"，因此"互相"所修饰的动词"瞋恚"及"互相"的所指对象"诸婆罗门"都具有"交互性"。其他用例类推。

东汉三国佛教文献中"互相"的运用，译者集中于吴国的支谦与魏国的康僧铠。通过与中土文献的比较我们可以看出，两类文献"互相"出现的时代不同。中土文献"互相"在东汉已经出现，而佛教文献到三国才开始产生，东汉的佛教文献共有 35 部，并不是一个小数目，却没有出现一例，而东汉的中土文献"互相"却有大量用例。就"互相"而言，中土文献的语言现象早于佛教文献，这与不少人认为佛教文献的语言现象大多要早于中土文献的观点不同。这其实很好解释，因为早期的译经者大多是外族人，他们需要先学习汉语再来翻译佛经，在当时信息并不十分畅通的时代，新的语言现象的掌握肯定会慢半拍，因此，一些语言现象中土文献先于佛教文献语料并不奇怪。当然,我们并不反对某些语言现象佛教文献语料为早。

再看理论依据。

我们之所以将副词 "互相" 产生的时间定在东汉、魏晋之间,还有理论上的依据,主要有二:一是并列短语的词汇化规律;二是 "频率条件"。

董秀芳(2002)对并列短语的词汇化进行了深入的探讨,认为两个并列项在语义上相似的并列短语比并列项在意义上相对或相反的一类更容易成词。如果两个并列项意义相近,那么并列短语不需转类即可成词,她举了 "道路" "人民" "治理" 等例子,说明这些名词或者动词词汇化以后还是名词与动词,不需要转类。"互相" 最初也是并列式成分,"互" 与 "相" 都可以用作副词,都有 "相互" 的语义,因此,在双音化的过程中很快词汇化,成为一个副词。

同时,自 20 世纪 90 年代以来,从事语法化研究的学者普遍将频率看作语法化的一个重要条件或因素。(Traugott & Heine1991;Hopper & Traugott1993;Traugott1996;Krug1998;Bybee & Scheibman1999;Haspelmath 1999、2000 、2001;Fischer et al. 2000;Bybee2001　等) Haspelmath(2001)从语言演变的共性角度将语法化的频率条件概括为 "一个语法化的候选者相对于其他参与竞争的候选者使用频率越高,那么它发生语法化的可能性就越大"。

具体就副词 "互相" 来说,如果《汉书》《全后汉文》中 "互相" 各出现了 3 例频率还不算太高的话,那么,《先秦汉魏晋南北朝诗》出现了 13 例,《全晋文》16 例,《三国志》8 例应该足可以说明问题了。由于不长的时间内对 "互相" 的反复使用,因此 "互相" 产生的时间可以定为东汉魏晋时期。

(二)"互相" 的发展

副词 "互相" 产生以后,在发展过程中语义层面与句法层面均没有发生太大的变化。语义上仍旧表示彼此对待的交互关系,所修饰的动作行为是交错进行的;句法上用在动词或者动词性短语之前作状语。下面对 "互相" 在现代汉语以前的发展作一简单的勾勒。

唐代,《全唐文》"互相" 出现 49 例,《全唐诗》21 例,《旧唐书》18 例,《敦煌变文集》5 例,《祖堂集》2 例;宋代《朱子语类》"互相" 出现了 44 例,《全宋词》5 例,《景德传灯录》3 例;元代《南村辍耕录》"互相" 出现 4 例,《全元散曲》2 例;明代《醒世恒言》"互相" 出现了 19 例,《水浒传》《金瓶梅》各 9 例;清代《红楼梦》"互相" 出现了 10 例,《儿女英雄传》9 例。以上 "互相" 均用作状语。

现举例如下：

（31）时安乐公主与驸马武延秀、侍中纪处讷、中书令宗楚客、司农卿赵履温<u>互相</u>猜贰，迭为朋党。（后晋·刘昫等《旧唐书》卷五十一，《列传第一·后妃上》）

（32）魏公既还，绝不言前功，欲以安赵公，与共国事也。而二公门下士<u>互相</u>排抵，魏公之人至有作为诗赋以嘲赵公者。（宋·朱熹《朱子语类》卷一百三十一《本朝五》）

（33）水之咸淡相交处产河豚。……浙西惟江阴人尤珍之。每春首初出时，必用羞祭品毕，然后作羹。而邻里间<u>互相</u>馈送以为礼。（元·陶宗仪《南村辍耕录》卷九）

（34）王臣道知其详，众人俱以为异事，<u>互相</u>传说，遂嚷遍了半个杭城。（明·冯梦龙《醒世恒言》第六卷）

（35）安大人在头关扎营，四面俱有营盘，<u>互相</u>照应。（清·文康《儿女英雄传》第七十回）

以上"互相"所修饰的动词及"互相"的所指对象都具有"交互性"，不再细说。

（三）"互相"在现代汉语中语法功能的新变化

现代汉语中，"互相"的使用相当多，一般都是修饰双音节动词作状语，如《青春之歌》"互相"出现了32例，《皇城根》13例，均用作状语，这里只各举一例说明：

（36）李槐英和邓云宣<u>互相</u>看了一眼，也<u>互相</u>撇撇嘴巴。（杨沫《青春之歌》第二部第四十三章）

（37）两口子<u>互相</u>看了一眼，应了一声，一前一后出了西厢房。（陈建功、赵大年《皇城根》二十七）

但是，从现代汉语开始，"互相"的使用出现了一些变化，主要有如下几种情况：

1. 互相 + 之间

（38）孩子们的郑重使马林生觉得有些可笑，特别是他们<u>互相之间</u>成人式的称呼，使他有一种自己的名位僭越了的感觉。（王朔《我是你爸爸》第十章）

（39）华工们<u>互相之间</u>，也不知道各自的真正面目。（邓友梅《别了，濑户内海！》五）

（40）幸亏石根先生的女婿没陪着他们送，他们<u>互相之间</u>的不好意思也就片刻而过了。（梁晓声《激杀》）

（41）头几杯酒过后，林珠被晾在一边，大家互相之间吃喝起来。（池莉《来来往往》）

以上四例"互相之间"用在主语之后，谓语动词之前，这一主语就是"互相之间"所指称的对象。

（42）让我们像一双好朋友那样友好地生活在同一个家庭内，互相照顾互相爱护，不论大事小事共同磋商，一起斟酌，互相之间谁有了什么缺点和不足，都能坦率地给对方指出来，帮助对方改正……（王朔《我是你爸爸》第六章）

（43）因为没有人理他们，他们就立在一旁吸烟，互相之间交谈。（张炜《秋天的愤怒》二十一）

（44）原南斯拉夫的那些共和国相互之间承认；保护少数民族的权利；互相之间开展经济合作，因为在过去40年中这些国家的经济毕竟是联在一起的，将来他们在经济方面也要进行紧密的合作。（《人民日报》1995年1月12日第4版，张荣典《克总理在京举行记者招待会》）

（45）通常认为程序设计工作是按独立方式进行的，程序人员独立地完成任务，但这并不意味着互相之间没有联系。（郑人杰《实用软件工程·软件管理》）

例（42）—（45）都是在篇章中由于经济原则的作用，省略了主语，但是主语是显而易见的，如例（42）"互相之间"所指称的主语是"我们"，例（43）"互相之间"所指称的主语是"他们"。

以上八例"互相"并不修饰动词及其短语，而是修饰名词"间"，并且在"互相"与"间"之间加上助词"之"来表示修饰关系，"互相"在"互相之间"中用作定语显而易见。至于"互相之间"的语法功能，除例（38）用作定语外，其他均作状语。例（38）"互相之间"修饰名词"称呼"，作定语；其他均修饰其后的动词或者动词性短语，如例（39）"互相之间"修饰双音动词"知道"，作状语。

2. 互相 + 间

（46）诚然，这两个概念有点模糊，互相间的内涵和外延都有很大的弹性，但后世大量新创立的社会范畴都未能完全地取代这种古典划分。（余秋雨《小人》）

（47）这期间，我们的了解不断加深，互相间的好感也都不言自明了。（刁斗《伪币制造者》）

（48）两人在随后的革命活动中并肩战斗，互相间的感情与日俱增，1929年10月，他们结伴同游杭州。（黄春申《早凋的才女：冯铿》）

（49）"国联"和"美联"很注意互相间实力的平衡。(《人民日报》1995 年 2 月 8 日第 8 版,《美式足球与超级杯赛》)

例（46）—（49）"互相"与"间"中间的"之"省略了,干脆直接用"互相"修饰"间",在"互相间"中"互相"作定语。值得注意的是,这四例"互相间"均修饰名词或者名词性短语,作定语,如例（46）"互相间"修饰名词性短语"内涵和外延"。再看:

（50）刘思扬默默地想,不通过互相间的谈话,怎能互相了解?(罗广斌、杨益言《红岩》第十九章)

（51）无论什么社会里,人互相间都要发生所谓"爱"这种关系。惟独在市侩主义社会,却没有爱。对于圈外的人类固然没有爱,他们相互间也没有爱。(冯雪峰《简论市侩主义》)

（52）你们互相间,从来也没谈过这个问题?(梁晓声《表弟》二)

（53）我走进宾馆六楼会议室一看,邱会作、王育民和接替我在"二办"·工作的北京军区炮兵师政委齐路安,已在那里坐着。见面时,谁也不说什么,互相间好像不认识似的,气氛显得相当紧张。(《中共党史资料》第 43 辑,陈虹《所谓整理江青"黑材料"的始末》)

例（50）—（53）"互相间"均修饰动词或者动词性短语,作状语。如例（50）"互相间"修饰动词"谈话";例（51）"互相间"分别修饰动词性短语"都要发生所谓'爱'这种关系"和"也没有爱","互相间"均作状语。

3. 互相 + 的 + 其他名词

（54）他们已知道了互相的名字,女人叫齐怀远,一个普通、顺嘴,令人一听就没什么距离感的名字。(王朔《我是你爸爸》第十章)

（55）你要找刘炎就去找"五粮液",她们俩是一对脏,互相的事全知道,跟我兜圈子是瞎耽误工夫。(王朔《玩儿的就是心跳》十一)

（56）听人讲,相爱的人互相的感觉最敏锐也最准确了。(叶楠《祝你运气好》)

（57）既然讲了民主党派和共产党要长期共存、互相监督,就要有个互相的样子,不能只走形式,伸手算一票。(刘军《张伯驹和陈毅的交往》)

以上四例"互相"均修饰名词,中间还加上助词"的",标识这种修饰关系,"互相"作定语。如例（54）"互相"修饰名词"名字";例（55）修饰名词"事"。

4. 是 + 互相 + 的

（58）这一种敌对,其实是互相的。(梁晓声《表弟》一)

（59）抓纪律，不单单是领导抓你们，你们也要抓干部，<u>监督是互相的</u>！（《人民日报》1995 年 3 月 23 日第 1 版《吉林化纤公司抓管理层层严》）

（60）毛中两国在政治上和经济上的支持是<u>互相的</u>。（《人民日报》1995 年 7 月 20 日第 4 版《对外友协中非友协举行宴会、庆祝中毛建交 30 周年》）

这三例中，"互相"后的名词干脆省略了，"互相"用于"是……的"中间，与"的"构成"的"字短语，共同作动词"是"的宾语。

以上"互相"的语法功能已经完全发生变化，由修饰动词或者动词性短语作状语变为修饰名词或者名词性短语作定语，或者用于"是……的"中间。不过，"互相"的这种作定语与用于"是……的"中间的用法与作状语相比少多了。

三、"相互"的演变

（一）"相互"的形成

与"互相"一样，"相互"也是由同义副词"互"与"相"联合而成，语义上表示动作行为是交错进行的，既然是同义副词，可以说"互相"，那自然也可以说"相互"。据《现代汉语方言大词典》，扬州话中，既说"互相"，又说"相互"，都是副词，均表示彼此对待的关系。

与"互相"相比，中古、近代"相互"的使用频率非常小；从出现时代看，"互相"先见于中土文献，再见于佛教文献，而"相互"是先见于佛教文献，再见于中土文献。佛教文献的例子如下：

（61）其日严出，观者填路，调达冠帻，自然堕地，衢和离身。所乘象马，四脚布地，而作鸟鸣，<u>相互</u>占曰，余皆得道，二人不吉。俱诣佛所，悉作沙门，刚强降伏，莫不乐受。（后汉·昙果共康孟详译《中本起经》卷 1，T04，No. 196，p0155c）

（62）如汝心形如佛心形，汝心佛心<u>互相</u>置故，汝体佛体<u>相互</u>融故。既相互融性即非二佛身。设利可如是持，亦可安置五轮塔中，亦可安置多宝塔中，亦可安置三股塔中，亦可安置五股塔中，亦可安置独股塔中，同前置物互融。（唐·不空译《宝悉地成佛陀罗尼经》卷 1，T19，No. 962，p0336a）

（63）彼无智非智，是名妄计者。无边<u>相互</u>隐，障碍及远近。（唐·实叉难陀译《大乘入楞伽经》卷 4，T16，No. 672，p0612b）

（64）以佛教法分十八部，虽复如是而佛教法亦不破坏。如王所梦有多人众聚集一处，<u>互相</u>斗诤论竟是非者，是彼遗法中有诸苾刍，聚集议论世间名闻利养等事。由此因缘<u>相互</u>斗诤不能寂静，渐使世尊清净法灭。（宋·施护译《佛说给孤长者女得度因缘经》卷3，T02，No.130，p0853c）

例（62）、例（64）最有说服力，例（62）前有"互相置故"，中间是"相互融故"，后面是"互融"；例（64）前有"互相斗诤"，后面是"相互斗诤"。这些例证从形式上就可以确定"相互"就是"互相"。从区别性特征来看，以上"相互"所修饰的动词及"相互"的所指对象都具有"交互性"。我们从例（64）看，"相互"所修饰的动词"斗诤"及"相互"的所指对象"多人众"都具有"交互性"。

中土文献中，"相互"于唐代才见用例，如下：

（65）案《玉藻》，天子与诸侯<u>相互</u>为三时食，故燕食以为日中与夕。（唐·贾公彦疏，《周礼注疏》卷四）

（66）云"《载师职》云'以物地事、授地职'，互言矣"者，彼云物地事不云贡，此云令贡赋不云物地事，地事、贡赋当<u>相互</u>皆有也。（唐·贾公彦疏，《周礼注疏》卷十五）

以上"相互"所修饰的动词短语及"相互"的所指对象都具有"交互性"。以例（66）为例"相互"所修饰的动词短语"皆有"及"相互"的所指对象"地事、贡赋"都具有"交互性"，特别是从前文"彼云物地事不云贡，此云令贡赋不云物地事"，彼此相对，其义自见。

我们找到的唐代中土文献的例子都在贾公彦的《周礼注疏》中，值得注意的是，同书中"互相"出现了18例，如：

（67）假令同昭穆，兄当近王墓，弟则远王墓为次第。诸侯言左右，卿大夫士下云各以其族，<u>互相</u>通也。（唐·贾公彦疏《周礼注疏》卷二十二）

这就说明在"互相"非常流行的情况下，也有部分人士开始使用"相互"这一同素异序的副词。

唐代以后，宋明也有少量用例，如：

（68）然地势相倾，<u>相互</u>排诋，各自著书，盈编连简，殆数十家。（宋·沈括《梦溪笔谈》卷二十四）

（69）徐阶、高新郑两位阁臣<u>相互</u>倾轧、勾心斗角。（明·沈德符《万历野获编·补遗卷二·参高新郑疏反复》）

从清代开始，"相互"的用例开始频繁，如：

（70）不如明日以女易男，<u>相互</u>调换。（清·西湖居士《万花楼演

义》第六十四回）

（71）生可以死，死可以生，情之所钟，若胶漆<u>相互</u>分拆不开，所以有情者之罕觏也。（清·慕真山人《青楼梦》第一回）

（72）少顷，宋江领吕方、郭盛、陈达、龚旺、张顺、阮小七，一万二千余名人马，来到召村，与吴用<u>相互</u>议论。（清·俞万春《荡寇志》第一百回）

（73）次以喉<u>自互</u>交合，凡得音一十有七；喉鼻<u>相互</u>交合，得音一十。（清·刘献廷《广阳杂记》卷三）

（74）争奈气力俱弱，少不得云收雨散。两人齐起，<u>相互</u>代整衣衾，又再弄一番。（清·江南随园主人《绣戈袍全传》第六回）

（75）黄天教……其传教法，原定为单度法，男传男，女传女，不相混杂。后因信徒日众，传教者应接不暇，遂一变而为齐度法，男女得<u>相互</u>传授，其势力遂日盛矣。（清·徐珂《清稗类钞·宗教类》）

以上各例"相互"均修饰双音节动词或者动词短语，作状语。

从我们的语料来看，清代以前佛教文献与中土文献用例都很少，使用较多的是清代。因此，唐代以前只能视为"相互"的萌芽期，副词"相互"的真正形成是从清代开始的。从用法来看，唐宋明清副词"相互"的语法功能还是单一的，就是只能作动词及其短语的状语。

（二）"相互"在现代汉语中语法功能的新变化

从现当代的语料来看，"相互"的使用显得十分复杂。我们以老舍和沈从文的作品为例，老舍的作品被视为地道的北京话，而沈从文的作品语言相对较为复杂，普通话中夹杂着湘西方言。在他们的作品中，"相互"的语法功能主要是作动词或者动词性短语的状语。这种用法老舍作品中出现了 6 例，沈从文 33 例，如：

（76）前一夕的<u>相互</u>冲荡的默潮，已在这里变成有声有色的冲突。（老舍《蜕》第一）

（77）待到回船时，各人身上业已湿透，就各自把衣服从身上脱下，站在船头<u>相互</u>帮忙拧去雨水。（沈从文《老伴》）

但是老舍和沈从文的作品里"相互"也有作定语的用法，这种用法老舍作品中出现了 4 例，沈从文 1 例，如：

（78）念过一两本爱情小说，便疯了似的讲自由恋爱，结果，还是那点老事，男女到一块儿睡一夜，完事！男女间<u>相互</u>的责任，没想；快乐，不会有的！（老舍《二马》）

（79）原来我和一个素朴而沉默的女孩子，<u>相互</u>间在生命中都保留

一种势力，无从去掉了。（沈从文《水云》）

例（78）"相互"修饰名词"责任"，中间还用助词"的"来标识这一关系。例（79）"相互"修饰名词"间"。

为了深入了解"相互"作定语的用法，我们还大量考察了现当代的其他语料。通过筛选我们发现，"相互"除作状语外还有两个别的用法：数量较多的是用作定语，也有用于"是……的"之间的例子。主要有如下情况：

1. 相互 + 之间

在我们考察的语料中，这一类的用例特别多，我们先看一个例子：

（80）我们欢迎发达国家同我们合作，也欢迎发展中国家相互之间的合作，这后一种合作是非常重要的。……中国政府提出，所有发展中国家应该改善相互之间的关系，加强相互之间的合作。中印两国尤其应该这样做。（《邓小平文选》第三卷《以和平共处五项原则为准则建立国际新秩序》第 281 页）

例（80）"相互"修饰名词"间"，中间再辅以"之"连接。例（80）"相互之间"既可以修饰双音节动词"合作"，又可以修饰双音节名词"关系"，这代表了"相互之间"的两种主要用法，在同一段话中都出现了，很有说服力。

下面就分为这两种情况加以分析：

（81）他们对霓喜并没有任何特殊心理，相互之间还是人与人的关系，有着某种真情，原是不足为异的。（张爱玲《自己的文章》）

（82）一旦觉察到了对方的尴尬，两人又都惶惑不安起来，相互之间愈发地小心和客气了。（池莉《来来往往》）

（83）但相互之间如果能多一点尊重，多一点宽容，许多事情都可以化干戈为玉帛，……如果知识分子自己相互之间都不尊重，不讲一点起码的道德，怎么能要求社会对你的尊重呢？（《文学报》1993 年 4 月 15 日，谢海阳《池莉与起诉她的老师握手言和》）

例（81）、例（82）"相互之间"都是修饰动词性短语，作状语。例（83）中的否定副词"不"出现在"相互之间"的后面。再如：

（84）有的家庭，你别看他们碟子碗经常磕碰，要仔细观察他们相互之间的眼睛神态，兴许还是情有意的一对哩。（张贤亮《肖尔布拉克》）

（85）现代管理学认为企业环境管理的对象是由企业在生产经营活动中影响环境问题的各种因素所组成的有机整体。如资金、技术、设备、政策、环保体制、职工环境意识、利益分配及其相互之间不协调

的关系等。（马忠普等《企业环境管理》）

（86）多式联运经营人与参加多式联运的各区段承运人，可以就多式联运合同的各区段运输，另以合同约定相互之间的责任。（1992年《中华人民共和国海商法》）

以上"相互之间"均修饰双音节名词或者名词性短语，例（84）、例（85）分别修饰名词性短语"眼睛神态"，"不协调的关系"。例（86）修饰名词"责任"。

2. 相互 + 间

在我们考察的语料中，这一类的用例也特别多，以1995年12月的《人民日报》为例，光"相互间"就出现了12例。下面加以具体分析：

（87）在里根总统和夫人访问中国时，我们认识了。我们相互间的谈话是融洽的和我的幻想已证实了一部分，原来我和一个素朴而沉默的女孩子，相互间在生命中都保留一种势力，无从去掉了。（沈从文《水云》）

（88）如果是二三知己相逢，临窗设宴小酌，相互间只叙友情，不发牢骚……设若是为了应酬而赴宴，菜很高级，人不熟悉，相互间无话可说，没话还要找话说；甚至于心怀鬼胎，曲意奉承，想通过吃来达到什么目的。（陆文夫《人之于味》）

（89）可现在，当她们一起抹眼泪的时候，好像谁都无心去说服谁，改变谁了，剩下的只有理解、体谅、相互间的感激。（陈建功、赵大年《皇城根》）

例（87）—（89）"相互"是直接用作名词"间"的定语，"相互间"这一短语再修饰双音节动词或者动词性短语，作状语。再如：

（90）对于圈外的人类固然没有爱，他们相互间也没有爱。（冯雪峰《简论市侩主义》）

（91）几位领导人听完了吴阶平的汇报，他们神色严肃，相互间也不交换意见，谁也不先开口表态。（张佐良《周恩来的最后日子》）

（92）他们看书，晒日光浴，与艇上其他人聊天，就是相互间没有交换过一个眼神，没有说过一个字。（陈越《黛安娜》）

例（90）—（92）"相互间"这一短语也是修饰动词性短语，作状语，但是都用在否定句中，并且否定副词"不""没有"与"相互间"共现的顺序是：

相互（情态副词）＋ 间——→否定副词——→动词

再如：

（93）目前，从纺织品、啤酒、日用品，到一般的农产品，<u>相互间</u>的贸易量明显上升。（《人民日报》1995 年 1 月 29 日第 7 版，顾玉清《非洲法郎贬值透视》）

（94）两国都十分重视发展<u>相互间</u>的关系，领导人之间保持着经常的接触。（《人民日报》1995 年 12 月 5 日第 4 版，《乔石会见库奇马，记者杨国钧》）

（95）她下决心在同他见面时，不用所有的人都用的那个"马书记"，觉得"文瑞同志"这个称谓会使<u>相互间</u>的距离更贴近一些，同时也是在提醒他：你面前的这个人，同你是平等的。（《追求》1996 年第 4 期，忽培元《马文瑞与孙铭的秦晋之约》）

例（93）—（95）"相互间"这一短语都是修饰名词或者名词性短语作定语。

3. 相互 +（的）+ 其他名词

现代汉语中"相互 + 的 + 其他名词"的情况不是很多，如：

（96）唐石青……看了一张，又去看第二张，还回头再看第一张，似乎是比较两张的风格有何不同，或是研究它们<u>相互的关系</u>。（老舍《西望长安》）

（97）千奇百怪的人物风景都像活动写真般眼面前飞走，从其间<u>相互的关连里</u>不免生出离合悲欢来，于是在心上刻划出深深浅浅的痕迹。（俞平伯《重过西园码头》）

（98）因为婚姻、家庭意味着<u>相互的法律责任与义务</u>。（王登峰、张伯源主编《大学生心理卫生与咨询》）

（99）我们在这几次交往中，<u>相互的心</u>靠得更近了，当时我不知道这样做实际上已经在播种爱情，同情心中萌芽着爱情。（庄则栋、佐佐木敦子《庄则栋与佐佐木敦子》）

这里"相互"后用助词"的"与名词相连，标识修饰关系，这里的名词既有"关系"这样的双音节名词，又有"关连里""法律责任与义务"这样的名词短语，还有"心"这样的单音节名词，不过加上"的"以后正好又凑足了音节。

现代汉语中"相互 + 其他名词"的情况很多，特别是"相互关系"这样的短语比比皆是，如：

（100）居民委员会、村民委员会同基层政权的<u>相互关系</u>由法律规定。（1982 年《中华人民共和国宪法》）

（101）从最初的合作开始，他们已感到<u>相互气质</u>的默契和呼应。

(《中国之友》1995 年第 4 期,萧泓《盛中国与濑田裕子的情缘》)

(102)埃中在相互尊重基础上所进行的合作,是国际关系中致力于和平与发展、增进相互友谊的典范。(《人民日报》1995 年 11 月 10 日第 6 版,朱满庭、刘水明《苏鲁尔议长欢宴乔石委员长》)

例(100)—(102)"相互"与名词或者名词短语之间没有助词"的"标识,但是与后面的名词或者名词短语构成偏正短语没有歧义。

4. 是 + 相互 + 的

(103)所以我们说,帮助是相互的,贡献也是相互的。(《邓小平文选》第三卷《我们的宏伟目标和根本政策》第 78 页)

(104)如果说是欺骗主义,也应该说是相互的,公开的欺骗主义,两方彼此心里都明白的。(冯雪峰《简论市侩主义》)

(105)我们争取"复关",当然是因为"复关"能给经济发展带来好处。但是,好处是相互的。(《人民日报》1995 年 1 月 4 日第 1 版,王清宪《国有企业:严峻考验》)

(106)"知心"是相互的,不是单方面的。(《人民日报》1995 年 3 月 4 日第 4 版,肖万君《交知心朋友三题》)

例(103)—(106)"相互"都是用在"是……的"这一结构中,"相互"与"的"构成"的"字短语用作动词"是"的宾语。

四、"互相"与"相互"演变的差异性

在"互相"与"相互"的演变中,两者之间是存在差异性的,主要表现在两个方面。

(一)出现时代在两类不同文献中的差异性

从出现时代看,中土文献"互相"见于汉代,佛教文献见于魏晋;而"相互"是佛教文献见于东汉,中土文献见于唐代。

(二)使用频率的差异性

就出现频率看,从前面已经可以看出,清代以前,"相互"出现频率远远少于"互相",即使是清代,也大体如此。请看下表:

表一:清代"互相""相互"使用情况对照表

	红楼梦	醒世姻缘传	绿野仙踪	荡寇志	清诗别裁集	海国图志
互相	10	1	32	11	5	54
相互	0	0	0	1	1	1

从上表可以看出,清代各种不同的文献中,"互相"出现的频率明显高

于"相互"。

那么现当代的情况又如何呢？请看以下二表：

表二：现代"互相""相互"使用情况对照表

	老舍	茅盾	钱钟书	鲁迅	沈从文	俞平伯
互相	34	1	5	15	16	1
相互	6（4）	0	0	0	33（1）	1（1）

注：括号中的数字为定语等的用法。以上作家考察的都是其代表性作品。

现代作家中，只有沈从文作品中"相互"高于"互相"，俞平伯作品两者持平，其他都是"互相"明显高于"相互"，特别是反映老北京话有代表性的老舍的作品，"互相"大大高于"相互"。

表三：当代"互相""相互"使用情况对照表

	王朔	刘心武	邓友梅	池莉	梁晓声	王小波	余秋雨	张承志	张贤亮	邓小平	皇城根	编辑部的故事
互相	231（4）	37	24（1）	13	23（3）	10	8（2）	2	9	6	13	12
相互	7	18（2）	0	5	6	1	0	1	9	30（6）	1（1）	2

注：括号中的数字为定语等的用法。以上作家考察的都是其代表性作品，"邓小平"指《邓小平文选·第三卷》。后面两项为单个的作品。

当代作家作品中，只有《邓小平文选·第三卷》中的"相互"高于"互相"，张贤亮作品两者持平，其他都是"互相"明显高于"相互"，特别是反映新北京话有代表性的王朔的作品，"互相"大大高于"相互"。

通过比较可知，在"互相"与"相互"的使用上，以"互相"为常。

（三）语法功能的差异性

"互相"与"相互"都可以修饰动词或者动词性短语，用作状语。就"表一"来看，清代"互相"与"相互"一般修饰动词或者动词性短语，用作状语。但是从现代开始，两者有了一些差别。就"表二"来看，现代的"互相"一般修饰动词或者动词性短语，作状语；而"相互"除此之外还可以用作定语等。就"表三"来说，"互相"与"相互"的定语等用法不相上下，不过这是从绝对数量来看的，从相对数量看，"表三"中"互相"状语用法占总数的97.5%，而定语等用法只占2.5%；"相互"状语用法占总数的89.8%，而定语等用法占10.2%，可见，"互相"的用法相对要单纯一些，规范一些。也就是说,后起的 "相互" 作定语等的用法比 "互相" 要多一些。

五、如何看待 "互相""相互" 在现代汉语中语法功能的变化

在讨论这一问题之前,我们需要明确两个原则,这是我们讨论问题的基础。

第一,副词是能够作状语并且一般只能作状语的一类词。朱德熙(1982b)很肯定地说 "副词只能作状语,不能作定语、谓语和补语。"

第二,在判断某一词的词性是否改变时,根据汉语的特点,可以从词义的同一性来考察。朱德熙(1982b)在谈到副词和形容词的区别时说:"有的形容词作定语的时候是一种意思,作状语的时候是另一种意思",他举了 "好戏" 与 "好漂亮" 等例子,认为 "这两组词的意义和功能都不一样,应该说已经分化成不同的词了。"

我们的讨论是在认同以上两条的基础上进行的。

(一)"互相" 与 "相互" 作为副词不宜怀疑。

1. 从历时演变看,"互相" 与 "相互" 是副词。

现代汉语以前,"互相" 与 "相互" 一般都只是修饰动词或者动词性短语,作状语,前面大量的用例已经证明,不用再举例。可见,"互相" 与 "相互" 从产生之日起,就是作副词用的。

2. 从现代汉语的主流用法看,"互相" 与 "相互" 的语法功能主要是作状语。

就 "表二" 来看,"互相" 总共出现 72 次,均用作状语;"相互" 总共出现 46 次,用作状语的占 40 次。就 "表三" 来看,"互相" 总共出现 398 次,不作状语的只有 10 次;"相互" 总共出现 88 次,用作状语的占 79 次。通过这些数字的比较我们可以看出,现代汉语中,"互相" 与 "相互" 的语法功能主要还是作状语。

刘探宙(2003)根据北京大学中文系语料库和网络文章的统计,得出 "互相" 与 "相互" 句法位置的具体数据如下:"互相" 用于动词前 98.6%,作定语 1.3%,其他 0.1%;"相互" 用于动词前 91.4%,作定语 8.6%。从这个数据得出的结论与我们基本一致。

3. 从语言类型学看,"互相" 与 "相互" 是副词。

新疆的维吾尔语中,θzara 或者 bir biri 都是汉语的 "互相" 义。如:

θzara ilham bermek （互相鼓励）

bir biridin Ügenmek （互相学习）

bir birige θzgeymek （互相转化）

就以上三组短语的情况看，维吾尔语中的 θzara、bir biri 与汉语的"互相"具有相同的语法功能。

湘黔的苗语中也有"互相"与"相互"的用法，苗语中都写作 xit，xit bangb 用汉语说既是"互相帮助"，又是"相互帮忙"，xit 也与汉语的"互相""相互"具有相同的语法功能。

四川的水族语中，用"tu³"来对译汉语中的"互相"，用"tu³ paiŋ³"来对译汉语的"互相帮助"，情况与苗语完全一致。

德语的"wechselseitig，gegenseitig，einander"表示汉语的"互相"，gegenseitig Abhängigkeit 是"互相依存"的意思，gegenseitig exklusiv 或者 einander ausschlie—ßen 是"互相排斥"的意思，与汉语的句法结构完全一致。

日语的"互相"也是副词，日语为"相互に"或者"お互いに"。日语的"互相"也等于"相互"，"相互"日语为"さうごに"或者"だがいに"。

下面比较几组汉语与日语的短语：

互相尊重：お互いに尊重し合う。

互相依存：相互に依存する。

互相印证：お互いに確认する。

相互依赖：相互に依存する。

通过比较我们可以看出，日语的"互相""相互"具有与汉语相同的句法功能。

通过以上对各种语言的比较，我们可以明显看出，汉语中的"互相""相互"具有与其他语言相同的句法功能，就是作状语。

（二）"互相"与"相互"现代汉语新用法产生的原因

尽管我们有充分的理由认定"互相""相互"是副词，但是对"互相""相互"在现代汉语中的定语用法及用于"是……的"中间的用法不能视而不见，邢福义（1989）在讨论"必然"的词性时，认为"必然""能作定语，特别是能用在'是……的'之间，不可能是副词，因此，只能归入形容词。"可见他认为如果具备了这两个条件，就不能视为副词，"互相""相互"在现代汉语中的用法完全符合这两个条件，理当不能视为副词，但是由于以上三个原因，我们还是把它们看作副词。我们现在需要做的是什么原因造成了它们的这些非主流用法。这些非主流用法究竟属于哪一类用法？

我们认为这些非主流用法是代词的用法，造成这些用法的原因如下：

1. "互相" 与 "相互" 现代汉语新用法的产生是其隐含的指代义造成的。

关于 "互相" 与 "相互" 的语义，吕叔湘（1980）是这样解释的："副词，表示甲对乙和乙对甲进行相同的动作或具有相同的关系。""相互" 同"互相"。

《现代汉语虚词例释》（1980）认为："互相，副词，表示各主体发出同一动作，而该动作又是交互及于各主体的。"书中举了一个很有意思的例子，"我们要互相帮助"，书中解释说意思就是："我要帮助你，你也要帮助我"。"相互，副词，表示彼此之间都以同一种态度、行为对待对方。"

从现代汉语两部重要语法著作我们可以看出，"互相" 与 "相互" 的语义中明显带有指代的意味。也就是说，不论是 "互""相""互相" 还是 "相互"，都明显隐含着 "彼此" 的意思。"互相" 与 "相互" 如果代词性很明显的话，是既可以作定语，又可以用于 "是……的" 之间的。

值得一提的是，《汉语大词典》认为 "相互" 表示："两相对待的；彼此之间的" 意思，共举了三个用例，如下：

（107）全身的动作有相互的关系，不是可以分成部位，各自独立的。（洪深《电影戏剧表演术》第一章）

（108）虽然我们交谈的时间有限，可是我们还是增进了相互的了解。（巴金《友谊的海洋》）

（109）接触多了，相互间了解深了，钦敬的友情也油然而生。（杨沫《碧海青天寄友情》）

《汉语大词典》对 "相互" 的解释有两大特色：第一，语法上回避了"相互" 的词性问题，把作状语与作定语的用例摆在一块；第二，语义上对"两相对待的；彼此之间的" 意思兼容并收。这其实是不得已而为之，也反映了词典编撰者对副词性与代词性两种用法的重视。

另外，《汉语大词典》"相互" 条还有个问题，就是对现代汉语之前的用例没有顾及。

2. "互相" 与 "相互" 现代汉语新用法的产生也是代词 "彼此" 沾染的结果。

"彼此" 作为相互代词，这恐怕没有人反对。"互相""相互" 与 "彼此"的语义相近，完全可以视为同一语义场，刘探宙（2003）认为，"彼此" 与"相互" 和 "互相" 意义相同，逐渐形成一个交互义语义范畴。"彼此" 最早就是实义指示代词，他认为 "彼此" 连用的最早用例见于《墨子》，交互义的用例最早见于南北朝。这里我们感兴趣的是 "彼此" 的语法功能，以《全三国文》为例，"彼此" 作状语、作宾语、作定语的用法都已出现，如：

（110）浮华则有虚伪之累，朋党则有<u>彼此</u>之患。（《全三国文》卷三十六《魏三十六》，王昶《家诫》）

（111）今举大事……使山兵吏民，目瞻见之，知去就之分已决，承引所救画定。又<u>彼此</u>降叛，日月有人，阔狭之间，辄得闻知。（《全三国文》卷六十六《吴四》，周鲂《诱曹休笔七条》）

（112）子弟苟有才，不忧不用，不宜私出，以要荣利。若其不佳，终为取祸。且闻二宫势敌，必有<u>彼此</u>，此古人之厚忌也。（《全三国文》卷六十八《吴六》，陆逊《答全琮》）

例（110）"彼此"作定语，例（111）作状语，例（112）作宾语。

至于"彼此之间"与"彼此间"的用法宋明时代已经出现，如：

（113）然则虽有<u>彼此之间</u>，其为欲明之德，则彼此无不同也。（宋·朱熹《朱子语类》卷十五《大学二》）

（114）大略刘六、刘七、齐彦名等，多在河南、湖广；而刘惠、赵镟、杨虎多在河北、山东，<u>彼此间</u>奔走，直至山西、南直隶方绝。（明·郎瑛《七修类稿》卷十三《国事类》）

可见，"互相"与"相互"在现代汉语的这些非状语用法，"彼此"在清代以前已经使用开了。

梅祖麟（1988）和江蓝生（1999）在谈到结构助词"底"的由来时，认为"者"在语中的用法与"之"相当，因此当"之"音变为"底"后，受"者"用于语末用法的沾染，也出现了语末的用法。这说明同一范畴的成员用法上容易相互"沾染"。我们看到，"互相"和"相互"在汉语史语料中没有定语位置上的用法，但现代汉语的语料统计却显示出这一用法，这可能就是"互相"和"相互"受到"彼此"代词用法的沾染，功能扩展（extension），形成定语位置上的代词用法。我们认为受代词"彼此"的影响而使"互相""相互"产生代词的用法，这也是重要原因之一。

3. "互相"与"相互"现代汉语新用法的产生是语言接触的结果。

曹广顺、遇笑容（2000a、2000b）、辛岛静志（1997，1998）等发表了一系列文章，从语言接触的角度考察中古汉语的语法现象，为我们解决这一问题提供了很好的思路。语言学界普遍认为，20世纪初，英语与汉语接触时，对汉语的词汇和语法都产生了一定的影响。英语中表示"互相""相互"义的主要有 mutually 和 each other，表示彼此以同样态度对待。北京外国语大学英语系编的《汉英词典》（修订版）（1995），认为"互相"义英语用 mutually，each other 表示，是副词，如：

depend on each other for existence （互相依存）

"相互"义既可以用 mutual，reciprocal 表达，如：

（115）Promote <u>mutual understanding</u>. （增进相互了解。）

（116）Aid <u>is usually mutual</u>. （援助是相互的。）

例（115）、例（116）与汉语中"互相""相互"作定语和用于"是……的"之间具有惊人的相似之处，恐怕不能单单视为巧合。

"相互"义还可以用"mutually"，"reciprocally"及"each other"表示，并且认为以上都是副词。

不过，一般英语语法著作认为"each other"是相互代词，这些我们暂且不去讨论，我们感兴趣的是，英语中的表示"互相""相互"义的词既可以有例（115）、例（116）这样的用法，又有副词的用法，这种用法以前汉语中没有出现，现代汉语才开始产生，因此我们有理由相信这与英语的接触不无关系。

（三）"互相""相互"现代汉语的新用法不是语法化单向性的反例。

这主要是由于"互相"与"相互"是意义较为实在的一类词。

汉语副词究竟是虚词还是实词，这是我国语法学界长期以来议无定论的一个问题。同印欧语系诸语言的副词相比，汉语的副词是一种相当特殊的词类。由于虚化程度不一，在所表示的意义方面，副词的意义有的相当实在，有的则相对比较空灵，少数则是相当虚化。因此，我们认为汉语的副词是半实半虚词。如时间副词、情态副词一般认为意义比较实在，而语气副词一般认为意义比较虚泛，作为情态副词之一的"互相"与"相互"意义就比较实在。

这种意义的实在性还可以从它们最初的形式得到说明，这在"相互"身上表现得最为明显，如：

（117）凡言互者，据两物<u>相互</u>。今一物之上自<u>相互</u>，直是理不足明，故言<u>互相</u>足。（唐·贾公彦疏《周礼注疏》卷五）

以上"互"为动词，交错义，"相互"就是相交错，是一个实义短语，后来由于语言的演变，成为一个表示实在意义的副词。

既然"互相"与"相互"不是严格意义的虚词，因此，它由只用作状语，后来又出现用作定语等的用法，就难以说是语法化单向性的反例，而可能就是词义演变的结果。

附论2 "真""真个"的历时主观化与话语标记的形成过程^①

一、东汉三国佛教文献"真"的使用情况

"真"既可以作形容词,也可以作副词,我们这里讨论的只是副词用法。"真"作为副词,《汉语大词典》(1986)、《现代汉语词典》(第7版)都认为表示"实在、的确"的意思。考察东汉三国佛教文献,副词"真"的语义没有不同,但是"真"句法功能主要有两点,一是用在谓词性词语前作状语,二是用在体词性词语前作状语。

根据我们语料库的统计,副词"真"用在谓词性词语前作状语27例,如:

(1)佛语王曰:"吾真是佛,世不虚传。"(后汉·康孟详译《中本起经》卷下,T04,No.0196,0159b19)

(2)善哉,善哉,是真远离法,如来所说。正当随是远离行,疾得无上正真道。(吴·支谦译《大明度经》卷第五,T08,No.0225,p0499a)这里的"真"表示强调,相当于"实在、的确"。

副词"真"用在体词性词语前作状语11例。如:

(3)佛告迦叶:"汝心念言:'佛德圣明,众人见之,必阻弃我。令其七日不现,快乎。'是故隐耳。汝今念我,是故复来。"迦叶心念:"佛真至神,诚知人念。"(后汉·康孟详译《中本起经》卷上,T04,No.0196,p0151b)

(4)真佛弟子,慎莫惊疑,好养护之。此儿后大当为一切众人作师,吾等悉当从其启受。(吴·康僧会译《六度集经》卷第六,T03,No.0152,p0035c)

---

① 本节部分内容曾以《明清时期副词"真个"的句法表现和主观性分析》为题发表在《语言研究》2014年第1期。

这里的"真"除表示强调外,还有判断的成分。

不论是表示强调,还有表示判断,都是主观性的体现。

"真"在汉语方言中除了可用作形容词、副词外,还可用作动词、名词和代词。"真"做形容词时主要用于表示"真实的",在北方官话、中原官话、江淮官话、晋语等均有分布。例如:

(5)山东济南:真金不怕火炼,松柏不怕严寒。(李荣 2002: 3091)

(6)江苏扬州:这是真功夫,不是闹了玩的。(李荣 2002: 3091)

(7)山西万荣:这石头镜子是假的,不是真的。(李荣 2002: 3091)

(8)陕西西安:这一瓶西凤酒是真的,奈一瓶是假的。(李荣 2002: 3091)

(9)山西太原:真心实意。(李荣 2002: 3091)

(10)江苏丹阳:真假。(李荣 2002: 3091)

除表示"真实的"义外,还可表示"清楚""(颜色)深""稀"以及"液体中所含的某种成分多"等意义。例如:

(11)江苏扬州:眼睛花了,小字看不真了。(李荣 2002: 3091)

(12)山西万荣:这一外演员咬字不真。(李荣 2002: 3091)

(13)河南洛阳:事儿分的可真。(李荣 2002: 3091)

(14)江苏丹阳:格个布红则弗真。(李荣 2002: 3091)

(15)江苏丹阳:墨汁弗真。(李荣 2002: 3091)

(16)山东莒南:这事太真了。(许宝华、宫田一郎 1999: 4609)

(17)新疆吐鲁番:听不真。(许宝华、宫田一郎 1999: 4609)

(18)广东广州:睇唔真。(许宝华、宫田一郎 1999: 4609)

(19)福建仙游:真粥。(许宝华、宫田一郎 1999: 4609)

"真"用作动词("扔、掷、摔""楔")和名词("片状的楔子"),较形容词相比,使用范围要窄的多,主要分布在吴语区。例如:

(20)江苏苏州:一块砖头真过来。(许宝华、宫田一郎 1999: 4609)

(21)江苏常熟:佢两农相争,好两个碗真得落去。(许宝华、宫田一郎 1999: 4609)

(22)浙江金华:锄头真。(许宝华、宫田一郎 1999: 4609)

代词"真"主要分布在晋语区和中原官话区,表示近指义。例如:

(23)山西忻州:说真道温那,事情还离不咾牙。(许宝华、宫田一郎 1999: 4609)

(24)河南:新编古装喜剧《程咬金照镜子》第七场:"程咬金:我要知道我是真大的!"(许宝华、宫田一郎 1999: 4609)

汉语方言"真"用作语气副词，同东汉三国佛教文献中的副词"真"的用法具有相似之处，其也可以表示强调和判断，可译为"的确、实在；多、多么；简直；才"等义，带有主观性上色彩。例如：

（25）山东济南：真好！（李荣 2002：3091）

（26）江苏扬州：日子过得真快，花了一下了又过年了。（李荣 2002：3091）

（27）山西万荣：今儿个天气真真冷。/你真能干。（李荣 2002：3091）

（28）江苏丹阳：时间过则真快。（李荣 2002：3091）

（29）上海：我真勿去睬伊勒。（许宝华、宫田一郎 1999：4609）

（30）福建厦门：伊真有精神。（许宝华、宫田一郎 1999：4609）

（31）内蒙古临河：这真让人哭笑不得。（许宝华、宫田一郎 1999：4609）

与东汉三国佛经文献有所不同的事，汉语方言语气副词"真"一般只能用来修饰谓词性成分作状语，不能用于修饰名词性成分。

但是"真"除上述用法外，在徽语、客话、闽语中还可用作程度副词，表示"很，挺，非常"义。例如：

（32）福建福州：囡囝哥真贱。（许宝华、宫田一郎 1999：4609）

（33）福建福清、厦门：真侪。/心内真无秋清。（许宝华、宫田一郎 1999：4609）

（34）台湾：真好。（许宝华、宫田一郎 1999：4609）

二、"真"的历时主观化

"真"修饰谓词性成分是正常用法，不必多说，我们想说的是修饰体词性成分。

这里，我们有必要对副词"真"修饰体词（短语）作一历时考察。《说文》："真，仙人变形而登天也。"段注："此真之本义也。……引申为真诚。"《玉篇》："真，不虚假也。""真"的虚词用法是由"不虚假"义引申而来，可作副词，表示强调或者确认，先秦已有用例，一直沿用至现代。副词"真"的语法功能主要是修饰动词、形容词，但从先秦开始，也可以修饰体词（短语），如：

（35）此真先君子之言也。（《荀子·非十二子》）

这种现象并不是孤立的，除"真"以外，古汉语中还有副词修饰体词的副体结构，表示判断的语义。刘景农（1994）认为，古汉语中有些副词在句中名词之前，兼有判断的作用，他举了"诚""亦""皆""徒""必"等词，他的理由是文言里的判断词"为"常不用，如果这种副词居于动词位置时，就兼有判断的作用了。杨伯峻、何乐士（2001）认为在古汉语中，主语和名词谓语之间有一类副词，兼有系词的作用，表示判断的意味，他们称之为判断副词，主要有：伊、繄、皆、诚、实、尽、素、即、固、乃、良、必、真、亦、又、本、盖、其等。现摘录几例于次。

（36）是<u>乃</u>仁术也。（《孟子·梁惠王上》）

（37）子<u>诚</u>齐人也。（《孟子·公孙丑上》）

（38）此<u>真</u>先君之言也。（《荀子·非十二子》）

（39）人<u>尽</u>夫也，父一而已（《左传·桓公十五年》）

（40）若赵孟死，为政者<u>其</u>韩子乎！（《左传·襄公三十一年》）

（41）败韩、魏，杀犀武，攻赵，取蔺、离石、祁者，<u>皆</u>白起。（西汉·刘向《战国策·西周策》）

（42）梁父<u>即</u>楚将项燕。（西汉·司马迁《史记·项羽本纪》）

（43）亮曰："此<u>必</u>辛佐治也。"（南朝宋·刘义庆《世说新语·方正》）

我们大量的摘录这些例证，是想说明在上古汉语、中古汉语里，副词修饰体词构成副体短语表示判断的情况就已经存在，这绝不是现代汉语才开始出现的现象。

这里我们主要以西汉的《史记》和魏晋南北朝时期的《世说新语》为代表，考察副词"真"修饰体词（短语）的情况。

副词"真"在《史记》中出现了 21 例，含"真"的副体结构竟占 13 例，如：

（44）上含淳德以遇其下，下怀忠信以事其上，一国之政犹一身之治，不知所以治，此<u>真</u>圣人之治也。（西汉·司马迁《史记·秦本纪》）

（45）文帝曰："嗟乎，此<u>真</u>将军矣！……"（西汉·司马迁《史记·绛侯周勃世家》）

（46）要之，此两人<u>真</u>倾危之士哉！（《史记·张仪列传》）

（47）于是公子光谓专诸曰："此时不可失，不求何获！且光<u>真</u>王嗣，当立，季子虽来，不吾废也。"（西汉·司马迁《史记·刺客列传》）

（48）臣欲谏，为位贱。此<u>真</u>君侯之事，君何不谏？（西汉·司马迁《史记·李斯列传》）

（49）叔孙通笑曰："若<u>真</u>鄙儒也，不知时变。"（西汉·司马迁《史记·刘敬叔孙通列传》）

副词"真"在《世说新语》中出现了 7 次，"真"修饰体词（短语）的副体结构 3 例，如：

（50）陈仲举尝叹曰："若周子居者，<u>真</u>治国者器。譬诸宝剑，则

世之干将。"（南朝宋·刘义庆《世说新语·赏誉》）

（51）范豫章谓王荆州："卿风流俊望，真后来之秀。"王曰："不有此舅，焉有此甥？"（南朝宋·刘义庆《世说新语·赏誉》）

（52）孟昶未达时，家在京口。尝见王恭乘高舆，被鹤氅裘。于时微雪，昶于篱间窥之，叹曰："此真神仙中人！"（南朝宋·刘义庆《世说新语·企羡》）

通过以上例证我们可以看出，"真"修饰体词（短语），主要出现在对话或口语程度较高的语言环境中，语义上主要是对体词（短语）加以强调，带有主观判断的色彩，但是没有发现"真"修饰代词、数量名短语的情况。

副词"真"用在体词性词语前作状语后代亦有用例，如：

（53）听子所言，真忠厚之士也。（明·冯梦龙《警世通言·宋小官团圆破毡笠》）

颜红菊（2010）通过对副词"真"的句法、语义、语用等方面的考察，认为副词"真"从说话者的视角，表示说话者对客观事实真实性方面的主观评价，是评注副词，用来加强肯定，具有很强的主观性。但她又认为副词"真"不跟名词组合。但有 1 例：

（54）只有于北蓓曾经调侃过我："真雏儿，又人都不敢。"（王朔《动物凶猛》）

颜红菊认为这是"副 + 名"现象，名词已经发生了变化，不表指称，表描述，因此我们把它归入"A/AP"一类。我们认为，不是名词发生了变化，而是在这一特殊句式中，语义发生了变化。

颜红菊认为从"主观性"的角度，不仅能区分形容词"真"和副词"真"，也能对副词的内部作出更细致、准确的分析。我们认为，这种说法是可行的。

三、"真个"的语义理解与主观性

"真个"与"真"的关系只是双音节与单音节的关系，只是时间的先后关系。"真个"由"真"与"个"构成。最早出现的是"真"，后来为了适应词汇的双音化趋势，才出现"真个"。东汉三国佛教文献中没有"真个"，后代的佛教文献有用例，所以放在一起讨论。

"真个"的"个"可以看作是副词"真"的词尾，这一"个"来源于结构助词"个"，刘坚等（1992）和曹广顺（1995）指出，"个"是近代汉语中产生的一个结构助词，它是由量词发展来的，这是非常正确的。从唐代"真个""早个"等开始出现，就主要作状语，并且"个"在音节上义紧紧依附于"真"和"早",其中的"个"应看作副词词尾。当然,作为副词词尾,"~个"肯定是来源于结构助词"个"。香坂顺一(1992)认为"真个"的"个"与"的"相当,从《水浒》以后到现代汉语的发展过程中,可以看出以"~个"与"~的"而形成南方话与北方话的对立。"真个"在现代汉语中确实是方言词,《现代汉语词典》(第 7 版)也认为"真个"是一个方言词,举了"这地方~是变了"作为例证,这样一个例子,在笔者所在的湖南洞口话中是非常常见的句子。但"真个"是否就只是南方话呢?并不尽然,据《汉语方言大词典》,"真个"作为副词的用法在多个方言点中均有使用。如冀鲁官话中的河北威县话、山东话,中原官话中的甘肃镇原话,晋语中的太原话、阳曲话、朔县话、忻州话,西南官话的昆明话、大理话,都有"真个"一词,当然,南方话也很多,如吴语中的上海话,赣语中的新余话等。为说明问题,现南北各举一例以说明:

(55)山西忻州:这水笔真个好哩。(许宝华、官田一郎 1999)

(56)上海:迭个地方真个好白相。(许宝华、官田一郎 1999)

由词尾"~个"构成的副词,"真个"最为常见,"真个"的出现不会晚于唐五代,而且从唐代产生后,一直沿用至今。唐代的情况是《全唐诗》出现了 10 例,《全唐诗补编》出现 2 例,《船子和尚拨棹歌》《唐摭言》各出现 1 例,但《全唐文》《全唐五代词》《祖堂集》《敦煌变文集》都没有用例。如:

(57)试问夹山头点后,几人真个解离钩。(唐·德诚《船子和尚拨棹歌·续机缘集》)

(58)侬家真个去,公定随侬否。(《全唐诗》卷 125,王维《酬黎居士淅川作》)

(59)若言真个堪裁剪,预被豪家买作衣。《全唐诗补编·全唐诗续拾·卷四十四》

(60)莫向春风诉酒杯,谪仙真个是仙才。(五代、五定保《唐摭言》卷十一)

尽管"真个"修饰的主要是动词、形容词,但"真个"一出现,"真个"修饰体词也就出现了,《全唐诗》出现了 3 例,文中已经列出,不再重复。

"真个"在唐宋元时期使用并不频繁,并且唐贤清(2003a、2003c)已有讨论,所以以下我们主要立足于明清语料。

(一)"真个"的语义理解

对"真个"的词义,《现代汉语词典》(第 7 版)释义为"的确,实在",《汉语大词典》释义为"真的,确实"。而"真的",《现代汉语词典》(第 7 版)未收录,《汉语大词典》、侯学超《现代汉语虚词词典》、张斌

《现代汉语虚词词典》等都认为其相当于"确实"。按照这样的释义,"真个"与"的确""实在""确实"意义相通,很多时候可以互换。下列例句中的"真个"都可换成"的确""实在""确实":

（61）唐牛儿便道:"<u>真个</u>是知县相公紧等的勾当。我却不会说谎。"（明·施耐庵《水浒传》第二十一回）

（62）其中个一员外,家中巨富,<u>真个</u>是钱过壁斗,米烂陈仓。（明·罗贯中《三遂平妖传》第一回）

"真个"表示对事件或情况的确认,这种确认,是一种主观性的体现,例（61）通过后续句"我却不会说谎"更加表明了这是说话人对所说话语内容的态度。其语义背景是有人希望从说话者那里得到他对某事件或情况的可信程度,或说话者想让听话者得以相信自己所说内容的可信程度,如例（61）唐牛儿之前说过知县相公在找寻押司的事,通过"真个"进一步确认。例（62）说话人通过"真个"让听话人相信那员外的巨富程度。"的确""实在""确实"等都有这种用法,因此可以进行替换。

但"真个"有时很难用这些词语替换,或替换后语义有所改变。例如:

（63）你的丈夫中我计,<u>真个</u>便把你休了。（明·洪楩《清平山堂话本·简帖和尚》）

（64）行者在里边叫道:"张开口,等我出来!"那怪<u>真个</u>把口张开。（明·吴承恩《西游记》第八十三回）

这种情况下的"真个"与表示确认的"的确"等不同,它有语义预设,或者说其语义背景是事先有人有意或无意地向某人提出了某方面的想法或要求,结果这件事还真的出现了,表现了说话者关注事件的发展结果,这是从说话者的视角来表达主观性。例（63）、例（64）分别预设了说话人"想要你丈夫休了你""想要那怪张开口",通过"真个"表达了这种预设的实现。"的确""实在""确实"等很难用在这种语境里,所以这两例不能用这些词进行替换。由于"真个"总是出现在结论句里,表示事情的结果与预期相符,带有"真的果然"的意思,明清时期的"真果""果真"有这种用法,可与之对换。下面几例中的"真果""果真"可被"真个"替换,例如:

（65）大姐身量大些,一把拉着,脚不沾地,到了他那屋里说:"大兄弟,快来跪着。"仇福<u>真果</u>跪下。（清·蒲松龄《聊斋俚曲集·翻魇殃》）

（66）他说铰我的奶头,我当个震话,不想就<u>真果</u>铰下来了!（清·蒲松龄《聊斋俚曲集·禳妒咒》）

（67）戴春应诺而去,<u>果真</u>挨了三日,又到莺歌巷来。（清·俞万

春《荡寇志》第九十六回）

现代汉语中使用的"真个"同样有这两种用法，下面两例分别是"确实""果真"的意思。例如：

（68）奶奶最宠爱她的，她要啥，奶奶就给啥，<u>真个</u>是百依百顺。（周而复《上海的早晨》）

（69）蒋介石声称三至六个月光复全中国的话，<u>真个</u>像报纸上说的，是在痴人说梦话。（冯德英《迎春花》）

因此，我们认为对"真个"的释义，除了增加"果真"这个义项外，还可以把它表现的主观性增加进去，即"表现了说话人对所说内容的确认或对事件出现了预期结果的肯定"。

"真个"在现代汉语方言中，与东汉三国佛经文献相同，可以用作语气副词，表示"实在，确实"义。例如：

（70）陕西西安：我不哄你，<u>真个</u>。（李荣 2002：3093）

（71）上海崇明：我<u>真个</u>勿想去。（李荣 2002：3093）

（72）山西太原：这件衣服<u>真个</u>合适嘞。（许宝华、官田一郎 1999：4610）

（73）云南昆明：这块布<u>真个</u>好瞧呢！（许宝华、官田一郎 1999：4610）

（74）上海：迭个地方<u>真个</u>好白相。（许宝华、官田一郎 1999：4610）

陕西西安方言语气副词"真个"还可用来表示"难道"义。例如：

（75）陕西西安：<u>真个</u>还由咧你咧。（李荣 2002：3093）

汉语方言"真个"的使用范围与东汉三国佛经文献相比，要广得多。除可用作副词外，还可以用作指示代词和形容词。指示代词"真个"，相当于北京话"这样"，用于指示性质、状态、方式、程度等。例如：

（76）山西忻州：你<u>真个</u>做，不要温个做！／照<u>真个</u>下去，他不愁考住大学。（李荣 2002：3093）

"真个"用作形容词的方言同"真"相比，范围窄得多，目前我们仅在冀鲁官话中找到此类用例。例如：

（77）山东：《真本金瓶梅》第五回："你还问道<u>真个</u>也是假，难道我哄你不成！"（许宝华、官田一郎 1999：4610）

此外，云南禄劝方言的"真个"还具有话语标记的作用，一般在句中用于表示否定评价，不同的语境表现出的感情色彩、语义倾向和情感强度也有所不同。例如：

（78）<u>真个</u>（是），走去我家整饭吃啊。（王焱等 2018）

（79）你说这个小娃啊，<u>真个</u>（是）呢啊！（王焱等 2018）

（80）<u>真个</u>，晚上晚饭吃早一点儿我带你们去那边捡去。（王焱等 2018）

（二）"真个"句与三个概念域

行域、知域、言域，"这三个概念域之间的区别和联系在语言的许多方面都有反映"（沈家煊2003）。语气副词表达说话人对相关命题的情感或态度，从认识论来说，属于情态范畴，具有主观性；从概念域来说，属于"知"域。但部分语气副词还可以表达对客观信息来源可靠性或真实性的关注，属于传信范畴，具有客观性。这些语气副词直接与命题有关，表达的是命题意义，可归入概念域的"行"域。同时部分语气副词在语境的影响下，还具有一定的语力，能够以言行事，属于概念域的"言"域。"真个"在不同的语境下可分属于这三个概念域，例如：

（81）黑豆多少一斗，草多少一束？黑豆五十个钱一斗，草一十个钱一束。是<u>真个</u>么？你却休瞒我。（《老乞大谚解》）

（82）晁凤见了姜副使，说了前后的事情。姜副使沉吟道："只怕是<u>真个</u>！"（清·西周生《醒世姻缘传》第四十五回）

（83）杨志暗暗地喝采道："那里来的这个和尚，<u>真个</u>好本事，手段高。俺却刚刚地只敌的他住。"（明·施耐庵《水浒传》第十七回）

（84）旺儿过来才要打时，凤姐儿骂道："什么糊涂忘八崽子！叫他自己打，用你打吗！一会子你再各人打你那嘴巴子还不迟呢。"那兴儿<u>真个</u>自己左右开弓打了自己十几个嘴巴。（清·曹雪芹《红楼梦》第六十七回）

（85）妈妈放声哭将起来道："员外，怎生直想到这里？俺无儿的，<u>真个</u>好苦！"（明·凌蒙初《初刻拍案惊奇》卷三十八）

（86）那知叶大魁大喊道："不好不好！我被什么钳了一钳去了。"大魁才喊了坐起，忽叶力、叶勇也喊道："委实不好，<u>真个</u>厉害呢！我们也被钳着了，痛得很呢。"（清·坑余生《续济公传》第一百七十二回）

例（81）、例（82）"真个"属于"行"域，这种情况比较少，一般只有当"真个"充当表语时，才表示对命题信息真实性的交待。例（81）的"真个"句在《老乞大新释》《重刊老乞大谚解》中都改成了"是实价么"，可以看出此句中的"真个"只是一种客观表述。例（82）、例（83）"真个"属于"知"域，表示说话人对事件的确认态度，具有主观性。如（84）中的"真个"表达了说话人杨志对命题"这个和尚有好本事，手段高"的主观确认。语气副词大都属于概念域的"知"域。但例（85）、例（86）"真个"除了表达说话人主观确认外，还有希望或要求听话人相信的意思，属于一种言语行为，沈家煊（2003）认为"言语行为除了常见的提问和命令，还有请求、建议、许诺、提醒、断言等"，"真个好苦"表达说话人希望得到同情;"真个厉害呢"希望听话人确实相信。张斌《现代汉语虚词词典》释义"真的"时,就说"真的,表示对事物或情况的确认,含有要求别人相信的意思"。"真个"的这种言语行为,就是"言"域。

"真个"所表现出来这种"言"域,就是一种"交互主观化"的过程。所谓"交互主观化",Traugott(1999)认为,是指一个符号学上的过程:意义经由时间变成对"有关说话者 / 作者在认识意义及社会意义上对听话者 / 读者自我的关注"这样的隐涵义加以编码或使之外在化。在共时平面就是一种"交互主观性"的表达,"交互主观性指的是说 / 写者用明确的语言形式表达对听 / 读者'自我'的关注,这种关注可以体现在认识意义上,即关注听 / 读者对命题内容的态度;但更多的是体现在社会意义上,即关注听 / 读者的'面子'或'形象需要'"(Traugott1999、吴福祥 2004)。"真个"的交互主观性主要表现在认识意义上,就是听话者通过说话者的表述,有可能会产生同说话者一样的感受:说话者所说内容是确凿实实的。明清时期用于表结论的"真个"句,大都同属"知"域和"言"域,主观性和交互主观性并存。再举例如下:

(87)孺人道:"这等说起来,我兄与侄皆不可保,<u>真个</u>是物在人亡了!"(明·凌蒙初《二刻拍案惊奇》卷三)

(88)这行者喝了一声,用手一指,教:"莫来!"那一指,就使个定身法,众官俱莫能行动,<u>真个</u>是:校尉阶前如木偶,将军殿上似泥人。(明·吴承恩《西游记》第三十七回)

(89)论他的才学,便是董仲舒司马相如也不看在眼里,<u>真个</u>是胸藏万卷,笔扫千军。(明·冯梦龙《警世通言》第十八卷)

像这样的"真个"句,都是说话人通过思量后的一种主观认识,这种认识,通过一些习用语或诗句进行进一步解注,让听话者觉得说话者从已知现象做出的这种推理真实可靠,从而会与说话者产生共鸣,以言行事,实现交互主观化。

四、"真个"的句法表现与主观性

(一)"真个"修饰体词性成分

一般认为,副词的功能在于修饰、限定动词或形容词,少数还能修饰整个句子。但汉语中客观存在着"副名"组合的现象,在现代汉语中还有扩大的趋势,于是引发副词能否修饰体词的讨论,自上个世纪 60 年代争论以来,至今没有统一的意见。但讨论大多集中在程度副词能否修饰名词这一现象上,以及对这种现象从不同角度做出各自的解释。唐贤清(2003a、

2003c）发现近代汉语副词"真个"可以修饰体词，体词包括名词（短语）、代词和数量名结构，认为这些体词具有述谓性，所以能受副词"真个"修饰，并用焦点理论来解释了这种副体结构的强调意味。

现在进一步思考，"真个"等语气副词修饰体词性结构跟其他副词不同，其他副体结构如程度副词修饰名词，可以做多种句法成分，因而可以从名词着眼，用"名词功能的游移"（张伯江、方梅1996）、"细节显现"（储泽祥、刘街生1997）或"名词具有述谓性"（施春宏2001）等做出解释。但语气副词修饰体词性结构，这种副体结构只能以一种小句形式出现。因为语气副词修饰的是一个命题，是对这个命题的一种再表述，因而从语气副词来说，只有少数几个表确认或者说表判断类的语气副词才有可能修饰这些体词性结构，如"真个""端的"；从体词性结构来说，只有那些具有成句功能的体词性结构才能受语气副词修饰。从唐贤清（2003a、2003c）所举例句来看，体词性结构中以"好 + 名词（短语）""好 + 数量名"为主，这部分体词性结构可以独立成句，表示感叹。其他的名词性结构、代词等也大都表示一种判断，有相对完整的意思。明清时期的"真个"大多修饰"好 + 名词（或数量名）"，例如：

（90）许宣听那妇人说罢，自己寻思："真个好一段姻缘。若取得这个浑家，也不枉了。我自十分肯了，只是一件不谐：思量我日间在李将仕家做主管，夜间在姐夫家安歇，虽有些少东西，只好办身上衣服，如何得钱来娶老小？"（明·冯梦龙《警世通言》第二十八卷）

（91）大卿接过，啜在口中，真个好茶！（明·冯梦龙《醒世恒言》第十五卷）

（92）不多时，至城门下马过桥，入进三层门里，真个好个皇州！（明·吴承恩《西游记》第六十八回）

（93）雄信接来看了，拍案道："真个昏君，这时候还要差官修葺万里长城，又要出师去征高丽，岂不是劳民动众，自取灭亡。就是来总管能干，大厦将倾，岂一木所能支哉！前日徐懋功来，我烦他捎书与秦大哥；今若来总管出征，怎肯放得他过，恐叔宝亦难乐守林泉了。"（清·褚人获《隋唐演义》第三十七回）

（94）我说一对莲蓬要四十块洋钱咪，真个四十块洋钱，勿是我骗耐嗳。（清·韩邦庆《海上花列传》第二十二回）

（95）当年是拥书权拜小诸侯，而今真个百里侯矣。（清·文廉《儿女英雄传》第一回）

例句中"昏君""好一段姻缘""好茶""好个皇州""四十块洋钱""百里

侯"等都能成句，构成一种名词性非主谓句，表达一个完整的意思，表达了说话人的感叹。"真个"修饰这些感叹命题，一方面强调了这些感叹意义，一方面说话者的主观性得以更加突显，可以说"真个"具有说话人想要表达某种感叹的标记作用。这些体词性成分，即使没有附加的修饰语，如例（95）的"百里侯"，也能构成独立的名词性非主谓句。这跟程度副词修饰名词有点不同，如"很女人"之类，副体结构一般以整体做句子的谓语成分，单独一个"女人"难以成句，或者说如果没有"很"的修饰，"女人"的一些女性特征就不能得以体现。所以说体词性成分受语气副词修饰，实际是名词性非主谓句受语气副词修饰，而这种修饰，又是对名词性非主谓句的一种主观性再表述。

但上述这些受"真个"修饰的体词性结构之间，还可以加上表判断的动词"是"，能不能说这些副体结构之间省略了"是"呢？唐贤清（2003c）从信息角度用焦点理论进行了很好的解释。换一个角度，从实际语料来看，不论在宋代还是在明清时期，"真个"修饰体词性与"真个是"修饰体词性成分共现，数量不在少数。而且发现该名词在语境中如果不能构成名词性非主谓句，"真个 + 是 + 体词性成分"之间就不能省略这个"是"。比较下列两例：

（96）此山乃十洲之祖脉，三岛之来龙，自开清浊而立，鸿蒙判后而成。<u>真个好山</u>！（明·吴承恩《西游记》第一回）

（97）唐英道："似此青石头，<u>真个是山</u>了。我总兵官又不知我在这里受窘。"（明·罗懋登《三宝下西洋》第二十四回）

例（96）"好山"是在前面对此山描述后作出的评价，本身就可以用名词性非主谓句表示感叹，所以能用"真个"直接修饰。而例（97）只是对"山"的一种判断，"真个"是对这种判断的确认，本身不能用名词性非主谓句来表述，自然也不能用"真个"直接修饰。《西游记》里有"真个 + 名词性成分""真个 + 是 + 体词性成分"各7例、12例，其中就有一些"真个 + 是 + 体词性成分"之间不能省略"是"，再举例如下：

（98）长老道："徒弟，<u>真个是一座观宇</u>。"（明·吴承恩《西游记》第二十四回）

（99）那魔王见孙悟空棍法齐整，一往一来，全无些破绽，喜得他连声喝采道："好猴儿，好猴儿！<u>真个是那闹天宫的本事</u>！"（明·吴承恩《西游记》第五十回）

（100）那魔抬头，看见是太上老君，就唬得心惊胆战道："这贼猴<u>真个是个地里鬼</u>！却怎么就访得我的主公来也？"（明·吴承恩《西游

记》第五十二回）

从实际用例来看，"真个"可以直接修饰体词性成分。而且在汉语方言中，也有"真个"直接修饰体词性成分的用例。例如：

（101）云南禄劝：那儿真个一条蛇呢啊！（王焱等 2018）

例（101）是出现在当听话人不相信说话人说的话时，说话人再一次强调"蛇"的存在的语境中，表示对命题的强调之意，但是又表达了说话者希望听话者相信自己的主观意愿。

（二）"真个"独用和充当谓语

现代汉语能独用的副词，陆俭明（1983）发现有 65 个，李泉（2001）发现有 87 个，罗耀华（2007）确定为 77 个，并指出语气副词数量最多，共 36 个，占 46.75%。语气副词的独用，是语气副词具有表述性一个重要表现形式。

"真个"在明清时期能独用，独用时，可带上句末助词，陈述句一般带"的""的呢"，疑问中一般带"么"；单个"真个"本身也可独用。例如：

（102）舅太太也说："真个的呢。"（清·文康《儿女英雄传》第三十八回）

（103）真个的，他就一纳头的杜门不出，每日攻书，按期作文起来。（清·文康《儿女英雄传》第二回）

（104）晁梁道："真个么？"晁夫人道："你看！不是真个，是哄你哩？"（清·西周生《醒世姻缘传》第四十八回）

（105）应伯爵道："真个？休哄我。你去问声嫂子来，咱好起身。"（明·兰陵笑笑生《金瓶梅》第十三回）

独用的"真个"，在陈述句中，单表说话人的主观态度，即对命题确实性的认定。命题会出现在前后语境中，因而对语境有一定的依赖性。例（102）的命题出现在后，例（103）的命题出现在前。在疑问句中，说话者要求从听话者那里得到对命题确实性的认定，其命题一般出现在前，如例（104）、例（105）就是对对方话语的一种怀疑，要求从别人那里得到确认。

"真个"独用时，一般出现于对话中。可以出现在对话里的问话中，如上例（104）、例（105）；可以出现在对话里的接话中，如例（103）；当然可以出现在自述句中，如上例（102）；未发现出现于答话中，在答话中一般以"是真个的"形式出现。

"真个"或"真个的"经常在话语中独用，特别是在自述句中，很难找出其所依赖的命题，在语义上并不是交待事件来源的可信度或表明对事件确认的态度。纯粹表达一种语气，一种略带不满意的语气，甚至在句中的有无并不影响句义的表达，沈家煊（1998b）认为"如果一种语言形式经常传递某种隐含义，这种隐含义就逐渐'固化'，最后成为那种形式固有的意义"。明清时期的"真个""真个的"是如此，现代汉语中的"真是""真是的"也有这方面的表达作用。在句法上具有相对的独立性，一般出现在话语的开头，起到接续对方的话题、组织自己话语以促成交际的作用。吴福祥（2005）曾指出，"话语标记是话语或篇章中常见的一种语言形式，其主要功能是表达说话人对话语流中话语单位之间的关系或者言谈事件中受话人角色的态度、视角和情感"。董秀芳（2007）认为，"话语标记并不对命题的真值意义发生影响"，"话语标记具有主观性和程序性"。从这个角度上看，"真个"或"真个的"已经虚化为一种话语标记。例如：

（106）鸳鸯笑道："真个的，我们是没脸的了？就是我们在太太跟前，太太还赏个脸儿呢。往常倒有些体面，今儿当着这些人，倒拿起主子的款儿来了。我原不该来。不喝，我们就走。"（清·曹雪芹《红楼梦》第四十四回）

（107）张姑娘道："真个的，换了衣裳，为甚么不趁着墨写起来呢？"（清·文康《儿女英雄传》第三十八回）

（108）"真个的，数九寒天，住在冷冰冰的城墙洞里？"（李英儒《野火春风斗古城》）

这几例中的"真个的"都是表达对对方的言语、行为的一种不满的语气，其主要作用是制止这种言语、行为的继续，获得自己的话轮并组织话语进行申辩。如（106）"真个的"是鸳鸯在敬凤姐儿酒遭拒时的一种回应，"真个的"并不是对凤姐儿话语也不是对自己观点的确认，而只是表示对凤姐儿话语的否定，接过话题以申述自己的观点。

现代汉语方言中，"真个"也可以独用，同明清时期"真个"的用法一样，一般出现在自述句中，不出现在应答语中。"真个"独用出现的句法环境比较自由，可以出现在小句之前，位于句首或段首；也可位于前后小句中间，起篇章衔接作用；亦可位于句末或者段末；还可以前后不出现任何小句，单独使用。例如：

（109）云南禄劝：真个，你有什个事情又不兴挨我说。（王焱等 2018）

（110）云南禄劝：说么说，我今儿早格是话说重了，真个，明明就在那点儿自责了我还骂他。（王焱等 2018）

（111）云南禄劝：你说这个小娃啊，真个呢啊！（王焱等 2018）

（112）陕西西安：我不哄你，真个。（李荣 2002：3903）

（113）云南禄劝：哎，真个啊！（王焱等 2018）

语气副词"真个"不仅和现代汉语"的确"一样,在句中做高层谓语时能直接转化为谓语的形式,而且有时直接表现为充当谓语,一般以"是真个的"这种合成谓语形式出现。例如:

(114)薛如卞娘子悄悄的将薛三省媳妇叫到屋里问道:"他说的都是<u>真个</u>么?"(清·西周生《醒世姻缘传》第七十三回)

(115)姑娘又道:"先生,你这话<u>真个</u>?"尹先生道:"圣谕煌煌,焉得会假!"(清·文康《儿女英雄传》第十八回)

(116)晁大舍道:"是<u>真个</u>么?大晌午,什么和尚道士敢打这里大拉拉的出去?"(清·西周生《醒世姻缘传》第八回)

(117)漱芳道:"阿是<u>真个</u>头痛嘎?"玉甫笑道:"真是真个,坐来浪末要头痛,一走就勿痛哉。"(清·朝邦庆《海上花列传》第二十回)

以上几例,"真个"作谓语时,一般出现在问句中,是对命题真假性的一种不确定的态度,我们在上文中把它归为概念域中的"行"域,其主观性弱于作状语时的"真个"。问句中的"真个",命题可以隐而不现,如例(116),其他几例也可用单个的"真个?"或"真个么?"进行提问,跟"真个"独用时一样表示同样的意思。例(117)答话中用在"真个"前再加上表确认的"真",说话者以此表示事实确定无疑,主观性更强。

五、总结

语气副词最重要的特征就是表现主观性,在句法、语义、语用等方面因其与主观性有关而呈现出与其他副词不同的特征,明清时期"真个"在词义、句法等方面表现出来的特征等都可以从主观性角度得以解释。语言又是发展变化的,自唐代开始使用的"真个"是明清时期表确认类语气副词的一个代表,后来虽然在与"确实、的确、实在、真的"等的竞争中,成为了现代汉语中的一个方言词,但明清时期依然体现了它从表现主观性到表现交到主观性、从做句法成分到成为话语标记的演变过程。

参考文献

《法汉词典》编写组编（1979）《法汉词典》，上海：上海译文出版社。

奥莉娅（2014）《现代汉语范围副词研究》，上海师范大学博士学位论文。

北京大学中文系 1955、1957 级语言班编（1982）《现代汉语虚词例释》，北京：商务印书馆。

北京外国语学院英语系词典编写组编（1995）《汉英词典》，北京：外语教学与研究出版社。

北京外国语学院《意汉词典》组编（1985）《意汉词典》，北京：商务印书馆。

曹广顺（1984）《敦煌变文中的双音节副词》，载：北京大学中文系《语言学论丛》编委会编《语言学论丛》第 12 辑，北京：商务印书馆。

曹广顺（1995）《近代汉语助词》，北京：语文出版社。

曹广顺（1999）《〈佛本行集经〉中的"许"和"者"》，《中国语文》第 6 期。

曹广顺、遇笑容（2000a）《从语言的角度看某些早期译经的翻译年代问题——以〈旧杂譬喻经〉为例》，载：四川大学汉语史研究所主编《汉语史研究集刊》第 3 辑，成都：巴蜀书社。

曹广顺、遇笑容（2000b）《中古译经中的处置式》，《中国语文》第 6 期。

曹先擢（1979）《并列式同素逆序同义词》，《中国语文》第 6 期。

曹志耘主编（2008）《汉语方言地图集·语法卷》，北京：商务印书馆。

曾晓渝、姚福祥编（1996）《汉水词典》，成都：四川民族出版社。

常竑恩等（1986）《拉祜语简志》，北京：民族出版社。

柴延艳（2010）《副词"千万/万万"的语法化研究》，华中师范大学硕士学位论文。

陈爱文、于 民（1979）《并列双音词的字序》，《中国语文》第 2 期。

陈 娥（2015）《布依语副词语序类型学研究》，《中央民族大学学报（哲学社会科学版）》第 1 期。

陈 娥（2017）《布依语四音格并列复合词的韵律特征》，《云南师范大学学报（社会科学版）》第 5 期。

陈鸿瑶（2010）《现代汉语副词"也"的功能与认知研究》，东北师范大学博士学位论文。

陈 康、马荣生（1986）《高山族语言简志》，北京：民族出版社。

陈前瑞（2008）《汉语体貌研究的类型学视野》，北京：商务印书馆。

陈前瑞、王继红（2012）《从完成体到最近将来时——类型学的罕见现象与汉语的常见现象》，《世界汉语教学》第 2 期。

陈　群（2006）《近代汉语程度副词研究》，成都：巴蜀书社。

陈相木、王敬骝、赖永良（1986）《德昂语简志》，北京：民族出版社。

陈小荷（1994）《主观量问题初探——兼谈副词"就"、"才"、"都"》，《世界汉语教学》
　　第 4 期。

陈　晓（2013）《清末民初北京话里的程度副词"所"》，《中国语文》第 2 期。

陈秀兰（2008）《魏晋南北朝文与汉文佛典语言比较研究》，北京：中华书局。

陈　燕（2014）《四川西昌方言的程度副词"少、昏、完"》，《大众文艺》第 22 期。

程　瑶（2010）《舒城方言语法专题研究》，广西师范大学硕士学位论文。

储一鸣（2018）《汉语副词"也"的历时与共时考察》，华中师范大学博士学位论文。

储泽祥、刘街生（1997）《"细节显现"与"副 ＋ 名"》，《语文建设》第 6 期。

储泽祥（2018）《汉语构词重叠与构形重叠的互补分布原则》，《世界汉语教学》第 2 期。

褚俊海（2012）《汉语副词的主观化历程——指示、限制、关联》，长沙：湖南师范大学
　　出版社。

戴浩一、黄　河（1988）《时间顺序和汉语的语序》，《国外语言学》第 1 期。

戴庆厦（1990）《景颇语并列结构复合词的元音和谐》，载：戴庆厦《藏缅语族语言研
　　究》，昆明：云南民族出版社。

戴庆厦、徐悉艰（1992）《景颇语语法》，北京：中央民族学院出版社。

戴庆厦（1997）《景颇语词的双音节化对语法的影响》，《民族语文》第 5 期。

戴庆厦主编（1998）《彝语词汇学》，北京：中央民族大学出版社。

戴庆厦（1999）《景颇语名词的类称范畴》，《民族语文》第 6 期。

戴庆厦（2000）《景颇语重叠式的特点及其成因》，《语言研究》第 1 期。

戴庆厦、李泽然（2000）《哈尼语的并列复合名词》，载：中央民族大学哈尼学研究所编
　　《中国哈尼学》第 1 辑，昆明：云南民族出版社。

戴庆厦、傅爱兰（2000）《藏缅语的是非疑问句》，《中国语文》第 5 期。

戴庆厦（2001）《藏缅语族语言使动范畴的历史演变》，*Journal of Chinese Linguistics*（1）.

戴庆厦、孙　艳（2003）《四音格词在汉藏语研究中的价值》，《汉语学习》第 6 期。

戴庆厦（2005）《浪速语研究》，北京：民族出版社。

戴庆厦、丛铁华、蒋　颖、李　洁（2005）《仙岛语研究》，北京：中央民族大学出版社。

戴庆厦、孙　艳（2005）《景颇语四音格词产生的机制及其类型学特征》，《中国语文》
　　第 5 期。

戴庆厦、田　静（2005）《仙仁土家语研究》，北京：中央民族大学出版社。

戴庆厦、李　洁（2007）《勒期语研究》，北京：中央民族大学出版社。

戴庆厦、蒋　颖、孔志恩（2007）《波拉语研究》，北京：民族出版社。

戴庆厦（2008）《古汉语研究与少数民族语言》，《古汉语研究》第 4 期。

戴庆厦（2015）《汉藏语并列复合词韵律词序的类型学特征——兼论汉藏语语法类型学
　　研究的一些认识问题》，《吉林大学社会科学学报》第 3 期。

邓川林（2017）《副词"也"的量级含义研究》，《中国语文》第 6 期。

邓天玉（2013）《邢福义国学视角语法研究与其三维学术思想》，华中师范大学博士学位
　　论文。

丁邦新（1969）《国语中双音节并列语两成分间的声调关系》，《中央研究院历史语言研究所集刊》第 39 本下册。

丁邦新（1976）《〈论语〉、〈孟子〉及〈诗经〉中并列成分之间的声调关系》，《中央研究院历史语言研究所集刊》第 47 本第 1 分。

丁崇明（2002）《汉语、藏缅语、侗台语、苗瑶语复合式合成词比较》，《思想战线》第 5 期。

丁崇明（2005）《昆明方言语法研究》，山东大学博士学位论文。

丁声树等（1961）《现代汉语语法讲话》，北京：商务印书馆。

董秀芳（2002）《词汇化：汉语双音词的衍生和发展》，成都：四川民族出版社。

董秀芳（2007）《词汇化与话语标记的形成》，《世界汉语教学》第 1 期。

董志翘、蔡镜浩（1994）《中古虚词语法例释》，长春：吉林教育出版社。

董志翘（1999）《训诂类稿》，成都：四川大学出版社。

段业辉（1987）《试论副词重选》，《南京师大学报（社会科学版）》第 1 期。

段玉裁（1988）《说文解字注》，上海：上海古籍出版社。

范方莲（1964）《试论所谓"动词重叠"》，《中国语文》第 4 期。

范继淹（1962）《重庆方言名词的重叠和儿化》，《中国语文》第 12 期。

范丽君（2018）《藏缅语并列复合词的类型特征分析》，中国民族语言学会语言类型学专业委员会第二届学术研讨会论文集（未刊）。

方　梅（1995）《汉语对比焦点的句法表现手段》，《中国语文》第 4 期。

方　梅（2002）《指示词"这"和"那"在北京话中的语法化》，《中国语文》第 4 期。

方一新（1994）《〈世说新语〉词语拾诂》，《杭州大学学报（哲学社会科学版）》第 1 期。

方一新（1996）《东汉语料与词汇史研究刍议》，《中国语文》第 2 期。

丰　莎（2010）《湖南省湘阴县长康镇方言副词与普通话副词的对比研究》，湖南师范大学硕士学位论文。

冯　杰（2012）《广州话语法研究》，广西师范学院硕士学位论文。

冯胜利（1996）《论汉语的"韵律词"》，《中国社会科学》第 1 期。

冯胜利（1997）《汉语的韵律、词法与句法》，北京：北京大学出版社。

冯胜利（2000）《汉语韵律句法学》，上海：上海教育出版社。

付义琴、赵家栋（2007）《从明代小说中的"正"、"在"看时间副词"正在"的来源》，《中国语文》第 3 期。

傅爱兰、李泽然（1996）《哈尼语的重叠式》，《语言研究》第 1 期。

甘于恩（2002）《广东四邑方言语法研究》，暨南大学博士学位论文。

盖兴之（1986）《基诺语简志》，北京：民族出版社。

高　宁（2013）《现代汉语程度副词与否定副词共现的认知研究》，吉林大学博士学位论文。

高永奇（2004）《布兴语研究》，北京：民族出版社。

高育花（1999）《中古汉语副词研究》，南京大学博士学位论文。

高育花（2001）《中古汉语副词"更"探微》，《湘潭大学社会科学学报》第 2 期。

高育花（2007）《中古汉语副词研究》，合肥：黄山书社。

葛佳才（2002）《汉译佛经中的特殊副词"适"》，渝洲大学学报（社会科学版）第6期。

葛佳才（2005）《东汉副词系统研究》，长沙：岳麓书社。

龚　娜（2011）《湘方言程度范畴研究》，湖南师范大学博士学位论文。

谷　峰（2010）《先秦汉语情态副词研究》，南开大学博士学位论文。

谷　峰（2011）《上古汉语"诚"、"果"语气副词用法的形成与发展》，《中国语文》第3期。

顾薇娜（2013）《绍兴方言语气副词研究》，上海大学硕士学位论文。

顾骁晨（2017）《侗台语程度副词的类型学研究》，暨南大学硕士学位论文。

关黑拽（2015）《现代汉语频度副词研究》，吉林大学博士学位论文。

郭绍虞（1985）《中国语词之弹性作用》，载：郭绍虞《照隅室语言文字论集》，上海古籍出版社。

郭锡良（2003）《古代汉语》（修订本），北京：商务印书馆。

郭晓瑞（2014）《临猗方言的程度副词》，《吕梁教育学院学报》第1期。

郭　鑫（2012）《汉壮语接触视角下的武鸣壮语语法研究》，广西大学硕士学位论文。

郭翼舟（1984）《副词、介词、连词》，上海：上海教育出版社。

郭在贻（1985）《训诂丛稿》，上海：上海古籍出版社。

韩陈其（1983）《〈史记〉中字序对换的双音词》，《中国语文》第3期。

郝静芳（2014）《山东省青州方言的特色程度副词研究》，《西华大学学报（哲学社会科学版）》第4期。

何金松（1980）《字序可以互换的双音虚词》，《华中师院学报（哲学社会科学版）》第3期。

何金松（1994）《虚词历时词典》，武汉：湖北人民出版社。

何乐士（1994）《左传语言研究文集第1分册·〈左传〉范围副词》，长沙：岳麓书社。

何汝芬、陈　康（1981）《台湾高山族的阿眉斯语》，《语言研究》第1期。

何汝芬、曾思奇、田中山、林登仙（1986）《高山族语言简志（阿眉斯语）》，北京：民族出版社。

何亚南（1998）《汉译佛经与后汉词语例释》，《古汉语研究》第1期。

和即仁、姜竹仪（1982）《纳西语简志》，北京：民族出版社。

贺嘉善（1983）《仡佬语简志》，北京：民族出版社。

赫　琳（2009）《现代汉语副词语义指向及其计算机识别研究》，北京：中国社会科学出版社。

洪　波（2000）《论平行虚化》，载：四川大学汉语史研究所编《汉语史研究集刊》第2辑，成都：巴蜀书社。

洪　诚（1957）《论南北朝以前汉语中的系词》，《语言研究》第2期。

洪　诚（1958）《论古汉语的被动式》，《南京大学学报（人文科学）》第1期。

洪　诚（2000）《洪诚文集雒诵庐论文集》，南京：江苏古籍出版社。

胡乘玲（2018）《湖南东安官话方言的副词重叠式反复问句》，《方言》第1期。

胡敕瑞（2002a）《〈论衡〉与东汉佛典词语比较研究》，成都：巴蜀书社。

胡敕瑞（2002b）《从〈论衡〉与东汉佛典三音词语的比较看东汉词汇的发展》，载：北京大学中文系《语言学论丛》编委会编《语言学论丛》第 25 辑，北京：商务印书馆。

胡裕树（1962）《现代汉语》，上海：上海教育出版社。

胡增益（1986）《鄂伦春语简志》，北京：民族出版社。

胡竹安（1983）《〈永乐大典戏文三种校注〉〈元本琵琶记校注〉斠补》，《中国语文》第
　　5 期。

侯精一（1988）《平遥方言的重叠式》，《语文研究》第 3 期。

侯精一（1999）《现代晋语的研究》，北京：商务印书馆。

侯　敏（1987）《同素异序词的发展和规范问题》，《语文建设》第 3 期。

侯学超（1998）《现代汉语虚词词典》，北京：北京大学出版社。

华玉明（2002a）《汉语重叠理据（二）》，《邵阳学院学报（社会科学）》第 S1 期。

华玉明（2002b）《汉语重叠理据（一）》，《邵阳学院学报（社会科学）》第 5 期。

华玉明（2003）《从语法构造和语用心理看动词形容词的重叠性》，《湘潭大学社会科学
　　学报》第 3 期。

黄　涛（2016）《闽东罗源方言描写语法》，福建师范大学博士学位论文。

黄伯荣、廖序东（1991）《现代汉语》，北京：高等教育出版社。

黄伯荣主编（1996）《汉语方言语法类编》，青岛：青岛出版社。

黄聪聪（2009）《古汉语语序的合理性新探——以闽南方言为例证》，《南昌大学学报
　　（人文社会科学版）》第 5 期。

贾泽林（2015）《副词"起码"的语义、语用分析》，《语文研究》第 1 期。

江　荻（2005）《义都语研究》，北京：民族出版社。

江蓝生（1988）《魏晋南北朝小说词语汇释》，北京：语文出版社。

江蓝生（1999）《处所词的领格用法与结构助词"底"的由来》，《中国语文》第 2 期。

江蓝生（2000）《近代汉语探源》，北京：商务印书馆。

江蓝生（2002）《时间词"时"和"后"的语法化》，《中国语文》第 4 期。

江蓝生（2003）《语言接触与元明时期的特殊判断句》，北京大学中文系《语言学论丛》
　　编委会编《语言学论丛》第 28 辑，北京：商务印书馆。

江蓝生（2017）《语法化程度的语音表现》，载：江蓝生《汉语语法化的诱因与路径》，
　　上海：学林出版社。

江蓝生（2018）《再论"们"的语源是"物"》，《中国语文》第 3 期。

姜汇川、许皓光、刘延新、宋凤英（1989）《现代汉语副词分类实用词典》，北京：对外
　　贸易教育出版社。

姜　南（2010）《汉译佛经"S，N 是"句非系词判断句》，《中国语文》第 1 期。

蒋冀骋（1994）《隋以前汉译佛经虚词笺识》，《古汉语研究》第 2 期。

蒋礼鸿（1981）《敦煌变文字义通译》（第 4 次增订本），上海：上海古籍出版社。

蒋绍愚（1980a）《杜诗词语札记》，载：北京大学中文系《语言学论丛》编委会编《语
　　言学论丛》第 6 辑，北京：商务印书馆。

蒋绍愚（1980b）《唐诗词语札记》，《北京大学学报（哲学社会科学版）》第 3 期。

蒋绍愚（2001）《〈世说新语〉、〈齐民要术〉、〈洛阳伽蓝记〉、〈贤愚经〉、〈百喻经〉中
　　的"已"、"竟"、"讫"、"毕"》，《语言研究》第 1 期。

蒋文钦、陈爱文（1982）《关于并列结构固定词语的内部次序》，《中国语文》第 4 期。

蒋　颖（2005）《汉语名量词虚化的三种机制》，《云南师范大学学报》第 1 期。

蒋　颖（2015）《大羊普米语参考语法》，北京：中国社会科学出版社。

解惠全（1987）《谈实词的虚化》，载：南开大学中文系《语言研究论丛》编委会编《语言研究论丛》第 4 辑，天津：南开大学出版社。

解惠全（1997）《关于虚词复音化的一些问题》，载：南开大学中文系《语言研究论丛》编委会编《语言研究论丛》第 7 辑，天津：南开大学出版社。

金立鑫（2009）《解决汉语补语问题的一个可行性方案》，《中国语文》第 5 期。

金兆梓（1922）《国文法之研究》，上海：中华书局。

经　典（2015）《墨江碧约哈尼语参考语法》，北京：中国社会科学出版社。

阚绪良（2003）《〈五灯会元〉虚词研究》，浙江大学博士学位论文。

康忠德（2011）《居都仡佬语参考语法》，北京：中国社会科学出版社。

康振栋（2003）《中古汉语里否定词前的"了"字》，《中国语文》第 4 期。

孔　泉编（2003）《现代荷汉词典》（修订版），北京：世界知识出版社。

兰宾汉（2004）《西安方言中的几个程度副词》，《陕西师范大学学报（哲学社会科学版）》第 5 期。

蓝利国（2016）《壮语语法标注文本》，北京：社会科学文献出版社。

蓝庆元、吴福祥（2012）《侗台语副词"互相"修饰动词的语序》，《民族语文》第 6 期。

雷冬平（2006）《近代汉语常用双音虚词演变研究及认知分析》，浙江大学博士学位论文。

雷二毛（2012）《武汉方言中的重叠式副词》，《华中人文论丛》第 1 期。

黎锦熙、刘世儒（1957）《汉语语法教材：第一编，基本规律》，北京：商务印书馆。

黎锦熙（1992）《新著国语文法》，北京：商务印书馆。

李　晨（2012）《民权方言揣测类语气副词研究》，华中师范大学硕士学位论文。

李春风（2012）《邦朵拉祜语参考语法》，中央民族大学博士学位论文。

李大勤（2004）《苏龙语研究》，北京：民族出版社。

李道勇等（1986）《布朗语简志》，北京：民族出版社。

李锦芳（1999）《布央语研究》，北京：中央民族大学出版社。

李俊楠、王化平（2018）《大同方言情态方式副词的用法》，《山西大同大学学报（社会科学版）》第 1 期。

李教昌（2018）《怒江傈僳语参考语法》，上海师范大学博士学位论文。

李　蓝（1987）《贵州大方方言名词和动词的重叠式》，《方言》第 3 期。

李　敏（2011）《开封方言估测类语气副词研究》，河南大学硕士学位论文。

李　明（2003）《试谈言说动词向认知动词的引申》，载：吴福祥、洪　波主编《语法化与语法研究》第 1 辑，北京：商务印书馆。

李　明（2003）《汉语表必要的情态词的两条主观化路线》，载：中国语文杂志社编《语法研究和探索》第 12 辑，北京：商务印书馆。

李　明（2018）《副词"本"的演变》，《古汉语研究》第 3 期。

李启群（2002）《吉首方言研究》，北京：民族出版社。

李　泉（2001）《汉语语法考察与分析》，北京：北京语言文化大学出版社。

李　荣主编、张惠英编（1993）《崇明方言词典》，南京：江苏教育出版社。

李　荣主编、周长楫编（1998）《厦门方言词典》第二版，南京：江苏教育出版社。

李　荣主编、叶祥苓编（1993）《苏州方言词典》，南京：江苏教育出版社。

李　荣主编、沈　明编（1994）《太原方言词典》，南京：江苏教育出版社。

李　荣主编、汪　平编（1994）《贵阳方言词典》，南京：江苏教育出版社。

李　荣主编，颜清徽、刘丽华编（1994）《娄底方言词典》，南京：江苏教育出版社。

李　荣主编、黄雪贞编（1995）《梅县方言词典》，南京：江苏教育出版社。

李　荣主编、刘村汉编（1995）《柳州方言词典》，南京：江苏教育出版社。

李　荣主编、刘丹青编（1995）《南京方言词典》，南京：江苏教育出版社。

李　荣主编，温端政、张光明编（1995）《忻州方言词典》，南京：江苏教育出版社。

李　荣主编、熊正辉编（1995）《南昌方言词典》，南京：江苏教育出版社。

李　荣主编、颜　森编（1995）《黎川方言词典》，南京：江苏教育出版社。

李　荣主编、周　磊编（1995）《乌鲁木齐方言词典》，南京：江苏教育出版社。

李　荣主编、朱建颂编（1995）《武汉方言词典》，南京：江苏教育出版社。

李　荣主编、陈鸿迈编（1996）《海口方言词典》，南京：江苏教育出版社。

李　荣主编、贺　巍编（1996）《洛阳方言词典》，南京：江苏教育出版社。

李　荣主编、李树俨、张安生编（1996）《银川方言词典》，南京：江苏教育出版社。

李　荣主编、苏晓青、吕永卫编（1996）《徐州方言词典》，南京：江苏教育出版社。

李　荣主编、王军虎编（1996）《西安方言词典》，南京：江苏教育出版社。

李　荣主编、王世华、黄继林编（1996）《扬州方言词典》，南京：江苏教育出版社。

李　荣主编，汤珍珠、陈忠敏、吴新贤编（1997）《宁波方言词典》，南京：江苏教育出版社。

李　荣主编，吴建生、赵宏因编（1997）《万荣方言词典》，南京：江苏教育出版社。

李　荣主编，许宝华、陶　寰编（1997）《上海方言词典》，南京：江苏教育出版社。

李　荣主编、尹世超编（1997）《哈尔滨方言词典》，南京：江苏教育出版。

李　荣主编、梁德曼、黄尚军编（1998）《成都方言词典》，南京：江苏教育出版社。

李　荣主编、鲍士杰编（1998）《杭州方言词典》，南京：江苏教育出版社。

李　荣主编、白宛如编（1998）《广州方言词典》，南京：江苏教育出版社。

李　荣主编、冯爱珍编（1998）《福州方言词典》，南京：江苏教育出版社。

李　荣主编、谢留文编（1998）《于都方言词典》，南京：江苏教育出版社。

李　荣主编、游汝杰、杨乾明编（1998）《温州方言词典》，南京：江苏教育出版社。

李　荣主编、张振兴、蔡叶青编（1998）《雷州方言词典》，南京：江苏教育出版社。

李　荣主编（2002）《现代汉语方言大词典》，南京：江苏教育出版社。

李　荣主编、赵日新编（2003）《绩溪方言词典》，南京：江苏教育出版社。

李如龙（1984）《闽方言和苗、壮、傣、藏诸语言的动词特式重叠》，《民族语文》第 1 期。

李如龙（2013）《关于宾语前置》，《汉语学报》第 4 期。

李　珊（2003）《动词重叠式研究》，北京：语文出版社。

李思明（1997）《中古汉语并列合成词中决定词素次序诸因素考察》，《安庆师院社会科学学报》第 1 期。

李素英（2010）《中古汉语语气副词研究》，山东大学博士学位论文。

李维琦（1993）《佛经释词》，长沙：岳麓书社。

李维琦（1999）《佛经续释词》，长沙：岳麓书社。

李文静（2014）《南通方言语气副词研究》，南京大学硕士学位论文。

李秀华（2018）《和温壮语并列复合词结构及其词序特征》，中国民族语言学会语言类型学专业委员会第二届学术研讨会论文集（未刊）。

李　艳、任彦智（2006）《〈世说新语〉中的程度补语研究》，《长春大学学报》第 1 期。

李英哲、卢卓群（1997）《汉语连词发展过程中的若干特点》，《湖北大学学报（哲学社会科学版）》第 4 期。

李　颖（2013）《渭南方言的程度副词"太"》，《时代文学（下半月）》第 3 期。

李宇明（1996）《论词语重叠的意义》，《世界汉语教学》第 1 期。

李宇明（1997）《主观量的成因》，《汉语学习》第 5 期。

李宇明（1998）《动词重叠的若干句法问题》，《中国语文》第 2 期。

李宇明（1999）《程度与否定》，《世界汉语教学》第 1 期。

李宇明（2009）《汉语复叠类型综述》，载：华中师范大学语言与语言教育研究中心主编《华中语学论库（第二辑）——汉语重叠问题》，武汉：华中师范大学出版社。

李玉晶（2015）《河南南阳话的频率副词"肯"及其来源》，《语言研究》第 4 期。

李云兵（2006）《苗瑶语的非分析形态及其类型学意义》，《民族语文》第 2 期。

李云兵（2008）《语言接触对南方一些民族语言语序的影响》，《民族语文》第 5 期。

李运熹（1993）《范围副词的分类及语义指向》，《宁波师院学报（社会科学版）》第 2 期。

李宗江（1999）《汉语常用词演变研究》，上海：汉语大词典出版社。

李宗江（2007）《几个含"死"义动词的虚化轨迹》，《古汉语研究》第 1 期。

栗学英（2017）《中古汉语副词演变研究》，南京：南京大学出版社。

梁　敏（1980a）《毛南语简志》，北京：民族出版社。

梁　敏（1980b）《侗语简志》，北京：民族出版社。

梁启超（1989）《翻译文学与佛典》，载：梁启超《佛学研究十八篇》，北京：中华书局。

梁晓虹（1994）《佛教词语的构造与汉语词汇的发展》，北京：北京语言学院出版社。

梁晓虹（2001a）《佛教与汉语词汇》，高雄：佛光文化事业有限公司。

梁晓虹（2001b）《试论〈正法华经〉中的同义复合副词》，载：徐时仪等编《语苑集锦·许威汉先生从教五十周年纪念文集》，上海：上海世纪出版集团。

梁晓虹（2005）《论近代汉语中三音节副词》，载：四川大学汉语史研究所编《汉语史研究集刊》第八辑，成都：巴蜀书社。

林宝卿（1989）《永安话"极"过及其相关的特殊句式》，《厦门大学学报（哲学社会科学版）》第 3 期。

林汉达（1955）《什么不是词儿——小于词儿的不是词儿》，《中国语文》第 4 期。

林华东（2004）《从复合词的"异序"论汉语的类型学特征》，《泉州师范学院学报》第 3 期。

蔺　璜、郭姝慧（2003）《程度副词的特点范围与分类》，《山西大学学报（哲学社会科学版）》第 2 期。

刘村汉、肖伟良（1988）《广西平南白话形容词的重叠式》，《方言》第 2 期。

刘丹青（1986）《苏州方言重叠式研究》，《语言研究》第 1 期。

刘丹青（1988）《汉藏语系重叠形式的分析模式》，《语言研究》第 1 期。

刘丹青、徐烈炯（1998）《焦点与背景、话题及汉语"连"字句》，《中国语文》第 4 期。

刘丹青（2001）《语法化中的更新、强化与叠加》，《语言研究》第 2 期。

刘丹青、唐正大（2001）《话题焦点敏感算子"可"的研究》，《世界汉语教学》第 3 期。

刘丹青（2003）《语序类型学与介词理论》，北京：商务印书馆。

刘丹青（2005）《从所谓"补语"谈古代汉语语法学体系的参照系》，《汉语史学报》第
    5 辑。

刘丹青（2011）《汉语史语法类型特点在现代方言中的存废》，《语言教学与研究》第 4 期。

刘丹青（2012）《原生重叠和次生重叠：重叠式历时来源的多样性》，《方言》第 1 期。

刘冬青（2010）《北京话"真"类语气副词的历时嬗变（1750—1950）》，《中州大学学
    报》第 6 期。

刘冬青（2011）《北京话副词史（1750—1950）》，苏州大学博士学位论文。

刘 复（1920）《中国文法通论》，上海：上海书店。

刘红妮（2007）《关于"一律"词汇化、语法化演变过程的认知与阐释》，《西华大学学
    报（哲学社会科学版）》第 6 期。

刘佳佳（2008）《孟州方言重叠式研究》，河南大学硕士学位论文。

刘 坚等主编（1992）《近代汉语虚词研究》，北京：语文出版社。

刘 坚（1992）《〈训世评话〉中所见明代前期汉语的一些特点》，《中国语文》第 4 期。

刘 坚、曹广顺、吴福祥（1995）《论诱发汉语词汇语法化的若干因素》，《中国语文》
    第 3 期。

刘景农（1994）《汉语文言语法》，北京：中华书局。

刘立恒（2007）《龙川客家方言时间副词研究》，华南师范大学硕士学位论文。

刘 璐（1984）《景颇族语言简志（景颇语）》，北京：民族出版社。

刘 娜（2014）《湘乡方言特色时间副词研究》，华中师范大学硕士学位论文。

刘 平（2011）《现代汉语程度副词及程度副词结构研究》，武汉大学博士学位论文。

刘尚荣（2008）《程度副词和名词关系的多角度探讨》，北京师范大学硕士学位论文。

刘师培（1993）《左庵集》，北京：中国书店。

刘探宙（2003）《汉语的相互代词及其指称特点》，载：中国语文杂志社编《语法研究和
    探索》第 12 期，北京：商务印书馆。

刘 玮（2007）《灵寿方言重叠研究》，河北师范大学硕士学位论文。

刘文正（2012）《宁乡话的情状副词》，《广西民族师范学院学报》第 6 期。

刘湘涛、罗智丰（2007）《新宁方言中的几个"很"类程度副词分析》，《桂林航天工业
    高等专科学校学报》第 1 期。

刘晓梅（2007）《来自粤方言的超量级程度副词"太过"》，《中国语文》第 5 期。

刘月华（1982）《状语与补语的比较》，《语言教学与研究》第 1 期。

刘月华（1983）《动词重叠的表达功能及可重叠动词的范围》，《中国语文》第 1 期。

刘玉兰（2012）《泰国勉语参考语法》，中央民族大学博士学位论文。

刘振华（2010）《"万万"的语法化及其相关问题》，《语文学刊》第 11 期。

柳士镇（1985）《〈百喻经〉中若干语法问题的探索》，《中州学刊》第 5 期。

柳士镇（1992）《魏晋南北朝历史语法》，南京：南京大学出版社。

龙国富（2005）《法华经语法研究》，中国社会科学院博士后出站报告。

陆俭明（1982）《现代汉语副词独用刍议》，《语言教学与研究》第 2 期。

陆俭明（1983）《副词独用考察》，《语言研究》第 2 期。

陆镜光（2009）《重叠·指大·指小——汉语重叠式既能指大又能指小现象试析》，载：
    汪国胜、谢晓明主编《华中语学论库（第二辑）——汉语重叠问题》，武汉：华中师
    范大学出版社。

陆宗达、俞　敏（1954）《现代汉语语法》，北京：群众书店。

陆宗达（1980）《训诂简论》，北京：北京出版社。

罗安源（1990）《现代湘西苗语语法》，北京：中央民族学院出版社。

罗芬芳（2011）《修水赣方言语法特色研究》，广西师范学院硕士学位论文。

罗根泽（1978）《佛典翻译论》，载：张曼涛《佛典翻译史论》，台北：大乘文化出版社。

罗耀华（2007）《副词性非主谓句成句问题研究》，华中师范大学博士学位论文。

罗耀华（2010）《现代汉语副词性非主谓句研究——副词成句问题探索》，武汉：华中师
    范大学出版社。

罗耀华（2015）《副词化、词汇化与语法化——语气副词探微》，武汉：华中师范大学出
    版社。

罗主宾（2013）《明清时期语气副词研究》，湖南师范大学博士学位论文。

罗竹风主编（1986）《汉语大词典》，上海：汉语大词典出版社。

骆晓平（1990）《魏晋六朝汉语词汇双音倾向三题》，《古汉语研究》第 4 期。

吕叔湘（1944）《中国文法要略》，北京：商务印书馆。

吕叔湘、朱德熙（1952）《语法修辞讲话》，北京：开明书店。

吕叔湘（1955）《汉语语法论文集》，北京：科学出版社。

吕叔湘（1963）《现代汉语单双音节问题初探》，《中国语文》第 1 期。

吕叔湘（1979）《汉语语法分析问题》，北京：商务印书馆。

吕叔湘编（1980）《现代汉语八百词》（增订本），北京：商务印书馆。

吕叔湘（1982）《中国文法要略》，北京：商务印书馆。

吕叔湘（1984）《"能"和"得"》，《中国语文》第 2 期。

吕叔湘（1987）《说"胜"和"败"》，《中国语文》第 1 期。

吕叔湘等著、马庆株编（1999）《语法研究入门》，北京：商务印书馆。

吕嵩崧（2017）《靖西壮语方式副词、程度副词与谓语的语序模式及其历时动因》，《民
    族语文》第 4 期。

马重奇（2002）《闽台方言的源流与嬗变》，福州：福建人民出版社。

马建忠（1983）《马氏文通》，北京：商务印书馆。

马启红（2003）《太谷方言副词说略》，《语文研究》第 1 期。

马庆株主编（1992）《汉语动词和动词性结构》，北京：北京语言学院出版社。

马庆株（2009）《关于重叠的若干问题：重叠（含叠用）、层次与隐喻》，载：汪国胜、

谢晓明主编《华中语学论库（第二辑）——汉语重叠问题》，武汉：华中师范大学出版社。

马希文（1989）《以计算语言学为背景看语法问题》，《国外语言学》第 3 期。

马学良主编（2003）《汉藏语概论》第 2 版，北京：民族出版社。

马　真（1981）《修饰数量词的副词》，《语言教学与研究》第 1 期。

马　真（1982）《说"也"》，《中国语文》第 4 期。

马　真（1983）《关于"都 / 全"所总括的对象的位置》，《汉语学习》第 1 期。

马　真（1985）《"稍微"和"多少"》，《语言教学与研究》第 3 期。

马　真（1988）《程度副词在表示程度比较的句式中的分布情况考察》，《世界汉语教学》第 2 期。

马　真（2001）《表加强否定语气的副词"并"和"又"——兼谈词语使用的语义背景》，《世界汉语教学》第 3 期。

马　真（2003）《"已经"和"曾经"的语法意义》，《语言科学》第 1 期。

买提热依木·沙依提（2004）《古代突厥文献语言的音节结构类型》，《民族语文》第 2 期。

毛帅梅（2012）《现代汉语副词及类副词的功能层级研究》，上海外国语大学博士学位论文。

毛宗武、蒙朝吉、郑宗泽（1982）《瑶族语言简志》，北京：民族出版社。

毛宗武、蒙朝吉（1986）《畲语简志》，北京：民族出版社。

毛宗武（2004）《瑶族勉语方言研究》，北京：民族出版社。

梅祖麟（1988）《词尾"底"、"的"的来源》，《中央研究院历史语言研究所集刊》第 1 期。

梅祖麟（2000）《从汉代的"动、杀"、"动、死"来看动补结构的发展——兼论中古时期起词的施受关系的中立化》，载：梅祖麟《梅祖麟语言学论文集》北京：商务印书馆。

孟蓬生（2015）《副词"颇"的来源及其发展》，《中国语文》第 4 期。

穆亚伟（2016）《辉县方言语法研究》，华中师范大学博士学位论文。

欧阳觉亚、郑贻青（1980）《黎语简志》，北京：民族出版社。

欧阳觉亚、程　方、喻翠容（1984）《京语简志》，北京：民族出版社。

欧阳觉亚（1985）《珞巴族语言简志（崩尼 - 博嘎尔语）》，北京：民族出版社。

欧阳觉亚（1998）《村语研究》，上海：上海远东出版社。

潘国英、齐沪扬（2009）《论"也好"的词汇化》，《汉语学习》第 5 期。

潘　田（2010）《现代汉语语气副词情态类型研究》，武汉大学博士学位论文。

裴学海（1954）《古书虚字集释》，北京：中华书局。

普忠良（2016）《纳苏彝语语法研究》，上海师范大学博士学位论文。

齐沪扬（1987）《谈单音节副词的重叠》，《中国语文》第 4 期。

齐沪扬（2002）《语气词与语气系统》，合肥：安徽教育出版社。

其其格（2011）《汉蒙语短时副词对比研究》，吉林大学硕士学位论文。

钱　兢（1999）《论现代汉语范围副词》，上海师范大学硕士学位论文。

钱曾怡（2002）《汉语方言研究的方法与实践》，北京：商务印书馆。

强星娜（2017）《副词"一时"的句法语义选择限制与偏好》，《汉语学报》第 4 期。

乔全生（2000）《晋方言语法研究》，北京：商务印书馆。

乔　蕊（2017）《阜阳方言语气副词研究》，江西师范大学硕士学位论文。

屈承熹（1991）《汉语副词的篇章功能》，《语言教学与研究》第 2 期。

瞿霭堂（1995）《论汉藏语言的虚词》，《民族语文》第 6 期。

热孜亚木·麦麦提吐逊（2012）《汉语—维吾尔语副词对比研究——以小说〈家〉汉维文本对比为例》，中央民族大学硕士学位论文。

任继愈（1985）《中国佛教史》，北京：中国社会科学出版社。

萨丕尔（美）著，陆卓元译（1985）《语言论——言语研究导论》，北京：商务印书馆。

莎妮亚·凯穆拜尔（2000）《维吾尔语中词的重叠》，《中央民族大学学报》第 1 期。

单韵鸣（2008）《再释广州话副词"够"》，《中国语文》第 2 期。

尚永清等编（1991）《新汉日词典》，北京：商务印书馆。

邵洪亮（2013）《副词"还是"的元语用法》，《语言教学与研究》第 4 期。

沈开木（1984）《"不"字的否定范围和否定中心的探索》，《中国语文》第 6 期。

沈家煊（1993）《"语用否定"考察》，《中国语文》第 5 期。

沈家煊（1994a）《"好不"不对称用法的语义和语用解释》，《中国语文》第 4 期。

沈家煊（1994b）《"语法化"研究综观》，《外语教学与研究》第 4 期。

沈家煊（1998a）《语用法的语法化》，《福建外语》第 2 期。

沈家煊（1998b）《实词虚化的机制——〈演化而来的语法〉评介》，《当代语言学》第 3 期。

沈家煊（1999a）《不对称和标记论》，南昌：江西教育出版社。

沈家煊（1999b）《认识心理和语法研究》，载：马庆株编《语法研究入门》，北京：商务印书馆。

沈家煊（2001a）《语言的"主观性"和"主观化"》，《外语教学与研究》第 4 期。

沈家煊（2001b）《跟副词"还"有关的两个句式》，《中国语文》第 6 期。

沈家煊（2002a）《语法化和形义间的扭曲关系》，载：《著名中年语言学家自选集·沈家煊卷》，合肥：安徽教育出版社。

沈家煊（2002b）《如何处置"处置式"——论把字句的主观性》，《中国语文》第 5 期。

沈家煊（2003）《复句三域"行、知、言"》，《中国语文》第 3 期。

沈家煊（2005）《"分析"和"综合"》，《语言文字应用》第 3 期。

沈家煊（2006）《认知与汉语语法研究》，北京：商务印书馆。

沈家煊（2009）《语言类型学的眼光》，《语言文字应用》第 3 期。

盛益民（2014）《吴语绍兴柯桥话参考语法》，南开大学博士学位论文。

施春宏（2001）《名词的描述性语义特征与副名组合的可能性》，《中国语文》第 3 期。

施其生（1988）《汕头方言动词短语重叠式》，《方言》第 2 期。

施向东（2002）《梵汉对音与古汉语的语流音变问题》，《南开语言学刊》第 1 辑。

石　锋、潘悟云编（1999）《中国语言学的新拓展》，香港：香港城市大学出版社。

石　林（1997）《侗语汉语语法比较研究》，北京：中央民族大学出版社。

石毓智（1996）《试论汉语的句法重叠》，《语言研究》第 2 期。

石毓智、李　讷（2000）《十五世纪前后的句法变化与现代汉语否定标记系统的形成——否定标记"没（有）"产生的句法背景及其语法化过程》，《语言研究》第 2 期。

石毓智（2006）《语法化的动因与机制》，北京：北京大学出版社。

石毓智（2015）《汉语语法演化史》，南昌：江西教育出版社。

时　建（2009）《梁河阿昌语参考语法》，北京：中国社会科学出版社。

史金生（1993）《时间副词"就""再""才"的语义、语法分析》，《逻辑与语言学习》第
　　3 期。

史金生（2002）《现代汉语副词的语义功能研究》，南开大学博士学位论文。

史金生（2011）《现代汉语副词连用顺序和同现研究》，北京：商务印书馆。

斯钦朝克图（1986）《中世纪蒙古语里的副词 ᠮᠣᠩ》，《民族语文》第 1 期。

宋　扬（2016）《韩国留学生关联副词习得考察》，武汉：华中师范大学出版社。

宋子然（2000）《古汉语词义丛考》，成都：巴蜀书社。

苏　丹（2014）《壮语塘红话程度副词研究》，广西民族大学硕士学位论文。

苏俊波（2007）《丹江方言语法研究》，华中师范大学博士学位论文。

苏俊波（2014）《丹江方言的语气副词"白"》，《语言研究》第 2 期。

隋长虹、侯振岩（2000）《对"根本"类否定性副词的语用分析》，《临沂师范学院学报》
　　第 5 期。

孙朝奋（1994）《〈虚化论〉评介》，《国外语言学》第 4 期。

孙德袚（1995）《说"略无"》，《临沂师专学报》第 4 期。

孙红举（2012）《河南鲁山方言的相对程度副词"通"》，《方言》第 4 期。

孙宏开（1982）《独龙语简志》，北京：民族出版社。

孙宏开、刘　璐（1986）《怒族语言简志（怒苏语）》，北京：民族出版社。

孙宏开、胡增益、黄　行主编（2007）《中国的语言》，北京：商务印书馆。

孙洪威（2014）《现代汉语转折副词语义功能研究》，吉林大学博士学位论文。

孙庆波（2009）《卫辉晋语"可"类程度副词研究》，华中师范大学硕士学位论文。

孙旭明（2015）《平度方言和普通话的时间副词对比研究》，山东大学硕士学位论文。

太田辰夫著（日），蒋绍愚、徐昌华译（1987）《中国语历史文法》，北京：北京大学出
　　版社。

覃　静（2012）《壮泰重叠式对比研究》，广西民族大学硕士学位论文。

覃其文（2011）《壮语周村话副词研究》，中央民族大学硕士学位论文。

谭汝为（1995）《同素逆序词四论》，载：《词汇学新研究》编辑组主编《词汇学新研
　　究》，北京：语文出版社。

唐　宁（2005）《"幸亏"的功能与篇章分析》，《四川教育学院学报》第 7 期。

唐为群（2010）《"原来"、"从来"、"连连"三组时间副词研究》，武汉：武汉大学出
　　版社。

唐贤清（2003a）《"真个"构成的副体结构的语义表达功能》，《长沙电力学院学报（社
　　会科学版）》第 3 期。

唐贤清（2003b）《〈朱子语类〉中的"太"、"煞"与"太煞"》，《云梦学刊》第 3 期。

唐贤清（2003c）《从"真个 + 体词"看近代汉语副体结构的类型及存在原因》，《常德
　　师范学院学报（社会科学版）》第 3 期。

唐贤清（2003d）《〈朱子语类〉重叠式副词的类型》，《中南大学学报（社会科学版）》

第 4 期。

唐贤清（2003e）《〈朱子语类〉重叠式副词的语义、语法分析》，湖南大学学报（社会科学版）第 5 期。

唐贤清（2004）《〈朱子语类〉副词研究》，长沙：湖南人民出版社。

唐贤清（2006）《副词"互相"、"相互"的演变及其原因分析》，《古汉语研究》第 4 期。

唐贤清（2007）《佛教文献三音节副词特点及产生、衰落的原因》，《古汉语研究》第 4 期。

唐贤清、陈　丽（2010）《"极"作程度补语的历时发展及跨语言考察》，《古汉语研究》第 4 期。

唐贤清、陈　丽（2011a）《"死"作程度补语的历时发展及跨语言考察》，《语言研究》第 3 期。

唐贤清、陈　丽（2011b）《程度补语"煞"的历时来源及跨方言考察》，《理论月刊》第 2 期。

唐贤清、罗主宾（2014a）《程度副词作补语的跨语言考察》，《民族语文》第 1 期。

唐贤清、罗主宾（2014b）《明清时期副词"真个"的句法表现和主观性分析》，《语言研究》第 1 期。

唐钰明（1991）《汉魏六朝佛经"被"字句的随机统计》，《中国语文》第 4 期。

唐钰明（1993）《利用佛经材料考察汉语词汇语法史札记》，《中山大学学报（社会科学版）》第 4 期。

陶国良主编（2007）《南通方言词典》，南京：江苏人民出版社。

陶红印（2000）《从"吃"看动词论元结构的动态特征》，《语言研究》第 3 期。

滕永博（2014）《东北官话程度副词研究》，暨南大学硕士学位论文。

田　洋（2017）《土家语四音格研究》，中央民族大学博士学位论文。

田　洋（2019）《他砂土家语的变调》，《语言研究》第 4 期。

童芳华（2013）《高安方言程度副词的五种类型》，《上饶师范学院学报》第 4 期。

涂光禄（1987）《贵阳方言的名词重叠式》，《方言》第 3 期。

土太加（2016）《藏语副词研究》，青海师范大学硕士学位论文。

汪国胜（1994）《大冶方言语法研究》，武汉：湖北教育出版社。

汪国胜、谢晓明主编（2009）《华中语学论库（第二辑）——汉语重叠问题》，武汉：华中师范大学出版社。

汪　平（1987）《湖北省西南官话的重叠式》，《方言》第 1 期。

王　燕（2007）《乌鲁木齐话否定副词的用法——兼谈突厥族语言对新疆汉语方言的影响》，《新疆师范大学学报（哲学社会科学版）》第 2 期。

王　焱、王　燕（2018）《禄劝方言话语标记"真个（是）"研究》，《柳州职业技术学院学报》第 2 期。

王　诚（2018）《试说副词"行"的产生和发展——兼及例证的商榷》，《古汉语研究》第 3 期。

王春德（1986）《苗语语法（黔东方言）》，北京：光明日报出版社。

王春德（1992）《汉苗词典（黔东方言）》，贵阳：贵州民族出版社。

王辅世（1985）《苗语简志》，北京：民族出版社。

王海棻（1991）《六朝以后汉语叠架现象举例》，《中国语文》第 5 期。

王弘宇（1996）《"仅…，就…"格式的形式、意义和功能》，《语言教学与研究》第 3 期。

王　还（1963）《动词重叠》，《中国语文》第 1 期。

王继同（1989）《论副词重迭》，《杭州大学学报（哲学社会科学版）》第 1 期。

王建军、周梦云（2018）《汉语重叠现象的演进趋势、生成历程及发展动因》，《语文研究》第 4 期。

王　均、郑国乔（1980）《仫佬语简志》，北京：民族出版社。

王　均等（1984）《壮侗语族语言简志》，北京：民族出版社。

王　力（1943）《中国现代语法》，上海：上海书店出版社。

王　力（1980）《汉语史稿》，北京：中华书局。

王　力（1945）《中国语法理论》，上海：商务印书馆。

王　力（1985）《中国现代语法》，北京：商务印书馆。

王　力（2000）《王力古汉语字典》，北京：中华书局

王　力（2014）《汉语音韵学》，北京：中华书局。

王丽香（2013）《现代汉语"全都"类总括副词研究》，浙江大学博士学位论文。

王梅弘（2017）《河津方言程度副词探析》，《汉字文化》第 16 期。

王　泉（2018）《"整整"考察》，《汉语学报》第 1 期。

王　群（2006）《明清山东方言副词研究》，山东大学博士学位论文。

王世凯（2010）《"去"和"多"作形容词程度补语的原因：兼谈述程式结构语法意义的分野》，《语文研究》第 1 期。

王淑霞（1995）《荣成方言志》，北京：语文出版社。

王宜广、邵敬敏（2010）《"A 到 O"结构的语义类型及认知模式》，《暨南学报（哲学社会科学版）》第 2 期。

王　锳（1984）《〈永乐大典戏文三种校注〉、〈元本琵琶记校注〉语词释义辨补》，《语言研究》第 1 期。

王　锳（1986）《诗词曲语辞例释 第 2 版》（增订本），北京：中华书局。

王　锳（1996）《唐诗中的动词重叠》，《中国语文》第 3 期。

王　锳（2001）《唐宋笔记语辞汇释》（修订本），北京：中华书局。

王　锳（2005）《诗词曲语辞例释》，北京：中华书局。

王咏梅（2004）《龙岩话常用三字组的动态声调》，《龙岩师专学报》第 1 期。

王云路、方一新（1992）《中古汉语语词例释》，长春：吉林教育出版社。

王展蕾（2016）《极具沂水方言特色的程度副词》，《文学教育（上）》第 5 期。

王兆燕（2017）《云南方言程度副词"很"做补语刍议》，《牡丹江大学学报》第 8 期。

韦学纯（2016）《水语语法标注文本》，北京：社会科学文献出版社。

魏　红（2007）《明清山东方言特殊语法词研究》，山东大学博士学位论文。

韦景云、覃小航（2006）《壮语通论》，北京：中央民族大学出版社。

韦庆稳、覃国生（1980）《壮语简志》，北京：民族出版社。

韦庆稳（1985）《壮语语法研究》，南宁：广西民族出版社。

魏达纯（1996）《"都"字补义》，《语文月刊》第 11 期。

文　旭、黄　蓓（2008）《极性程度副词"极"的主观化》，《外语研究》第 5 期。

吴安其（1986）《温州方言的壮侗语底层初探》，《民族语文》第 4 期。

吴福祥（1996）《敦煌变文语法研究》，长沙：岳麓书社。

吴福祥（2000）《关于动补结构"V 死 O"的来源》，《古汉语研究》第 3 期。

吴福祥（2003）《关于语法化的单向性问题》，《当代语言学》第 4 期。

吴福祥（2004）《近年来语法化研究的进展》，《外语教学与研究》第 1 期。

吴福祥（2005）《汉语语法化研究的当前课题》，《语言科学》第 2 期。

吴福祥（2008）《南方民族语言处所介词短语位置的演变和变异》，《民族语文》第 6 期。

吴建生（1999）《万荣方言的程度副词》，《语文研究》第 2 期。

吴金华（1988）《佛经译文中的汉魏六朝词语零拾》，《语言研究集刊》第 2 期。

吴金华（1995）《古文献研究丛稿》，南京：江苏教育出版社。

吴云霞（2002）《万荣方言语法研究》，厦门大学博士学位论文。

伍云姬（2007）《湖南方言的副词》，长沙：湖南师范大学出版社。

武·呼格吉勒图（1996）《阿尔泰语系诸语言表示形容词加强语义的一个共同方法》，《民族语文》第 2 期。

武振玉（1998）《东汉译经中所见的语法成分》，《吉林大学社会科学学报》第 3 期。

武振玉（2002）《魏晋六朝汉译佛经中的同义连用总括范围副词初论》，《吉林大学社会科学学报》第 4 期。

席　嘉（2013）《"是"表示强调的来源和演化》，《语言研究》第 3 期。

席　晶（2009）《泰兴方言"煞"研究》，吉林大学硕士学位论文。

夏　金（1994）《"幸亏你来了"与"你幸亏来了"》，《汉语学习》第 1 期。

萧继宗（1982）《湘乡方言》，台北：正中书局。

鲜红林（2011）《云南罗平布依语词汇研究》，中央民族大学博士学位论文。

香坂顺一（日），江蓝生、白维国译（1997）《白话语汇研究》，北京：中华书局。

香坂顺一（日），植田均译（日），李思明校（1992）《水浒词汇研究·虚词部分》，北京：文津出版社。

项　楚（1991）《敦煌文学丛考》，上海：上海古籍出版社。

谢　玥（2017）《重叠式副词的来源、演变及成因》，上海师范大学硕士学位论文。

辛岛静志（日）（1997）《汉译佛典的语言研究（一）》，《俗语言研究》第 4 期。

辛岛静志（日）（1998）《汉译佛典的语言研究（二）》，《俗语言研究》第 5 期。

辛岛静志（日）（2007）《汉译佛典的语言研究》，载：北京大学北京论坛办公室主编《北京论坛（2007）文明的和谐与共同繁荣——人类文明的多元发展模式："多元文明冲突与融合中语言的认同与流变"外国语分论坛论文或摘要集（下）》，北京：北京大学北京论坛办公室。

新疆维吾尔自治区教育局等编（1974）《汉维词典》试用本，乌鲁木齐：新疆人民出版社。

邢福义（1989）《词类问题的思考》，《语言研究》第 1 期。

邢福义（1990）《现代汉语语法研究的两个"三角"》，《云梦学刊》第 1 期

邢福义主编，颜逸明等著（1991）《现代汉语》，北京：高等教育出版社。

邢福义、李向农、丁　力、储泽祥（1993）《形容词的 AABB 反义叠结》，《中国语文》

第 5 期。

邢福义（1993）《邢福义自选集》，开封：河南教育出版社。

邢福义（2000）《"最"义级层的多个体涵量》，《中国语文》第 1 期。

邢福义（2016）《汉语语法学》（修订本），北京：商务印书馆。

邢公畹（1982）《现代汉语形容词后附字探源》，《南开学报（哲学社会科学版）》第 1 期。

邢向东（2000）《神木方言的副词研究》，《内蒙古师大学报（哲学社会科学版）》第 6 期。

邢向东、周利芳（2013）《陕北神木话的语气副词"敢"及其来源》，《方言》第 3 期。

徐朝红（2012）《汉译佛经中并列连词"亦"的历时考察及来源再探》，《语文研究》第 2 期。

徐朝红、吴福祥（2015）《从类同副词到并列连词—中古译经中虚词"亦"的语义演变》，《中国语文》第 1 期。

徐繁荣（2004）《近代汉语"煞"字考》，上海师范大学硕士论文。

徐　锴（1998）《说文解字系传》，北京：中华书局。

徐烈炯、邵敬敏（1997）《上海方言形容词重叠式研究》，《语言研究》第 2 期。

徐烈炯、刘丹青（1998）《话题的结构与功能》，上海：上海教育出版社。

徐　琳、赵衍荪（1984）《白语简志》，北京：民族出版社。

徐　琳、木玉璋、盖兴之（1986）《傈僳语简志》，北京：民族出版社。

徐时仪（1991）《试论惠琳〈一切经音义〉在近代汉语词汇研究中的价值》，《喀什师范学院学报》第 2 期。

徐悉艰编（1983）《景汉辞典》，昆明：云南民族出版社。

徐悉艰、徐桂珍（1984）《景颇族语言简志（载瓦语）》，北京：民族出版社。

许宝华、汤珍珠主编，游汝杰等编（1991）《上海方言词汇》，上海：上海教育出版社。

许宝华、宫田一郎编（1999）《汉语方言大词典》，北京：中华书局。

许光烈（1990）《谈副词的重叠》，《内蒙古民族师院学报（哲学社会科学汉文版）》第 1 期。

许　浩（1997）《三音节语词单位说略——兼论现代汉语词汇中的音节走势和"三音化"倾向》，《淄博师专学报》第 3 期。

许理和（荷）（1987）《最早的佛经译文中的东汉口语成分》，载：北京大学中文系《语言学论丛》编委会编《语言学论丛》第 14 辑，北京：商务印书馆。

许理和（荷）、李四龙等译（1998）《佛教征服中国》，南京：江苏人民出版社。

许理和（荷）（2001）《关于初期汉译佛经的新思考》，载：四川大学汉语史研究所编《汉语史研究集刊》第 4 辑，成都：巴蜀书社。

许　慎（1998）《说文解字》，北京：中华书局。

许卫东（2008）《〈高僧传〉时间副词研究》，成都：巴蜀书社。

许亚冷（2010）《泉州方言的程度副词研究》，福建师范大学硕士学位论文。

严辰松（1997）《语言临摹性概说》，《国外语言学》第 3 期。

颜红菊（2010）《副词"真"的主观性分析》，《湖南科技大学学报（社会科学版）》第 1 期。

颜洽茂（1984）《南北朝佛经复音词研究——〈贤愚经〉〈杂宝藏经〉〈百喻经〉复音词初探》，辽宁师范大学硕士学位论文。

颜洽茂（1997）《佛教语言阐释 中古佛经词汇研究》，杭州：杭州大学出版社。

杨爱姣（2000）《近代汉语三音词发展原因试析》，《武汉大学学报（人文社会科学版）》第 4 期。

杨爱姣（2005）《近代汉语三音词研究》，武汉：武汉大学出版社。

杨伯峻、何乐士（2001）《古汉语语法及其发展》，北京：语文出版社。

杨德峰（2008）《面向对外汉语教学的副词定量研究》，北京：北京大学出版社。

杨发兴（1987）《湖北长阳方言名词和动词的重叠式》，《方言》第 3 期。

杨荣祥（1997）《〈近代汉语虚词研究〉读后》，《文史知识》第 1 期。

杨荣祥（1998）《总括副词"都"的历史演变》，《北大中文研究》创刊号。

杨荣祥（1999）《现代汉语副词次类及其特征描写》，《湛江师范学院学报（哲学社会科学版）》第 1 期。

杨荣祥（2004a）《从历史演变看"VP＋甚/极"的句法语义结构关系及"甚/极"的形容词词性》，《语言科学》第 2 期。

杨荣祥（2004b）《论汉语史上的"副词并用"》，《中国语文》第 4 期。

杨荣祥（2005）《近代汉语副词研究》，北京：商务印书馆。

杨树达（1984）《高等国文法》，北京：商务印书馆。

杨万兵（2005）《现代汉语语气副词的主观性和主观化研究》，北京师范大学博士学位论文。

杨文波（2016）《山东兖州方言"ABA"式重叠副词初探》，载：北京大学中文系《语言学论丛》编委会编《语言学论丛》第 53 辑，北京：商务印书馆。

杨 艳（2016）《哈尼语窝尼话研究》，上海师范大学博士学位论文。

杨亦鸣、徐以中（2004）《副词"幸亏"的语义、语用分析——兼论汉语"幸亏"句相关话题的形成》，《语言研究》第 1 期。

杨于白主编（1992）《嘉定县志》上海：上海人民出版社。

杨智渤（2014）《现代汉语时间副词的多维度研究》，东北师范大学博士学位论文。

姚 文（2011）《山东滕州方言副词与普通话副词的比较研究》，湖南师范大学硕士学位论文。

姚小鹏（2011）《汉语副词连接功能研究》，上海师范大学博士学位论文。

叶 南（2007）《程度副词作状语和补语的不对称性》，《西南民族大学学报（人文社科版）》第 5 期。

易熙吾（1954a）《汉语中的双音词（上）》，《中国语文》第 10 期。

易熙吾（1954b）《汉语中的双音词（下）》，《中国语文》第 11 期。

殷艳娟（1998）《谈〈世说新语〉中的"都＋否定词"》，《钦州师范高等专科学校学报》第 4 期。

银莎格（2014）《银村仫佬语参考语法》，北京：中国社会科学出版社。

尹洪波（2008）《否定词与副词共现的句法语义研究》，中国社会科学院博士学位论文。

游汝杰（1982）《论台语量词在汉语南方方言中的底层遗存》，《民族语文》第 2 期。

余嘉锡（1983）《世说新语笺疏》，北京：中华书局。

余金枝（2010）《矮寨苗语参考语法》，中央民族大学博士学位论文。

于根元（1984）《反问句的性质和作用》，《中国语文》第 6 期。

于　谷（1995）《禅宗语言和文献》，南昌：江西人民出版社。

于立昌、吴福祥（2011）《时间副词"一度"的语义演变》，《古汉语研究》第 4 期。

俞理明（1987）《汉魏六朝佛经在汉语研究中的价值》，《四川大学学报（哲学社会科学
　　版）》第 4 期。

俞理明（1993）《佛经文献语言》，成都：巴蜀书社。

遇笑容、曹广顺（1998）《也从语言上看〈六度集经〉与〈旧杂譬喻经〉的译者问题》，
　　《古汉语研究》第 2 期。

遇笑容（2004）《汉语语法史中的语言接触与语法变化》，载：浙江大学汉语史研究中心
　　编《汉语史学报》第 4 辑，上海：上海教育出版社。

喻翠容、罗美珍（1980）《傣语简志》，北京：民族出版社。

喻翠容（1980）《布依语简志》，北京：民族出版社。

俞　樾（清）著、刘师培补（1939）《古书疑义举例》，上海：商务印书馆。

袁　宾（2003）《唐宋"煞"字考》，《中国语文》第 2 期。

袁　宾编（1990）《禅宗著作词语汇释》，南京：江苏古籍出版社。

袁毓林（2002）《多项副词共现的语序原则及其认知解释》，载：北京大学中文系《语言
　　学论丛》编委会主编《语言学论丛》第 26 辑，北京：商务印书馆。

袁毓林（2004）《汉语语法研究的认知视野》，北京：商务印书馆。

袁家骅等（1960）《汉语方言概要》，北京：文字改革出版社。

袁　蕾（2008）《汉维语时间副词对比研究》，新疆大学硕士学位论文。

苑中树（1994）《黎语语法纲要》，北京：中央民族大学出版社。

臧爱珍（2017）《浅析温州方言同素异序词》，《齐齐哈尔大学学报（哲学社会科学版）》
　　第 7 期。

翟会锋（2011）《三官寨彝语参考语法》，中央民族大学博士学位论文。

翟炜超（2013）《维吾尔族学习者汉语副词习得偏误研究》，新疆师范大学硕士学位论文。

张宝胜（2003）《副词"还"的主观性》，《语言科学》第 5 期。

张斌编（2001）《现代汉语虚词词典》，北京：商务印书馆。

张伯江、方　梅编（1996）《汉语功能语法研究》，南昌：江西教育出版社。

张伯江（1996）《否定的强化》，《汉语学习》第 1 期。

张伯江（2002）《施事角色的语用属性》，《中国语文》第 6 期。

张　赪（2016）《明清时期完成体否定副词的历时演变和共时差异》，《中国语文》第 5 期。

张拱贵、王聚元编（1997）《汉语叠音词词典》，南京：南京大学出版社。

张光明（1992）《忻州方言形容词的重叠式》，《方言》第 1 期。

张国艳（2005）《居延汉简虚词研究》，上海：华东师范大学博士学位论文。

张鸿魁（1988）《〈世说新语〉并列结构的字序》，载：程湘清主编《魏晋南北朝汉语研
　　究》，济南：山东教育出版社。

张华文（2000）《试论东汉以降前置宾语"是"字判断句》，《云南师范大学学报（哲学社
　　会科学版）》第 1 期。

张惠泉（1987）《贵阳方言动词的重叠式》，《方言》第 2 期。

张济民（1982）《贵州普定仡佬语的否定副词》，《民族语文》第 3 期。

张家合（2017）《汉语程度副词历史演变的多角度研究》，北京：中国社会科学出版社。

张　静（1987）《汉语语法问题》，北京：中国社会科学出版社。

张俊之（2013）《川北方言中的副词"便"》，《中国语文》第 4 期。

张克定（1996）《论提示中心副词"也"》，《河南大学学报（社科版）》第 6 期。

张　雷（2010）《黎语志强话参考语法》，南开大学博士学位论文。

张　丽（2008）《安徽叶集话的程度副词及其用法初探》，《宜宾学院学报》第 5 期。

张联荣（1988）《汉魏六朝佛经释词》，《北京大学学报（哲学社会科学版）》第 5 期。

张美兰（2003）《〈祖堂集〉祈使句及其指令行为的语力级差》，《清华大学学报（哲学社会科学版）》第 2 期。

张　敏（1997）《从类型学和认知语法的角度看汉语重叠现象》，《国外语言学》第 2 期。

张　敏（1999）《汉语方言体词重叠式语义模式的比较研究》，载：伍云姬主编《汉语方言共时与历时语法研讨论文集》，广州：暨南大学出版社。

张能甫（2000）《东汉语料及同素异序的时代问题——对〈东汉语料与词汇史研究刍议〉的补说》，《古汉语研究》第 3 期。

张　宁（1987）《昆明方言的重叠式》，《方言》第 1 期。

张寿康（1983）《现代汉语中词素对换的双音词》，载：张寿康《汉语学习丛论》，济南：山东教育出版社。

张万起（1993）《世说新语词典》，北京：商务印书馆。

张　巍（2005）《古汉语同素逆序词的修辞效能》，《修辞学习》第 1 期。

张　相（1985）《诗词曲语辞汇释》，北京：中华书局。

张晓传（2014）《元代副词研究》，山东大学博士学位论文。

张亚军（2002）《副词与限定描状功能》，合肥：安徽教育出版社。

张延成（2002）《东汉佛经词语例释二则》，《古汉语研究》第 1 期。

张谊生（1996）《副词的篇章连接功能》，《语言研究》第 1 期。

张谊生（1997）《副词的重叠形式与基础形式》，《世界汉语教学》第 4 期。

张谊生（2000a）《论与汉语副词相关的虚化机制——兼论现代汉语副词的性质、分类与范围》，《中国语文》第 1 期。

张谊生（2000b）《程度副词充当补语的多维考察》，《世界汉语教学》第 2 期。

张谊生（2000c）《现代汉语副词研究》，上海：学林出版社。

张谊生（2000d）《现代汉语副词的性质、范围与分类》，《语言研究》第 1 期。

张谊生（2004a）《近代汉语强化否定的"白""再""更""通"——兼论主观化在汉语副词再虚化中的作用》，载：浙江大学汉语史中心主编《汉语史学报》第 4 辑，上海：上海教育出版社。

张谊生（2004b）《现代汉语副词探索》，上海：学林出版社。

张谊生（2005）《副词"都"的语法化与主观化——兼论"都"的表达功用和内部分类》，《徐州师范大学学报》第 1 期。

张谊生（2006）《试论主观量标记"没"、"不"、"好"》，《中国语文》第 2 期。

张谊生（2007）《从间接的跨层连用到典型的程度副词——"极其"词汇化和副词化的

演化历程和成熟标志》，《古汉语研究》第 4 期。

张谊生（2010）《现代汉语副词分析》，上海：上海三联书店。

张谊生（2015）《从介词悬空到否定副词——兼论"无以"与"难以"的共现与趋同》，《语言教学与研究》第 4 期。

张谊生（2017）《从相对到绝对：程度副词"最"的主观化趋势与后果》，《语文研究》第 1 期。

张谊生（2017）《现代汉语副词阐释》，上海：上海三联书店。

张永绵（1980）《近代汉语中字序对换的双音词》，《中国语文》第 3 期。

张玉金（2001）《甲骨文语法学》，上海：学林出版社。

张振江（1995）《汉语佛教词汇的构成与来源：佛教与汉语之一》，《广东佛教》第 2 期。

张振江（1995）《汉语佛教词汇的构成与来源：佛教与汉语之二》，《广东佛教》第 3 期。

张振羽（2010）《〈三言〉副词研究》，湖南师范大学博士学位论文。

张志公（1958）《汉语语法常识》（改订本），上海：新知识出版社。

赵金灿（2010）《云南鹤庆白语研究》，中央民族大学博士学位论文。

赵　军（2006）《"极"的语法化、可补性和相对性》，《语文学刊》第 12 期。

赵黎明（2009）《河南周口方言程度副词研究》，《黑龙江史志》第 9 期。

赵　敏（2009）《墨江哈尼族卡多话参考语法》，中央民族大学博士学位论文。

赵岩社、赵福和（1998）《佤语语法》，昆明：云南民族出版社。

赵彦春（2001）《副词位置变化与相关的句法——语义问题》，《汉语学习》第 6 期。

赵燕珍（2012）《赵庄白语参考语法》，北京：中国社会科学出版社。

赵元任著、吕叔湘译（1979）《汉语口语语法》，北京：商务印书馆。

赵长才（2017）《"并"在中古译经中的时间副词用法及其来源》，《中国语文》第 2 期。

甄尚灵（1984）《遂宁方言形容词的生动形式》，《方言》第 1 期。

郑　奠（1964）《古汉语中字序对换的双音词》，《中国语文》第 6 期。

郑　刚（1996）《古文字资料所见叠词研究》，《中山大学学报（社会科学版）》第 3 期。

郑剑平（1996）《副词修饰含"不／没有"的否定性结构情况考察》，《四川师范大学学报（社会科学版）》第 2 期。

郑懿德（1983）《福州方言单音动词重叠式》，《中国语文》第 1 期。

郑懿德（1988）《福州方言形容词重叠式》，《方言》第 4 期。

郑张尚方（1988）《浙南和上海方言中的紧喉浊塞音声母ʔb、ʔd 初探》，载：复旦大学中国语言文学研究所吴语研究室主编《吴语论丛》，上海：上海教育出版社。

志村良治（日）著，江蓝生、白维国译（1995）《中国中世语法史研究》，北京：中华书局。

中国社会科学院语言研究所词典编辑室编（2005）《现代汉语词典》（第 5 版），北京：商务印书馆。

中国社会科学院语言研究所词典编辑室编（2016）《现代汉语词典》（第 7 版），北京：商务印书馆。

中国社会科学院语言研究所古代汉语研究室编（1999）《古代汉语虚词词典》，北京：商务印书馆。

周秉钧（1981）《古汉语纲要》，长沙：湖南人民出版社。

周国炎（2018）《布依语并列式合成词及其构序理据研究》，中国民族语言学会语言类型学专业委员会第二届学术研讨会论文集（未刊）。

周　荐（1986）《并列结构内词语的顺序问题》，《天津师大学报》第 5 期。

周　荐（2003）《三字组合与词汇单位的确定》，《语言科学》第 5 期。

周小兵、赵　新等（2002）《对外汉语教学中的副词研究》，北京：中国社会科学出版社。

周小兵（2000）《频度副词的多角度研究》，载：《第六届国际汉语教学讨论会论文选》编辑委员会主编《第六届国际汉语教学讨论会论文选》，北京：北京大学出版社。

周晓林（2005）《程度补语句"V/A 煞"式的来源及其演变》，《学术交流》第 7 期。

周一良（1963）《魏晋南北朝史论集》，北京：中华书局。

周植志、颜其香（1984）《佤语简志》，北京：民族出版社。

周祖谟（1985）《汉语骈列的词语和四声》，《北京大学学报（哲学社会科学版）》第 3 期

朱德熙（1980）《现代汉语语法研究》，北京：商务印书馆。

朱德熙（1982a）《潮阳话和北京话重叠式象声词的构造——为第十五届国际汉藏语言学会议而作》，《方言》第 3 期。

朱德熙（1982b）《语法讲义》，北京：商务印书馆。

朱冠明、段　晴（2005）《梵汉本〈法华经〉语词札记》，《古汉语研究》第 2 期。

朱冠明（2013）《"为 N 所 V"被动式再分析》，《古汉语研究》第 2 期。

朱　怀（2015）《"但"的语法功能演变及产生机制》，《中国语文》第 2 期。

朱剑芒（1955）《成语的基本形式及其组织规律的特点》，《中国语文》第 2 期。

朱景松（1998）《动词重叠式的语法意义》，《中国语文》第 5 期。

朱建颂（1987）《武汉方言的重叠式》，《方言》第 1 期。

朱　军（2012）《评注性副词"动不动"的用法与来源》，《语言研究》第 4 期。

朱　磊（2018）《现代汉语程度副词的新形式和新功能研究》，上海师范大学博士学位论文。

朱庆之（1990）《佛经翻译与中古汉语词汇二题》，《中国语文》第 2 期。

朱庆之（1992a）《试论佛典翻译对中古汉语词汇发展的若干影响》，《中国语文》第 4 期。

朱庆之（1992b）《佛典与中古汉语词汇研究》，北京：文津出版社。

朱庆之（2001）《佛教混合汉语初论》，载：北京大学中文系《语言学论丛》编委会主编《语言学论丛》第 24 辑，北京：商务印书馆。

朱庆之（2005）《论中古近代汉语中的"副词 + 否定词"组合》，载：戚晓杰，高明乐主编《汉语教学与研究文集 纪念黄伯荣教授从教五十周年》，北京：高等教育出版社。

朱媞媞（2012）《闽南话"死人"类程度副词分析》，《华侨大学学报（哲学社会科学版）》第 3 期。

朱艳华、勒排早扎（2013）《遮放载瓦语参考语法》，北京：中国社会科学出版社。

竺家宁（2002）《魏晋佛经的三音节构词现象》，载：《纪念王力先生百年诞辰学术论文集》编辑委员会编《纪念王力先生百年诞辰学术论文集》，北京：商务印书馆。

庄义友（2001）《潮州话的否定副词》，《语文研究》第 3 期。

宗守云（2010）《补语"透"语义的泛化和虚化》，《汉语学习》第 6 期。

宗守云（2018）《张家口方言副词"倒"的多功能性及其内在关联》,《语言研究》第1期。

祖人植、任雪梅（1997）《"毕竟"的语篇分析》,《中国语文》第1期。

Bolinger, Dwight L. (1968) *Entailment and the Meaning of Structures. Glossa* 2: 119–127.

Bybee, Joan (1995) *Morphology:A study of the relation between meaning and form.* Amsterdam & Philadelphia:John Benjamins.

Bybee, Joan (1995) *Regular morphology and the lexicon. Language and cognitive processes*, Volume10: 425–455.

Bybee, Joan, William Perkins & Revere Pagliuca (1994) *The Evolution of Grammar:Tense, Aspect, and Modality in the Languages of the World.* Chicago:The University of Chicago Press.

Bybee, Joan & Scheibman, Joanne (1999) *The effect of usage on degree of constituency:the reduction of don't in English. Linguistics*, Volume37.

Bybee, Joan (2001) *The role of frequency in grammaticalization.* To appear in:Richard Janda & Brain Joseph (eds.) *Handbook of Historical linguistics.* Oxford: Blackwell.

Eades, Y (1998) *Whole word reduplication in Achenese:a semantic analysis. University of Melbourne Working Papers in Linguistics.* 17: 11–22.

Finegan, Edward (1995) *Subjectivity and subjectivisation:an introduction.* In D. Stein & S. Wright (eds.): 1–15.

Fisher, Olga, Rosenbach, Anette, and Stein, Dieter (eds.) (2000) *Pathways of change: Grammaticalization in English.* Amsterdam:Benjamins.

Greenberg, Joseph. H (1966) *Language Universals.* Janua Linguarum Weries Minor, 59. The Hague: Mouton.

Greenberg, Joseph H (1978) *Universals of Human Language:Word Structure.* Volume3: 47–82. Stanford University Press.

Greenberg, Joseph H (1996) *Language universals, with special reference to feature hierarchies. Janua Linguarum.* Series Minor59. The Hague. Mouton.

Haiman, J (1980) *The iconicity of grammar:isomorphism and motivation. Language,* Vloume3: 511–540.

Heine, Bernd, and Reh, Mechthild (1984) *Grammaticalization and reanalysis in African languges.* Hamburg: Helmut Buske Verlag.

Hopper, Paul J. and Traugott, E. C (1993) *Grammaticalization.* Cambridge University Press.

Jan Nattier (2008) *A Guide to the Earliest Chinese Buddhist Translastions*: Texts from the Eastern Han "Dong Han" and There Kingdoms "San Guo" Periods 8. Tokoy: Jan Natttier, A Guide to the Earliest Chinese Buddhist Translastions: Texts from the Eastern Han International Research Institute for Advanced Buddhology, Soka University.

Jensen, John T (1990) *Morphology.* Amsterdam:John Benjamin.

Keenan & Dryer (2007) *Passive in the world's languages, in Shopen, T. ed. Language Typology and Syntactic Description*, 2nd edition, Volume I:Clause Structure. Cambridge:Cambridge University Press.

Key, H (1965) *Some semantic functions of reduplication in various languages.*

Anthropological Linguistics, Vloume3: 88−102.

Kiyomi, Setsuko (1995) *A new approach to reduplication:a semantic study of noun and verb reduplication in the Malayo-Polynesian languages. Linguistics*, Volume 33: 1145−1167.

Krug, Manfred (1998) *String frequency:A cognitive motivating factor in coalescence, language processing and linguistic change. Journal of English Linguistics* 26. 4: 286−320.

Lakoff, G. & Johnson, M. (1980) *Metaphors We Live By*. Chicago:University of Chicago press.

Langacker R. (1987) *Foundations of Cognitive Grammar*. Stanford:Stanford University Press.

Lehmann, Christian (1995) *Thoughts on Grammaticalization*. Munich:Lincom Europa.

Lyons, J. (1977) *Semantics*. 2 vols. Cambridge:Cambridge University Press.

Martin Haspelmath (1999) *Why is grammaticalization irreversible. Linguistics*, Vloume37: 6.

Martin Haspelmath (2001) *Language typology and language universals:an international handbook*. W. de Gruyter.

Martin Haspelmath (2001) *Explaining the Ditransitive Person-Role Constraint:A usage-basedapproach. Constructions*, Vloume2.

Martin Haspelmath (2007) *Coordination. To appear in:Timothy Shopen* (ed.) *Language typology and linguistic description*. 2nd ed. Cambridge:Cambridge University Press.

Moravcsik, E. A. (1978) *Reduplicative constructions. Universals of Human Language*.

Tomasello, Michael (2003) *Constructing a Language:A Usage-based Theory of Language Acquisition*. Cambridge, MA:Harvard University Press.

Traugott, E. C. (1995) *Subjectification in grammaticalization*. In:D. Stein & S. Wright (eds.), Subjectivity and Subjectivisation: Linguistic Perspectives, 31−54. Cambridge:Cambridge University Press.

Traugott, Elizabeth C. (1996) *Grammaticalization and lexicalization*. In: Keith Brown & Jim Miller (ed.) *Concise encyclopedia of syntactic theories*. Oxford; NewYork: Pergamon.

Traugott, Elizabeth C. (1999) *From Subjectification to Intersubjectification*. Paper presented at the Workshop on *Historical Pragmatics*, Fourteenth International Conference on Historical Linguistics, Vancouver, Canada, July.

Traugott, Elizabeth C. &Heine, Bernd (eds.) (1991) *Approaches to grammaticalization*. Vol. 1. Amsterdam:Benjamins.

东汉三国佛教文献目录

根据 Jan Nattier（2008）

A Guide to the Earliest Chinese Buddhist Translations

Texts from the Eastern Han 东汉 and Three Kingdoms 三国 Periods

Jan Nattier

The International Research Institute for Advanced Buddhology

Soka university

Tokyo 2008

安世高 21

1. 长阿含十报法经

2. 人本欲生经

3. 佛说一切流摄守因经

4. 佛说四谛经

5. 佛说本相致经

6. 佛说是法非法经

7. 佛说漏分布经

8. 佛说普法义经

9. 佛说八正道经

10. 佛说七处三观

11. 佛说九横经

12. 阴持入经卷

13. 地道经一卷

14. 阿含口解十二因缘经

15. 阿毗昙五法行经

16. 杂阿含经

17 五阴譬喻经

18 佛说转法轮经

19 十方菩萨品

20. 禅行法想经

21 佛说法受尘经

支娄迦谶 12

1. 道行般若经

2. 般舟三昧经

3. 佛说兜沙经

4. 诸菩萨求佛本业经

5. 菩萨十住行道品

6. 佛说遗日摩尼宝经

7. 佛说阿弥陀三耶三佛萨楼佛檀过度人道经

8. 文殊师利问菩萨署经

9. 佛说内藏百宝经

10. 佛说伅真陀罗所问如来三昧经

11. 佛说阿阇世王经

12. 阿閦佛国经

T418 般舟三昧经

安玄 . 严佛调 1

法镜经

支曜 1

佛说成具光明定意经

康孟详 2

中本起经

修行本起经

支谦 24

1. 般泥洹经

2. 佛说释摩男本四子经

3. 佛说赖咤和罗经

4. 梵摩渝经

5. 佛说斋经

6. 佛说月明菩萨经

7. 佛说太子瑞应本起经

8. 义足经

9. 法句经

10. 大明度经

11. 佛说菩萨本业经

12. 佛说无量清净平等觉经卷

13. 佛说维摩诘经

14. 佛说阿难四事经

15. 私呵昧经

16. 菩萨生地经

17. 佛说七女经

18. 佛说龙施女经

19. 佛说老母经

20. 佛说八师经

21. 佛说慧印三昧经

22. 佛说四愿经

23. 佛说孛经

24. 佛说无量门微密持经

白延 1

佛说须赖经

康僧会 3

1. 六度集经

2. 大明度经卷

3. 佛说大安般守意经

佛经文献来自 CBETA 电子佛典 2018 版

后　记

因为要结项，书稿终于要暂时划上句号了，作为我耗时较长的一部书稿，尽管还有诸多不尽人意之处，但也只能就此作罢了，按照惯例，在定稿之时还是有一些想法要说出来。

一是眼界。

我所说的眼界是打破古今的界限，超越时空的樊篱。有人说，眼界决定成败，这尽管有点绝对化，但也有一定的道理。曾几何时，中国语言学界各门分支学科之间严重割裂的现象比比皆是：搞现代汉语的不太理睬古代汉语，搞古代汉语的不理睬现代汉语；研究汉语的不管民族语言，研究民族语言的不管汉语；关注汉语的不顾外语，关注外语的不顾汉语，这正是专业教育发展到一定历史阶段所面临的瓶颈。

学科体系的发展规律是自然科学与人文社会科学不断融合，整个学科不断分化，又不断整合。各学科之间的交叉和渗透，是当今学科发展的一般规律。

语言学从研究对象来看，属于人文科学；从研究方法来看，既可以采用人文社会科学的方法，也可以采用自然科学的方法，是交叉性很强的学科。江蓝生先生（1998）认为汉语史研究应该是开放的，既要与语言学的其他分支学科相交融，又要与相邻学科相交融。只有借助于现在，我们才能理解过去；也只有借助于过去，我们才能充分理解现在。

20世纪九十年代，邢福义先生（1990）提出了"普方古"大三角理论，形成了对现代汉语语法的立体研究思路。在此基础上，我们提出了服务于汉语历史语法研究的"普方古民外"立体研究法，立足于汉语语法结构的历史演变，利用现代汉语共同语、现代汉语方言、民族语言和境外语言的研究材料和理论方法来解决汉语历史语法研究的课题，为汉语历史语法研究提供新的视角，拓宽研究领域，形成"三结合"，即把历史语言学与语言类型学、语言接触理论、比较语言学、区域语言学、区域类型学等相关理论结合起来，把文献研究与田野调查结合起来，把共时研究与历时研究结合起来，从而助推汉语历史语法研究的发展。

吴福祥先生（2003）认为在考察某个特定语言的语法演变时，如果能够将单个语言的语法演变放到人类语言演变的背景下来考察，对它的演变模式、机制和动因就会有更本质的把握和更深入的解释。"普方古民外"立体研究法，突破了汉语史的框架束缚，将汉语语法现象的演变置于世界语言普遍语法演变模式的范围内考察，不仅能够有助于我们拓宽研究视角，加深对世界语言普遍语法演变模式的认知，还可以帮助我们更加深入地探讨汉语语法现象演变的轨迹，进而区分哪些语法演变是汉语的特性，哪些是世界语言普遍出现的语法演变模式。同时也能够为历时类型学研究提供汉语历史语法研究的实证，从而在语言学研究领域增强我国科学研究的国际影响力，形成具有自身特色和优势的学术话语体系。

书稿在形成过程中，曾经有一个副标题"基于'普方古民外'立体研究法的理论与实践"，后来考虑到标题太长不太好，就删掉了，但是我们的基本理念还是基于"普方古民外"立体研究法的。不敢说很成功，但是力图这么去做，是非功过，交由学界评说。

二是锤炼。

书稿是在我的博士后出站报告基础上完善而成。2003 年 7 月，承蒙曹广顺先生不弃，接纳我来中国社会科学院语言研究所从事博士后研究。在湖南师范大学师从蒋冀骋先生攻读博士学位时，蒋先生指导我关注《朱子语类》的语言现象，不只因为朱熹对岳麓书院、对湖湘文化的深远影响，更主要是因为《朱子语类》的语言很有特色，所以我选定了《朱子语类》为研究对象。不知是何缘故，读大学起我就对语言学产生了兴趣，当时图书馆语言类书籍都被我扫荡了一遍，大多做了读书笔记。记得 1986 年学校举行论文比赛，我考察了"好不"这一副词，获了奖，奖品就是王力先生的《古汉语常用字字典》，让我喜出望外，从此也对副词有了特殊的感情，硕士阶段写副词，博士阶段也写副词。由于老师的指导和学界的关爱，博士论文《〈朱子语类〉副词研究》还被评为全国优秀博士论文。博士接近毕业时，蒋冀骋先生、李维琦先生鼓励我去中国社会科学院继续从事博士后研究，湖南师范大学文学院作为汉文佛典语言研究的重要阵地，我也希望能从事汉文佛典的副词研究，向曹广顺先生一汇报，曹先生欣然同意了。由于东汉三国时期汉文佛典的特殊地位，所以我就确定了"东汉三国佛教文献副词研究"这一选题。经过曹先生的具体指导，语言所江蓝生、吴福祥等各位先生的帮助，于 2005 年 10 月完成了出站报告。

按说完成出站报告以后应该出版，但我迟迟下不了决心。吴福祥先生开玩笑说，希望博士后出站报告不要比博士论文差。我细细思量，确实感到与博士论文相比没有太大突破。于是陆陆续续加以修改，修改主要基于两点：一是突出东汉三国佛教文献副词的特殊性，二是突出"普方古民外"研究范式的立体感。现在不能说已经达到了目标，但是历经十五年，总要交卷。

三是团队。

我这里所说的团队有两层含义：一是前贤今人的学术滋养，二是团队集体智慧的结晶。

前贤今人的学术滋养，前面提到了中国社科院语言所的曹广顺、江蓝生、吴福祥诸先生，曹先生作为我的合作导师，一直把我放在语言所他的办公室，言传身教，适时点拨；江先生尽管交谈很少，但是经常见到其去食堂的匆匆脚步，来语言所查阅资料；吴先生除了指教，还不时送给我一些宝贵的资料。语言所的生活是愉快的，时刻记得覃远雄先生的无私帮助，华兴园与麦耘、杨永龙、龙国富、史金生诸兄弟的欢声笑语，语言所学术沙龙的触动，刘丹青先生课堂的拥挤。湖南师范大学蒋冀骋、李维琦两位先生经常叮嘱我为人与为学的道理。另外方一新、王云路、竺家宁、朱庆之、董志翘、汪维辉等先生也通过各种方式给予指导。而各种观点的借鉴与引用已通过参考文献的方式加以指出。

书稿能成这样，我们团队的工作也是功不可没的。书稿中《程度副词作补语的个案研究及理据分析》《"真、真个"的历时主观化与话语标记的形成过程》部分是与陈丽、罗主宾合作发表的论文的基础上修改而成的，蒋协众、金鑫、姜礼立、彭茹、陆露、田洋、王芸华、黄舒娜、唐巧娟、王巧明、吴秉承、游璐、赵姣、郭亚博、董鑫等，为书稿提供了大量的汉语方言、民族语言、境外语言的材料，反复核对了例句，特别是几次审稿会上，大家提出了很好的修改意见，并进行了修订。如果书稿有所创建，也是团队集体智慧的结晶，难怪陈毅元帅在淮海战役胜利后，深情地说："淮海战役的胜利，是人民群众用小推车推出来的。"

语言学的调查研究，没有团队的合作将非常艰难。一批志同道合者，以时空观为基本出发点，以"普方古民外"为重要研究方法，成立了湖南师范大学南方语言文化研究中心，每两周举办一次学术沙龙，每年举办一次"南方语言研究高端论坛"，不定期出版《南方语言文化研究丛书》，研究成果放到沙龙或论坛上去接受批评，形成了浓厚的学术氛围，书稿在这样一个学术团队中不断吸收养分，并加以完善。

语言学的调查研究是有益的，又是艰难的，路漫漫其修远兮，吾将上下而求索。

作为国家社科基金后期资助项目，感谢国家社科规划办及匿名评审专家的宝贵意见，感谢商务印书馆乔永编审的无私工作。

湖南师范大学南方语言文化研究中心　唐贤清

2020 年 10 月 8 日于岳麓山下